CARL WERNER SCHMIDT-LUCHS

MEERESANGELN IN EUROPA

REVIERE · FISCHE · METHODEN

DELIUS KLASING VERLAG

Von Carl Werner Schmidt-Luchs ist außerdem
im Delius Klasing Verlag erschienen:
Angel von Bord

Bibliografische Information Der Deutschen Bibliothek

Die Deutsche Bibliothek verzeichnet diese Publikation in der Deutschen
Nationalbibliografie; detaillierte bibliografische Daten sind im Internet
über „http://dnb.ddb.de" abrufbar.

2. überarbeitete Auflage
ISBN 3-7688-1046-1
© by Delius, Klasing & Co. KG, Bielefeld

Abbildungen auf dem Einband: Carl Werner Schmidt-Luchs
Einbandgestaltung: Gabriele Engel
Druck: Kunst- und Werbedruck, Bad Oeynhausen
Printed in Germany 2003

Delius Klasing Verlag, Siekerwall 21, D-33602 Bielefeld
Tel. 0521/559-0, Fax 0521/559-115
e-mail: info@delius-klasing.de
www.delius-klasing.de

Inhalt

Vorwort

Urlaub! Sonne! Wasser und Meer! Und Fische!

So viele Fische und so viele Gelegenheiten, sie zu fangen.

Reihen Sie sich ein in die ständig wachsende Schar derer, die sich im Urlaub beim Angeln erholen, für die es nichts Schöneres gibt, als mit dem Boot auf einem Fjord zwischen steil aufragenden Felswänden zu angeln, allein mit Seeadlern und Tümmlern. Oder bis zum Bauch im warmen Atlantikwasser Portugals angelnd zu stehen und wenig später die silberne Beute über der Glut eines Treibholzfeuers am Strand zu garen. Oder die Muskeln zu spannen, den Kampfgurt anzulegen und sich auf einem der Big-Game-Boote mit einem Thun- oder Schwertfisch, den Giganten der Meere, anzulegen.

Europas Küsten sind voller Fische, vom Aal bis zum Zackenbarsch, vom Blue Marlin bis zur Meerforelle, vom Conger bis zum Dorsch. Ob Sie nun Heringe, Makrelen oder gar Hechte und Barsche in Nord- oder Ostsee, Wolfsbarsche, Katzenhaie und Rochen im Atlantik oder Geißbrassen, Muränen und Gabelmakrelen im Mittelmeer angeln wollen – dieses Buch weist die Wege zum Fisch, erklärt die Tricks und Kniffe, ihrer habhaft zu werden und beschreibt die wenigen, aber höchst zweckmäßigen Gerätezusammenstellungen, ganz auf den reisenden Angler abgestellt, der sich nicht mit sperriger, schwergewichtiger Ausrüstung herumplagen will.

Der Autor hat jahrzehntelang alle Küsten Europas mit der Angel im Gepäck bereist und hat viele Länderexperten interviewt. Ganz besonderer Dank gebührt den Mitgliedern der European Federation of Sea Anglers (EFSA), insbesondere dem Chairman Arthur White (England) für alle Hilfe.

Das Buch wendet sich nicht nur an die bereits erfahrenen Petrijünger, sondern auch an all jene, die weg vom heimischen Binnengewässer endlich einmal an die See wollen, und an all jene, die vielleicht das erste Mal in ihrem Leben im Urlaub angeln wollen, ob nun vom Strand, vom Felsen, von Hafenmolen oder vom Boot.

Tauchen Sie ein in einen der letzten Abenteuer-Freiräume, lassen Sie sich einfangen von der Faszination des Meeresangelns.

Entspannen Sie sich bei allzeit strammen Leinen! *Carl Werner Schmidt-Luchs*

Vorwort zur 2. Auflage

Das gestiegene Interesse am Meeresangeln im enger zusammen wachsenden Europa machte kurzfristig eine neue Auflage notwendig. Sie enthält viele Ergänzungen unter Berücksichtigung neuer Angelziele. Alle Angaben wurden aktualisiert und alle Anschriften durch Internetadressen erweitert. Darin finden sich auch in fast allen Fällen die aktualisierten Adressen und Telefonnummern der angegebenen touristischen Informationsstellen. *Carl Werner Schmidt-Luchs*

Der Autor dieses Buches,
Carl Werner Schmidt-Luchs,
mit einem in Norwegen
gefangenen Dorsch.

Meeresangeln ist auch für die
Youngster Sven (9) und Jan (11) ein
unvergessliches Urlaubserlebnis,
wenn der Vater dabei ist.

Einleitung

Urlaubsangeln planen

Urlauben, wo die Fische sind – aber wo?! Dieses Buch will Ihnen helfen, die richtige Entscheidung in aller Ruhe zu treffen.

Es beginnt mit der Auswahl der Urlaubsküsten: Schlagen Sie nach in den Kapiteln »Mittelmeer« (ab Seite 25), »Atlantik« (ab Seite 66), oder »Nordsee« (ab Seite 150) und »Ostsee« (ab Seite 186). Dort sind die Meeresangelmöglichkeiten aller anliegenden Länder beschrieben.

Oder wählen Sie Ihren Lieblingsfisch, den Sie schon lange beangeln wollen, ob nun Hering, Dorsch, Conger, Thunfisch oder Wolfsbarsch: Die Hot spots ihres Vorkommens finden Sie alle im Kapitel »Fische« (ab Seite 218).

Wenn Sie dann ein Angelgebiet in die engere Wahl genommen haben, schreiben Sie an das Nationale Fremdenverkehrsamt. Die Adresse finden Sie bei jeder Länderbeschreibung im einleitenden Text.

Von den Fremdenverkehrsämtern fordern Sie alle Informationen über Ihr favorisiertes Land an. Vor allem aber die Adressen der örtlichen Touristik-Informations-Büros in Orten, die Sie als Urlaubsziel in die engere Wahl genommen haben.

Denn nur diese können Ihnen alle Einzelheiten über die im Ort vorhandenen aktuellen Adressen von Unterbringungsmöglichkeiten, Boots-Charterungen, Angel- und Bootsclubs und Angelfachhändlern mitteilen. Für Urlaubsangler ist St. Petrus' Händlergilde eine wahre Fundgrube, denn dort laufen immer alle brandaktuellen Nachrichten über die besten Angelplätze, derzeitige Fischstandplätze und Chartermöglichkeiten zusammen. Und nebenbei erhält man auch die vor Ort gängigen Köder und Tipps für die Gerätezusammenstellung.

Bitte beachten: Einige Reiseziele, die aus Sicherheitsgründen bedenklich erscheinen, oder Gebiete, die anglerisch nicht attraktiv sind, sind in diesem Buch nicht beschrieben.

Fast ein Dutzend Reiseveranstalter, spezialisiert auf Angelreisen, bieten Ihnen ihre Dienste an; die Adressen hierzu stehen auf der nächsten Seite. Fordern Sie deren Prospekte mit Angeboten für Ihr Reiseziel an.

Beachten sollte man auch die vielen Urlaubsreiseangebote im Anzeigenteil der fünf großen deutschen Angelfachzeitschriften, siehe die Adressen auf der nächsten Seite. Vor allem die Ausgaben von Januar bis Mai sind voll davon.

11

Angelreise-Veranstalter
Ausgewählte Adressen:

Andree's Angelreisen,
Quellenweg 7, 65527 Niedernhausen,
Tel. (06127) 8011, Fax (06127) 7678
www.andrees-angelreisen.de

Angelreisen Kienitz & Noelte,
Schwalbenweg 7, Haus 1,
12529 Berlin, Tel. (030) 6723633,
Fax (030) 6723644

Kingfisher Reisen,
Casinostraße 48-54, Postfach 200943,
56009 Koblenz, Tel. (0261) 91554-0,
Fax (0261) 915420
E-Mail: info@kingfisher.de
www.kingfisher.de

Nordatlantik-Tours, Kai Witt,
Spanische Furt 9, 22459 Hamburg
Tel. (040) 5594173
Fax (040) 55983542
E-Mail: nordatltrs@aol.com

Uwe-Onken-Tours,
Westerburger Weg 13, 26203 Wardenburg
Tel. (04407) 979822
Fax (04407) 979855
E-Mail: info@angelreisen-onkentours.de
www.angelreisen-onkentours.de

Vögler's Angelreisen,
Billstedter Hauptstraße 69,
22111 Hamburg,
Tel. (040) 7360570
Fax (040) 7329737

Atlantis Angelreisen
Bodelschwingstr. 20, 59821 Arnsberg
Tel. (02931) 963770
Fax (02931) 963779
E-Mail: info@atlantis-angelreisen.de
www.atlantis-angelreisen.de

Mach Nordferien
Stiftstr. 3, 48301 Nottuln
Tel. (02502) 23060
Fax (02502) 9586
www.mach-nordferien.de

Sina Reisen GmbH
Osterstr. 40
30159 Hannover
Tel. (0511) 3069223
Fax (0511) 3069228
www.sinareisen.de

Angelfachzeitschriften in Deutschland,
mit ständigen Reiseangeboten im
Anzeigenteil sind im Zeitschriftenhandel
oder bei Angelgerätehändlern erhältlich:
ANGELWOCHE (vierzehntägig),
BLINKER; FISCH & FANG;
RUTE + ROLLE; ESOX (alle monatlich).

Wann wohin?

	Ja	Fe	Mr	Ap	Ma	Jn	Jl	Au	Se	Ok	No	De
Azoren	•			•	•	•		●	●	●	•	•
Belgien	●	●	•					•	•			•
Dänemark – Nordsee			•	•	●	●	•	•	•	•		
– Kattegat + Ostsee	●	●	•	•	●	●	•	•	●	●	•	•
Deutschland – Nordsee	•	•	•	•	●	●	●	●	●	•	•	•
Deutschland – Ostsee	•	•	•	●	●	●	•	•	●	●	●	•
England – Süd und Wales	•				•	•	●	●	●	●	•	•
Färöer					•	•	•	●	●	•		
Finnland			•	●	●	•	•	•	●	•	•	
Frankreich – Nord	•				•	●	•	●	●	●	●	●
Frankreich – West					•	●	•	●	●	•	●	●
Frankreich – Mittelmeer					•	•	●	●	●	•	•	
Griechenland				•	•	●	•	•	•	●	●	•
Holland	●	•			•	•	•	●	●	•	•	●
Irland				•	•	•	●	●	●	•	•	•
Island						•	●	●	●	•		
Italien mit Sizilien, Sardinien				•	●	●	•	●	●	●	•	•
Kanaren	•				•	•	•	●	●	●	●	•
Kroatien	•				•	●	●	●	●	●	•	•
Madeira	•				•	●	●	●	●	●	•	•
Norwegen – Süd	●	•	•	●	●	•	•	•	●	●	●	●
Norwegen – Mitte	•	•	•	●	●	•	•	•	●	●	•	•
Norwegen – Nord	•	•	●	●	●	•	●	●	•			
Portugal				•	•	●	●	●	●	●	•	•
Schottland mit Orkneys						•	•	●	●	•		
Schweden – Kattegat + Öresund	●	●			●	●	•	•	●	•		•
Schweden – Ostsee					•	●	•	•	•	●	●	•
Shetlands						•	●	●	•			
Spanien – Nord					•	●	●	●	●	•	•	•
Spanien – Süd + Mittelmeer					•	●	●	•	●	●	•	•
Türkei – Bosporus					●	●	•	•	●	●	●	•
Türkei – Südwest			•	●	•	•	•	•	•	●	●	•

Die Saisonübersicht basiert auf der Zusammenstellung aller Angelmöglichkeiten. Eingeschlossen sind also das Küsten- wie auch das Bootsangeln. Bei letzterem wurden auch die Big-Game-Angelmöglichkeiten berücksichtigt. Die jeweiligen vorherrschenden Wetterbedingungen wurden nicht in Betracht gezogen. Zeichenerklärung: Freies Feld = Angeln wenig ergiebig; • = Angeln zunehmend möglich; ● = Topangelzeit

Fischschonung

In Europa besteht eine zunehmende Tendenz, in einzelnen Küstenregionen generelle Laichschongebiete und zeitlich begrenzte oder generelle Fangverbote einzurichten.
Überdies gelten für fast alle Seefische Mindestmaße.
Sie variieren von Land zu Land und unterliegen oft Änderungen.
Es wird empfohlen, sich im Zweifelsfalle darüber beim örtlichen Gerätehandel, den Hafenmeistereien oder Schifffahrtsdirektionen zu informieren.

Meerforelle

Dänemark: 16. November bis 15. Januar Fangverbot im Meer.
Deutschland: 1. August bis 31. Oktober Fangverbot im Meer.
Schweden: Fangverbote im Meer vom 1. August bis 29. Februar im Kattegat; vom 1. Oktober bis 31. Dezember im Öresund, Südschweden bis einschließl. Provinz Blekinge (Grenze etwa bei Korshamn). Alle übrigen Gebiete sind frei beangelbar.

Hecht

Deutschland:
Schonung in den Boddengewässern Mecklenburg-Vorpommerns vom 20. März bis 15. Mai.
Alle übrigen Fische sind immer beangelbar. Für deren Fang muss nur die jeweilige Hochsaison für die Urlaubsplanung in Betracht gezogen werden.

Wolfsbarsch

Zunehmend werden für diesen begehrten Brandungsangelfisch Laichschongebiete in England und Irland eingerichtet. Es ist zu erwarten, dass weitere Länder folgen werden.

Mindestmaße für Seefische in Deutschland		
	Nordsee	Ostsee	
		Schleswig-Holstein	Mecklenburg-Vorpommern
Aal	–	35	45
Dorsch	35	35	35
Flunder	25	25	25
Hecht	–	–	45
Hering	20	11	16
Kliesche	23	23	23
Lachs	60	60	60
Makrele	30	–	–
Meerforelle	40	40	45
Scholle	27	25	25
Seezunge	24	–	–
Steinbutt	30	30	30
Wittling	23	23	23

Europas Top 10 für Meeresangler

Hier kreischt die Rolle, biegen sich die Ruten! Hier angeln die Meeresmeister! Ausgerüstet mit 16 – 24-kg-Geräten, mit Rutenhalter und Bärenkondition werden alljährlich an den nachfolgenden Meeresangel-Brennpunkten Europas dickste Fische gefangen. Ergänzende Einzelheiten dazu bitte in den jeweiligen Landesbeschreibungen nachlesen!

Das Gelbe Riff (Dänemark). *Nordwestlich Hirtshals und Hanstholm im Norden Dänemarks liegt das »Gelbe Riff« am Tiefenabfall der bis zu 700 Meter tiefen Norwegischen Rinne. Die ortskundigen Fischer fangen mit ihren Angelgästen fabelhafte Fische (s. Foto) im Riffgarten, vor allem große Köhler und Dorsche, daneben aber auch schwere Lengfische, Kat- und Plattfische. Kaum ein Tag, an dem nicht ein Anglertraum am Riff in Erfüllung geht – wenn das Wetter mitspielt. Hohe Zeit ist im Mai/Juni, aber es wird auch bis in den September hinein von zahlreichen Angelkuttern gefischt. Näheres siehe Seite 167.*

Cornwalls Südküste

Die Südküste im äußersten Südwesten Englands ist ein Topareal der britischen Meeresangler. Die Küstengewässer sind gespickt mit Wracks und Felsen. Mittendrin das berühmte Eddystone-Leuchtfeuer. Dort fangen Britanniens Angler alles, was der Atlantik hergibt. Herausragend sind die großen Pollacks (Bild) und Conger. Siehe S. 107.

Lofoten-Inseln (Norwegen)

Seit Menschengedenken kommen die Dorsche aus dem Nordatlantik in den Westfjord der Lofoten. Der Höhepunkt ist im März, und dann findet in Svolvaer die »Weltmeisterschaft im Großdorschangeln« statt (s. Foto). Angler aus ganz Europa fischen mit den Berufsfischern um die Wette – meist bei strahlender Sonne unter schneebedeckten Bergen. Aber auch außerhalb der Laichzeit werden rund um die Lofoten alle Nordmeerfische gefangen, sogar große Makrelen kommen hier so weit nördlich im Sommer vor. Überall werden vom Ufer mit Spinner und Fliege Köhler und vom Boot alle Fische des Nordens erbeutet.

Näheres siehe Seite 131.

Saltstraumen (Norwegen)

Unablässig strömt durch die Meerenge bei Bodö mit den Gezeiten das Wasser, bildet gewaltige, alles verschlingende Strudel – ein Dorado für Großfische, die es leicht haben, hilflos umherwirbelnde Kleinfische zu fangen.

Alljährlich werden in diesem Straumen vom Ufer (s. Foto) und auch vom Boot Großdorsche, Heilbutt und Riesenköhler (Rekord: 22,7 kg!) gefangen. Daneben geht die ganze bunte Fischpalette des Nordatlantiks an den Haken, und das mitten im Landesinnern.

Näheres siehe Seite 135.

Nord-Norwegen

Es ist Meeresanglers Traumland im hohen Sommer, wenn an Europas Küsten das warme Wasser alle Fische von den Küsten vertreibt. Dann ist in den Provinzen Troms und Finnmark weit über dem Polarkreis Hochsaison,

wird im Schein der Mitternachtssonne unter Gletschern oder dem Nordkap (s. Foto) alles vom Boot und vom Ufer gefangen, was das Nordmeer zu bieten hat: Dorsch, Katfisch, Heilbutt, Köhler, Rotbarsch und sogar Meersaiblinge und Forellen, manchmal sogar große Lachse.

Näheres siehe ab Seite 131.

Madeira und Azoren (Portugal)

Marline und mehrere Thunfischarten, Großhaie, Wahoos und Barrakudas, Bonitos, Dolphins und die ganze Palette der Little-Big-Game-Fische umschwimmen die beiden Atlantikinseln. Vollausgerüstete Big-Game-Angelboote können auf den Inseln ganzjährig gechartert werden.

Näheres siehe Seiten 71 und 74.

Atlantisches Big Game-Angeln findet man auch auf den Kanarischen Inseln, vor allem in Puerto Rico auf der Insel Gran Canaria, s. ab Seite 67.

Foto rechts: Blauer Marlin, gefangen vor Funchal/Madeira

Pentland Firth (Schottland)

In der Meerenge zwischen dem äußersten Norden Schottlands und den Orkney-Inseln läuft zeitweilig ein so harter Gezeitenstrom, dass selbst die großen Fischkutter Mühe haben, voranzukommen. Am Boden aber ducken sich alle Atlantikfische, vom Köhler, Schellfisch, Dorsch und Leng bis hin zum Riesenrochen, Heilbutt und Heringshai.

Das ganze Sommerhalbjahr wird auf sie mit 16–24-kg-Gerät geangelt. Gute Angelführer und Boote sind unerlässlich. Man findet sie im kleinen Hafen von Scrabster (s. Foto) beim Ort Thurso, nordwestlich von Wick.

Näheres siehe Seite 102.

Fladengrund (Schweden)

Im Kattegat, querab von Varberg, südlich von Göteborg, werden auf dem dortigen Fladengrund ganzjährig von Charterkuttern alle Seefische der Nordsee erbeutet. Varberg ist das Meeresangelzentrum Schwedens. Alljährlich im Mai wird hier das Katfisch-Festival abgehalten, bei dem ungewöhnlich viele der in der Küche so begehrten Katfische (s. Foto) gefangen werden.

Näheres siehe Seite 192.

Öresund (Dänemark/Schweden)

Die Meerenge bei Helsingör/Helsingborg ist berühmt für einen guten Fischbestand. Mitten im Winter kommen die Großdorsche (s. Foto) in den Sund. Von über hundert Booten aller Größen wird im sehr stark strömenden Wasser mit 400 bis 800 g schweren Pilkern geangelt. Man fängt Dorsche von bis zu 30 kg.

Charterboote und Angelkutter gibt es zu beiden Seiten des Sundes. Sie fahren ganzjährig.

Näheres siehe Seiten 193, 194, 196.

Gibraltar (Spanien)

In der Straße von Gibraltar strömt ständig Atlantikwasser ins Mittelmeer und Mittelmeerwasser hinaus in den Atlantik. In diesem brodelnden Wasserkessel, ständig durcheinander gewirbelt von den Gezeiten, leben Europas größte Meerbrassen und Wrackbarsche. Nirgendwo sonst werden die schmackhaften, begehrten, sonst nur 0,5 kg schweren Fische so groß und gewichtig wie dieser 7,5 kg schwere Wrackbarsch (s. Foto).

Geführte Bootstouren werden angeboten über die örtlichen Angelfachhändler in Gibraltar, La Linea, Algeciras und Tarifa. Hochtragende, dünne, dehnungsarme Leinen (oder Stahldrähte) und schwere Senker müssen verwendet werden. Rat vor Ort einholen!

Näheres siehe Seite 32.

Angeln im Mittelmeer

Klasse statt Masse

Das Mittelmeer ist das artenreichste Fischreich Europas, gänzlich verschieden von allen übrigen europäischen Meeresteilen. Atlantik, Nord- und Ostsee glänzen mit dem Massenauftritt einzelner Fischarten, der oft zu reichen Fängen nur einer Art führt; das Mittelmeer hingegen ist der Hort vieler bunter, formenreicher, subtropischer Flossenträger, ergänzt durch manche atlantische Fische und sogar Tropenfische, die durch den Suezkanal zunehmend ins östliche Mittelmeer eindringen.

Also ein Angelparadies? Ja, aber nur für Kenner und Könner! Wer im Mittelmeer erfolgreich Fische fangen will, muss sich besonders sorgfältig vorbereiten und einige Regeln unbedingt beachten – dann wird auch dem Anfänger das Fangglück winken.

Denn die vielen Fischarten treten nicht massenhaft auf, wie beispielsweise die Dorsche in Nord- und Ostsee oder Köhler und Schellfische im Atlantik. Mittelmeerfische leben scheu und versteckt am Boden, meist einzeln oder bestenfalls in kleinen Gruppen. Und auch die Freiwasserfische der offenen, hohen See treten selten in so großen Schwärmen auf wie Makrelen oder Heringe in Nord- oder Ostsee.

Lebensraum Badewanne

Der Grund für die geringe Artendichte ist in den aquatischen und topographischen Verhältnissen des Mittelmeeres zu suchen: Im Mittelmeer ist alles anders als in den übrigen europäischen Meeren.

Man muss sich den weitaus größten Teil des Mittelmeeres wie eine riesige Badewanne vorstellen, mit steilen Seitenwänden, im Schnitt 1450 Meter tief und mit vielen Tiefseelöchern. Das tiefste findet man etwa 150 km westlich von Sardinien mit 5267 Metern. Im Vergleich dazu ist die Nordsee mit einer Durchschnittstiefe von nur 70 Metern eine Vogeltränke.

Es fehlt überall ein breiter Festlandssockel mit ausgedehnten flachen, bis zu 200 Meter tiefen Schelfgebieten, wie wir das von allen anderen europäischen Meeresgebieten kennen. Auf den Schelfgebieten pulsiert das pralle Unterwasserleben, denn bis in 200 Meter Tiefe dringt das Licht vor und begünstigt reiches Leben von Pflanzen und Tieren.

Im Mittelmeer muss man solche Gebiete lange suchen, und wo sie sind, ist ihre Ausdehnung meistens gering. Deshalb müssen sich die Fische überall den Gegebenheiten anpassen. Das sind oft steile, in Treppen oder sogar senkrecht abfallende Felswände, Geröllhalden mit Blockgestein, nur hin und wieder unterbrochen von kleinen Sand-

oder Schlickinseln. Schon wenige Kilometer, oft nur einige hundert Meter vor der Küste, ist der lichtdurchflutete Lebensraum für Pflanzen und Tiere zu Ende: Das Wasser wird nachtschwarz und fällt in unergründliche Tiefen ab.

Etwa 90 % aller Fischarten sind Bodenbewohner und müssen sich diesen knappen Lebensraum teilen. Ein gnadenloser Existenzkampf ist dort im Gange, der nur jenen Arten eine Lebenschance lässt, die sich den Verhältnissen gut anpassen. Meeraale und Muränen beispielsweise haben beste Chancen, sich in Felslöcher zurückzuziehen, und die hochrückigen, schmalbrüstigen Meerbrassenarten verstehen es gut, die vielen Spalten und Ritzen im Fels als Fluchtburg zu nutzen. Die größten Höhlen werden von alten, manchmal zentnerschweren Zackenbarschen besetzt gehalten.

Die im freien Wasser der offenen, hohen See lebenden Fische haben es in der großen, mittelmeerischen Badewanne auch wesentlich schwerer als ihre Vettern in Atlantik, Nord- oder Ostsee. Denn das Mittelmeerwasser ist glasklar. Da gibt es keine Trübwolken aus myriadenfach blühendem Plankton mit nur wenigen Metern Sichttiefe, in die sich die Fische bei Gefahr flüchten könnten.

Sardinen und Sardellen sind deshalb ständig auf der Flucht, können sich nur »im Schwarm verstecken«, wenn sie von den scharfsichtigen Makrelen oder Hornhechten gejagt werden. Nur in kleinen, versprengten Schwärmen können einige von ihnen die mörderische Sommersaison überleben und für die Arterhaltung sorgen. Und selbst die letzten

Überreste solcher Schwärme wären des sicheren Todes, gäbe es da nicht die großen Pelamiden, Bonitos und Stachelmakrelen, die sich wiederum über die Makrelen hermachen und schließlich selbst gejagt werden von den rastlos umherschweifenden Thunfischen.

Wegweiser zum Fisch

Freiwasserfische kommen nicht ans Ufer, sie müssen vom Boot aus beangelt werden. Und geeignete Boote gibt es an allen südlichen Küsten weit mehr, als es Angler gibt. Nur Mut, ein Boot gechartert und raus zu den Schwarmfischen der offenen See!

Im Sommerhalbjahr rücken Jäger und Gejagte immer näher an die Küsten, von hoher Warte kann man mit etwas Glück sehen, wo sie rauben. Dort, wo sich bei Windstille das Wasser kräuselt oder gar »kocht«, Kleinfische wie ein silberner Regen aus dem Wasser springen und Möwen sich pausenlos ins Wasser stürzen, ist der rechte Angelplatz.

Besonders aussichtsreich sind jene Küstenabschnitte, auf die tagelang ein leichter Wind steht. Mit der Oberflächenströmung wird das Plankton an die Küste getrieben, und die Sardinen und Sardellen folgen ihren kleinen Nährtieren. Und schon bald werden sie aufgestöbert von Makrelen und deren viel größeren Feinden, der Tanz beginnt.

Bei windarmen Perioden muss man dagegen oft weit hinausfahren und in fünf, zehn oder gar 20 Meilen Entfernung vom Ufer mit scharfen Ferngläsern ständig den Horizont nach raubenden

Möwen absuchen. Manches Mal bleiben die begehrten Fische tagelang verschwunden; oft nur, weil die Schwärme in tieferen Wasserschichten stehen. Dann weisen die Berufsfischer den Anglern den Weg zum Fisch.

Die »Caprifischer« ziehen nachts aufs Meer und locken mit grell leuchtenden Gaslaternen die Schwärme der Kleinfische an die Oberfläche. Kaum ein Küstenabschnitt in Spanien, Italien oder Griechenland, wo im Sommer nicht nachts die vielen Lampen der Fischer am Horizont auf dem Meer wie Glühwürmchen hin und her schaukeln. Wenn die Fischer am Morgen mit reicher Sardinenbeute heimkehren, weiß der clevere Mittelmeerangler, wo die Fische stehen und sucht sie am Tage dort, wo nachts die Fischer erfolgreich waren – meistens mit gutem Erfolg.

Bodenfische findet man im Mittelmeer vom Ufer bis zu einer Tiefe von zwei-, drei- oder gar vierhundert Metern überall. Ganz generell kann man sagen, dass die Zone bis etwa 30 Meter Tiefe von den vielen kleinen, meist nur handgroßen Fischchen bewohnt wird. Erst darunter beginnt das Reich der größeren Flossenträger, und in 100 und mehr Meter Tiefe ruckt es immer öfter kiloschwer, manchmal sogar zentnerschwer an der Angelleine.

Daraus folgt, dass man bei der Uferangelei selten große, beeindruckende Fische fängt, was zu der allgemeinen Beurteilung geführt hat, es gäbe im Mittelmeer kaum Fische zu fangen. Aber wer hier ein Boot hat, wird bei Beachtung weiterer Wegweisungen auch gute Bodenfische angeln.

Das gelingt am besten fernab der vielen Häfen, wo die Umgebung stark überfischt ist. Der ehrgeizige Mittelmeerangler sucht sich abgelegene, winzige Fischerorte, lässt dort sein Boot zu Wasser oder chartert eins und benutzt eine detailgenaue Seekarte, aus der die wechselnden Tiefen und damit die Bodenformation unter Wasser erkennbar werden.

Mit solchen Seekarten kann man die rasch abfallenden Felswände oder die unter Wasser liegenden Blockgesteinsberge erkennen, alles Orte mit Schlupfwinkeln für die Fische. Auch Brandungszonen mit rasch tief abfallendem Wasser für das Angeln vom Ufer sind auf solchen Karten leicht zu finden.

Und schließlich muss der Mittelmeerangler Rücksicht auf die Scheu seiner Beute nehmen: Bei grellem Sonnenschein steht alles in den Höhlen, erst in der Dämmerung gehen die Fische auf Nahrungssuche. Nächtliche Mondphasen sind absolute Topzeit, am Tage fängt man dagegen nur ab hundert und mehr Meter Tiefe und in den Schattenpartien steiler Nordhänge verwertbare Fische.

Die ganze artenreiche Palette der Bodenfische geht dabei an den Haken; oft fängt man nacheinander ein Dutzend verschiedene Arten, ein ungemein starker, anglerischer Reiz, den andere Meere in Europa nicht zu bieten haben.

Hafen-, Molen- und Flussmündungen sind ein weiterer, gut zugänglicher Angelbereich. Meistens ist in der Umgebung solcher Gebiete das Wasser flacher mit sandig-schlickigem Grund.

Das ist das Reich der schwarmweise auftauchenden Meeräschen, gejagt von Wolfsbarschen, ferner von Plattfischen,

Aalen, Congern (in Molenritzen), Barben, Knurrhähnen, Drachenköpfen, vielen Grundeln und Lippfischen, aber auch Haien und Rochen. Je ausgedehnter das Flachwassergebiet sandig oder schlickig ist und Seegraswiesen darauf wachsen, desto ergiebiger ist dieser Angelbereich.

Nur die Meeräschen werden am helllichten Tag gefangen, die meisten anderen Fische kommen nachts in den Hafen, suchen nach Fressbarem vor allem am Liegeplatz der Fischerboote und vor Molen. Die Lampen an Kais und Molen wirken ähnlich lockend wie die Laternen der Sardinenfischer auf dem Meer.

Das ist auch das Reich des Petermännchens und seiner Verwandten, vor denen nicht genug gewarnt werden kann, denn das Stachelgift dieser Fische kann tagelang fürchterliche Schmerzen verursachen und einen ganzen Angelurlaub verderben.

Und, Achtung Aalangler: Gleich im Dutzend kann man die lichtscheuen Gesellen am helllichten Tag unter den Schatten spendenden Straßenbrücken fangen, die nah am Meer über kleine Zuläufe oder Meerengen führen. Man lockt die Aale aus ihren dunklen Schlick- und Felsverstecken mit zerriebenem Sardinenfleisch und fängt sie anschließend mit dem Wurm.

Die anglerisch häufigsten und (ge-) wichtigsten Mittelmeerfische sind im Kapitel Fische (Seite 218) näher beschrieben. In alphabetischer Reihenfolge sind das: Aal, Adlerfisch, Angler (Seeteufel); Bonito; Conger; Dolphin (Königsmakrele); Franzosendorsch; Haie: Blauhai, Dornhai, Fuchshai, Glatthai, Heringshai, Hundshai, Katzenhaie, Makohai; Hornhecht; Knurrhahn; Lippfische; Makrelen; Meerbarsche; Meerbrassen; Meerengel; Muränen, Plattfische: Flunder; Glattbutt, Steinbutt; Petermann; Rochen (alle beschriebenen bis auf Glattrochen); Sardinen; Schwertfisch; Seehecht; Stachelmakrelen; Wittling; Wolfsbarsch.

Vorsicht! Die meisten Mittelmeerfische sind bissig (Muränen, Conger, Haie) und stachelig, wenn auch nicht so giftig, wie das oben erwähnte Petermännchen.

Meerbrassen, Meerbarsche und Muränen aus dem Mittelmeer

Lederhandschuhe aus dickem, weichem Leder sind beim Abhaken der Fische vorteilhaft.

Achtung, Skipper! Fallwinde!
Das Mittelmeer, Sehnsuchtsziel so vieler Urlauber, liegt die meiste Zeit des Jahres ruhig da, vor allem im Sommer, wenn nur am frühen Nachmittag ein frischer Seewind in Küstennähe weht.

Aber in der Nähe von hohen Gebirgszügen können plötzlich Fallwinde auftreten, hauptsächlich auch am Nachmittag. Sie kündigen sich manchmal durch rasch entstehende, kleine weiße Wölkchen am sonst blauen Himmel über den Bergen an. Die schlimmsten Winde, oft von Sturmstärke, sind die Bora an der dalmatinischen Küste (Kroatien); die Estesien, ein kalter Nordwind, hauptsächlich in der nördlichen Ägäis; der Mistral, stürmischer Nordwind im Frühjahr und Herbst aus dem Rhônetal zwischen Marseille und Montpellier und der Tramontane bei Perpignan nahe der spanisch-französischen Grenze.

Die Winde wehen in Küstennähe am heftigsten und nehmen zur offenen See hin alsbald an Stärke ab.

Die Angelländer von West nach Ost
Das Angeln im Mittelmeer bezieht seinen Reiz nicht aus Massenfängen kiloschwerer Fische, wie sie in anderen europäischen Meeren jederzeit möglich sind, sondern aus der Kombination des Angelns mit fast immerwährendem Sonnenschein, bei warmer Luft und Wasser inmitten einer südländischen, heiteren und geschichtsträchtigen Landschaft. Die abwechselnd felsigen Küsten (fürs Angeln) und goldgelben Badestrände (fürs Baden), die unendliche Menge kleiner und kleinster geschützter Buchten mit Fischersiedlungen und Booten machen alle Küsten am Mittelmeer zu idealen Reisezielen für Angler, die neben dem Angeln für die ganze Familie Erholung und Entspannung suchen.

Die beste Reisezeit fällt in die Monate April bis Oktober, die besten Angelmonate sind August bis Oktober. Kein Land ist bei der Auswahl des Reisezieles hervorzuheben. Ganz generell gilt das westliche Mittelmeer von Italien bis Spanien als das etwas fischreichere.

Charterbootangelei oder gar Angelzentren, wie sie sonst überall an europäischen Küsten zu finden sind, gibt es im Mittelmeerraum nicht. Nur ein einziges Reiseziel wird von Angelreiseagenturen angeboten: das Ebrodelta bei Tortosa an der spanischen Küste.

Der Grund für diese scheinbare Unterentwicklung ist klar: An der Mittelmeerküste hat jeder ein Boot, und Angler, die eines benötigen, müssen es sich durch Herumfragen beschaffen. Beste Anlaufstellen dazu sind zunächst die örtlichen Touristbüros. Dort erhält man die Adressen der ortsansässigen Angelgerätehändler, bei denen alles Wissenswerte über die örtlichen Gegebenheiten zu finden ist – wahre Fundgruben für ortsfremde Angler. Aber auch die Hafenmeister und die überall in den Häfen zu findenden Yacht-, Boots- und Wassersportclubs geben Auskunft und vermitteln Boote.

Detailgenaue Seekarten über das ausgewählte Gebiet sind von unschätzbarem Wert, auch für den Küstenangler. Nur so erkennt man ohne viel Zeitver-

lust, wo sich an der Felsküste tiefes Wasser erstreckt, wo vor der Küste Mulden
und Berge unter Wasser zu finden sind.
Zusammen mit dem Rat oder gar in
Begleitung einheimischer Fischer und
Sportangler schafft man die besten Voraussetzungen für erfolgreiche Angelei.

Spanien, Mittelmeerküste

Deutsche Seekarte Nr. 303 (Gesamtgebiet). Die spanische Atlantikküste ist ab
S. 82 beschrieben.

Allgemeine Auskünfte über Spanien
und Adressen der örtlichen Touristinformationen: Spanische Fremdenverkehrs-
ämter in

10707 Berlin, Kurfürstendamm 180;
40237 Düsseldorf, Grafenberger
   Allee 100;
60323 Frankfurt, Myliusstr. 14;
80336 München, Schubertstr. 10.
   Internet: www.spaintour.com
   und www.tourspain.es

Für das Meeresangeln muss ein Angelschein erworben werden bei den örtlichen Dienststellen der Polizei (Guardia
Civil).

Der Nordabschnitt von der französischen Grenze bis zum Mittelabschnitt
südwärts nach Alicante ist geprägt von
langen Badestränden und ausgedehnten,
vorgelagerten Flachwassergebieten. Stellenweise verläuft die 100-Meter-Tiefen-

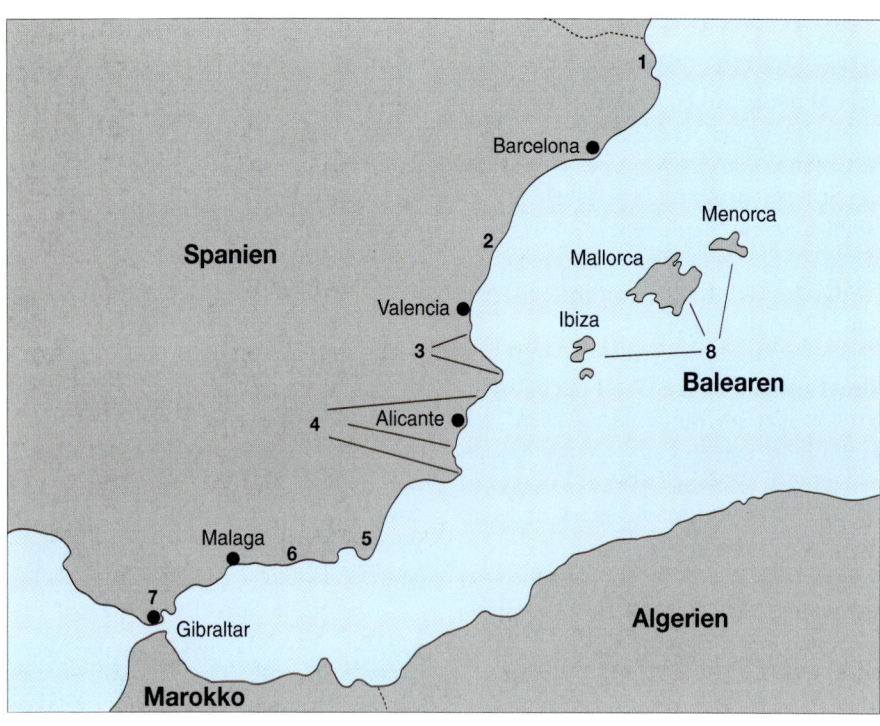

Blaufisch von der Costa Dorada, gefangen vor der Ebromündung

linie erst in 30 bis 50 km vor der Küste, ungewöhnlich für das Mittelmeer.

Das schafft zwar gute Bedingungen für die Fische, aber starke Befischung, auch mit Schleppnetzen. In den eingestreuten Steinfeldern aber lohnt sich die Bootsangelei, Seekarte oder fachkundige Führung ist unerlässlich. Die Schlepp- und Driftangelei auf große Raubfische (Stachelmakrelen, Blaufische) lohnt überall. 15 bis 20 km von der Küste entfernt werden vor allem im Spätsommer Thunfische gefangen. In vielen Häfen gibt es Chartermöglichkeiten für Boote mit Kampfstuhl, meistens aber ohne Angelausrüstung.

Der Südabschnitt von Alicante bis Gibraltar mit teils steil aufragenden Felsküsten und rasch abfallendem Seeboden erlaubt aussichtsreiches Angeln von Felsen und Stränden.

Insgesamt zählt die spanische Mittelmeerküste zu den fischreichsten Küsten des gesamten Mittelmeergebietes.

Hot Spots

1 Costa Brava
Nordwärts vom Golf des Rosas liegt eine einsame, zerklüftete Küste, gut für das Angeln vom Felsen; Zufahrt über Figueres nach Cadaques. Südlich bei der Mündung des Ter ist Plattfisch-Brandungsangeln und Schleppangeln vor der Mündung möglich.

2 Costa Dorada
Die Ebro-Mündung bei Tortosa lockt Kleinfische und viele Raubfische an. Ausgangspunkt ist Riumar. Von hier aus werden organisierte Schlepp- und Driftangeltouren unternommen (Blaufische, Stachelmakrelen); auch deutsche Reiseagenten bieten das Ziel als Angelreise an. Cambrils südlich von Tarragona wurde bekannt als Fangort für mehrere Leinenklassen-Weltrekorde von Blaufischen und Wolfsbarschen (Auskünfte im Angelladen Maxim).

3 Im *Golf von Valencia* bei der Mündung des Mijares bei Castello ist Brandungsangeln und Schleppfischen möglich. Dasselbe gilt für die Mündung des Jucar bei Cullera. Am Cap de la Nao (zwischen Valencia und Alicante) ist neben einer schönen Badeküste die Angelei von Felsen möglich.

4 Costa Blanca
Schlepp- und Driftfischen auf Raubfische und Brandungsangeln bieten sich

31

Gabelmakrele (Palometa), gefangen in der Ebromündung südlich von Tarragona

vor der Seguramündung bei Guardamar del Segura südlich von Alicante an. In Benidorm werden Thun-Angelfahrten angeboten.

In Cartagena findet der Angler ein Gemisch aus Bade- und Felsküste für das Uferangeln. Im Hafen sollte man nach Booten und Mitfahrgelegenheiten fragen. Das Küstengewässer ist geprägt von raschem Tiefenabfall; bereits nach einer halben Seemeile findet man 100 m Tiefe.

5 Costa del Almeria

Eine lange, einsame Felsküste wartet auf Uferangler zwischen Vera und Almeria.

6 Costa del Sol

Auf der gesamten langen Küstenstrecke von Almeria bis Gibraltar gibt es überall gute Möglichkeiten, von Felsen zu angeln. Dazu finden sich viele kleine Häfen mit der Möglichkeit zur Bootscharterung. Überall fällt der Meeresboden felsig rasch ab. Das einströmende Atlantikwasser bringt Nahrung und Fische in dieses Gebiet. Gute Fangmöglichkeiten.

7 Straße von Gibraltar

Es ist der absolute Topplatz aller spanischen Meeresangelplätze. Die ganze Palette der Mittelmeerfische, ergänzt durch viele atlantische Fischarten, versammelt sich hier. Berühmt wurde die Meerenge durch die Angler der britischen Exklave in Gibraltar. Dort gibt es eine Sektion der European Federation of Sea Anglers (EFSA), und die Männer dieser Sektion haben in der Meerenge viele Fische gefangen, die in den europäischen Rekordlisten stehen. Fast ein Dutzend großwüchsiger Meerbrassenarten lebt in den Felsregionen und erreicht Gewichte wie sonst nirgendwo im Mittelmeer. Auch ein Wrackbarsch von 43,4 kg wurde hier schon gefangen.

Gibraltars lange Wellenbrecher-Mole ist der beste Angelplatz im Mittelmeer zum Fang großer Fische, vor allem Meerbrassen. Ein Zahnbrassen von fast 15 kg wurde hier schon mit Naturköder am Haken gefangen. Mit Charterbooten gelangt man in tieferes Wasser und erwischt die noch größeren Brassen – Giganten, wie sie sonst nirgendwo erbeutet werden. Wer sich mit diesen großen Scharfzähnern anlegen will, muss mit dem Stahlvorfach angeln.

In jüngster Zeit wurden durch Versenken von ausgemusterten Schiffen künstliche Wrackangelstellen eingerichtet. Die Angler an der Meerenge sind straff organisiert, Mitfahrgelegenheiten sind nach Absprache mit den Anglern möglich. Ausgangshäfen sind Gibraltar, Algeciras und La Linea. Charterboote sind auch über die Angelgerätehändler Ultra Sports, Parliament Lane 14, und Sport & Leisure Ltd., Casemate Square, zu erhalten.

In der Meerenge werden auch Thunfische gefangen. Näheres darüber im Kapitel »Angeln im Atlantik«, wo das Angeln im atlantischen Teil Spaniens beschrieben wird.

8 Balearen

Die Gewässer der Balearen-Inseln, umgeben von einem Mittelmeer-typischen schmalen Schelf und tiefem Wasser, sind stark befischt. Aber überall finden sich entlang der felsigen Küsten genügend Plätze, um am Gischtsaum über tiefem Wasser angeln zu können. Organisierte Bootsausfahrten gibt es nicht, sieht man einmal von den »Gesellschaftsrundfahrten« ab, bei denen mit Haspeln auf die Kleinfische des Flachwassers geangelt wird.

Aber es gibt überall Boote und Eigner, die gegen Entgelt zum Angeln fahren; man frage in den kleineren Häfen abseits der überlaufenen Gebiete nach.

Mallorca: Die gesamte Nordwestküste bietet gutes Angeln vom Felsen. Spitzenplätze: die Kaps im Südwesten und das Kap Formentor im Nordosten. Geheimtip: die Cabrera-Insel, ca. 10 km südlich von Mallorca.

Menorca: Beste Küstenangelplätze vom Land und auf See liegen im Nordosten zwischen den Kaps Cavalleria und Favaritx. Nur rund 40 km vor dieser Küste ist das Meer 4389 Meter tief.

Ibiza bietet auf der Westseite mit vielen kleinen vorgelagerten Inseln gute Bootsangelmöglichkeiten, ebenso zwischen den kleinen Inseln, die zwischen Ibiza und Formentera im Süden liegen.

Detaillierte Inselinformationen erhält man in den Tourismus-Büros »Oficina de Turismo«: 07800 Ibiza, Bes, 9; 07701 Mahón (Menorca), Plaza de la Esplanada, 40; 07001 Palma de Mallorca, Jaime III, 10; 07000 Aeropuerto de Son San Juan (Palma de Mallorca).

Südfrankreich

Deutsche Seekarte Nr. 304 (Gesamtansicht). Beschreibung erfolgt von West nach Ost. (Die Atlantikküste Frankreichs ist ab Seite 88 beschrieben.)

Allgemeine Auskünfte:
Französisches Fremdenverkehrsamt, Westendstr. 47, 60325 Frankfurt/M
Internet: www.franceguide.com.ger
Das Meeresangeln ist überall ohne Angelschein erlaubt.

Verglichen mit den Fangaussichten in den atlantischen französischen Küsten-

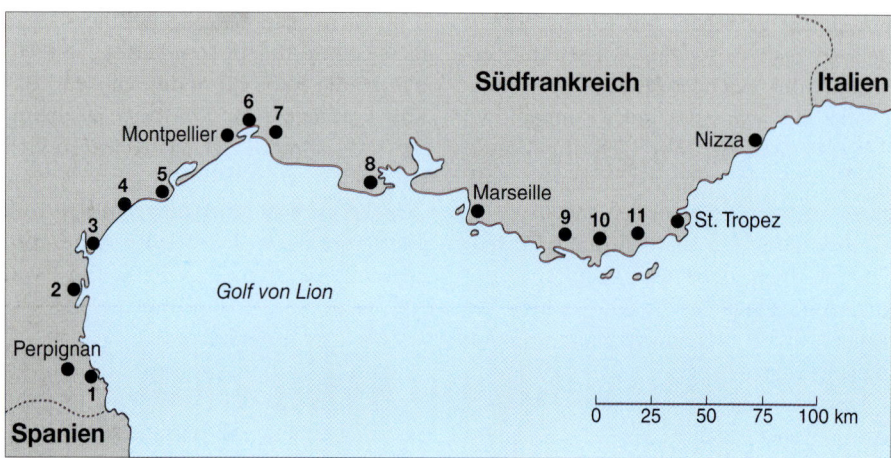

bereichen ist die Mittelmeerküste an letzter Stelle einzuordnen. Es werden beim Boots- und Uferangeln zwar viele, aber meistens sehr kleine Fische gefangen. Zwar werden in den weiter unten genannten Häfen täglich Gesellschaftsfahrten zum Angeln angeboten (mit bis zu 50 Personen an Bord), aber mit ernsthaftem Angeln hat das nichts zu tun.

Von den Anglern gefangene Blauflossenthune gehören vom August bis in den Oktober zum alltäglichen Bild in den Häfen des Golfes von Lion

34

Erst im tieferen Wasser gelingt hin und wieder der Fang größerer Meerbrassen und Stachelmakrelen (»liche«).

Eine rühmliche Ausnahme bildet die Thunfischangelei, bei der hauptsächlich der König der Thunfische, der große Blauflossenthun, gefangen wird. Der Golf von Lion ist einer der ganz wenigen europäischen Gewässerabschnitte, wo diese Großthune alljährlich von Ende Juli bis Mitte September mit Sicherheit zu fangen sind.

Das hier besprochene Gebiet ist durch eine Zone relativ flachen Wassers gekennzeichnet. Die 200-Meter-Tiefengrenze verläuft etwa auf der Linie Perpignan–Marseille quer durch den Golf von Lion. Dies ist für den Großthunfang von großer Bedeutung, denn nach dem Anbiss können die Riesenfische nicht auf Nimmerwiedersehen in die endlose Tiefe des Meeres abtauchen – sonst ein verhängnisvoller Augenblick beim Angeln.

Auf die gefährlichen Fallwinde, die von den Alpen und Pyrenäen an den Flanken des Golfes von Lion auftreten können, wurde schon hingewiesen (s. Seite 29). Selbst bei ruhigem Wetter und hellstem Sonnenschein können diese Fallwinde auftreten.

Hot Spots

Genaue Auskünfte erhält man bei den örtlichen Angelgerätehändlern. Deren Adressen erfährt man beim örtlichen Turistenbüro. Diese Adresse erhält man beim Französischen Fremdenverkehrsamt in Deutschland.

1 Côte Vermeille von Banyules-sur-Mer nach Leucate

Gerätehändler in: Le Barcarès, Perpignan, Angeles-sur-Mer, Port Vendres, Saint Cyprien, Canet-en-Roussillon.

Charterboote in: Banyules, Port-Vendres, Argeles, Saint Cyprien, Port Barcarés.

Thunangelclubs: Thon Club Roussillon, Thon club catalan, Espadon club catalan côte rocheuse, Association de pêche côtiére du Roussillon.

2 und 3: Leucate bis Narbonne

Gerätehändler in: Port Leucate, Narbone, Gruissan, Port-la-Nouvelle.

Charterboote: Port Leucate, Port-la-Nouvelle, Gruissan- und Narbonne Plage.

Thun- und Hochseeangelclubs: Gruissan Thon club, Merry Fisher Club, Association norbonnaise des pêcheurs au gros, Cercle Nautique Barberous, Actinautic club Fleury, Pêche sportive grand sud.

4 Valras
5 Cap d'Agde
6 Palavas
7 Le Grau-du-roi

Die gesamte Region ist geprägt von flachen, sandigen Küsten, der Region 1 bis 3 sehr ähnlich. Es gibt in vielen Orten Charterboote fürs Angeln von Meerbrassen, Plattfischen und Meeräschen, sowie Thunangelclubs und Gerätehändler. Die Händler-Orte sind geordnet von West nach Ost:

Gerätehändler (in Klammern Anzahl) in: Béziers (6, etwas landeinwärts an der Straße E15); Valras Plage; Le Cap d'Agde (3); Sète (2); Frontignan (3); Palavas-les-

Meerbrassen dieser Gewichtsklassen (im Bild ein Gemeiner Meerbrasse, Pagrus pagrus) erwischt man beim küstennahen Bootsangeln ab 30 m Wassertiefe

de pêche camarguais; Port-Camargues thon club; Thon club d'Agde et Cap.

Le Cap d'Agde ist das »heimliche Zentrum« der Thunfischangler. Von hier aus wurden schon die französischen Thunangelmeisterschaften durchgeführt. Schon die Anzahl von neun Angelgerätehändlern (hier und im nahe gelegenen Béziers) deutet auf das geballte Angel-Know-how an diesem Punkt.

8 Saintes-Maries-de-la-Mer bis 9 Toulon

Locken an allen anderen südfranzösischen Orten Badefreuden, so ist es die Tierwelt der Camargue, dem einzigartigen, riesigen Feuchtgebiet der Rhonemündung, die Touristen nach Saintes-Maries, der ›Hauptstadt der Camargue‹, zieht.

Das massenhafte Vorkommen kleiner Beutefische in der flachen Rhonemündung lockt die großen, kämpferischen Gabelmakrelen (franz.»liche«) und im Spätsommer/Herbst die Thunfische an. Ab ostwärts Marseille nehmen die felsigen Küstenabschnitte und tiefes Wasser in Küstennähe zu, und gleichzeitig wachsen die Chancen zum Fang von Gabelmakrelen, Bonitos und Thunen in nicht zu großer Entfernung vor der Küste.Die Orte mit Angelgerätehändlern für Auskünfte sind geordnet von West nach Ost: *Gerätehändler (in Klammern die Anzahl p.Ort) in:* Saintes-Maries (2); Port-Saint-Louis-du-Rhône (2); Fos-sur-Mer; Port-de Bouc; Carry-le-Rouet; Marseille (16); La Ciotat (3) Martigues (4); Carry-le-Rouet; Toulon (4).

Flots (2); Montpellier (4); Perols; La Grande Motte (2); Le Grau-du-Roi (4). *Charterboote:* Le Grau d'Agde; Valras; Palavas; La Grande Motte; Grau-du-Roi *Thunfisch- und Hochseeangelclubs:* Association carnnonaise de pêche et cotiére: Bluefin thon club valrassien; Thon club Frontignan; Palangrier d'Agde et du Cap; Centre de pêche sportive de Valrasplage; Hameçon club de Palavas-les Flots; Surf casting club grand mottois; Centre nautique de Frontignan; Centre

Charterboote: Les Saintes-Maries-de-la-Mer; Fos-sur-Mer; Martigues; La Ciotat; Bandol.
Thunfisch- und Hochseeangelclubs: Club nautique de Martigues; Société nautique de Fos; Thon club saintois; Cercle nautique de Cassis; Société nautique de Toulon.

10 Hyères

Die Inselgruppe der Hyères beschließt den Golf von Lion. Ab hier ostwärts reichen beachtliche Meerestiefen bis nahe an die Küste. Im Windschutz der Inseln wird im bis zu 300 Meter tiefen Wasser mit kleinen halbierten Hornhechten als Köder auf Bonitos, Gabelmakrelen und Thune geangelt. Die Aussicht, große und schwere Fische zu fangen, wächst gegenüber allen bisher beschriebenen Gebieten beträchtlich.
Angelgerätehändler: Hyères (3)
Charterboote: 2 Boote bieten Thunangeln bis Anfang November an.
Thunfischclub: Club de Pêche de Hyères

11 Le Lavandou bis Nizza
(Côte d'Azur)

Ausgangshafen für Großthunangelfahrten ab 20 sm vor der Küste. Kontakte über den Gerätehändler »Bleu Marin«, und den Tuna club du Lavandou. Zwei Charterboote.
Ab Levandou ostwärts reihen sich die klangvollen Namen wie St.Tropez, Cannes, Monaco, Nizza. Es ist die Küste der High Society. Über 20 Thunangelclubs gehören dazu, und es ist müßig sie aufzuzählen, denn Charter- oder Mitfahrgelegenheiten sind kaum zu bekommen. Nur vier Bootseigner bieten Thunangel-

fahrten bis in den Oktober an. Die Boote liegen in Antibes, La Napoule (bei Cannes), Beaulieu und Mandelieu (bei Nizza).
Auskünfte bei den Gerätehändlern in Nizza (4), Cannes (4) und Antibes (4), zu erfahren über die örtlichen Touristbüros.

Italien

Deutsche Seekarte Nr. 305 (Westküste mit Sardinien und Sizilien) und Nr. 600 (Ostküste, Adria).

Blauflossenthun ca. 100 kg, gefangen beim Schleppen mit einer Makrele vor dem Hafen von Catania/Sizilien

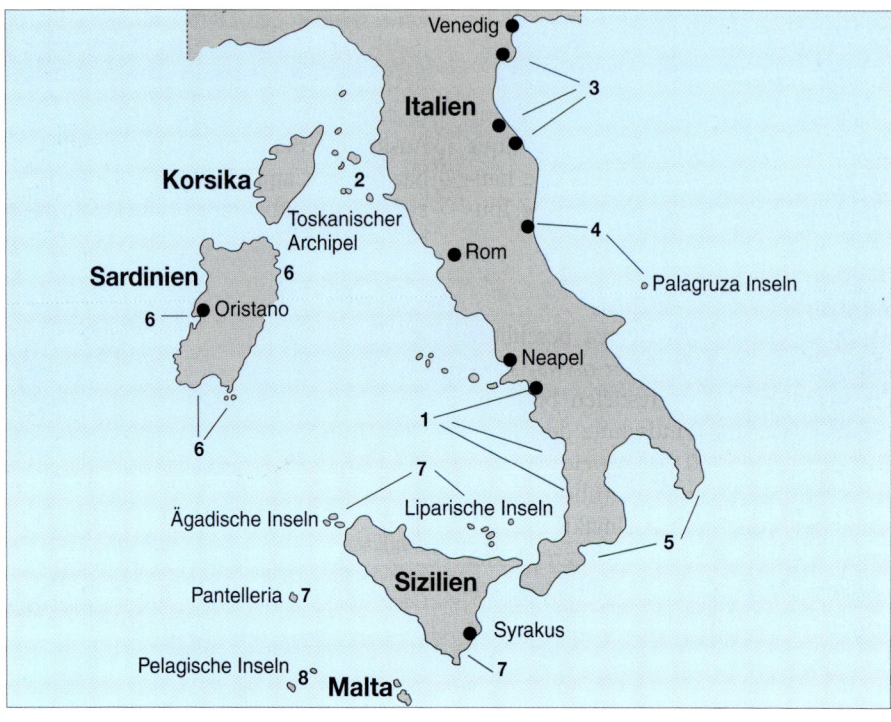

Allgemeine Auskünfte erhält man beim Staatlichen Italienischen Fremdenverkehrsamt ENIT, Kaiserstr. 65, in 60329 Frankfurt, mit Zweigbüros in Düsseldorf und München.

E-Mail: enit.ffm.@t-online.de

Internet: www.enit.it

Das Meeresangeln ist in Italien überall ohne Angelschein möglich. An manchen Badeständen ist im Sommerhalbjahr tagsüber das Brandungsangeln aus Sicherheitsgründen nicht erlaubt.

Nirgendwo im Mittelmeerraum wird so viel geangelt wie in Italien. Von den registrierten 2,2 Millionen Anglern fischen über 70 % im Mittelmeer! Entlang der viele tausend Kilometer langen Küste gibt es unzählige Häfen, und auf jeden Küstenbewohner entfällt mindestens ein Boot.

Lässt man die großen Ballungszentren und Badeparadiese beiseite, so bleibt immer noch ein ungeheuer großer Freiraum für das unbeschwerte Angeln. Ganz generell sind die Strand- und Felsangler im Süden unterhalb Neapels besser aufgehoben. Bootsangler aber können fast überall auf ihre Kosten kommen.

Saison ist das ganze Jahr; nur die Thunfischangelei beschränkt sich auf die Zeit von Juni bis Oktober mit dem Höhepunkt im September. Die begehrten Thune wandern vom Norden der adriatischen Küste südwärts, durch die

Felsangler an der südlichen Küste Italiens: Urlaub pur!

Straße von Messina um die äußerste Südspitze wieder herum nordwärts an der Küste entlang und schließlich durch die korsische Straße nördlich von Rom in den Golf von Genua.

Organisiertes Thunfischangeln existiert in der nördlichen Adria, Ottiolu/Sardinien und Catania/Sizilien.

Hot Spots

Westküste

1 Für Angler, die vom Ufer aus fischen wollen, ist der Südabschnitt ab Salerno der geeignetere. Entlang der alten Küstenstraße finden sich ungezählte Möglichkeiten bis hinunter zur Straße von Messina.

2 Für Bootsangler ist der Toskanische Archipel empfehlenswert. Zwischen dem Festland und Korsika ist das Meer im Schnitt nur 200 bis 300 Meter tief, ungewöhnlich für das Mittelmeer. Überall zwischen den großen und kleinen Inseln lässt sich die Bootsangelei betreiben. Im Spätsommer ziehen die Thunfischschwärme durch die Korsische Straße nordwärts in den Golf von Genua. Dickschiffskipper können in diesem Gebiet viele Bänke und Berge unter Wasser entdecken und dort erfolgreich angeln. Civitavecchia (Fährhafen nach Sardinien) ist ab Mitte August Ausgangshafen für die Thunfischangelei.

Ostküste

3 Entlang der Adriaküste wird im Sommer intensiv die Bootsangelei auf Thune und Haie betrieben. Hauptbeute sind Blauhaie, aber auch Fuchshaie und sogar ein Weißer Hai von sieben Meter Länge wurden hier gefangen (Küste zwischen Pescara und Brindisi).

Ab Mitte Juli, mit dem Höhepunkt Ende August, beginnt die Thunfischangelei. Es wird meistens driftend 20 sm vor der Küste mit Makrelen als Köder gefischt. Bevorzugte Plätze sind im Umkreis der Erdgasbohrtürme zu finden. Charterboote findet man zwischen Venedig und knapp südlich von Ancona in den Häfen von Albarella, Porto Tollo, Cattolica, Pesaro, Ancona, Porto San Giorgio, San Benedetto del Tronto.

In Pesaro finden alljährlich internationale Angelmeisterschaften statt. Dabei wurden schon an einem Tag 16 Thune im Gesamtgewicht von 3560 kg gefangen. Veranstalter ist der Club Nautico Pesaro, Strada tra i Due Porti 21, I-61100 Pesaro. In derselben Straße findet man den Angelladen »Fisherman's Friend« für Ausrüstung und Bootscharterungen.

4 Weitere Thun- und Haiangelboote liegen in Pescara. Dickschiffskipper sollten unbedingt das Seegebiet östlich von Pescara bei den Tremiti-Inseln oder bei den mitten in der Adria liegenden Palagruza Inseln (gehören zu Kroatien) abfischen. Die Adria wird hier allmählich tiefer und ist weit fischreicher als der Nordteil.

5 Die Halbinsel Salentina südlich Brindisi und Tarent wird bei italienischen Anglern als Geheimtip gehandelt, wenn es ums Brandungsangeln geht. Rund um das Kap Santa Maria di Leuca verläuft die Strömung aus der Adria, eine Zugstraße für viele Fische, auch für Thune. Bootsanglern ist das Gebiet zu empfehlen. Das gilt ebenso für die gesamte Küste zwischen Tarent und der Straße von Messina; abseits der großen Touristenströme findet man ungezählte Boots- und Küstenangelplätze.

Die Inseln

6 Sardinien gilt bei Italiens Meeresanglern als eines der besten Angelgebiete. Wenig überlaufen, mit vielen Küsten, steilen Felsabbrüchen und vielen schönen Stränden, bietet die Insel alles, was der Mittelmeerangler sucht. Herausragend die gesamte Westküste und der äußerste Südwesten mit vorgelagerten Inseln. Hot Spots dieses Abschnittes sind die Bucht von Oristano (Rochen, Haie, Plattfische) und das einsame Kap Teulada im äußersten Süden (große Meerbrassen vom Ufer).

Des weiteren suche man die Einmündungen von Flüssen und Bächen, so z.B. den Einlauf des Coghinas bei Valledoria in der nordwestlich gelegenen Bucht des Golfo dell' Asinara.

Aber auch die Ostküste wird gelobt. Im Süden ist es das gut erreichbare Kap Carbonara. Vom Hafen Costa da Marina kann man mit dem Boot die Gewässer um die kleinen Serpentara-Inseln beangeln. Der beste Platz für das Watfischen mit der Spinnrute auf Wolfsbarsche und Blaufische und das Brandungsangeln auf Rochen und Haie soll der Golf von Orosei sein. Im Norden hat Skipper Paulo

Sala sogar ein Bootsangelzentrum im Hafen von Ottiolu südlich Olbia eröffnet. Er veranstaltet Thun- und Little-Big-Game-Fahrten wie auch Grundangeltouren auf Meerbrassen und Meerbarsche. Anschrift: Paulo Sala, c/o Rha, Piazetta del Porto, I-08020 Budoni (NU).

7 Sizilien. Landangelplätze gibt es überall, die fischreicheren im Süden. Der äußerste Südzipfel mit dem Fischerdorf Marzamemi bei Pachino (südlich von Syrakus) gilt als Geheimtip für das Wat- und Brandungsangeln auf alles, was das Mittelmeer hergibt. Die flachen Strände sind voller Rinnen von 2 bis 6 Meter Tiefe, in denen die Fische liegen, vor allem in den Dämmerungszeiten.

Bootsangler kommen im äußersten Westen zwischen den Ägadischen Inseln oder im Norden zwischen den Liparischen Inseln auf ihre Kosten. Dickschiffskipper haben hervorragende Möglichkeiten für das Grund- und Schleppangeln etwa 40 bis 50 sm südwestlich Siziliens in der Straße von Sizilien. Dort findet man ausgedehnte flache Bänke von nur 10 bis 30 Meter Tiefe, oft gesäumt vom bis zu 1000 Meter tiefen Wasser. Berühmt ist das Keith Reef mit nur 0,3 Meter Tiefe. (Talbot- und Adventurebank nördlich der Pantelleria-Inseln).

Dieses Gebiet zählt zum besten Hochseeangelareal Italiens und wird mit hochseetüchtigen Booten von Trapani aus angesteuert. Organisierte Bootstouren sind geplant vom Klub Circulo Pesca d'Altura in Catania.

Kontakt über den Leiter, Massimo Brogna, E-Mail Massimo.brogna@tin.it. Adresse:

Solche Meerbrassen gibt es vor allem im Süden und rund um die Inseln ab 50 m Tiefe.

Via D.Degli Abruzzi 273 in 95126 Catania.

Der Klub besitzt im Hafen von Catania ein Klubhaus und mehrere Charterboote für das Hochseeangeln vor der Ostküste Siziliens. Hauptbeute sind Thunfische, Speerfische und Gabelmakrelen (Leccia). Allein für die letzteren wurden vor Catania vier IGFA-Leinenklassen-Weltrekorde und drei EFSA-Europarekorde erzielt.

8 Die Pelagischen Inseln westlich von Malta liegen wie schon die erwähnte Pantelleria-Insel inmitten der hochsommerlichen Thunfischzugstraße. Unmittelbar bei der kleinen Linosa-Insel fällt das ansonsten flache Wasser auf 1179 Meter Tiefe ab – ein ganz heißer Thun- und Schwertfischangelplatz.

Malta

Allgemeine Auskünfte: Fremdenverkehrsamt Malta, Schillerstr. 30–40, 60313 Frankfurt/M
E-Mail: info@urlaubmalta.com
Internet: www.urlaubmalta.com
Deutsche Seekarte Nr. 311
Die geschichtsträchtige Mittelmeerinsel macht immer wieder bei Meeresanglern von sich reden, weil die Berufsfischer regelmäßig Schwertfische anlanden. Man vermutet in der Umgebung von Malta die sommerlichen Laichplätze dieser Riesenfische, aber eine organisierte Angelei ist bisher nicht in Gang gekommen.

Zweifellos gehören die Gewässer um Malta, die sich nur 200 Meter tief sehr weit nach Osten strecken, um dann abrupt, fast senkrecht auf 4000 Meter Tiefe ins Ionische Becken abzufallen, zu den aufregendsten Angelgebieten. Was fehlt, sind ausdauernde und betuchte Angler, die dieses Gebiet mit Hilfe der maltesischen Fischer anglerisch erschließen. Hier warten noch große Abenteuer auf unternehmungslustige Angler!

Kroatien

Deutsche Seekarte Nr. 600
Allgemeine Auskünfte: Kroatische Zentrale für Tourismus, Karlsruher Str. 18/8, 60329 Frankfurt.
E-Mail: kzft@gmx.de
Internet: www.htz.hr und:
www.croatia.hr

Fürs Meeresangeln ist eine Staatliche Lizenz, befristet auf 1, 3, 7 oder 30 Tage notwendig. Man erhält sie in den Touristbüros und Hafenmeistereien.

Es gelten für sehr viele Fische Mindestmaße.

Welch wunderschönes Angelland! Die Küste ein Traum aus tiefem Blau von Himmel und Wasser mit vergoldeten Rändern aus den Felsen der Inseln – 1185 Inseln und Inselchen bilden diesen Zaubergarten für Meeresangler vor der dalmatinischen Küste.

Kroatiens Inselwelt besticht aber nicht nur durch ihre Schönheit, sondern auch durch ihre Angelmöglichkeiten für Meeresangler. Die Wassertiefe beträgt zwischen den Inseln im Schnitt 60 Meter. Der Meeresboden besteht aus großen Schlick- und Sandflächen mit vielen eingestreuten Felsbänken. Überall gibt es reichen Bewuchs von Algen, Tangen, Seerosen, Schwämmen und Korallen.

Da die offene Adria vor den Inseln fast ebenso tief, aber beinahe glattgrundig ist, ziehen sich die Fische zurück in die

Bunter Fang von den Felsküsten der dalmatinischen Inselwelt

reich besiedelten Zonen zwischen den Inseln. Auffällig ist der Bestand an kleineren Haiarten: Nirgendwo sonst in Europa findet man Dorn-, Hunds-, Glatt- und Katzenhaie auf einem Areal so häufig vereint. Hinzu kommen Conger und Rochen und natürlich die ganze reiche Artenvielfalt der Meerbarsche und Meerbrassen. Sogar Thunfische ziehen ab August jagend durch die Inselkanäle.

Diese Kanäle sind für Angler die wichtigsten Fangplätze. Es sind die Passagen, die »hohlen Gassen«, durch die nicht nur das Wasser beständig strömt, sondern auch die Fische kommen. Am Rande der Strömung, in den tiefen Kanalrinnen, im Strömungsschatten hinter Felsen oder vor und hinter den Kanaltrichtern, lauern die Fische. Dort angelt man vom verankerten Boot, füttert ständig an mit Rubby dubby, einem Brei aus zerstampften Sardinen und anderen Fischresten, gefüllt in einen Zwiebelsack, und angelt auf dem Grund mit toten Köderfischen.

Aber auch das feinfühlige Fischen vom felsigen Ufer auf Meerbrassen oder das Schleppen mit Wobblern, Blinkern oder toten Fischen auf Wolfsbarsche und Stachelmakrelen (letztere besonders an der Außenküste der Inseln) ist überall möglich.

Beste Voraussetzungen für das Angeln herrschen, wenn im Sommer der meist schwache Mistral aus westlichen Richtungen weht, das Schleppen vor den Außenküsten ist dann angebracht. Gut auch der Yugo, ein frischer Wind für meist zwei bis drei Tage aus Südost, der die Strömung in den Kanälen verstärkt.

Thunfische aus der Bucht von Bakar (bei Rijeka).

43

Hot Spots

Die Fangaussichten nehmen von Nord nach Süd zu.

1 *Rijeka-Bucht.* Mit den Schiffen ziehen durch den Kvarner-Kanal auch Großhaie. In der Bucht Rochen.

2 *Tihi-Kanal* bei Kraljevika, der Auslauf des langen Velebit- (oder Podgorski-) Kanals.

3 *Krusja-Kanal* zwischen den Inseln Cres und Plavnik.

4 *Unijski-Kanal,* besonders die Schmalstellen zwischen der Insel Losinj und den vorgelagerten kleineren Inseln.

5 *Velebit- (oder Podgorski-) Kanal,* die ganze Strecke zwischen Festland und der Insel Rab.

6 *Silbanski-Kanal* zwischen den Inseln Losinj und Premuda. Dies ist das »Tor«, der Einlauf vom offenen Meer in den Kvarneric, dem größten Binnenwasser des ganzen Archipels. Auch die Thune wandern durch diesen Einlauf.

7 *Srednji-Kanal,* zwischen den Inseln Pasman und den im Südwesten vorgelagerten Kornati-Inseln.

8 Einen Einlauf vom offenen Meer bildet der *Zirjanski-Kanal* am südlichen Ende der Kornati-Inseln.

9 *Zlarinski-Kanal* vor der Einfahrt nach Sibenik. Hier müssen alle Schiffe hindurch, die nach Sibenik wollen. Ein guter Haiangelplatz.

10 Die *Meerenge* zwischen den Inseln Solta und Brac gilt als guter Hai- und Rochenangelplatz.

11 Südlich der Insel Korcula beginnt das über 1000 Meter tiefe *Südliche Becken* der Adria. Von hier aus steigen die Wanderfische (Thune, Stachelmakre-

len, Makrelen, Blaufische, Bonitos) in die Inselwelt ein. Empfehlenswert die Schleppangelei im Lastovki-Kanal und vor der Insel Lastovo.

Griechenland

Deutsche Seekarte Nr. 606 (Ägäisches Meer) und Nr. 435 (Ionisches Meer)

Allgemeine Auskünfte erhält man bei der Griechischen Zentrale für Fremdenverkehr, Neue Mainzer Str. 22, in 60311 Frankfurt, mit Zweigstellen in Berlin, München und Hamburg.

Umschlossen von den über 4000 Meter tiefen Wassern des Östlichen Mittelmeeres bieten Griechenlands Küsten und Inseln mit meist nur schmalen, flachen Schelfgürteln einen begrenzten Lebensraum für alle Bodenfische, wohl aber genügend Freiraum für alle Fische des Freiwassers. Von Jahr zu Jahr entdecken Forscher und Fischer immer neue Fischarten, die über den Suezkanal einwandern.

Generell muss man davon ausgehen, dass in der Nähe der touristischen Ballungszentren alle Gewässer stark überfischt und teilweise auch verschmutzt sind. Insgesamt betrachtet sind die Fangaussichten überall geringer als im westlichen Mittelmeer.

Aber Angler wollen und müssen nicht unbedingt mit täglichen Massenfängen nach Hause kommen, und so betrachtet wird auch der Griechenlandbesucher Freude haben beim Fischefangen, sofern er bei der Wahl des Angelgebietes auf Folgendes achtet:

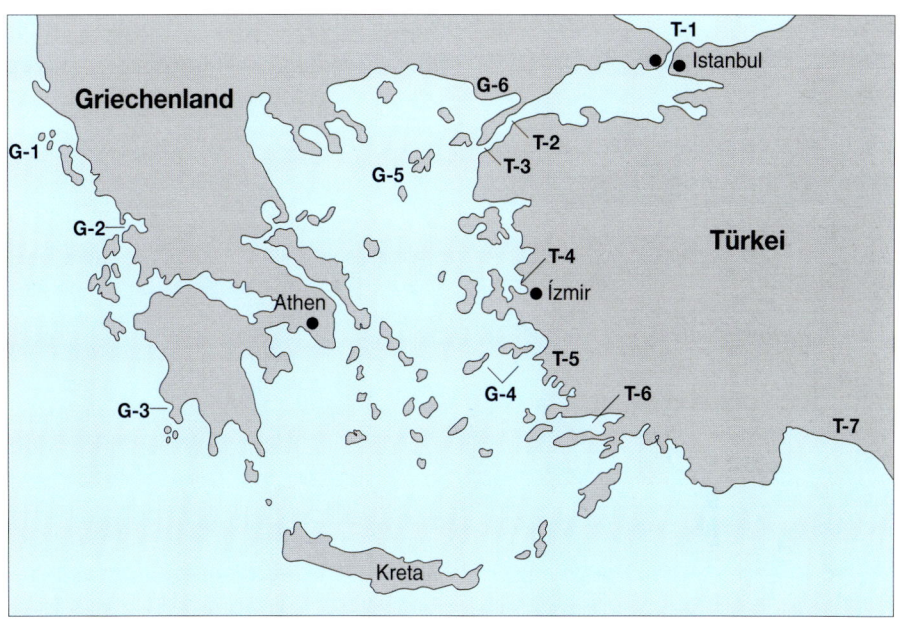

Suche Angelziele fernab der Ballungszentren und überlaufenen Häfen. Schließe dich einheimischen Fischern und Bootseignern an. Orientiere dich anhand genauer, detailreicher Seekarten. Bevorzuge die Bootsangelei.

Es gibt keine organisierte Meeresangelei, wohl aber Boote, auch Charterboote beinahe überall. Mit dem Boot wird die Schleppangelei am Tage ausgeübt oder mit Paternosterangeln Makrelen und mit Fetzenködern Hornhechte gefangen. Nachts und in den Dämmerzeiten ist das Grundangeln erfolgreich, ganz besonders in 50 bis 150 Meter Tiefe entlang entlegener Inseln. Die Gebiete um unbewohnte Eilande, die zudem noch wenigstens einige Bootsstunden vom nächsten Hafen entfernt sind, sind die absoluten Hot spots – wenn dort nicht zuvor mit Dynamit »gefischt« wurde.

Hot Spots

Ionisches Meer

1 Die Westküste von Korfu am Eingang zur Adria zählt zu den fischreicheren Gebieten. Weit draußen ziehen die Thunfische, und insbesondere Bootsanglern bieten die Gewässer um die kleinen, nordwestlich von Korfu vorgelagerten Inseln Othoni, Erikousa und Mathraki alle Angelmöglichkeiten. Bei und nach anhaltenden südlichen Winden werden die Sardellen- und Sardinenschwärme hier zusammengeschwemmt, und in deren Gefolge kommen die Thune, Bonitos, Stachelmakrelen und die kleineren Makrelen. Seevögel weisen den Weg zu den Fischen.

2 Gute Hai- und Rochenangelplätze befinden sich weiter südlich in den

Der achtarmige Octopus gehört zur häufigsten Beute der Mittelmeerangler. In den Angelgerätegeschäften gibt es spezielle Köder für den Fang der schmackhaften Tiere.

Meerengen zwischen der Insel Lefkas und dem Festland sowie im schmalen Durchlass zum Golf von Arta bei Prevesa (Meeräschen, Aale, Plattfische). Auch die Inselwelt zwischen den Inseln Keffalinia und Lefkas ist Bootsanglern zu empfehlen.

3 Die drei großen »Finger-Landschaften« im Süden des Peloponnes bieten mit ausgedehnten und noch relativ einsamen Fels- und Strandlandschaften gute Möglichkeiten für das Angeln vom Ufer und vom Boot. Hervorzuheben sind der linke »Finger«, Messina mit der Westküste bei Pylos und für Bootsangler die dem Hafen von Methoni südlich vorgelagerten Inseln.

Dickschiff-Skipper sollten unbedingt die winzigen Strofades-Inseln am Au-

ßenrand der Kiparissiakos-Bucht, weithin durch einen Leuchtturm erkennbar, umrunden und mit Schleppleinen abfischen – ein ganz »heißer« Platz.

Ägäisches Meer

4 Die meisten dieser Inseln sind vom Tourismus »heimgesucht«, das gilt besonders für die Kykladen und die großen Inseln Kreta, Rhodos und Zypern. Wer Erholung und gutes Angeln sucht, ist gut beraten, diese Gebiete zu meiden. Hervorzuheben sind die Inseln Samos und Ikaria, wo Bootsangler ganz besonders im Süden dieser Inseln zwischen den zahlreichen kleinen, oft unbewohnten Eilanden viele gute Angelgebiete für alle Fangmethoden finden.

5 Die inmitten der Ägäis liegenden Inseln Evstratios und Limnos sind gute Ausgangspunkte für die sommerliche Makrelen- und Thunfischangelei. Auf der größeren Insel Limnos gibt es überdies viele gute Uferangelmöglichkeiten.

6 Wer das Brandungsangeln auf Plattfische, Aale und gelegentlich auch Wolfsbarsche liebt, wer insbesondere den massenhaft auftauchenden Meeräschen nachstellen will, ist im äußersten Nordostzipfel der griechischen Ägäis gut aufgehoben. Die flache Küste zwischen Kavalla und dem Grenzort Alexandroupoli mit den Mündungstrichtern der Flüsse Nestos und Meric bietet dazu Gelegenheit.

Türkei

Deutsche Seekarten Nr. 606 (Westküste gesamt); Nr. 1112 (Dardanellen); Nr. 1111 (Bosporus); Nr. 711 (Südküsten, Westteil).
Allgemeine Auskünfte: Informationsabteilung des Türkischen Generalkonsulats, Taunusstr. 52-60, 60329 Frankfurt. Regionale Büros in Berlin und München.

In der Türkei wird viel und gern geangelt, aber oft improvisiert. Organisierte Angeltouren mit großen Charterbooten gibt es nicht, obwohl das Land zwei Hot spots besitzt, wo dies sehr gut möglich wäre: die Dardanellen- und Bosporus-Meerengen im Nordwesten des Landes. Hier konzentriert sich der ganze Fischreichtum des östlichen Mittelmeeres, hier wird auch viel gefischt.

Das Meeresangeln erstreckt sich darüber hinaus auf die Ägäis und den Westteil der Südküste. Vor der Südküste fällt das Meer rasch in große Tiefen ab, auf dem schmalen Schelf siedeln nicht so viele Fische wie in anderen Mittelmeerbereichen. Meeresangler sind gut beraten, sich auf die nachfolgenden Gebiete zu konzentrieren:

Hot Spots

1 Bosporus. Die schmale, an der engsten Stelle nur rund 750 Meter breite Trennungslinie zwischen Europa und Asien wird ständig scharf durchströmt von schwach salzigem Schwarzmeerwasser an der Oberfläche und stark salzigem Mittelmeerwasser am Boden.

Thunfische aus dem Bosporus, der fischreichsten Meerenge der Türkei

Dieses Wassergemisch lockt viele Fische an. Fast ganzjährig bilden sich große Schwärme von Wittlingen, Stöckern, Plattfischen, Sardinen, Seehechten, Sardellen vor dem Einfluss ins tiefe Marmarameer. Ständig werden sie gejagt von Wolfsbarschen, Stachelmakrelen, von Hornhechten und Makrelen, Blaufischen und Thunen. Sogar Schwertfische werden hier hin und wieder gefangen (Mai bis September). Die Thunfischsaison reicht von April bis Juni und (noch einmal im Herbst) von Ende September bis November. Nirgendwo sonst im Mittelmeer können Thune und Schwertfische so früh und spät im Jahr erbeutet werden.

47

Etwas abseits der Strömung werden viele Haiarten gefangen, vor allem Glatt-, Dorn- und Hundshaie und schließlich auch Nagelrochen.

2 Ähnliche Verhältnisse herrschen auch in den Dardanellen, der Meerenge zwischen der Ägäis und dem Marmarameer. Allerdings leben die Fische hier nicht im selben Maße zusammengedrängt; auch der Einfluss des Schwarzmeerwassers ist nicht mehr so stark zu spüren. Bestes Angeln ist an der schmalsten Stelle (2 km) zu finden; das Wasser ist bis zu 100 Meter tief.

Beide Meerengen sind stark befahrene Schifffahrtswege. Es gelten strenge Vorschriften für das Befahren der Gewässer mit Verbotszonen und Einschränkungen. Viele einheimische Berufs- und Amateurfischer nutzen aber jede Gelegenheit zum Fang, und es ist ratsam, sich ihnen anzuschließen.

Dardanellen und Bosporus zählen neben der Meerenge von Gibraltar zu den absoluten Meeresangel-Hot-Spots des Mittelmeeres.

3 An der Westküste befinden sich gute Uferangelplätze entlang der Küstenstraße bei der Flusseinmündung am südlichen Dardanelleneingang bei Kumkale.

4 Nördlich von Izmir liegt ein guter Plattfisch-, Aal- und Meeräschenplatz bei der Einmündung des Flusses Gediz bei Bozalan.

5 Rund 120 km südlich Izmir gelangt man an die Flussmündung des Büyük Menderes mit guten Plattfisch-, Meeräschen- und Wolfsbarschangelmöglichkeiten, auch Blaufische sollen dort vorkommen. Ein paar Kilometer südlich davon gutes Küstenangeln beim Leuchtturm Tekagac nahe des Ortes Didim.

6 Alle Ufer des breiten Golfes von Kos im Südwesten des Festlandes eignen sich für die Ufer- wie Bootsangelei. Hier überwiegen wieder die Bodenfische, vor allem Meerbrassen. Im Fährhafen Bordum gutes Meeräschen-, Conger- und Aalangeln.

7 Entlang der gesamten, von den sonnenhungrigen Touristen im zunehmenden Maße geschätzten Südküste ist das Angeln nur im Westteil zwischen der Dalaman-Mündung beim gleichnamigen Ort bis nach Antalya zu empfehlen.

Ausrüstung fürs Mittelmeerangeln

Es ist empfehlenswert, nur Ruten und Rollen ins Reisegepäck zu nehmen. Das spart Platz und – bei Flugreisen wichtig – Gewicht. Alle übrigen Ausrüstungsgegenstände, man denke nur an die schweren Senker, kann man sich am Urlaubsort bei den dortigen Gerätehänd-lern beschaffen. Das ist vorteilhaft, denn die vor Ort angebotenen Teile und Köderformen sind dort langjährig erprobt und bewährt und daheim meistens nicht so gut passend zu erhalten. Überdies sind sie oft nicht teurer als anderswo.

Koffer-Reiseset fürs Mittelmeerangeln, bestehend aus Fly- und Drive-Teleskopruten, zusammengeschoben 75 cm lang. Die Bootsrute soll 2,2 bis 2,4 m lang sein mit einem Wurfgewicht von 100 bis 200 g; die Brandungsrute soll um 4 m lang sein bei einem Wurfgewicht bis 180 g; die Spinnrute soll um 2,7 m lang sein und für ein Wurfgewicht bis 40 g ausgelegt sein.
Die gemeinsamen Rutenmerkmale: seewasserresistente Schraubrollenhalter und SIC-Ringe, abschraubbare Endkappe, Moosgummigriffe und Spitzenschutzkappe für alle.

Die Multirolle fasst 350 Meter 0,50 mm-Schnur. Im Bild: DAM-Quick-Power-Champion LDL 430, seewasserresistent, verstellbare Handkurbel, Hebelbremse, Metallspule. Die Rolle eignet sich für alle Bootsangeleien.
Die Stationärrolle fasst 250 Meter 0,30 mm-Schnur. Wechselspulen ermöglichen die Verwendung von Schnüren unterschiedlicher Stärken. Im Bild: DAM-Finessa III-350, mit Heckbremse, kugelgelagertem Schnurfangröllchen, Kreuzwicklung und für Linkshänder umbaubar. Die Rolle eignet sich für alle Uferangeleien.

Stückliste
aller sonstigen Teile zur Mitnahme oder
zum Kauf am Urlaubsort
Bleischrot, 1, 2 u. 5 g
Blinker (s. »Köder«, S. 64)
Gerätekasten
Gleitposen, mit und ohne Knicklicht,
10 bis 15 cm
Glöckchen (akustischer Bissanzeiger)
Gummibänder (f. Stopperknoten, s. S. 277)
Gummigewebeschlauch (s. »Köder«, S. 63)
Haken, Gr. 16 bis 5/0
Haspel (als »Rutenersatz«)
Jigs (s. »Köder«, S. 64)
Kescher, langstielig
Luftballons (Driftangeln, s. S. 58)
Makrelenpaternoster
Paravan (nur fürs Schleppen)
Perlen, durchlocht, farblos, Ø 4–7 mm
Rutenhalter fürs Schleppen

Schnüre, monofil, farblos für Vorfächer,
0,10; 0,16; 0,25 mm
Schnüre, monofil, farblos, 0,35 mm
(Rollenschnur)
Schnur, multifil, 0,26 mm (16 kg) für
Tiefen über 50 Meter
Schlauch, farblos, für Seitenarm-Selbstbau
(S. 57)
Seitenarm (Boom)
Sekundenkleber
Senker, div. Formen, 30 bis 250 g
Senkerkugeln, 5, 10 u. 20 g
Stahlvorfach mit Schlaufen, 50 u. 200 cm,
8 u. 16 kg
Wasserkugeln, farblos und rot
Wirbel mit Karabinerhaken
Wobbler (s. »Köder«, S. 55)
In dieser Liste nicht enthalten sind die
Geräte und Zubehör für das Brandungsan-
geln (s. Kap. »Ostsee«, S. 208)

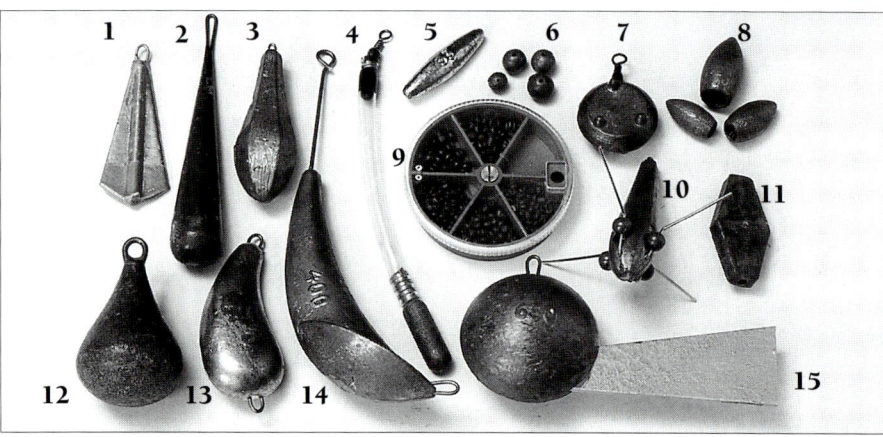

Senker fürs Meeresangeln
1 Pyramiden-Wurfsenker
(Heringsangelei)
2 Weitwurfsenker 180 g
(Brandungsangeln)
3 Weitwurfsenker für
bewegte See
4 Stabsenker gegen Verhängen beim ufernahen Angeln
5 Durchlochte Olive für
Wurfmontagen mit
Fetzenködern

6 Kugeln, durchlocht, zum
Tarieren von Posen
7 Teller fürs ufernahe
Angeln bei Strömung
8 Bleiköpfe für Jigmontagen
(Schleppangeln)
9 Spaltkügelchen fürs Fein-
beschweren
10 Krallsenker mit Klappbei-
nen für schwerste Strömung
11 Durchlochter Sechskant
für Hafenangelei

12 Birne 50 bis 800 g fürs
Grundangeln vom Boot
13 Banane fürs Schleppan-
geln vom Boot bei Strömung
14 Schlitten fürs Grundangeln
bei schneller Drift
15 Steuerflossensenker für
die Schleppangelei

*Umweltbewusste Meeresangler
verwenden nach Möglichkeit
Senker aus unbedenklichem
Material.*

Werkzeug

Kernstück ist eine Kühlbox, die im heißen Klima überall gute Dienste leistet, sowohl für die Köder wie auch für die Fangaufbewahrung. Nadel und Garn werden fürs Vernähen von Haken in Köderfischen (Schleppangeln) benötigt. Sonnencreme und Polarisationsbrille sind unentbehrlich. Handtuch und Handschuhe dienen der Reinigung und dem Schutz beim Abhaken; die seewasserresistente Lösezange kann Angelhakendraht zerschneiden; der Schlagstock zum Betäuben und das schwimmfähige Messer zum Kehlen dürfen nie fehlen. Erste-Hilfe-Teile verwahrt man in einer wasserdichten, unzerbrechlichen Blechschachtel. Die batteriegespeiste Stirnlampe ist beim nächtlichen Angeln nützlich.

Kleidung

So schön die Sonne am Mittelmeer auch ist – für Meeresangler, die den ganzen Tag oft ohne Schatten am Strand oder im Boot unterwegs sind, kann die Sonne zur Qual, sogar gefährlich werden, denn Verbrennungen können den ganzen Angelurlaub gründlich verderben. Zwar benötigt man für das nächtliche Angeln Pullover und sogar Windjacken, für den Tag aber:

Jeans, lange, leichte
Kopfbedeckung (Schirmmütze im Boot, breiter Hut am Strand)
T-Shirts, langärmelige
Turnschuhe, rutschsicher, für Felsen mit Knöchelschutz
Wathose – fürs Watangeln

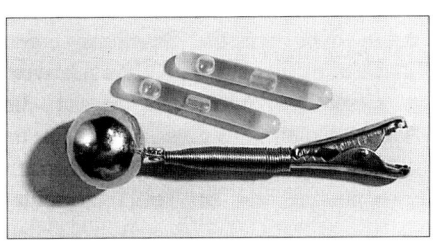

Glöckchen und Knicklichter für die nächtliche Angelei zur Befestigung an der Rute (s. Seite 209).

51

Mittelmeer-Angelmethoden

Mittelmeerfische sind scheu und schlau! Nur im Trübwasser von Häfen fühlen sie sich etwas sicherer. Im glasklaren Wasser der offenen Küsten aber verstecken sie sich tagsüber zwischen Pflanzen und Steinen, stoßen nur blitzschnell auf einen nah genug vorbeiziehenden Köder, um dann wieder zu verschwinden. Pilker der Ostsee oder das grobe Grundangelgerät der Atlantikangler verscheuchen nur die Fische zwischen Gibraltar und Bosporus.

Deshalb angelt man im Mittelmeer mit dünnsten Schnüren, kleinen Haken, die gut im Köder versteckt werden müssen, bietet den Köder unauffällig an und verhält sich auf Molen und Felsen möglichst unsichtbar für die Fische. Was in anderen Meeren fast von allein an den Haken geht, muss im Mittelmeer mit Bedacht überlistet werden.

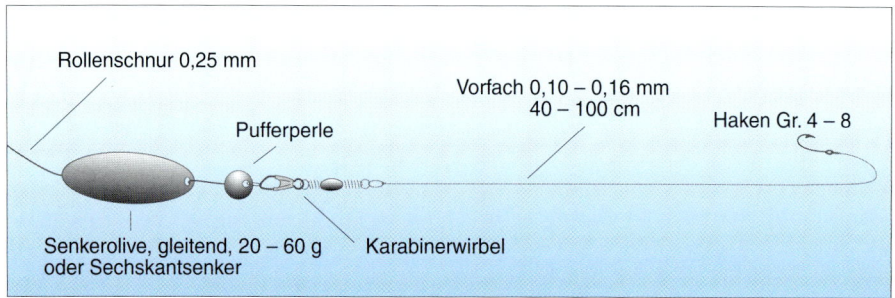

Montage fürs Grundangeln auf glattem Grund (Hafen-Universalmethode)

Hafen-Universalmethode

Überall wo Sand und Schlick überwiegen, vor allem also in Häfen vor Kais und Molen, wird die »Hafen-Universal-Methode« angewandt. Man angelt unmittelbar vor den Molen oder zwischen den Schiffen, vor allem Fischerbooten, weil dort immer etwas für die Fische abfällt, oder wirft weit ins Hafenbecken.

Klarwasserangeln von Felsen und Molen

Es ist die erfolgreichste Tagesangelmethode überall im Mittelmeer. Von Molen

ist Anfüttern mit feinstkörnigem Lockfutter unerlässlich. Damit lockt man vor allem die kleinen bis handgroßen Fische an. Sie ergeben mit Paniermehl in siedendem Öl gebacken ein leckeres Fischgericht.

Größere Fische fängt man dagegen vor Felsregionen mit tiefem Wasser, am besten dort, wo die Brandung einen Gischtsaum erzeugt hat. Geangelt wird am Gischtrand oder dort, wo sich die Gischt langsam auflöst. Die Fische suchen in diesem Bereich erregt nach losgespültem und am Felsen zerschla-

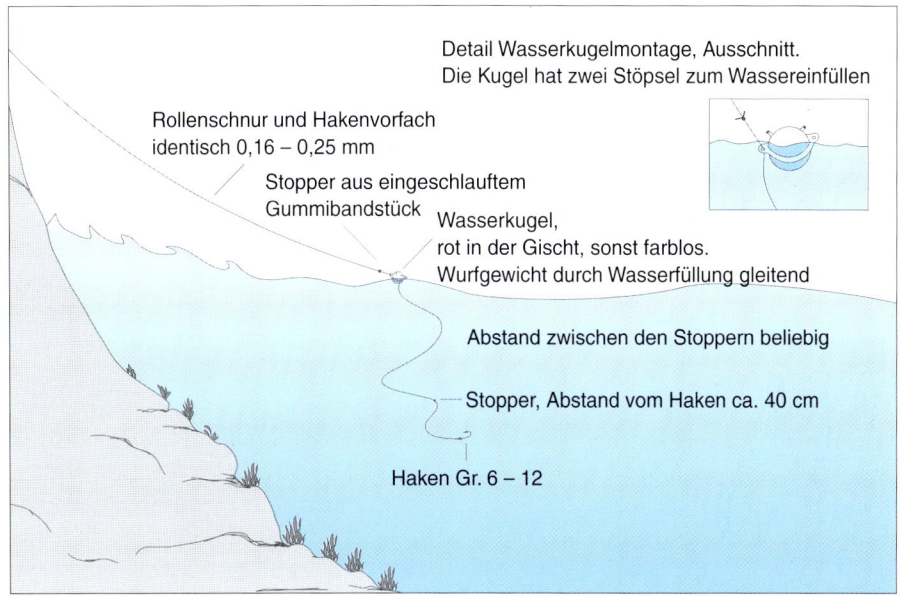

Detail Wasserkugelmontage, Ausschnitt.
Die Kugel hat zwei Stöpsel zum Wassereinfüllen

Rollenschnur und Hakenvorfach
identisch 0,16 – 0,25 mm

Stopper aus eingeschlauftem
Gummibandstück

Wasserkugel,
rot in der Gischt, sonst farblos.
Wurfgewicht durch Wasserfüllung gleitend

Abstand zwischen den Stoppern beliebig

Stopper, Abstand vom Haken ca. 40 cm

Haken Gr. 6 – 12

Klarwasserangeln von Felsen und Molen

genem Futter, sind aber ständig ängstlich auf der Hut vor ihren Feinden.

Man bietet die Köder so unauffällig wie möglich an, sie müssen wie Losgespültes im Wasser schweben. Eine Wasserkugel, gleitend montiert, dient in erster Linie nur der Beschwerung zum besseren Auswerfen, man könnte sie auch weglassen und fühlend angeln. Nur wenn sehr weite Würfe erforderlich sind, ersetzt man die Wasserkugel durch ein Gleitfloß mit Tariergewicht und angelt mit mindestens 120 cm langen Vorfächern hinter dem Senker.

Auch beim Gischtsaumangeln vom Felsen bringt Anfüttern mit grob zerriebenem Sardinenfleisch verbesserte Erfolge.

Brandungsangeln von Sandstränden

Nur in den Dämmerungszeiten und nachts (Mondnächte!) angelt man so in sandigen Flachwasserbereichen. Methode und Gerätezusammenstellung wie beim Brandungsangeln überall, siehe Kap. »Ostsee«, S. 208.

Mit Naturködern, vor allem Würmern und Muscheln (diese im Gewebeschlauch), werden so Plattfische, Barben, kleine Rochen, einige Meerbrassenarten und auch Wolfsbarsche gefangen. Wo diese auftauchen, sind große Haken notwendig; wo Seezungen vorkommen, müssen besonders kleine Haken angebunden werden.

Meeräschenangeln

Sechs Meeräschenarten gibt es im Mittelmeer, und überall, besonders in den Stillwasserbereichen von geschützten Buchten, in Häfen, ja sogar im Brackwasser von Flussmündungen kommen sie vor, und das stets in großen Trupps. Oft sind kiloschwere Fische darunter.

Meeräschenangeln beginnt stets mit Anfüttern. Hat man einen Fisch ausgemacht, wird geduldig so lange feinkörniges Futter eingeworfen, bis weitere Fische das Futter annehmen. Erst dann füttert man mit hakengroßen Bröckchen weiter. Brot, Brotkruste, zerkleinertes und zerstampftes Sardinen- und Makrelenfleisch eignen sich am besten.

Während des Angelns muss ständig weiter gefüttert werden. Beim Angeln kommt es darauf an, dass der beköderte Haken genauso langsam absinkt wie die Futterpartikel, dass die Schnur so fein und kaum sichtbar gewählt wird wie nur irgend möglich und dass die Haken oder Häkchen im Köder gut versteckt werden.

Die größten Äschen stehen gern im Trübwasser unter Fischdampfern und vor Fischlöschkais. Das ist die große Ausnahme von der »Fische-Meeräschen-so-fein-du-kannst«-Regel: An große Köderbrocken aus Fisch gewöhnt, stören sie sich nicht an großen Haken und kräftigen Schnüren und werden mit Fühlung oder an Schwimmern knapp über dem Grund mit halbierten oder geviertelten Sardinen erbeutet.

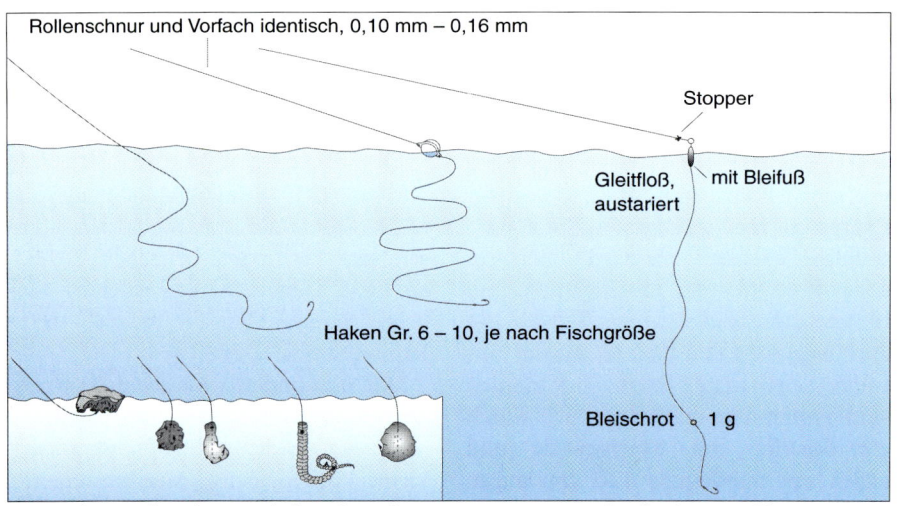

Rollenschnur und Vorfach identisch, 0,10 mm – 0,16 mm

Stopper

Gleitfloß, austariert — mit Bleifuß

Haken Gr. 6 – 10, je nach Fischgröße

Bleischrot 1 g

Meeräschenangeln: Oben, von links: Ohne-alles-Montage. Damit wird auf Sicht angeschlagen.
Mitte: Wasserkugel (farblos)-Montage. Die Schnur wird zweimal durch die beiden Ösen gesteckt und dadurch fixiert, bleibt aber bei Zug gleitend. Rechts: Gleitfloßmontage für weite Würfe.
Meeräschenköder von links: Brotkruste, schwimmend; Brotflocke und Teig, Haken verborgen; Wurmschwanz- und Sardinenstück, Hakenspitze herausstehend

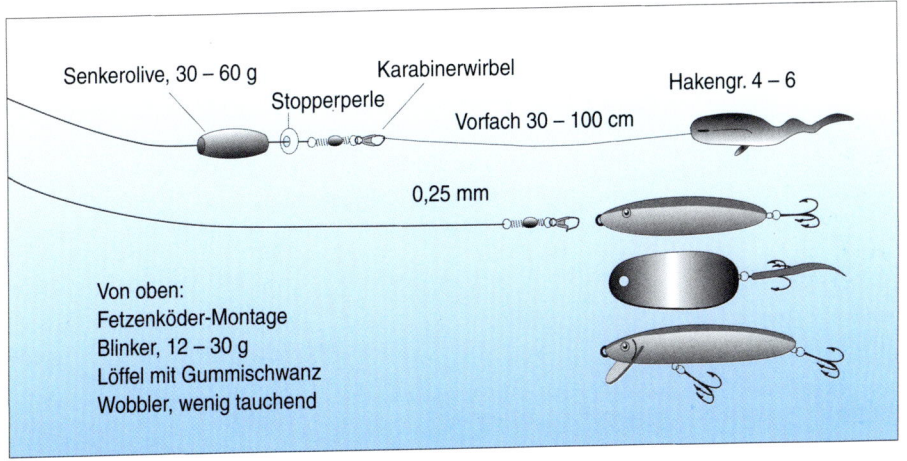

Spinnangeln

Spinnangeln

Bei kräftigem Wind und in der Brandungsgischt, wenn das Wasser von Luftbläschen getrübt ist, lassen sich am Tage Makrelen, Hornhechte und Blaufische, in der Dämmerung auch Wolfsbarsche beim Spinnangeln überlisten. Absolut bester Köder ist ein Fischfetzen aus einer Makrele; er muss alle zehn Minuten erneuert werden, damit er im Wasser eine Duftspur hinterlassen kann. An zweiter Stelle stehen kleine, nicht tieftauchende Wobbler. Blinker werden von den Raubfischen meistens schnell als Imitation erkannt und verschmäht.

Ankern-und-locken-Methode

Das Angeln vom Boot erhöht die Fangchancen, insbesondere größere Fische werden dabei erbeutet.

Die Methode ist in erster Linie in Strömungsbereichen erfolgreich. Vom fest verankerten Boot wird aus einem Sack beständig angefüttert und so im Wasser eine Duftspur gelegt. Das Futter sammelt sich hinter dem Boot am Grund, feinste Partikel werden noch viele hundert Meter weit fortgetragen. Wenn das Boot dabei vor dem Anker schwoit, verteilt sich die Lockwirkung fächerförmig und ist noch wirksamer.

Mit ganzen oder halbierten Sardinen und großen Makrelenfilets fängt man Hunds-, Katzen- und Glatthaie, im Freiwasser Dornhaie. Mit kleinerem Köder aus Muscheln, Krebsen, Krabben, Garnelen, Tintenfischen usw. erbeutet man die ganze Palette der Grundfische.

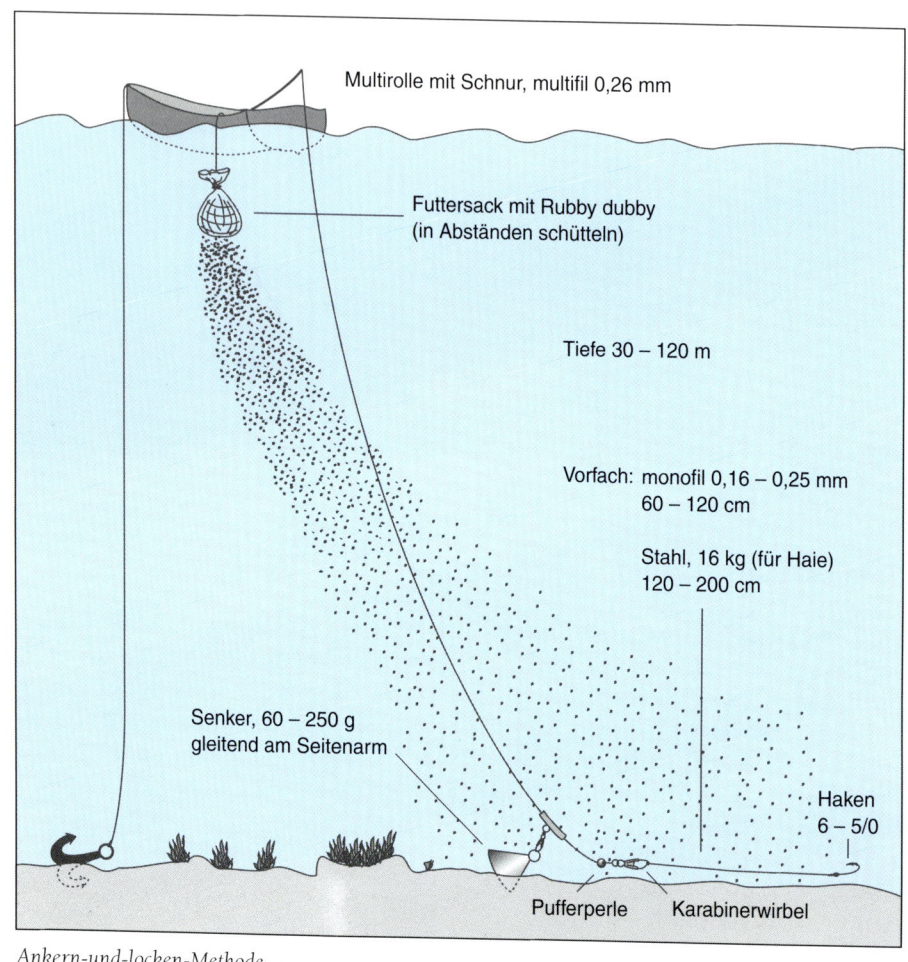

Multirolle mit Schnur, multifil 0,26 mm

Futtersack mit Rubby dubby
(in Abständen schütteln)

Tiefe 30 – 120 m

Vorfach: monofil 0,16 – 0,25 mm
60 – 120 cm

Stahl, 16 kg (für Haie)
120 – 200 cm

Senker, 60 – 250 g
gleitend am Seitenarm

Haken
6 – 5/0

Pufferperle   Karabinerwirbel

Ankern-und-locken-Methode

Driften mit dem Paternoster

Die wichtigste Bootsangelmethode im
Mittelmeer, besonders über Fels- und
Bewuchsgrund. Die Paternoster-Vor-
fächer kauft man am besten vor Ort oder
bindet sie selbst. Man benötigt je nach
Tiefe und den damit höher werdenden
Gewichten und je nach Fischgröße zwei

bis drei Vorfächer mit unterschiedlicher
Tragfähigkeit und diese dann in mehrfa-
cher Ausführung – wegen der Hänger
mit Abriss.

Die kleinen Plastikschlauchstückchen
verhindern weitgehend ein Verheddern
der Mundschnüre. Denselben Zweck
erfüllen käufliche kleine »booms« (Seitenarme).

Ein feinmaschiger Sack mit zerkleinerten Fisch-abfällen (Rubby dubby) wird außenbords in die Wasserlinie gehängt.

Aber Achtung: Im Mittelmeer muss das Paternostervorfach so unauffällig wie möglich gebunden sein! Nur farblose monofile Schnüre verwenden, keine langen, aufwändigen Arme einbauen, keine zusätzlichen Lockköder verwenden!

Mit dieser Paternostermontage sucht man driftend den Meeresboden ab, lässt dabei das Endblei nach jeder Boden-berührung vorsichtige, kleine Hopser machen und versucht mit ganz kleinen, rasch aufeinander folgenden Rucken den Köder lebendig erscheinen zu lassen.

Alle Naturköder eignen sich für dieses Angeln; es ist sinnvoll, jeden Haken mit einem andersartigen Köder zu bestücken – so findet man heraus, was die Fische gerade am liebsten fressen.

Driften und Angeln im Freiwasser

Bei dieser Methode macht man sich die Lockwirkung des Rubby dubbys zu Nutze. Die Fische sammeln sich hinter

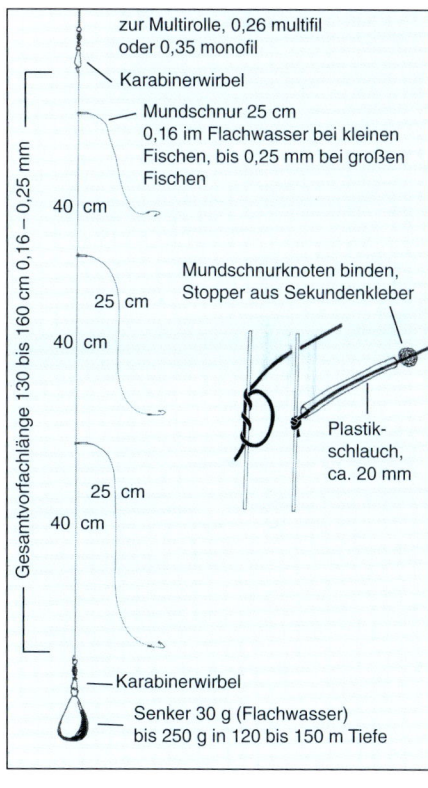

zur Multirolle, 0,26 multifil oder 0,35 monofil

Karabinerwirbel

Mundschnur 25 cm 0,16 im Flachwasser bei kleinen Fischen, bis 0,25 mm bei großen Fischen

Gesamtvorfachlänge 130 bis 160 cm 0,16 – 0,25 mm

40 cm

25 cm

40 cm

Mundschnurknoten binden, Stopper aus Sekundenkleber

25 cm

40 cm

Plastik-schlauch, ca. 20 mm

Karabinerwirbel

Senker 30 g (Flachwasser) bis 250 g in 120 bis 150 m Tiefe

Driften mit dem Paternoster.
Die Mundschnurknoten an der Rollenschnur können durch Sekundenkleber fixiert werden.

dem Boot in der Duftspur, finden die beköderten Haken, reißen das Gleitfloß unter Wasser oder den Ballon, 'der mit weithin hörbarem Knall zerplatzt.

Köder: Fischfetzen aus Makrelen- oder Sardinenfilets, auch ganze Fische bis 20 cm Länge. Mit dem Gleitfloß fängt man Makrelen, Stöcker, Hornhechte. Die größeren Raubfische wie Bonitos, Blaufische, Stachelmakrelen und kleinere Thune erbeutet man mit der Ballonmontage und 0,35-mm-Monofil-Leine auf der Multirolle. Ein Stahlvorfach muss bei Blaufischen und Blauhaien verwendet werden, Tragkraft 16 kg.

Aber Achtung: Bei dieser Methode können auch sehr große Stachelmakre-

len, Blauhaie oder sogar Thunfische die Köder nehmen! Dann muss man mit den Geräten der Big-Game-Angelei fischen (s. S. 60).

Schleppangeln

Gefischt wird an der Oberfläche oder mit einem Paravan bis zu 30 Meter tief bei 4 bis 6 kn Fahrt. Die Paravan-Angelei erlaubt den Wechsel der Schlepptiefe und des Scherwinkels durch Lochwechsel bei der Vorfacheinhängung. Anstelle des Paravans können auch Schleppsenker montiert werden. Dann allerdings entfällt die seitliche Scherwirkung.

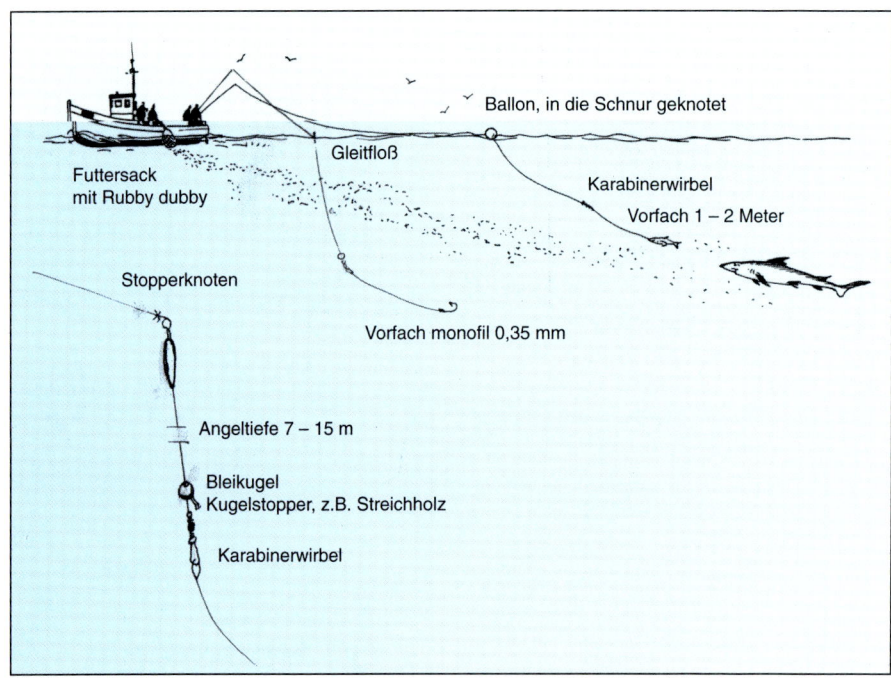

Driften und Angeln im Freiwasser

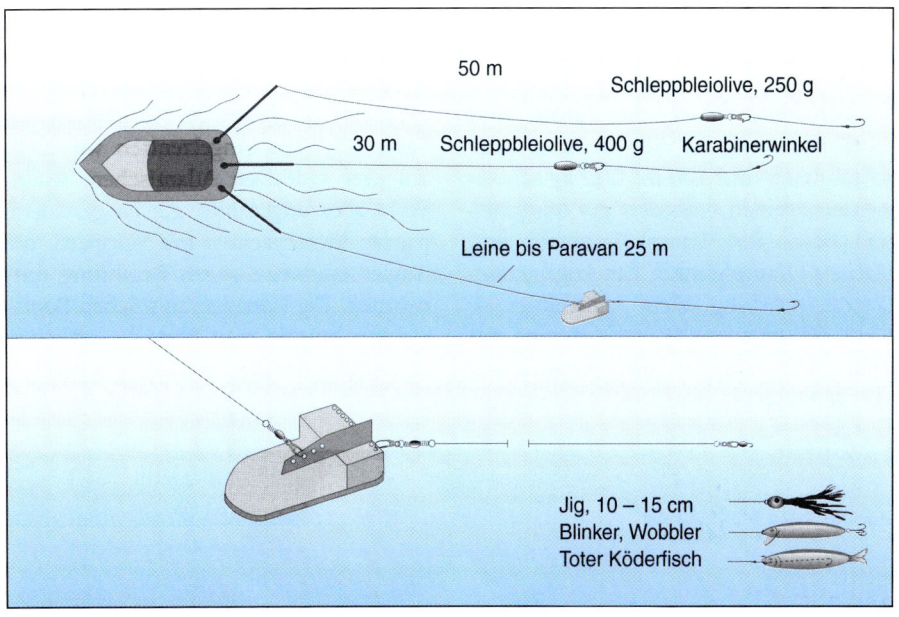

50 m

Schleppbleiolive, 250 g

30 m   Schleppbleiolive, 400 g   Karabinerwinkel

Leine bis Paravan 25 m

Jig, 10 – 15 cm
Blinker, Wobbler
Toter Köderfisch

Als Köder verwendet man in erster Linie Jigs (Tintenfischimitationen) mit einem Bleikopf und Einzelhaken. In manchen Gegenden werden auch handlange Wobbler, nicht oder nur sehr wenig sinkende Muster, verwendet. Puristen schwören auf Naturköder und schleppen nur mit ganzen Fischen, vorzugsweise Makrelen. Man bricht den toten Fischen mehrfach das Rückgrat, damit der Körper im Wasser beweglich erscheint, führt die Leine mit einem Einzelhaken Gr. 5/0 mittels einer Ködernadel durch den Bauch aus dem Maul und vernäht die Leine in der knochigen Schnauzenpartie solange, bis der Leinenzug nicht unmittelbar auf den Haken, sondern auf die Fischschnauze wirkt (s. Abb. Seite 65).

Schleppangeln
Durch Lochwahl beim Einhängen lassen sich die Paravane seitlich steuern. Mehrere Schleppköder lassen sich dadurch gut auseinanderhalten.

Schlepprolle mit Zählwerk
Ein sinnvolles Zubehör für Angler, die im Urlaub in erster Linie das Schleppangeln betreiben wollen.

59

Big-Game-Angeln

Die Angelei auf die Riesen der Meere wie Schwert- und Thunfische, Fuchs- und große Blauhaie, die alle im Mittelmeer vorkommen und 100 bis 300 kg schwer werden können, erfordert gut ausgerüstete Boote mit Kampf-Drehstuhl und Harness (Kampfgürtel). Die Angelgeräte-Grundausrüstung allein verschlingt so viel Geld, dass eine Bootscharterung mit erfahrenem Skipper und komplettem Angelgerät unbedingt zu bevorzugen ist – jedenfalls für den Anfang zum Kennenlernen.

Es gibt im gesamten Mittelmeerraum keine Big-Game-Angelzentren wie z. B. auf den südlichen Atlantischen Inseln. Wohl aber ungezählte, gut ausgerüstete, private Motoryachten mit Skippern, die Angler tageweise gegen Bezahlung mitnehmen. Die Kontakte zu solchen Bootseignern knüpfe man über die örtlichen Angelgerätehändler und Yachtclubs.

Kostspielige Big-Game-Ausrüstung
Für den Anfang ist es ratsam, mit Leihgeräten auf den Charterbooten Erfahrung zu sammeln.

Das Big-Game-Angeln wird in der Zeit von Juli bis Mitte Oktober betrieben in: Frankreich (gesamte Südküste), Spanien (Gibraltar, Cap de la Nau zwischen Festland und Balearen), Italien (Adriaküste, Sizilianische West- und Nordküste, Sardinien, nördl. Tyrrhenisches Meer), Türkei (Bosporus). Einzelheiten: siehe Landesbeschreibung.

Köder für Mittelmeerfische

Naturköder

Mittelmeerfische sind verwöhnt durch eine Vielzahl unterschiedlichster Nährtiere. Allein bei den zwischen Geröll, Sand, Steinen und Pflanzen lebenden Würmern gibt es mehr als ein halbes Tausend Arten.

Das Ködersammeln ist nicht immer einfach, weil die meisten Tiere sehr versteckt und am Tage zurückgezogen leben. Deshalb beschafft man sich Köder am besten auf den Fischmärkten.

Sardinen sind der absolute Spitzenköder für alle Fische. Sie werden als Filets, in kleinen Stückchen oder im Ganzen verwendet. Sie verderben in der Wärme schnell und werden leicht weich. Auch Sardellen und andere Kleinfische eignen sich gut.

Makrelen sind ein ebenso fängiger Köder, als ganzer Fisch für Thunfische und Haie, als große Filets im Freiwasser für Stachelmakrelen, Bonitos, kleine Thune usw. und beim Grundangeln für Haie, Rochen, Muränen, Wrack- und Wolfsbarsche.

Tip: Köderfische schon vor Sonnenaufgang auf dem Fischmarkt einkaufen und eisbeutelgekühlt in Kühlboxen zum Angelplatz mitnehmen.

Seeringel- und Wattwürmer und all ihre Verwandten gehören zu den fängigsten Ködern. Man bewahrt sie kühl in luftdichten, dunklen Gefäßen im feuchten Sediment aus Sand und Kies, mit ein paar Wasserpflanzen vermischt, auf.

Sardinen werden stückchenweise verangelt und zu Brei zerdrückt zum Anfüttern verwendet.

Meereskrabbe   *Einsiedlerkrebs*

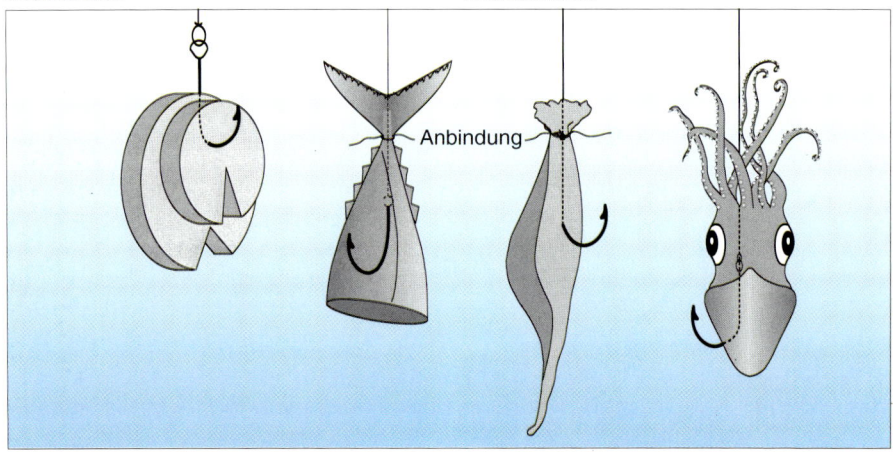

Naturköder
Von links: Makrelenfiletstück und Makrelenschwanz; Fetzenköder aus frischem Fisch, hinter dem Öhr mit Garn gegen Verrutschen gesichert (so auch zum Spinnen und Schleppen geeignet); Tintenfisch

Topköder sind Seeringelwürmer (Neréiden), es gibt im Mittelmeer Exemplare von ein bis zwei Meter Länge. Die Körpersegmente brechen leicht ab und werden vom Schwanz beginnend stückchenweise verangelt. Man sammelt die Tiere nachts mit der Taschenlampe; Wattwürmer gräbt man im Sand (s. Kap. »Nordsee«, S. 185).

Krebse, Krabben und Garnelen lassen sich wie Würmer hältern, aber hier wie dort beachten: Niemals im Meerwasser, die Tiere ersticken darin wegen Sauerstoffmangels in kurzer Zeit. Zu bevorzu-

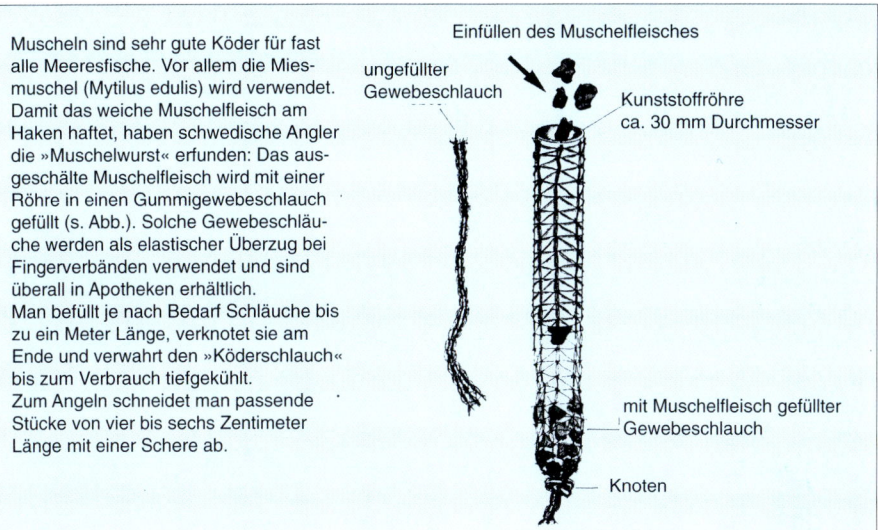

Muscheln sind sehr gute Köder für fast alle Meeresfische. Vor allem die Miesmuschel (Mytilus edulis) wird verwendet. Damit das weiche Muschelfleisch am Haken haftet, haben schwedische Angler die »Muschelwurst« erfunden: Das ausgeschälte Muschelfleisch wird mit einer Röhre in einen Gummigewebeschlauch gefüllt (s. Abb.). Solche Gewebeschläuche werden als elastischer Überzug bei Fingerverbänden verwendet und sind überall in Apotheken erhältlich.
Man befüllt je nach Bedarf Schläuche bis zu ein Meter Länge, verknotet sie am Ende und verwahrt den »Köderschlauch« bis zum Verbrauch tiefgekühlt.
Zum Angeln schneidet man passende Stücke von vier bis sechs Zentimeter Länge mit einer Schere ab.

Einfüllen des Muschelfleisches
ungefüllter Gewebeschlauch
Kunststoffröhre ca. 30 mm Durchmesser
mit Muschelfleisch gefüllter Gewebeschlauch
Knoten

Herstellung einer Muschelwurst

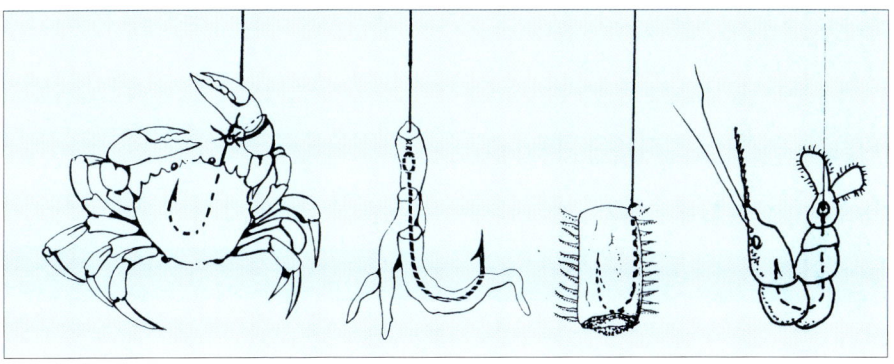

Naturköder
Von links: Krabbe, mit Faden durchs Hakenöhr am Scherenbein zusätzlich befestigt; Krabbenbeine; Segment vom Seeringelwurm; frische Garnele, Hakenspitze frei (durch Panzer gestochen)

gen sind kleine, bis vier Zentimeter lange Tiere; sie sind zwischen Steinen und Bewuchs in den stillen Buchten zu finden. Einsiedlerkrebse sind sehr gute Köder; Krabben vor allem dann, wenn sie sich frisch gehäutet haben und der Panzer noch nicht ausgehärtet ist. Gar-

nelen eignen sich nur frisch – nicht gekocht!
Muscheln, vor allem Miesmuscheln, sind ebenfalls frisch – nicht gekocht – ein hervorragender Köder für alle am Boden lebenden Fische. Miesmuscheln sind überall auf den Fischmärkten

erhältlich und lassen sich – ohne Wasser! – wie Krebse, Krabben und Würmer hältern. Man verangelt Muschelfleisch in Gewebeschläuchen und präpariert diese erst unmittelbar vor dem Angeln. Auch Taschenmessermuscheln, in sandigen Abschnitten zu finden, eignen sich gut als Köder.

Tintenfische sind Köder zweiter Wahl. Nur wenn keine anderen Köder zu erhalten sind, verwendet man am besten die kleinen Tintenfische im Ganzen (ohne Schulp) oder schneidet von größeren Tieren Teile des Körpers mit Armen als Köder zurecht (ein guter Köder für das »Zupfangeln« in Grundnähe).

Lockköder, Rubby dubby genannt, spielen eine große Rolle bei der Mittelmeerangelei. Bei fast allen beschriebenen Angelarten ist der Angelerfolg sehr vom reichlichen und beständigen Anfüttern abhängig.

Rubby dubby stellt man aus Fischabfällen her, vor allem Fettfische (Sardinen, Makrelen, Hornhechte) eignen sich gut. Sie werden so lange zerkleinert, bis sie, in einen engmaschigen Zwiebelsack gefüllt und ins Wasser getaucht, nach und nach zu Boden sinken können. Über fingernagelgroße Stücke verfüttert man nur, wenn man auf größere Fische ansitzt (Thune, Haie, Rochen, Stachelmakrelen).

Für das Anfüttern vom Ufer mischt man dem Rubby dubby so lange Brot, Haferflocken, Makkaroni und andere Bindemittel bei, bis man kleine Futterballen formen und zielgerichtet auswerfen kann. Die Futterballen müssen beim Wasseraufprall rasch zerfallen.

Künstliche Köder

Im kristallklaren Mittelmeerwasser erkennen die Fische einen Köder viel genauer als ihre Vettern im trüben Wasser anderer Meere. Auf einen plumpen Dorschpilker fallen Meeräschen oder Meerbrassen nicht herein.

Federhaken fangen geschleppt oder auf- und abbewegt Makrelen, in großen Mustern auch Bonitos, Blaufische und Stachelmakrelen.

Deshalb ist die Zahl der künstlichen Köder für das Mittelmeerangeln äußerst gering und nur auf wenige Muster beschränkt. Sie werden alle für das Freiwasserangeln beim Schleppen benutzt; die kleineren Muster eignen sich auch für die Spinnangelei vom Ufer, allerdings eingeschränkt auf die Nacht- und Dämmerungszeiten oder auf Tage mit sehr bewegtem Brandungswasser.

Wobbler erobern in zunehmendem Maße die Köderkisten der Bootsangler. Ein-, zwei- und dreigeteilte Muster, hauptsächlich in den Farben Blau-Schwarz und Rot-Weiß werden benutzt. Beim Schleppen verwendet man sinkende, aber bei Zug schwach tauchende Muster.

Blinker werden kaum benutzt. Bevorzugt wird der blausilberne ABU-Toby in

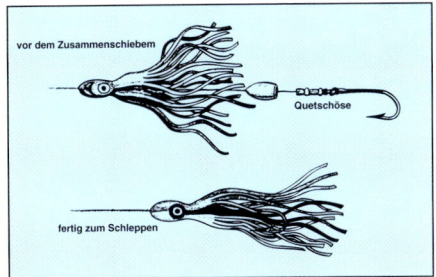

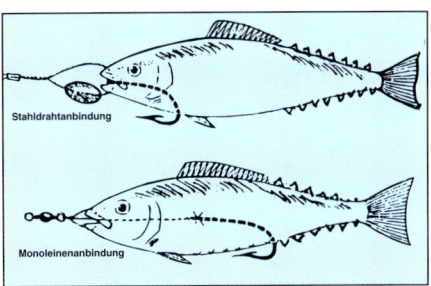

Schleppangelköder
Bleikopf-Jigs kann man selbst aus tintenfischähn-
lichen Skirts, die man in allen Farben kaufen
kann, und aus dazu passenden, olivenförmigen
Bleiköpfen zuammenstellen. Monofiles Vorfach
wird bei Thunfischen, Stahl-Vorfach bei Scharfzähnern gewählt.

Schleppangeln mit Köderfischen
Oben: mit vormontierter Bleiolive (sinkender
Köder).
Unten: zum Schleppen an der Oberfläche.
In beiden Fällen wird der Fisch so am Hakenöhr
oder Wirbel vernäht, dass der Zug beim Schlep-
pen nicht auf den Haken wirkt, sondern auf die
harte Knochenpartie.

Gewichten von 8 bis 20 g für das Spinnangeln vom Ufer.

Jigs imitieren einen fliehenden Tintenfisch. Eine Köderform, die beim Schleppen nicht fehlen darf, zumal der Wechsel von Farbe und Größe sehr einfach
ist. Man benutzt sie küstennah in 8 bis
12 cm Länge, auf der hohen See ab 15
cm Länge. Kleine Jigs mit Bleiköpfen
von 10 bis 20 g eignen sich für das zup-
fende Spinnangeln vom Ufer.

Gummifische mit Bleikopfhaken kommen zur Anwendung, wenn Fische im
Bereich des Anglers beobachtet werden,
aber alle anderen Köder verschmäht
werden. Auch sie eignen sich für das
Spinnangeln vom Ufer.

Federhaken mit und ohne kleinen
Bleikopf eignen sich sehr gut für den
Makrelenfang am auf- und abbewegten
Paternoster. Geschleppt fangen sie auch
größere Raubfische nahe der Oberfläche.

Tipp: Künstliche Köder kauft man
beim Fachhändler am Urlaubsort – dort
weiß man, was die Fische mögen.

Angeln im Atlantik

Europas Atlantikküste bietet einen fantastischen Mix aus tropisch-subtropischen Bereichen und Kaltwasserzonen. Alles, was das Anglerherz begehrt, ist im Atlantik zu finden: Big-Game- und Tropenfischangeln rund um die Kanaren, Madeira, Azoren und Portugals Küste sowie viele Kilo schwere Fänge von Kaltwasserfischen in der Nordhälfte bis hinauf nach Island und Nordnorwegen.

Meeresangeln ist überall populär, und das Hochseeangeln ist gut organisiert mit Charterbooten und Angelzentren. Saison ist das ganze Jahr. Von England bis zum Nordkap lockt das Sommerhalbjahr, die Südhälfte bietet immer beste Fangaussichten, selbst im tiefsten Winter wird vor den südlich liegenden Atlantikinseln gut gefangen.

Auch das Angeln von Strand und Felsen, Molen und Kais kommt nicht zu kurz. Brandungsangelnd, watend oder vom hohen Ansitz auf einem Felsen wird überall gefischt und gefangen, sogar Haie lassen sich vom Ufer aus erwischen (s. Irland).

Nachfolgend sind alle Angelküsten von Süd nach Nord beschrieben.

Kanarische Inseln

Deutsche Seekarten Nr. 836 (gesamt); Nr. 841 (Westteil); Nr. 842 (Teneriffa und Gran Canaria); Nr. 843 (Lanzarote und Fuerteventura).

Die Kanarischen Inseln liegen auf demselben Breitengrad wie die amerikanische Sonnenküste Floridas. Die Nähe zu Afrika, der geringste Abstand beträgt nur 115 km, und die südliche Lage lassen die Inseln eher dem afrikanischen Kontinent zugehörig erscheinen denn Europa.

Sieben große Inseln und mehrere kleine Eilande bilden den bei den deutschen Touristen sehr beliebten Archipel. Fünf Inseln ragen hoch in den Himmel, der höchste erloschene Vulkankegel, der Berg Teide, überragt alle mit 3.718 Metern. Die hohen Inseln sind an ihrer Nordflanke durch Steigungsregen ständig begrünt; nur Lanzarote und Fuerteventura, relativ flachlandig, bekommen kaum Regen, wirken wüstenhaft kahl und sind vegetationslos. Im Sommerhalbjahr weht ein ständiger Passatwind aus Nordost. Er nimmt am Morgen allmählich auf 5 bis 6 Stärken zu und flaut am Nachmittag langsam ab, um nachts fast gänzlich einzuschlafen.

Im Winterhalbjahr ab Dezember können Stürme wehen, meist aus Südwest, mit Angel-Ausfalltagen muss gerechnet werden.

Allgemeine Inselinformationen und Auskünfte über Charterboote direkt in den Turistinformationsbüros der einzelnen Inseln (auszugsweise):

Fuerteventura

Allgemein: Offizielle Internetseite des Tourismuspatronats: www.cabildofuer.es

Detail:
O.T Playa Blanca (Yaiza)
Estación Marítima de Playa Blanca, s/n
35570 PLAYA BLANCA

O.T Oficina de Turismo de Puerto del Rosario
Avda. de la Constitución, 5
PUERTO DEL ROSARIO

Gomera

Allgemein: Offizielle Internetseite des Tourismuspatronats:
www.gomera-island.com

Detail:
O.T San Sebastián de la Gomera
calle Real, n° 4
38800 SAN SEBASTIAN DE LA GOMERA
turismo@gomera-island.com

O.T Valle del Gran Rey
Calle Lepanto, s/n (La Playa)
38870 Valle del Gran Rey

Gran Canaria

Allgemein: Patronato de Turismo Gran Canaria
León y Castillo, no.17,
35003 Las Palmas de Gran Canaria
Internetseite des Tourismuspatronats:
www.turismograncanaria.com

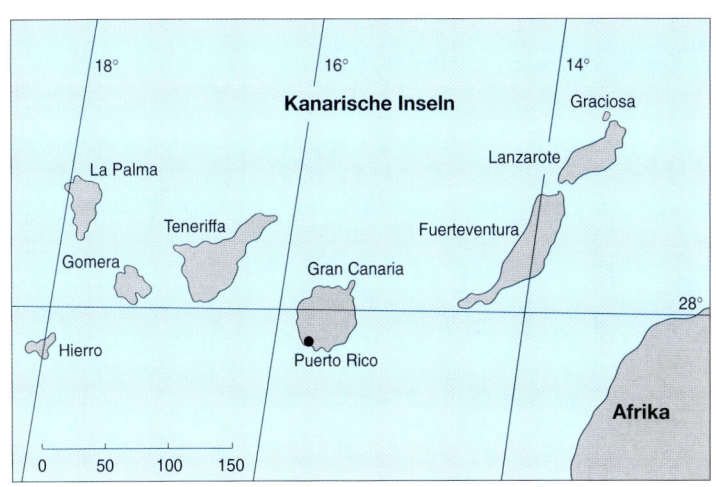

Die Kanarischen Inseln

67

Detail:
O.T. Centro Insular de Turismo
Avda. de España, esq. Avda. EE.UU
(Junto Ctro. Comercial Yumbo)
PLAYA DEL INGLES

O.T Puerto Rico (Mogán)
C.C Puerto Rico (1ª Fase)
35130 PUERTO RICO

O.T Playa del Inglés
(S. Bartolomé de Tirajana)
Avenida España, esq. EEUU, s/n
35100 PLAYA DEL INGLES

O.T Casa del Turismo
Parque Santa Catalina
Las Palma de Garn Canaria

O.T Oficina de Turismo de Puerto Rico
Centro comercial Puerto Rico.
Puerto rico
MOGAN

Blauflossenthun, 225 kg, gefangen vor dem
Hafen Puerto Rico, Insel Gran Canaria

Die Fangsaison für die begehrtesten Fische Madeiras

	I	II	III	IV	V	VI	VII	VIII	IX	X	XI	XII
Großaugenthun						X	X	X	X			
Blauflossenthun						X	X	X	X	X		
Gelbflossenthun										X	X	X
Weißer Thun	X	X									X	X
Blauer Marlin						X	X	X	X			
Schwertfisch			X	X				X	X			
Haie				X	X	X	X	X	X			
Wahoo	X								X	X	X	X
Barracuda				X	X	X	X	X	X			
Bonito				X	X	X	X	X	X			
Königsmakrele				X	X	X	X	X	X			

Hierro

Allgemein: Offizielle Internetseite der Inselregierung:
www.cistia.es/cabildohierro

Detail:
O.T Valverde del Hierro
Calle Dr. Quintero Magdaleno, n° 4
38900 VALVERDE
hieturis@arrakis.es
www.cistia.es/cabildohierro

La Palma

Allgemein: Offizielle Seite des Tourismuspatronats
on La Palma: www.la-palma.tur.org

Detail:
O.T Santa Cruz de la Palma
Avenida Marítima, n° 3
38700 SANTA CRUZ DE LA PALMA
patrotur@la-palma-tur.org
www.la-palma-tur.org

Lanzarote

Allgemein: Offizielle Internetseite der Inselregierung:
www.cabildo.com

Detail:
O.T Oficina de Turismo de Puerto del Carmen
Avda. Marítima de las Playas. Puerto del Carmen

O.T Oficina de Turismo de Playa Blanca
Muelle de Playa Blanca

O.T Arrecife
Parque José Ramírez Cerdá, s/n
35500 ARRECIFE

Teneriffa

Allgemeine Internet-Informationen:
www.tenerife.net

Detail:
O.T los Cristianos
Calle General Franco,
s/n (Casa de la Cultura)
38650 CRISTIANOS, LOS

O.T Puerto Santiago
C/ Manuel Ravelo, 20 L-35, Centro
Comercial »Seguro el Sol«
(frente a Playa de la Arena)
38436 Santiago del Teide

Für jegliches Angeln ist eine Lizenz notwendig. Man bekommt sie bei jedem Hafenamt (Comandancia Militar de Marina). Dort gibt man an, mit welcher Methode geangelt werden soll, und erhält einen der in drei Klassen ausgefertigten Angelscheine. Bei der Gelegenheit erkundige man sich genau nach besonderen Vorschriften (Molenbetretungs- und Nachtangelverbote, Mindestmaße, Schonvorschriften). Der Verkauf von geangelten Fischen ist streng verboten.

Ein prachtvoller Dolphin aus warmem atlantischem Wasser. Die hohe Stirn tragen nur die männlichen Tiere.

Fische und Fang

Im südlichsten Angelgebiet Europas tummeln sich rund 1.500 verschiedene Fischarten, eine Mischung aus nordatlantischen und tropischen Flossenträgern. Diese sonst nur noch im Mittelmeer vorzufindende Artenfülle wird ergänzt durch häufiges Vorkommen.

Kein Wunder, dass es die Angler beinahe ganzjährig hierher zieht und bereits mehr als ein halbes Dutzend Europarekord-Fische aus den Inselgewässern gezogen wurden, angeführt von Thunfischen, Riesenrochen und Haien.

Auf den Kanaren ist die Bootsangelei im Vergleich zu den anderen atlantischen Inseln am weitesten entwickelt. Das hat den Vorteil, routinierte, gute Mannschaften und eine gute Ausstattungsauswahl vorzufinden. Der Nachteil liegt in der starken Überfischung der Angelreviere im Einzugsbereich der Boote, denn: Je mehr Boote, desto mehr Ruten fischen pro Tag auf die wenigen, großen Fische.

Die meisten Bootseigner offerieren Leihgerät in unterschiedlicher Qualität. Alle Boote sind für das Big-Game-Angeln ausgerüstet (Kampfstuhl) und fahren normalerweise nur zum Big-Game-Fischen. Ausfahrten zum Grundangeln, Schleppfischen oder Rochenangeln (s. nächster Abschnitt) müssen vorher vereinbart werden. Es ist vorteilhaft, das Boot zusammen mit Freunden zu chartern und mit nicht mehr als vier Ruten zu angeln. Wer einen Einzelplatz bucht, muss damit rechnen, dass mehr als vier Ruten an Bord sind.

Wichtigster Ausgangshafen der Bootsangler ist Puerto Rico im äußersten Süden von Gran Canaria. Fast ein Dutzend Boote liegen hier und sind ganzjährig buchbar. Weitere Boote liegen in den Häfen der Inseln Graciosa, Fuerteventura, Hierro, La Palma, Lanzarote und Teneriffa. Eigner, Liegeplätze und Adressen wechseln von Jahr zu Jahr. Die aktuellen Buchungsadressen erfrage man übers Internet und/oder die Inselinformationsadressen (s. zuvor Seite 67).

Generell ist das Angeln von felsigen Ufern überall möglich, jedoch sind die strömungsreichen Abschnitte an den Kaps oder zwischen den Inseln (Nordspitze Lanzarote und Insel Graciosa) am besten geeignet. Man angelt nachts und in der Dämmerung am erfolgreichsten auf die ganze Palette der Kanarenfische. Köder: Seeringelwürmer (bei Ebbe zwischen den Steinen sammeln), Tintenfische, Fetzenköder von Fischen. Beim Gleitposenangeln verliert man weniger Vorfächer durch Hänger. Die Grundangelei ist jedoch erfolgreicher. Biegsame Stabbleie (s. Abb. Seite 50) sind da am besten geeignet.

Tagsüber werden an denselben Plätzen Blasenmakrelen, Blaufische und Wolfsbarsche erbeutet. Kleine Köderfische lässt man mit der Segelpose weit ins Meer abtreiben, um an die Standorte dieser Fische zu gelangen.

In den Häfen fängt man tagsüber Meeräschen mit Sardinenstückchen oder Weißbrotkügelchen. In jedem Fall muss reichlich und beständig angefüttert werden, um die Äschen an diese Köder zu gewöhnen. Dort, wo Fischerboote gereinigt werden und Fischabfälle ins Wasser geraten, ist das nicht nötig. Wolfsbarsche kommen nachts in die stillen Bereiche der Marinas und rauben gern in der Nähe der Laternen.

Nachts schwimmen die Rochen bis in die flachsten, sandigen Uferabschnitte. Ein guter Rochen-Angelplatz ist im Süden von Gran Canaria bei Aguineguin. Dasselbe gilt für die östlichen Strände Lanzarotes und Fuerteventuras sowie die Gewässer um Tazacorte im Westen der Insel La Palma. Geangelt wird mit Brandungsgerät, 16-kg-Klasse, mit 0,70 mm Vorfach (wegen der Rochenmahlzähne) und großen Einzelhaken, die mit halbkiloschweren toten Meeräschen oder Makrelen beködert werden. Die besten Fangplätze liegen an der seewärtigen Landspitze von Lagunen und Buchten, in die große Rochen erfahrungsgemäß bei einsetzender Dämmerung einschwimmen.

Wichtig bei allen Angelmethoden: steigendes Wasser. Zwei Stunden nach Einsetzen der Ebbe ist das erfolgreiche Angeln vorbei.

Madeira

Deutsche Seekarte Nr. 243
Allgemeine Auskünfte: Direcao Regional de Turismo, Av. Arraiga 18, Madeira. 9004 in 519 Funchal
Internet: www.madeiratourism.com
E-Mail: info@madeiratourism.org

Rund 58 km lang und 22 km breit dehnt sich die Insel in west-östlicher Richtung. Steil und schroff ragen die Ufer an vielen Stellen aus dem Meer und türmen sich zu Bergen bis 1800 Meter auf. An der Südflanke ragt mit 600 Metern das höchste Kap Europas fast senkrecht aus dem Meer. Es gibt nur einige wenige »Strände«; sie bestehen aus schwarzen Lavakieseln.

Porto Santo, eine rund 12 km lange Nebeninsel im Nordosten Madeiras, etwa drei Bootsstunden entfernt, verfügt dagegen über einen langen, feinsandigen Südstrand.

Die öden, menschenleeren Deserta-Inseln (Ilhas Desertas) im Südosten Madeiras, etwa eine Schnellbootstunde entfernt, spielen bei der Angelei eine wichtige Rolle (s. Gebietsbeschreibung).

Von Mai bis September weht fast ununterbrochen ein Passatwind mit Stärke 5 bis 6 aus Nordost. Die hohen Berge halten jedoch den Wind von der Südküste fern, es entsteht vor Funchal ein großes, stilles Windschattenfeld, das fast 5 km weit aufs Meer hinausreicht. Dort ist es bereits 2000 Meter tief, das Reich der Big-Game-Fische also. Während das Meer ringsum kabbelig ist, lässt es sich im »Funchal-Loch« unbehindert fischen.

Das Klima Madeiras zählt zu den angenehmsten der Welt. Klimaforscher haben errechnet, dass es nur ganz wenige Zonen gibt, die ähnliche, für das Wohlbefinden des Menschen erforderliche Klimadaten aufweisen. Die winterliche Durchschnittstemperatur beträgt in Funchal 15 °C (das entspricht dem wärmsten Monatsmittel auf der Insel Helgoland), im Sommerhalbjahr 22 °C.

Fische und Fang

Allmorgendlich breiten Madeiras Fischer ihren Fang in der Fischhalle von Funchal aus. Man muss das gesehen haben. Adao A. Nunes beschreibt in seinem Buch »Peixes da Madeira« 399 Arten, die ständig auf dem Markt angeboten werden. Die Fischer schleppen sie alle herbei, zentnerschwere Thune, Meerbrassen und Lippfische in allen Farben, Königsmakrelen und Bonitos, zähnestarrende Muränen oder Tiefseefische wie der Schwarze Degenfisch (Peixe espada preto), der mit Stahlleinen in 600 bis 1.000 Meter Tiefe gefangen wird.

Für die Angler sind natürlich die großen Fische am aufregendsten. Blaue

Fischerboot vor Funchal/Madeira

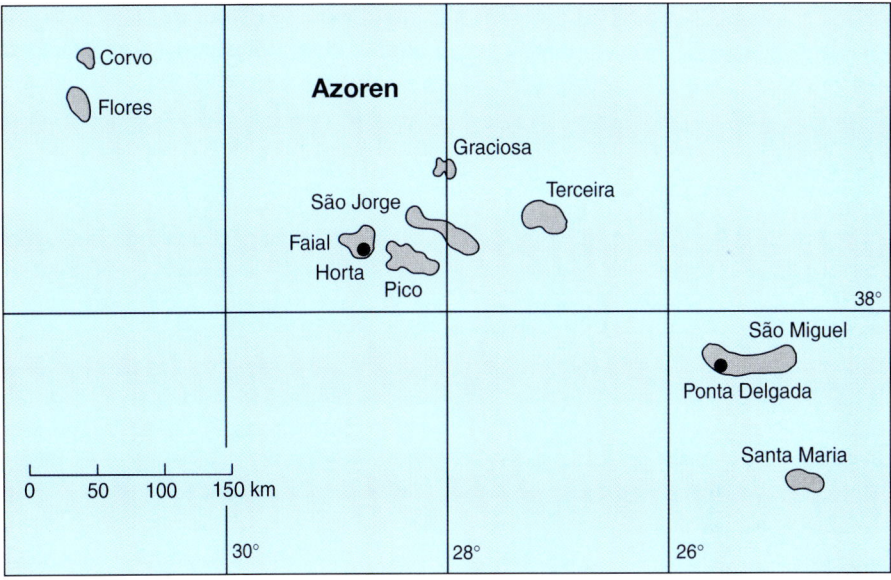

Marline werden in jedem Jahr (Höhepunkt August) gefangen. Großaugen- und Gelbflossenthune gehören zur regelmäßigen Beute. Auffällig ist der Bestand an Hammerhaien, die hauptsächlich an den strömungsreichen Kaps der Inseln erbeutet werden. Wie gut der Wahoo-Bestand der Insel ist, wurde erst vor wenigen Jahren deutlich, als man die schnelle Schleppangelei in Ufernähe probierte. Big-Game-Angeln ist auf Madeira Trumpf.

Weil das so ist, bleiben bis heute die vielen anglerischen Schätze am Meeresboden ungehoben. Das Grundangeln wird von den angelnden Gästen kaum gewünscht. Sie könnten riesige Wrackbarsche, Conger, Rochen, Meerbrassen und Haie erbeuten. Das große, verhältnismäßig ausgedehnte und flache Steinplateau auf der Nordseite der Insel ist

anglerisch überhaupt noch nicht erschlossen worden; dasselbe gilt auch für die Untiefen zwischen Porto Santo und Madeira oder rund um die Deserta-Inseln.

Immer mehr Angelboote stehen auf Madeira zur Verfügung, sicher eine Folge der guten Thun- und Marlinfänge.

Die besten Bootsangelplätze

• Die etwa 5 km breite Windschattenzone südlich von Funchal (bester Marlinplatz, auch Thune, Königsmakrelen). Wer leicht seekrank wird, sollte hier fischen.

• Die Umgebung der Deserta-Inseln: Knapp unter Land wird geschleppt (Barracudas, Stachelmakrelen).

• Der Kanal zwischen Madeira und den Desertas: dem ständigen Wind ausgesetzt, aber manchmal wochenlang der

73

Brandungsangeln, gefühlt aus der Hand über Sandgrund, aber nah an den Felsen, bringt viele Fische an den Haken.

beste Angelplatz für Thune, besonders der Südeingang.

• Gewässer südwestlich Porto Santo: stets das beste Revier für Bonito und Weißer Thun.

• Kap Ponta do Pargo (Westkap): bester Hammerhaiplatz.

• Nordküste: Die 200-Meter-Tiefenlinie zieht sich bis zu 4 km Abstand vor der Küste hin. Der Meeresboden aus Blockgestein und Lavageröll ist am besten für das Grundangeln geeignet.

Angelboote auf Madeira
Die aktuellen Adressen findet man per Nachfrage oder im Internet des Direcao Regional de Turismo in Funchal (siehe Beginn des Madeiraabschnittes)

Das Brandungsangeln
wird auf Madeira nur wenig ausgeübt. Von felsigen Plattformen besteht aber überall die Möglichkeit zum Angeln. Die besten Plätze befinden sich im Osten entlang der äußersten Landspitze Ponta de Sao Lourenco sowie im Nordwesten bei Porto do Moniz. Dämmerungsangeln mit Köderfischen und Gleitpose bringt die besten Fische an den Haken.

Azoren

Deutsche Seekarten: Nr. 821 (Inseln Corvo, Flores); Nr. 822 (Faial, Graciosa, Terceira, Sao Jorge, Pico); Nr. 823 (Sao Miguel, Santa Maria). Allgemeine Auskünfte: Direcçao Regional do Turismo dos Açores, Rua Ernesto Rebelo 14, 9900-112 Horta Internet: drtacores.pt (mit E-Mail-Link)

Knapp zwei Flugstunden westlich von Lissabon liegen die neun großen Azoreninseln, aufgeteilt in drei Gruppen, die bis zu fast 600 km auseinander liegen.

Die Inseln ragen aus einem zerklüfteten, untermeerischen Vulkangebirge auf. Spitzkegelige Berge, breite Plateaus, Geröllhalden, Rinnen und Schluchten umgeben die Inseln in mal 100, mal 1.000 und mehr Meter Wassertiefe. Ein idealer Standplatz für alle subtropischen

Fische des Atlantischen Ozeans, ein Angelparadies.

Der äußerste westlichste Vorposten Europas ist ein idealer Standplatz für alle subtropischen Fische des Atlantiks, ein wahres Angelparadies mit einer gleichbleibenden Durchschnittslufttemperatur von 17,5 °C über das ganze Jahr.

Die im Vergleich zu den anderen südlichen Atlantischen Inseln häufigeren Winde können das Angelglück nur für jene schmälern, die nicht seefest sind. Die Fische und Charterbootskipper stört das wenig; Saison und Beißzeit ist auf den Azoren immer, wenn nicht auf hoher See, dann im Windschatten der Inseln.

Die Big-Game-Angelei hat auf den Azoren Tradition, sie ist unbedingt empfehlenswert. Gemessen am Fischbestand und an den Fangchancen gehört sie zum Besten, was in Reichweite der europäischen Meeresangler zu haben ist. Wären nicht die widrigen Windverhältnisse, so müsste man die Azoren schon heute zur absoluten Nummer eins im europäischen Big-Game-Angeln erklären. Ganz

sicher ist zu erwarten, dass die Meeresangelei rund um die Azoren einen stetigen Aufschwung nehmen wird.

Die Inseln Santa Maria und Sao Miguel werden international direkt angeflogen. Alle anderen Inseln sind von diesen Flughäfen mit kleineren Maschinen zu erreichen.

Fische und Fang

Vier Weltrekordfische, dazu über zwei Dutzend Europarekorde sprechen für sich: Die Azoren sind ein fischreiches Meeresgebiet mit vielen rekordverdächtigen Flossenträgern. Das gilt nicht nur für die klassischen Big-Game-Fische, sondern für viele Arten, die beim Grundangeln gefangen werden.
Liste der wichtigsten Azoren-Fische:
(E = Europa-, W = Weltrekord)

Blauer Marlin (E)   Gelbflossenthun
Weißer Marlin (E)   Hammerhai
Amberjack (E)   Heringshai
Barracuda (E)   Wrackfische
Blauhai (E)   (3 Arten, E u. W)
Großaugenthun   Fuchshai
(E u. W)

Saisontabelle Azoren

	I	II	III	IV	V	VI	VII	VIII	IX	X	XI	XII
Blauflossenthun									X	X	X	
Großaugenthun				X	X	X						
Weißer Thun				X	X	X						
Gelbflossenthun									X	X	X	
Weißer Marlin								X	X	X		
Blauer Marlin									X	X	X	
Schwertfisch									X	X	X	X
Haie	X	X	X	X	X	X	X	X	X	X	X	X
Alle anderen Fische	X	X	X	X	X	X	X	X	X	X	X	X

Kiloschwere Meeräschen tummeln sich bei ruhiger See direkt vor der Felsküste.

Der Überwurfkorb (portugiesisch Cesto) ist bei der Angelei von hohen Felsen für die sichere Landung großer Fische unentbehrlich.

Grauhai (W)	Schwertfisch (E)
Königsmakrele (E)	Speerfisch (E u. W)
Meerbrassen,	Wahoo (E)
4 Arten (E)	
Weißer Hai	Hundshai
Blaufisch	Tigerhai
Makohai (E)	Conger

Diese Liste ist im Hinblick auf den Artenreichtum sehr unvollständig, denn bei einer Ausfahrt können beim Grundangeln ein Dutzend verschiedene Arten erbeutet werden, die bei der nächsten Ausfahrt an einem anderen Angelplatz um zwei Dutzend weitere Arten ergänzt werden. Der Artenreichtum steht dem der anderen Inselgewässer (Kanaren, Madeira) in nichts nach.

Fast zwei Dutzend gut ausgerüstete Charterboote fürs Hochseeangeln warten in den Häfen fast aller Inseln. Liegeplätze, Eigner, Bootsnamen und Buchungsadressen wechseln häufig. Deshalb wende man sich um Auskunft an die Inselinformationsbüros für Touristen wie folgt:

Faial
Posto de Turismo do Faial
Rua Vasco da Gama, 9900-117 Horta

Flores
Posto des Tursimo das Flores
9580 St.Cruz das Flores

Graciosa
Posto de Tursimo da Graciosa
9980 St.Cruz da Graciosa

São Jorge
Posto de Turismo de S.Jorge
R.Conselheiro Dr. J. Pereira, 9800 Velas

Santa Maria
Posto de Turismo de S.Maria
Aeroporto, 9580 Vila do Porto

São Miguel
Delegação de Turismo de S.Miguel
Av.Infante D. Henrique
9504-528 Ponta Delgada

Pico
Posto de Turismo do Pico
R.Conselheiro Terra Pinheiro,
9950 Madalena

Terceira
Delegação de Turismo da Terceira
Rua Direita 70-74,
9700-066 Angra do Heroismo

Die meisten Boote fahren zum Big-Game-Angeln aus. Leihgeräte sind in unterschiedlicher Qualität erhältlich. Bei Schlechtwetter können Fahrten zum Grundangeln im Landschutz vereinbart werden. Hier, wie anderswo im Big-Game-Geschäft, empfiehlt es sich, genaue Vereinbarungen im Voraus zu treffen und rechtzeitig zu buchen.

Die Bootssaison dauert normalerweise von April bis November. Es wird sowohl das Driftangeln mit Naturködern als auch das Schleppfischen betrieben. Das Meeresangeln ist lizenz- und gebührenfrei.

Portugal

Deutsche Seekarten Nr. 616 (Nordteil) und 1053 (Südteil).
Allgemeine Auskünfte: Portugiesisches Touristik- u. Handelsbüro ICEP, Schäfergasse 17, 60313 Frankfurt, mit Regionalbüros in Berlin und Düsseldorf.
Internet: http://portugal-info.ne

Felsküstenangler suchen Plätze mit tiefem Wasser. Bei Sagres seilen sich manche Angler von 60 Meter hohen Felsen auf niedrigere Plattformen ab.

Über 1000 km atlantische Küstenlinie zum Urlaubsangeln im besten Sinne – das ist Portugal. Goldgelbe, lange Sandstrände, schroffe, steile Felsküsten mit lieblichen, vom Ozean hineingewaschenen FKK-Buchten laden zum ungestörten, erholsamen Urlauben und Angeln ein.

Der Norden des Landes von der Minhomündung bis Peniche bei Lissabon ist geprägt von schier endlos langen, fast geradlinigen Stränden, umrahmt von ausgedehnten haushohen Dünenlandschaften – ein Paradies für Sonnenanbeter und Brandungsangler. Allein die Strand-Dünenlandschaft zwischen Porto und Figueira da Foz misst 120 km ohne Unterbrechung!

Hier ist das Dorado der Brandungsangler!

Der Mittelabschnitt von Peniche über Lissabon bis hinab zum Cabo de St.Vincente ist zunehmend von Felsküsten gesäumt, das gilt ganz besonders für die Küste ab Sines südwärts. Beim Kap ragen die Felsen fast 100 Meter hoch aus dem Meer.

Bis hierher reicht das Traumland der Felsküstenangler.

Die Algarve, Portugals Südküste, ist der absolute Urlaubshit, es ist die »Atlantische Riviera«. Hier blühen schon im Februar die Mandelbäume, und geangelt wird noch bis Silvester. Im Norden hingegen angelt man von April bis November mit dem Höhepunkt von August bis Oktober. An der Algarveküste gibt's die meisten Hochseeangelboote.

Fische und Fang

Portugal – das heißt für Meeresangler: Europas ganze Fischewelt an einem Punkt!

Denn die Küstengewässer bilden einen Grenzraum. Von Süden her schwimmen beständig mit den warmen Wassern der afrikanischen Küste subtropische Fische ein, während mit dem periodisch aus über 4000 Meter Tiefe emporquellenden Kaltwasserstrom arktischen Ursprungs die meisten Kaltwasserfische hierhergelangen.

So bildet der Grenzfluss Minho im Norden des Landes die südlichste Verbreitungslinie für die begehrte Meerforelle, zugleich aber die absolut nördlichste Verbreitungsgrenze für den begehrten Blaufisch des Mittelmeeres.

Davor und dazwischen tummelt sich alles, was Flossen trägt. Alle in diesem Buch im Kap. »Fische« beschriebenen angelbaren Seefische kommen hier vor, sieht man von den ganz wenigen, absolut ans Kaltwasser gebundenen Arten wie beispielsweise Eishai, Dorsch oder Rotbarsch ab.

Die Fangaussichten sind prächtig, denn alles, was man im Mittelmeer fängt, gibt es hier in größerer Zahl, größer gewachsen und viel weniger scheu. Und alles, was weiter nordwärts erbeutet werden kann, geht auch hier an die Angel.

Bei der Uferangelei sind besonders die herausragenden Fangmöglichkeiten für Meeräschen hervorzuheben. Nirgendwo sonst in Europa sind sie so zahlreich, so gut abgewachsen, so wenig scheu und viel leichter zu fangen als anderswo. Am

einfachsten fängt man sie in den Trübwasserzonen der Flußmündungen des Nordens und in den Häfen zwischen den Booten der Fischer.

Der Sandküstenabschnitt im Norden ist das Dorado der Brandungsangler. Topplätze sind dort, wo die Fischer in Ermangelung eines Hafens ihre Fangboote traditionell aufs hohe Dünenufer ziehen und die Boote dort reinigen. Mit jeder Flut treibt dann Fressbares ins Meer, und dort stehen nachts die Rochen und viele Plattfischarten bis hin zum großen Steinbutt.

Große Adlerfische und Wolfsbarsche fängt man am Tage bei auflaufendem Wasser in der Umgebung der Flussmündungen; am Tage watend und spinnend, bei hoher Brandung mit der Brandungsrute und weiten Würfen hinter die Brecher, wo sich die Gischt verliert. Bei Ebbe lässt man im ausströmenden Wasser der Flüsse die Köder am Gleitfloß weit ins Meer hinaustreiben und gelangt damit ebenso erfolgreich an die begehrten Raubfische.

Die Felsküsten Portugals zählen zu den schönsten Angelküsten Europas. Vielerorts lässt sich von sicheren Plattformen angeln. Am Cabo de St.Vincente gibt es gleich mehrere Stellen, wo sich die Angler vom 60 bis 80 Meter hohen Felsen abseilen auf darunter liegende Felsplattformen über tiefem, von der Brandung gischtig-getrübtem Wasser.

Diese Felsangler waren es, die den »Cesto« für Fische, einen aus Draht gefertigten Landungskorb, erfunden haben, denn anders lassen sich große Fische nicht von den hohen Plattformen sicher landen (siehe Abb. Seite 76).

Portugals Hot Spots

Die Bootsangelei ist in Portugal nur an der Algarveküste im Süden organisiert, dort liegen in einigen Häfen Charterboote für die Hai-Angelei vor der Küste. Erbeutet werden vor allem Blauhaie.

In allen übrigen Gebieten muss man in den Häfen bei den Marinas nach Mitfahrgelegenheiten fragen oder selber ein Boot chartern.

Das ganze Sommerhalbjahr ist gut fürs Bootsangeln geeignet, denn der Atlantik verhält sich zahm und ruhig, Stürme sind dann nahezu unbekannt. Nur am Cabo de St. Vincente entstehen in der großen Sommerhitze im Juli im Laufe des Tages heftige Seewinde bis zur Sturmstärke; sie flauen gegen Abend wieder ab und bleiben örtlich begrenzt.

Empfehlenswert ist die Schleppangelei in Küstennähe vom Cabo de St. Vincente bis hoch hinauf im Norden zur Landesgrenze. Die Fangchancen auf Adlerfische, Wolfsbarsche und große Blaufische erhöhen sich dabei abermals. Beim Driften werden mit der Paternostermontage knapp über dem Grund über felsigem Boden große Meerbrassen erwischt. Über Sandboden im Nordabschnitt angelt man driftend mit der Atlantik-Universalmethode, s. Seite 143.

Hot Spots

1 Vila Praia de Ancora
Der Grenzfluss zu Nordspanien, der Minho, mündet hier. Zwischen den vorgelagerten Sandbänken und vom Strand Brandungsangeln (Plattfische, Meeräschen, Wolfsbarsche, Adlerfische).

2 Viana do Castelo
Für die Mündung des Flusses Lima gilt fischereilich dasselbe wie unter 1.

3 Esposende und Ofir
Die Mündung des Rio Cávado bietet ähnliche Fangchancen wie die Plätze 1 und 2. Auf einer langen Landzunge an der Mündung liegt das Hotel Ofir. Es vermittelt Angelboote. Anschrift: Av. Raul de Sousa Martins, P-4740 Fao.

4 Porto
Zweitgrößte Stadt Portugals, größerer Hafen. Die Douromündung mit einer langen Südmole bietet gute Angelplätze. In der Stadt mehrere Angelvereine, Yachtclubs und Mitfahrgelegenheiten.

5 Aveiro – Praia de Barra
Bei Barra mündet das Wasser einer vielverzweigten, großen Lagune ins Meer. Sehr guter Angelplatz für Meeräschen, Aale, Plattfische, Wolfsbarsche. Von hier fahren Fischer aus. Südwärts beginnt eine grandiose, einsame Küsten- und Dünenlandschaft auf fast 50 km Länge.

6 Figueira da Foz
An der Flussmündung des Mondego gutes Brandungsangeln, im Hafen Fischerboote.

7 Nazaré
Eines der malerischsten Fischerdörfer, aber ohne großen Hafen. Die Boote werden aufs Ufer gezogen. Eine Bergbahn führt auf den Praça de Touros, unmittelbar über der Altstadt. Von dort überblickt man Strand und Meer. Nur 20 km seewärts senkt sich die Nazaré-Rinne bis

auf über 1.000 Meter Wassertiefe ab. Das Seegebiet südwärts bis zu den Berlenga-Inseln gehört mit zum besten Hochsee-Angelrevier Portugals.

8 Peniche und Berlenga-Inseln

Fischereihafen mit Bootschartermöglichkeiten. Die weit ins Meer hinausragende Halbinsel bietet sehr gute Angelmöglichkeiten von felsigen Plattformen. Gute Strandabschnitte im Norden (Dünen) und Süden von Peniche.

Von Peniche verkehrt ein Fährboot zu den Berlenga-Inseln (45 Minuten). Die Berlengas bestehen aus drei Inselgruppen. Nur auf der Hauptinsel gibt es ein staatliches Rasthaus (Pousada), die anderen Inseln sind unbewohnt. Hervorragendes Bootsangeln auf Wolfsbarsche und Meerbrassen sowie alle anderen Meeresfische in den Untiefen im Inselbereich. Hochseeangler sind im Clube Naval de Peniche organisiert. Ein sehr empfehlenswertes Angelgebiet, das auch von den Anglern aus Lissabon aufgesucht wird.

9 Peniche bis Cascais und Sesimbra

Tiefes Wasser überall nah an der Küste, gutes Brandungsangeln vom Strand (Nordabschnitt) und vom Felsen, bei Cascais bis 144 Meter hoch. In Cascais Vermittlung von Mitfahrgelegenheiten. Weiter südlich von der Tejomündung liegt Sesimbra, das in den Jahren 1960 bis 1980 berühmt wurde wegen der Schwertfisch-, Thunfisch- und Makohaifänge. Seit die Riesenfische rar geworden sind, gibt es nur noch vereinzelt Big-Game-Angelfahrten, die im Hafen erfragt werden müssen. Die örtliche Turistinfor-

mation und ein Angelgerätehändler leisten dabei Hilfe.

10 Sines

Noch vor kurzem mit der Anmut einer Mischung aus Fischerort und Piratennest, jetzt auf dem Wege zur Hafen- und Industriestadt. Wichtiger Fischereihafen, viele Boote. Von hier weiter südlich erstreckt sich das einsamste Küstengebiet Portugals, vom Meer getrennt durch turmhohe Felsmauern, nur selten unterbrochen von kleinen, lieblichen Buchten mit herrlichen Stränden – ein Refugium für strapazierte Nerven. 100 km nur fürs Angeln! In diesem Gebiet lauern noch große Wolfsbarsche und Adlerfische, starke Meerbrassen und kiloschwere Lippfische vor den Felsen. Etwa ein Dutzend winziger Fischerdörfer kauern sich auf der ganzen Strecke an die Felswände. Hier kann man noch einen Fischer mit seinem Boot chartern und nach Herzenslust angeln.

11 Sagres

Der äußerste Südwestzipfel Europas wurde bei Anglern durch den verstorbenen holländischen Meeresangel-Enthusiasten W. Persoon bekannt. Er entwickelte in den 60er-Jahren am 53 Meter hohen Cabo de St. Vincente ein Meeresangelzentrum. Das Kap und die Felsenküsten nordwärts sind seither das Mekka der portugiesischen Küstenangler aus der gesamten Algarveregion. Alle Angelwettbewerbe werden hier durchgeführt.

12 Portimao

Fischereihafen. Entwickelt sich zum Zentrum der Bootsangelei an der Algarveküste. Mehrere Charterboote für die Hochseeangelei auf Haie und Bodenfische stehen im Hafen von Portimao und in den Nachbarhäfen zur Verfügung. Man frage in den Hotels und Tourist-Informationen von Portimao, Lagos, Lagoa und Vilamoura. Wichtigstes Unternehmen ist das »Algarve's Big-Game-Fishing-Centre«, Praça da Republica, 24 A, P-8500 Portimao.

13 *Quarteira*

Hier, am Ortsende von Vilamoura liegt ein kleiner Fischer- und Sportboothafen mit mehreren Angelschiffen.

Der Abschnitt Sagres-Quarteira ist felsig und im Sommer von Touristen überlaufen. Von Quarteira über Faro bis zur spanischen Grenze erstrecken sich meilenweite Sandstrände mit bei Ebbe trockenfallenden, vorgelagerten Sand- und Schlickbänken. Es sind ausgezeichnete Ködersammelgebiete. Bei Olhao, Tavira und an der Mündung des Rio Guadiana gegenüber der spanischen Grenze befinden sich gute Plattfischangelplätze bei auflaufendem Wasser.

Spanien

Atlantikküsten

Für das Meeresangeln ist in Spanien eine Angelerlaubnis erforderlich. Man erhält sie am Urlaubsort beim Hafenamt oder dem Büro der Guardia Civil. Die Gebühren richten sich nach der Angelart, die man ausüben will.

Allgemeine Auskünfte erhält man beim Spanischen Fremdenverkehrsamt, Myliusstr. 14, 60079 Frankfurt. Internet: www.spaintour.com

Die spanische Mittelmeerküste ist im Kapitel »Mittelmeer« ab S. 30 beschrieben.

Südteil, Costa de la Luz

Deutsche Seekarte Nr. 1055

Die südspanische Küstenlinie umfasst ungefähr 250 km Länge, die durch wunderschöne, einsame und endlos lange Sandstrände und Dünen gekennzeichnet ist. Davor verläuft das Wasser seicht; erst beim Kap Trafalgar an der Meerenge von Gibraltar schiebt sich die 10-Meter-Tiefenlinie ganz nah ans Ufer heran.

Fische und Fang

In den endlosen Flachwasserbereichen lohnt es sich, die Watfischerei in der Nähe von Buchten, Häfen, Lagunen und Süßwassereinläufen bei einsetzender Flut auszuüben. Mit kleinen Blinkern, Wobblern und dem beschwerten Fetzenköder fängt man so Wolfsbarsche, Blaufische und Adlerfische.

Steht Brandung aufs Ufer, lohnt sich auch die Brandungsangelei mit Superweitwürfen auf Aale und eine Vielzahl von Plattfischen. Entlang der Hafenmolen werden überall Meeräschen erbeutet.

Die Bootsangelei ist in diesem sonnenreichen Gebiet wenig vom Wind behindert. Es gibt Häfen und Boote überall, aber keine organisierte Charterbootangelei. Wie überall in Spanien, so muss man auch hier bei den örtlichen Angelfachgeschäften, auf den Marinas in den Yachtclubbüros und bei der örtlichen Touristinformation nachfragen. Leichter als anderen Ortes wird man an diesem

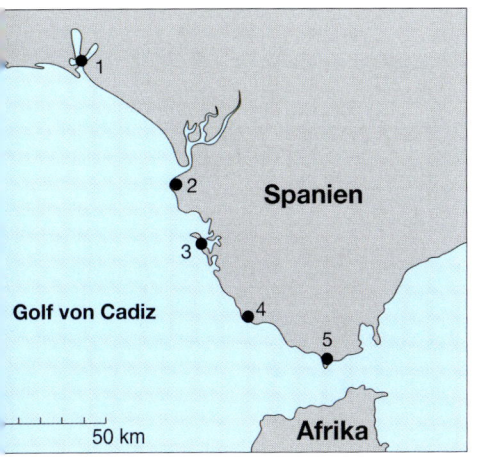

Küstenabschnitt aber Mitfahrgelegenheiten finden und natürlich auch Boote für Selbstfahrer.

Beim Hochseeangeln im Golf von Cadiz erhöhen sich die Fangaussichten beträchtlich. Im Freiwasser erbeutet man bereits im Januar/Februar Bonitos, wenig später kommen Makrelen, Hornhechte, Stöcker und deren Feinde wie kleine Thune, Stachelmakrelen, Blaufische. Hochsaison für mehrere Thunarten ist im August/September/Oktober. Das ist auch die beste Fangzeit für alle Bodenfische wie Haie, Rochen, Meerbrassen.

Hot Spots

1 Huelva

An der Flussmündung verläuft parallel zum Ufer eine lange Sandbank. An ihrem Ende beim Ort Mazagón reicht die 10-Meter-Tiefenlinie so nah ans Ufer, dass sich das Brandungsangeln lohnt.

2 Chipiona

Mit weiten Würfen erreicht man vom Kap gute Wassertiefen. Kleiner Bootshafen im Norden. Auskünfte: Club Nautico de Chipiona, Av. Primo de Rivera.

3 Cadiz

Großer Seehafen und Fischereihafen. Angelzentrum der Bootsangler. Von den Molen beim Castell an der Hafeneinfahrt gutes Angeln. Cadiz ist Schauplatz von Thunfischangelwettbewerben.

4 Cabo Trafalgar

Von hier bis nach Gibraltar reicht tiefes Wasser nahe ans Ufer. Überall gute

Meerbrassen und Meerbarsche werden überall an der felsigen Küste vom Land und Boot gefangen.

83

Angelmöglichkeiten von teils sandigen, teils felsigen Küsten. Im Hafen von Barbate de Franco liegen private Angelboote. Die sich südlich hinziehende lange Strandzone mit dem Ort »Zahara de los Atunes« (Die Wüste der Thune) ist ein sehr gutes Brandungsangelrevier.

5 Tarifa
Der absolut südlichste Punkt des spanischen Festlandes, von hier wird die kürzeste Strecke zur naheliegenden afrikanischen Küste gemessen. Gutes Küstenangeln, ein »Muss« für jeden weitgereisten Angler.

Nordteil, Golf von Biskaya
Beschreibung erfolgt von Ost nach West. Deutsche Seekarten Nr. 833 (Gesamtgebiet, Biskaya); Nr. 306 (Westteil); Nr. 982 (Mittelabschnitt, Gijon); Nr. 983 (Ostteil, Bilbao).

Fast 1.000 km Küstenlinie von der französischen Grenze im Osten bis zur portugiesischen Grenze im Westen stehen fürs Angeln zur Verfügung. Die Küste zählt, von Bergketten gesäumt, mit zahllosen Buchten, kleinen Stränden und Flussmündungen, fjordartigen Einschnitten (vor allem im Westen) zu den schönsten europäischen Angelküsten, überragt von bis zu 2.596 Meter hohen Bergen. Mehr als 90 % des Küstensaumes ist felsig, oft mit steilen Abbrüchen und vielen entlegenen Angelplätzen. Das Land ist grün und wasserreich. Der äußerste Nordwesten ist eines der regenreichsten Gebiete Europas; beim Cap Finisterre beträgt die durchschnittliche jährliche Regenmenge 2,34 Meter. Der Regen wird vom Wind und zeitweilig auch von Stürmen begleitet, mit dem Höhepunkt im zeitigen Frühjahr (April). Die Durchschnittstemperatur beträgt im Nordwesten im Januar 8,5 °C, im August 18 °C. Bei ablandigen Winden, besonders im Herbst, kann das Wasser im Nordwesten über Nacht von 20 °C auf unter 12 °C abkühlen. Aus der Tiefe auf-

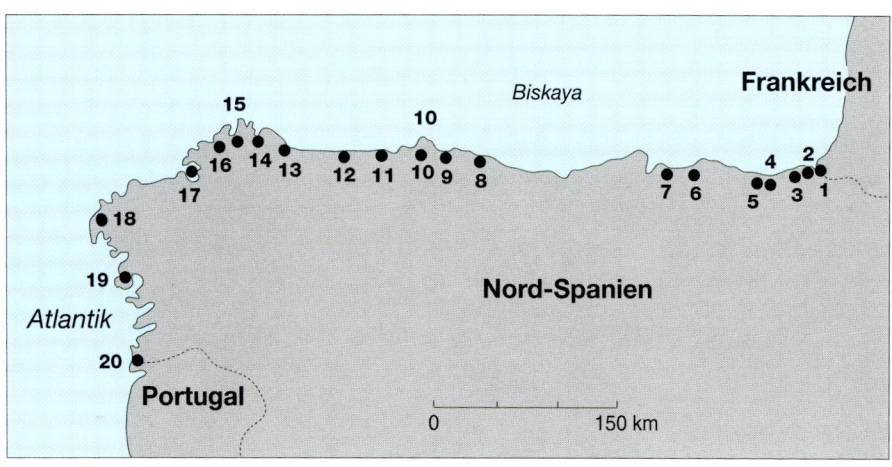

quellendes Wasser arktischen Ursprungs ist die Ursache dafür. Wer die Nordküste besuchen will, muss Regenkleidung mitnehmen, auch während der Saison von Mai bis September. Von Ost nach West wird es immer nasser, dafür beim Angeln immer besser.

Wer mit dem eigenen Boot unterwegs ist, muss sich vor den Fallwinden hüten, die von den Bergen im Sommer herabwehen – ohne Ankündigung, auch bei klarem Wetter.

Fische und Fang

Der Norden, und hier besonders die Gewässer vor den Küsten Galiciens und Asturiens im Nordwesten, ist mit großem Abstand das fischreichste Meeresgebiet Spaniens.

Über 40 Arten werden regelmäßig von Anglern erbeutet, die Artenvielfalt nimmt nach Westen hin zu. Herausragende Fänge sind bei folgenden Fischen zu verzeichnen:
- Meerbrassen (mehr als 10 Arten)
- Conger (überall, auch am Ufer)
- Wolfsbarsch (überall)
- Adlerfisch (Flussmündungen, Buchten)
- Anglerfisch (häufig, auch Specimen-Fische)
- Lippfisch, Gefleckter (bis über 3 kg)
- Rochen (Nagelrochen vom Ufer)

Darüber hinaus wandern im Sommerhalbjahr massenhaft ein:
- Blasenmakrele
- Makrele
- Makrelenhecht
- Hornhecht
- Meeräschen
- Stöcker
- Seehecht
- Sardinen

Bootsangler können folgende Fische erwarten:
- Franzosendorsch
- Katzenhaie
- Muränen
- Wrackbarsche
- Knurrhähne
- Steinbutt
- Seezunge
- Blauflossenthun
- Weißer Thun
- Bonitos
- Blauhai

Hin und wieder erwischen Angler in den Flussmündungen einen Lachs oder eine Meerforelle. Dies gilt ganz besonders für Asturien, die Küstenlinie bei Gijon. Die wasserreichen, kühlen Flüsse aus dem Cantabrischen Gebirge bilden die südliche europäische Verbreitungsgrenze dieser Salmoniden.

Das Brandungsangeln ist sehr beliebt. Im Norden bieten sich dafür ungezählte Buchten, Flussmündungen und Sandstrände an. Häufig trifft man schon in geringer Entfernung vom Ufer auf tieferes Wasser. Die Fangaussichten sind, verglichen mit anderen europäischen Küsten, sehr gut.

Wegen der großen Hängergefahr wird sehr viel mit dem Gleitfloß oder der Segelpose gefischt. Der mit Abstand beste Köder ist der Seeringelwurm, den man überall bei Ebbe unter Steinen und Kies in Tümpeln sammeln kann. Sogar die scheuen Meeräschen lassen sich problemlos mit diesem Köder erbeuten. Sehr haltbar und brauchbar sind auch Fetzenköder von Tintenfischen, die man in den Häfen frisch oder in den Geschäften konserviert in Dosen bekommt. Auf diese Köder beißen auch die begehrten Wolfsbarsche. Nur bei stark bewegter See und getrübtem Wasser wird mit kleinen, toten Sardinen noch besser gefangen.

Die Bootsangelei ist nirgendwo organisiert; wie überall in Spanien, so ist man auch hier auf Mitfahrgelegenheiten, die man am Ort erfragen muss, angewiesen. Wem es gelingt, einen der Küstenfischer mit seinem kleinen Boot zu einer Angelfahrt zu überreden, hat das große Los gezogen. Dasselbe gilt auch für eine Fahrt mit einer der vielen, speziell fürs Thunangeln ausgerüsteten schnellen Motoryachten der örtlichen Yachtclubs.

Denn mit den Makrelen im Juni kommen auch die Schwärme der Thunfische, die meistens 15 bis 30 km vor der Küste über der abgrundtiefen Biskaya beim Schleppen erbeutet werden. Hochsaison ist im August. Die Bootsangelei, vor der Küste sehr empfehlenswert, ist in der Zeit von Mai bis September im Gange.

Das Fischvorkommen nimmt nicht nur nach Artenreichtum, sondern auch nach Individuenzahl von Ost nach West zu. Besonders der Nordwestabschnitt von Gijon bis Vigo hat dem Angler viel zu bieten. Der östliche Abschnitt ist dagegen geschützter, lieblicher und trockener, erlaubt auch weit mehr ungefährliche Bootsausfahrten als der »wilde Westen«.

Hot Spots

San Sebastian bis Santander

1 Fuenterrabia liegt östlich von San Sebastian an der französischen Grenze. Aus dem geschützten Hafen laufen schnelle, private Kabinenkreuzer im August/September zum Thunfischangeln aus (Weißer Thun, 10–20 kg). Mitfahrgelegenheiten werden von örtlichen Yachtclubs vermittelt. Außerdem: Fischerboote.

2 Passajes bei *San Sebastian* verfügt über dieselben Möglichkeiten wie Fuenterrabia.

3 Zarautz, mit den Dörfern *Orio* und *Guetaria* östlich und westlich des Ortes, bietet Flussmündungen und Sandstrände (Wolfsbarsche, Meeräschen, Aale).

4 Zumaia, Deba und *Mutriko* sind kleine Küstenstationen mit guten Möglichkeiten für den Fang von Meerbrassen und Lippfischen.

5 Bilbao: Die große Schutzmole im Westen, die Molen im Osten und die gesamte Küste bis zum Cap Machichaco sind gute Angelplätze. Östlich vom Cap bei Bermeo liegt eine vor starken Winden gut geschützte, tiefe Bucht. Die Orte Mundaca und Elanchove in der Nähe dieser Bucht sind Ausgangsplätze für das Brandungsangeln von Sand- und Felsufern.

6 Castro Urdiales bietet Möglichkeiten für das Brandungsangeln und Mitfahrgelegenheiten zum Angeln.

7 Santander mit größerem Hafen. Möglichkeit für die Vermittlung von Hochseeangelfahrten.

Santander bis Miñhomündung

8 Gijon: großer Hafen, Mitfahrgelegenheiten zum Hochseeangeln.

9 Avilés: sehr schöne Strände und Felsregionen für das Brandungsangeln nordöstlich bis zum Cap de Penas.

10 Luarca: östlich bis zum Cap Vidio sehr schöne, lange Sandstrände (Wolfsbarsch, Plattfische), kleiner Hafen. Westlich die Mündung des Rio de Navia bei Navia; Meeräschen, Aale, Chancen auf Lachse und Meerforellen.

11 Ribadeo: Hafen, kleine Sandstrände, viel Felsenküste, alle Angelmöglichkeiten, in der Mündung auch streunende Lachse und Meerforellen. Gutes Brandungsangeln an der Playa del Castro (westlich).

12 Foz: Fischereihafen, von hier laufen auch Boote zum Thunfischfang aus.

13 Viveiro liegt geschützt in einer tief ins Land geschnittenen Bucht. Fast nur felsige Küste mit guten Angelplätzen, Boote mit Mitfahrgelegenheiten im Hafen.

14 Ortigueira: versteckt und geschützt zwischen den beiden nördlichsten spanischen Kaps, Punta de la Estaca de Bares und Cabo Ortegal, gelegen. Fast nur Felsküste, bei Porto de Espasante ein paar schöne sandige Brandungsangelstrecken.

Hinter Ortigueira beginnt die einsame Wildheit der galicischen Küste. Das Land bietet dem Ozean nach Westen und Nordwesten die Stirn, im Winter peitschen die Stürme gegen die Felsen.

Andererseits liegen hier die besten Brandungs- und Hochseeangelplätze Spaniens. Wer das Glück hat, mit einem Boot weiter draußen fischen zu können, muss das 16-kg-Gerät für schweres Grundangeln mitnehmen. In 30 bis 70 Meter Tiefe können große Rochen, Blau-

und Heringshaie, Wrackbarsche, Conger und Anglerfische an den Haken gehen. Ganz zu schweigen von der Palette der übrigen Fische, über 20 verschiedene Arten können leicht bei einem Bootsangeltag gefangen werden.

15 Cedeira liegt inmitten einer einsamen, grandiosen Küstenlandschaft zwischen Cap Ortegal im Nordosten und Cap Prior im Südwesten. Am Fuß der über 500 Meter hohen Berge sehr gutes Brandungsangeln, auch an mehreren sandigen Küstenstreifen (südwestwärts).

16 Ferrol: geschützte große Bucht sowie Fels- und Sandstrand-Küste bei den Kaps Chico und Prior.

17 La Coruña: einziger geschützter Hafen bis südwärts nach Vigo. Chancen für Charterboot-Angelfahrten, im Ort erfragen.

18 Kap Finisterre: zwischen dem Kap (»Ende der Welt«) und La Coruña im Norden liegen, alle Buchten mitgemessen, rund 200 km Küstenlinie; Richtung Süden bis Portevedra rund 250 km wilde, raue, einsame Küste, in der sich ein Angler verlieren kann zwischen Himmel und Wasser und in Gedanken an die Fische. Nur holperige, schmale Küstenstraßen führen an die vielen Kaps und Buchten. Mit dem Schwimmer fängt man am Rande der gischtenden Wassermassen vor den Felsen die ganze Artenvielfalt der spanischen Fische, darunter riesige Lippfische (weit über 3 kg), Meerbrassen und Wolfsbarsche. In den kleinen Fischerdörfern, die sich versteckt in den Buchten ducken, kann man sich mit Ködern aus Sardinen und Tintenfischen versorgen oder auch bei günstiger Witterung ein Boot chartern. Allgemeine Auskünfte: Im Oficina de Turismo, E-15700 Santiago de Compostela.

19 Cambados: die erste geschützte Bucht nach vielen hundert Kilometern wilder Küste. Die Arousa-Insel und weitere kleine Inseln gewähren guten Windschutz beim Bootsangeln. Erfolgreiches Brandungsangeln am Kap San Vincente und – neben dem Kap – breite, südwärts gerichtete Brandungsküste mit langem Sandstrand.

20 A Guarda: an der Rio-Minho-Mündung sehr gutes Brandungsangeln (Plattfische, Rochen, Meeräschen, Wolfsbarsche). Der Fluss ist zugleich die Grenze zu Portugal.

Frankreich, Atlantikküste

Deutsche Seekarte Nr. 116 (Nord), Nr. 883 (Süd) und viele Detailkarten.

Allgemeine Auskünfte: Französisches Fremdenverkehrsamt »Maison de la France«, Postfach 100128 oder Westendstraße 47, 60325 Frankfurt/M, Internet: www.franceguide.com.ger

Leben wie ein Angler in Frankreich – das heißt so viel wie: Angler geh nach Frankreich und du wirst glücklich. Über vier Millionen Angler gibt es dort, kein anderes europäisches Land hat so viele Angler. Wo man auch hinkommt, entlang der über 3000 km langen Atlantikküste findet man überall einen Petrijünger, der Rat und Hilfe weiß beim Auffinden der Fische.

Wer nach Frankreich an die Atlantikküste zum Urlaubsangeln will, muss sich zuvor für eine Küstenlandschaft entscheiden: Nord, West oder Süd. Sehr genaue Beschreibungen aller guten Küstenangelplätze von der Mole bis zum besten Felsansitz sowie alle Adressen für

»Pêche à pied« nennt man den Fang von Kleinfischen, Krabben, Krebsen und Garnelen mit dem Schiebenetz.

Conger und Meerbrassen werden wenige Meilen vor der Küste vom Boot, in kleineren Exemplaren auch vom Ufer der Bretagne gefangen.

Boote und Gerätehändler enthält die Schrift »Guide de Pecheur en Mer«, herausgegeben und erhältlich bei: Le Pecheur de France, 21, rue du Faubourg-St. Antoine, 75550 Paris Cedex 11. Die Schrift gibt's leider nur in französischer Sprache.

Eine andere Möglichkeit besteht darin, sich den berühmten Reiseführer MICHELIN zu kaufen. Darin findet man die Touristinformationsbüros mit Adressen von allen noch so kleinen Küstenorten. Und dort weiß man Rat, kennt die Gerätehändler, die Bootsvermieter.

Fische und Fang

Der **Norden** von Dünkirchen an der belgischen Grenze bis nach Cherbourg im Westen gilt als fischreich und ist geprägt durch das massenhafte, sommerliche Vorkommen von Makrelen, Hornhechten, Stöcker, Wittlingen und Plattfischen. Noch lohnender ist die winterliche Angelsaison, wenn aus der Nordsee durch den Ärmelkanal die großen Züge der Laichdorsche eintreffen. Die Dorschsaison beginnt im November und endet im Februar.

Allen Fischen wird in erster Linie vom Boot aus nachgestellt. Die Charterbootangelei ist überall gut entwickelt. Im Sommer floriert die Makrelenangelei, im Winter werden die großen Dorsche erbeutet.

Der Norden mit langen Stränden und mächtigem Tidenhub (bis zu acht Meter!) bietet nur mäßige Brandungsangelmöglichkeiten; besser sind die Fangaussichten in den Häfen von Molen und

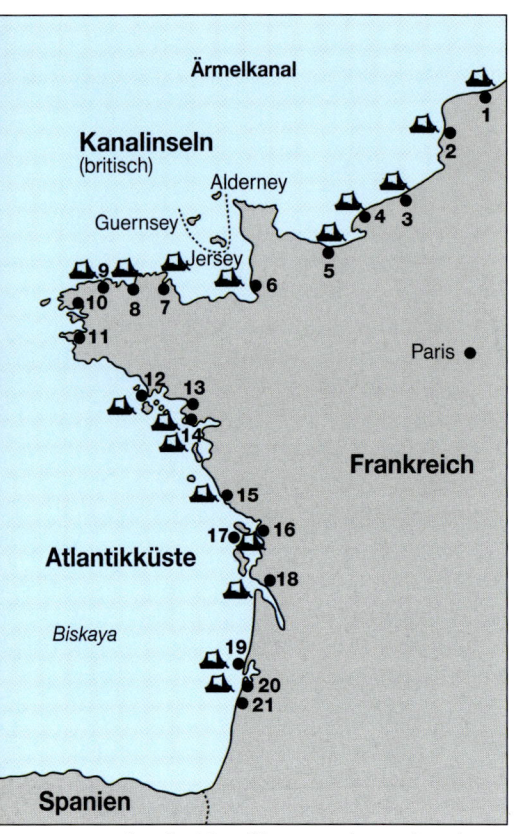

Frankreich, Atlantikküste mit den anglerischen Hot Spots. Die britischen Kanalinseln sind ab Seite 109 beschrieben.

chen ist das die Bretagne, ist geprägt von mächtigen, zerklüfteten Felsküsten, immer wieder unterbrochen durch sandige Buchten.

Es ist Frankreichs bestes Revier für alle Uferangelarten. Vielerorts reicht die See bis zu 60 und mehr Meter Wassertiefe an die Felsen heran. Aber Achtung: In St. Malo, in der Nähe des berühmten, meerumspülten Mont Saint Michel, läuft die tägliche Flutwelle bis zu 15 Meter hoch auf.

Im aufgewühlten, stark strömenden Wasser fühlen sich alle Fische der Region wohl. Dazu zählen neben den bereits erwähnten Fischen zusätzlich auch Conger, Katzenhaie, die ersten Meerbrassen aus südlichen Regionen, ferner Meeräschen und viele große Pollacks, auch vermehrt Wolfsbarsche.

Sie alle werden vom Felsen mit der Spinn- und Gleitfloßangel gefangen, mit der Krallbleimontage auch am Grund. Topplätze sind überall dort zu finden, wo der Wasserstrom sich beruhigt und viel Treibsel sichtbar an der Oberfläche zusammenströmt – darunter stehen viele Fische, die man am besten mit der Floßangel erreicht.

Beim Bootsangeln fängt man in diesem Bereich kaum noch Dorsche, dafür aber, vor allem in der warmen Jahreshälfte, im Freiwasser Herings-, Fuchs- und Blauhaie, am Grund Hunds- und Katzenhaie, dazu viele Rochen. Charterboote gibt es in vielen Häfen.

An dem äußersten westlichen Punkt Frankreichs bei Brest beginnt die Südküste der Bretagne und bildet eine unsichtbare Grenze für Fische des Nordens und des Südens. Ab Brest nehmen

Kais. Dort gibt's auch große Meeräschen und vereinzelt Wolfsbarsche.

Sehr beliebt ist das Schiebenetzfischen (Pêches à pied) nach Krebsen, Garnelen und Muscheln im ab- und auflaufenden Prielwasser. Das ergibt auch viele Köder für die beim Höchststand der Gezeiten ertragreiche Molenangelei.

Der **Westen** (Kanalinsel Guernsey und Jersey s. Großbritannien), im Wesentli-

die Fänge von Meerbrassen rapide zu, sogar Meerbarben tummeln sich zwischen Lippfischen, Congern, Steinbutt, Wolfsbarsch, Roten Knurrhähnen und vielen weiteren Arten. Unter Frankreichs Anglern nennt man diesen Küstenabschnitt auch die »Congerküste« wegen des vermehrten Vorkommens der hier bis zu 1,8 Meter lang werdenden Riesenaale.

Der **Süden** der französischen Atlantikküste beginnt an der Loiremündung bei La Baule, und dort ändert sich die Küstenlandschaft vollkommen: Von hier südwärts bis zur spanischen Grenze bei Biarritz dehnen sich viele hundert Kilometer Sandstrand, gesäumt von riesigen Dünen und zerschnitten von zahlreichen Süßwassereinläufen, die mäandernd Lagunen, Strandseen, Gezeitentümpel und Priele bilden.

Dieser riesige Küstenabschnitt ist das Mekka aller urlaubenden Sonnenanbeter und der Brandungsangler. Die mäßigen Tiden und das moderat-warme Wasser der Biskaya lassen eine ideale Kombination aus Urlaub und Angeln zu. Besonders im Einzugsbereich der Flussmündungen gehen alle warmwasserliebenden Fischarten an den Haken: Steinbutt, Seezunge, Wolfsbarsche, Meeräschen, Wittlinge, Hornhechte. Und je weiter südlich man kommt, desto eher erwischt man beim Brandungsangeln auch den Gefleckten Wolfsbarsch und den riesig groß werdenden Adlerfisch.

Bei der Bootsangelei vor dieser Küste werden im Spätsommer Thunfische gefangen (20–40 Meilen vor der Küste); in Küstennähe gibt es Blauhaie, auf dem Grund Katzenhaie und Rochen.

Hot Spots

1 Dunkerque (Dünkirchen)

Die große Ostmole am Hafen ist ein viel besuchter Angelplatz; im Winter auch Dorsche. Boote ganzjährig, auch im Nachbarort Gravelines, mit und ohne Kapitän. Mehrere Angelgeschäfte im Ort.

2 Boulogne

Ganzjährig Ausfahrten mit Angelschiffen, auch vom weiter südlich gelegenen Hafen Berck-sur-Mer. Mehrere Angelläden.

3 Dieppe

Bekannt für herausragende Steinbuttfänge auf den Bänken fünf bis acht Meilen vor der Stadt. Boote sind über mehrere Angelgerätehändler buchbar, auch im weiter südlich gelegenen Ort Saint-Valery-en-Caux.

4 Fécamp

Von Molen und Ufern gutes Angeln auf Wolfsbarsche. Hai- (Blauhai, Fuchshai, Katzenhaie, Hundshaie) – und Rochenangeln acht Meilen vor der Küste. Mehrere Angelwettbewerbe jährlich. Ganzjährig ausfahrende Charterboote. Auskünfte über den örtlichen Angelgerätehandel.

Normandie
von Fecamp über Cherbourg bis Granville

Seekarte Nr. 266 (Detailkarte). Die ersten Vorboten aus der Fischwelt des südlichen, wärmeren Atlantikbereiches

Thunfische, in erster Linie Weißer- und Blauflossenthun (Jungfische) werden im Sommer und Herbst in der Biskaya mit der Schleppangel gefangen.

gehen hier an die Angel: Rot- und vor allem Graubrassen bereichern die Fangpalette, auch Pollacks werden gefangen.

5 Trouville (südlich Le Havre)
(bei Cabourg)
Gutes Bootsangeln auf Conger und Dorsch (Herbst). In diesem und folgenden Orten liegen Angelkutter fürs Hochseeangeln: Ouistreham, Courseulles, Grandcamp. Wie überall, erhält man die aktuellen Buchungsadressen bei den örtlichen Touristinformationen und Angelgerätehändlern. Sehr gutes Brandungs- und Molenangeln von der Hafenmole in Port Bessin.

6 Granville
Ausgangshafen für gezieltes Angeln auf große Pollacks und Wolfsbarsche sowie Haiangeltouren, alles im Bereich der Insel Chausey (und Nebeninseln). Boote über den (einzigen) Angelladen im Ort buchbar.

6 – 10 Bretagne Nord
von Granville bis Brest
Eine wunderschöne, größtenteils felsige Küstenlandschaft mit eingestreuten Flachwasserzonen und gekennzeichnet durch einen mächtigen Tidenhub. Es ist das Dorado der Brandungsangler und zugleich Frankreichs bestes Revier fürs

Wolfsbarschangeln. Daneben werden Conger, Meerbrassen, Makrelen, Pollacks, Katzenhaie und Rochen gefangen. Angelkutter liegen auch in den nicht erwähnten Häfen (von Ost nach West): Cancale, Saint-Malo, Dinard, Saint-Cast, Erquy, Perros-Guirec, Tregastel, Saint-Quay, Plougrescat. Angelgerätehändler mit Geräten und Beratung für die Angelei im starken Tidenhub findet man konzentriert in der Provinzhauptstadt Rennes, entlang der Küste in Dol-de-Bretagne, Erquy, Saint Quay-Portrieux, Perros-Guirec, Saint-Brieuc und Trégueux.

7 St. Malo
Von den Molen des wichtigen Fischereihafens wird viel geangelt. Im Sommerhalbjahr gibt es wechselnde Gelegenheit, mit Charterbooten zu den vorgelagerten Inseln zu fahren; die örtliche Touristinformation gibt Auskunft. Im Osten liegt das Naturdenkmal Mont St. Michel inmitten einer flachen Bucht, bei Ebbe trockenen Fußes zu erreichen.

8 Baie de Lannion
In diesem Bereich werden hin und wieder Anglerfische erbeutet und vor der Küste Katzen- und Blauhaie. Viele kleine Fischerhäfen mit Chartermöglichkeiten. Mehrere Clubs bieten Mitfahrgelegenheiten und veranstalten Angelwettbewerbe (Juni bis August). Größere Boote über den Angelgeräte-Fachhandel.

9 Roscoff
Großer Fischereihafen, viele Langustenfischer. Große Blauhaie vor der Insel de Batz, dort auch berühmter Angelplatz für große Pollacks. Alljährlich gibt es mehrere Angelwettbewerbe, darunter auch Nachtangeln. Boote über den örtlichen Angelgerätehandel.

10 Brest
Mehrere Clubs sind hier ansässig und veranstalten jährlich mehr als ein halbes Dutzend Angelwettbewerbe. Die Kais von Brest werden viel von Anglern besucht.

Süd-Bretagne: Douarnenez bis La Baule
Der Süden ist dem Norden der Bretagne ähnlich mit felsiger Küste, aber geringerem Tidenhub und etwas mehr Sonnenschein. Am Rand der Biskaya gelegen, nehmen die Wärme liebenden Fische zu, die Dorsche verschwinden. Ab 30 Meilen vor der Küste ziehen im Spätsommer die ersten Thunfische. Kein anderer Küstenstreifen beherbergt so viele Conger und Meerbrassen wie die felsigen Unterwasserinseln vor der Küste.

Außer den Angelkuttern in den nachfolgend beschriebenen Orten gibt es Boote in den kleinen Häfen südlich der Stadt Quimper: Le Guilvinec, Loctudy, Bénedet und Concarneau.

11 Douarnenez
Großer Fischereihafen. Fische: Conger, Meerbrassen, Katzenhaie, Nagelrochen, Dornhaie. Boote: verschiedene Typen bei den Angelfachhändlern zu buchen.

12 Quiberon
Sehr gutes Angelgebiet im vorgelagerten Inselgebiet, überall liegen kleine, felsige Eilande verstreut im Meer. Vielleicht das beste Congergebiet, dazu große Lengfi-

sche, Pollacks und Wolfsbarsche. Rund um die größere Insel Belle Ile gibt es Blau- und Fuchshaie, vereinzelt auch Heringshaie. Mehrere Angelwettbewerbe. Boote: mehrere Boote buchbar über den örtlichen Gerätefachhandel.

13 Le Croisic

Fischereihafen, eines der besten Meerbrassenangelgebiete Frankreichs. Zentrum der Muschelzucht. Sehr viele kleinere Fischerboote, Austragungsort mehrerer internationaler Angel-Festivals. Sehr gutes Conger- und Meerbrassenangeln. Boote: bei den Fischern nach Anfrage. Auskünfte: im Touristenbüro.

14 La Baule

Mondäner Badeort, »Strand der Pariser«, im Sommer sehr belebt. Von hier weiter

südwärts verliert sich der zuweilen schroffe, felsige Charakter der bretonischen Küste, es beginnt die lange, südwärts verlaufende atlantische Sand- und Dünenküste.

Geangelt wird in etwa 20 km Entfernung über 60 Meter tiefem Wasser auf große Conger und Meerbrassen, weiter westlich auf Haie aller Art. Mehrere jährliche Angelwettbewerbe. Boote: hier und im weiter südlich gelegenen Hafen Pornic über die örtlichen Gerätehändler und Touristinformationen erfragen.

Biskayaküste
Les Sables-d'Olonne bis Biscarosse

Von Nord nach Süd weicht die felsige Küste weißen, weiten und flachen Stränden. Auf rund 300 km dehnt sich ab

Le Croisic, Südbretagne, ist Ausgangshafen für Angelfahrten.

hier nach Süden Europas schönstes Revier der Brandungsangler.

Dabei werden Steinbutt, Rochen und Wolfsbarsche, in Punkt 18 sogar Adlerfische gefangen. Weiter draußen liegt das Revier der Makrelen, gejagt von Thunfischen und Haien. Im Sommerhalbjahr ist überall herrliches Angeln möglich, jedoch mit geringeren Fangaussichten als in der Bretagne und Normandie.

15 Les Sables d'Olonne
Sehr beliebter Strand, Zentrum der Surfer und Brandungsangler. An ruhigen Stellen Chancen auf große Seezungen, nachts große Wolfsbarsche. Beim Bootsangeln Rochen, Anglerfisch, Steinbutt, Franzosendorsch. Ab 15 Meilen vor der Küste auch Blauhaie, große Conger.

Mehrere nächtliche Brandungsangelwettbewerbe von Mai bis Oktober. Es gibt Angelkutter hier und etwas weiter nördlich im Hafen von Saint-Gilles-Croix-de-Vie.

16 La Rochelle
Zentrum der Meeresangelei an der Atlantikküste. Im Fischereihafen liegen mehrere Boote mit verschiedenen Angelmöglichkeiten, auch Haiangeln weit vor der Küste. Austragungsort von nationalen und europäischen Angelwettbewerben.

17 Ile de Ré und Ile d'Oléron
Zwei größere Inseln, die La Rochelle vorgelagert sind. Die Inselkaps und seewärts gerichteten Strände sind erstklassige Brandungsangelplätze. Hier werden Adlerfisch und der Gefleckte Wolfsbarsch erbeutet. An der Nordspitze der

Insel in Saint-Denis d'Oléron kann man bei den Fischern im Hafen Hochseeangeltouren buchen. Im Windschatten der Insel d'Oléron große Austernzucht.

18 Royan und Girondemündung
Die Girondemündung ist der letzte Zufluchtsort des riesigen Europäischen Störs (Acipenser sturio), der ansonsten in Europa als ausgestorben gilt. Sein Fang ist streng verboten. Die Girondemündung ist neben Platz 17 ein bevorzugter Brandungsangelplatz. Hier wird vorzugsweise bei auflaufendem

Solche Adlerfische werden hauptsächlich in der seichten Girondemündung mit Meeräschen oder Makrelen als Köder gefangen.

95

Wasser in der Dämmerung und nachts sowohl auf der Nordseite bei Meschers wie auf der Südseite beim Leuchtturm Pointe de Grave und im Ort Sulac-sur-Mer geangelt. Es werden große Wolfsbarsche, Adlerfische, Seezungen, Steinbutt und andere wertvolle Fische gefangen. Alle europäischen Adlerfisch-Rekorde (37,8 kg) wurden bisher vor Meschers erzielt. Berühmt sind die Bezirke Pointe du Rhin und Puits de l'Auture. Mehrere Clubs und Clubboote. Schleppangeln empfehlenswert, Charterboote liegen im Hafen von Royan.

19 Cap Ferret

Eine langgestreckte Landzunge trennt die große Austernzuchtbucht von Arcachon vom unmittelbaren Wellenschlag des Atlantiks. Ein erstklassiger Brandungsangelplatz. Alle Fische der Biskaya, auch Rochen, können hier vom Ufer aus erwischt werden. Von Mai bis Oktober werden Ausfahrten (25 km von der Küste entfernt) zum Hai- und Thunfischangeln veranstaltet. Buchungen: über den örtlichen Angelgerätehandel.

20 Arcachon

Zentrum der Thunangelei in der Biskaya (Weißer Thun). Daneben werden gefangen: Blauflossenthun, Mako-, Blau- und Fuchshai, Hunds- und Heringshaie, Stachelmakrelen (»liche«) und Marline (selten). Über ein Dutzend Angelwettbewerbe, auch einige im Brandungsangeln.

Die schnellen Kabinenkreuzer von Arcachon fahren 70 bis 100 km weit aufs Meer und sind mit allem Bootsgerät ausgerüstet, das man fürs mittelschwere Big-Game-Fischen benötigt. Die Boote

werden vermittelt durch den Club Nautique du Bassin d'Arcachon oder Yacht Club d'Arcachon.

Die Adressen der Clubs erfrage man bei den drei Angelgerätehändlern und/oder bei der örtlichen Tourist-Information. Dort erfährt man auch die Adresse der Fischer, die Haiangelfahrten veranstalten.

Die Buchung eines Bootsangelplatzes muss sorgfältig vorbereitet werden. Es wird selten möglich sein, ein Boot für sich allein zu beanspruchen, weil alle Boote in privater Hand sind.

21 Biscarrosse

Fünf Clubs für Brandungsangler residieren hier. Sie veranstalten mindestens 10 Surf-Casting-Wettbewerbe jährlich, auch der französische Meister im Brandungsangeln wird hier ermittelt.

Belgien

Deutsche Seekarte Nr. 246
Allgemeine Auskünfte: Belgisches Verkehrsamt, Cäcilienstr. 46, 50667 Köln
Internet: www.belgium.fgov.be

Nur 65 km misst die gesamte Küstenlinie Belgiens, verläuft fast schnurgerade und ist fast zur Hälfte verbaut.

Aber zwischen den Verbauungen gibt es hohen, breiten Sandstrand, im Sommer ist er bei Badenden beliebt, das ganze Jahr aber bei den Anglern.

Fische und Fang

Die belgische Meeresangelei grundet sich auf das massenhafte Vorkommen einiger weniger Fischarten. Im Sommer ist es vorwiegend die Makrele, die mit Paternosterangeln in großen Mengen erbeutet wird; im Winterhalbjahr sind es Dorsch und Wittling, die eine gute Angelei begründen.

Aber bei jeder Ausfahrt kann ein ungewöhnlicher Fisch an den Haken gehen, schlüpfen doch regelmäßig durch die Enge des nahegelegenen Ärmelkanals all jene Fische, die aus der weit artenreicheren Fauna der französischen und südenglischen Gewässer stammen.

Folgende Fischarten werden regelmäßig erbeutet:

Aal / Alse / Dorsch / Finte / Flunder / Franzosendorsch / Glatthai, Gefleckter / Hundshai / Kliesche / Knurrhahn, Roter / Leng / Makrele / Meeräsche, Dünnlippige / Meerbarbe, Rote / Meerbrassen, Grauer / Pollack / Scholle / Seeskorpion / Seezunge / Stöcker / Wittling / Wolfsbarsch.

Dorsche wurden schon über 15 kg schwer gefangen, Hundshaie in Gewichten von über 25 kg.

Die sehr gut organisierte Bootsangelei ist der Stolz der belgischen Meeresangler. Mehrere Reedereien bieten große Schiffe ganzjährig für Ausfahrten an. Bei den meisten Schiffen handelt es sich um seetüchtige, große, ehemalige Hochseetrawler, die auch noch bei Windstärke 7 beim Angeln sicheren Platz gewähren. Erst ab Stärke 8 werden in Belgien auf den großen Schiffen die Segel gestrichen, die Boote bleiben dann in den Häfen.

Das Fassungsvermögen der Angelschiffe schwankt zwischen 30 und 90 Personen. Diese Zahlen wurden festgelegt von der zuständigen belgischen Sicherheitsbehörde, die auch sonst mit sehr strengen Auflagen vorbildlich für die ungefährdete Ausfahrt der Angler sorgt.

An Bord der Schiffe finden sich alle Bequemlichkeiten, die das Angeln auch bei ungünstigem Wetter angenehm machen. Auf jedem Schiff gibt es Leihangeln und eine Mannschaft, die sich nach etwa ein bis zwei Stunden Fahrt im Gebiet der Flämischen Bänke vor der Küste aus eigener Berufsfischer-Erfahrung sehr gut auskennt. Zu den großen Schiffen kommen im Sommerhalbjahr noch etwa 10 kleinere Boote mit Platz für jeweils 5 bis 10 Angler dazu. Diese Boote liegen in Blankenberge (s. dort). Dadurch beläuft sich die Gesamtkapazität der belgischen Hochseeangelflotte im Sommer auf rund 950 Plätze.

Geangelt wird fast nur mit Naturködern (bei den Schiffen erhältlich) vom verankerten, seltener vom driftenden Boot (s. Zeichnung im Abschnitt Holland, Seite 180). Die meist kräftige Strömung erfordert schwere Krallsenker, damit der Köder nach dem Auswerfen an seinem Platz liegenbleibt und sich nicht mit den Leinen der Nachbarn verwickelt. Lange, nicht zu weiche Ruten und Multirollen für das gefühlvolle Nachführen der Schnur beim Schwojen der Schiffe sind notwendig.

Aktuelle Buchungsadressen für Boote erfährt man bei den örtlichen Touristinformationsbüros wie folgt:
Blankenberge: Leopold III-plein, 8370 Blankenberge.
E-Mail: toerisme@blankenberge.be
Nieuwpoort: Marktplein 7, 8620 Nieuwpoort

Ostende: Monacoplein 2,
8400 Oostende
Zeebrugge: Burg 11, 8000 Brugge,
E-Mail: toerisme@brugge.be.
Wichtigster Hafen ist Oostende, dort liegen die meisten Schiffe.

1 Koksijde: Der Strand gilt als günstiger Platz fürs Angeln bei guter Brandung.
2 Nieuwpoort: Die Hafenmolen eignen sich gut. Im Hafen liegen Angelkutter.
3 Raversijde-Bad: gutes Brandungsangeln.
4 Oostende: Tiefwasser vor den langen Molen. Im Hafen liegt der größte Teil der belgischen Angelkutterflotte.
5 Bredene-an-Zee: gutes Strandrevier für Angeln bei Brandung.
6 Wenduine: ein viel besuchter Strandangelplatz.
7 Blankenberge: lange Molen mit tiefem Wasser, im Hafen Angelschiff-Liegeplatz.
8 Zeebrugge: die mit Abstand größten und längsten Hafen- und Molenbauten Belgiens; überall tiefes Wasser. Im Hafen Angelschiffe.
9 Knokke-Lekkerbek: vom Nordende des Ortsteils bis zur holländischen Grenze gutes Angeln.

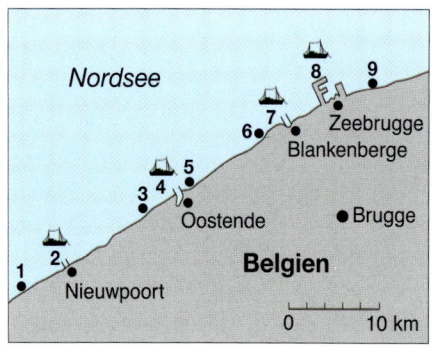

Großbritannien

Deutsche Seekarte Nr. 2651 (Gesamtgebiet) und viele Detailkarten.
Allgemeine Auskünfte:
Britische Zentrale für Fremdenverkehr,
Westendstr.16 – 22, 60325 Frankfurt/M
E-Mail: gb-info@bta.org.uk
Internet: visitbritain.com

Ein Dorado für Meeresangler – das ist Großbritannien mit seiner über 13.000 km langen Küstenlinie. Kein Angler wohnt in diesem Inselreich weiter als 130 km von der Küste entfernt, jeder britische Angler hat neben seiner Hecht- und Lachsrute eine Meeresangelausrüstung im Keller. Über 100.000 Meeresangler sind in über 550 Angelclubs organisiert.

Die vielgestaltige Küstenlinie mit unendlich vielen Buchten, Fjorden, Felsgründen, Wracks, Inseln und Inselchen bieten so viele Refugien für Fische, dass für alle, auch die Urlaubsangler, großartige Fänge möglich sind.

Dem schroff-herben schottischen Norden mit vielen Fischen der nordischen Fauna steht der wärmere, lieblichere Süden mit vielen sporadisch einwandernden subtropischen Fischen gegenüber.

Die britische Meeresangelszene gliedert sich in sechs große Bereiche:
Ostküste: im Winter allgemein gut, wenn die Laichzüge der Dorsche aus dem Norden eintreffen. Aber auch im Sommerhalbjahr einige Plätze gut für alle Angelarten.
Südostküste mit Dover-Distrikt: Sitz der ältesten Meeresangelclubs; im Sommer

**Auszug aus der
»British Record Fish List«**

Anglerfisch	42,985 kg
Blauhai	98,878 kg
Conger	60,442 kg
Dornhai	9,622 kg
Dorsch	26,478 kg
Fuchshai	146,504 kg
Glatthai	12,700 kg
Glattbutt	7,257 kg
Heilbutt	106,136 kg
Heringshai	230,000 kg
Hundshai	37,422 kg
Katfisch	11,906 kg
Köhler	16,923 kg
Leng	26,987 kg
Lippfisch, Gefleckter	4,302 kg
Makohai	226,786 kg
Meeräsche, Dicklippige	4,564 kg
Nagelrochen	14,260 kg
Pollack	13,267 kg
Scholle	4,635 kg
Stechrochen	32,715 kg
Steinbutt	15,308 kg
Wittling	3,061 kg
Wolfsbarsch	8,876 kg
Zitterrochen	43,571 kg

Mit freundlicher Genehmigung des »British Record Fish Committees« im »National Anglers Council«

überlaufen, viele Angler vom Kontinent und viele Gelegenheitsangler. Im Herbst gutes Revier.

Südküste: Großbritanniens »Riviera« ist im Sommer überlaufen, besonders im Süden Londons. Nur die Isle of Wight kann bedingt empfohlen werden.

Südwestküste: Das Mekka der britischen Meeresangler. Hier liegen die meisten Boote, hier wurden die meisten Rekord-fische gefangen. Boote in der Hochsaison ausgebucht.

Westküste von England und Wales: nach Norden zunehmend besser, im Sommer der Ostküste vorzuziehen.

Schottland mit Inseln: im Sommer (bis Mitte September) sehr zu empfehlen. Weite und Ruhe, viel anglerisches Neu-land.

Fische und Fang

Seit fast einem Jahrhundert sammeln Britanniens Meeresangler Daten über ihre Rekordfische. Vor diesem Hinter-grund wird deutlich, warum die Liste mit 98 registrierten Fischarten zu den umfangreichsten Europas zählt. Zugleich verrät die Liste, was sich aus subtropi-schen Breiten bis an die englischen Küsten verirrt: Mehrere Meeräschen-und Meerbrassenarten, sonst allenfalls noch nördlich bis Portugal anzutreffen, stehen darin, sogar Blauflossenthune und ein Bonito sind vermerkt.

Aus britischen Gewässern kamen bis-her über 30 Europarekord-Fische.

Rechnet man alle bisherigen Boots-und Brandungsangelrekorde zusammen, so entfallen allein auf die Cornwall- und Devonküste im äußersten Südwesten Englands über 30 britische Rekorde, gefolgt von den Kanalinseln vor der französischen Küste mit 17 Rekorden. Diese Konzentration macht deutlich, dass die Gewässer vor der Südwestküste ein besonders fischreiches Revier dar-stellen. Einen weiteren großen Rekord-anteil sicherte sich Schottland mit 18 Eintragungen.

Die nordischen Fischarten (Schell-fisch, Leng, Heilbutt, Brosme, Wittling) kommen vermehrt im äußersten Norden (Thurso/Scrabster) Schottlands vor. Die besten Rochenfänge kamen bisher von der schottischen Westküste (Buchten im Bereich von Ullapool). Hundshaie werden vor allem im Westen (Luce Bay gegenüber von Belfast) und Tenby (Wales, am Ausgang des Bristol Channels) gefangen. Die größten Blauhaie werden vor Looe (westlich Plymouth) erbeutet; in Looe ist auch das Clubhaus des »Shark Angling Clubs of Great Britain«. Sehr große Heringshaie werden in jedem Jahr im Spätsommer vor der nördlichen Cornwallküste (Padstow) mit der Big-Game-Ausrüstung geangelt.

Nur in der etwas raueren See Schottlands und an der ungeschützten nördlichen Nordseeküste kann man Angelkutter von der Größe finden, wie sie aus Deutschland und Holland bekannt sind. In allen übrigen Gebieten gibt es nur kleinere, halbgedeckte, meistens um 10 Meter lange Boote, wie sie traditionell von den Fischern für die Kleine Küstenfischerei benutzt werden. Diese Boote bieten 4 bis 8 Anglern bequem Platz, lassen sich genau manövrieren und sind kostengünstig.

Die guten Boote an Englands südwestlicher Wrackküste, spezialisiert auf den Großcongerfang (in Brixham, Dartmouth, Falmouth, Mevagissey, Plymouth, Salcombe, Weymouth und Teignmouth), sind oft schon für die besten Zeiten im Jahr im Voraus ausgebucht. »Beste Zeiten« für Großcongerangeln sind im August/September, wenn Nipptiden, also die Gezeiten geringeren Tidenhubs und Strömungsdrucks, mit Dämmerungszeiten zusammenfallen. Solche Bedingungen sind nur an wenigen Tagen gegeben.

In allen anderen Fällen lässt sich in der Regel ein freier Platz auf einem der Angelboote ergattern. Boote liegen in beinahe jedem Hafen. Auskünfte darüber bekommt man beim örtlichen Touristbüro, bei den örtlichen Gerätehändlern, den Hafenmeistern, in den Hafenbars oder über die Angler der ört-

Congerfang vor der englischen Südküste

lichen Meeresanglerorganisationen. Sie organisieren pro Jahr viele hundert Angelwettbewerbe, die meisten »open«, also auch für Urlaubsangler offen.

Je nach Vereinbarung mit dem Skipper werden Haiangeltouren, Wrackangel- oder Grundangelfahrten unternommen; in fast allen Fällen wird gedriftet, nur beim Wrackangeln wird während der Stauwasserzeit geankert. Beliebtester Naturköder sind frische Makrelen, entweder ganz oder als Filets angeködert. Die Makrelen werden zu Beginn eines Angeltages von den Anglern selbst mit einem Paternoster gefangen.

Große Tiefen, hohe Gewichte (wegen der starken Strömung) und die stete Chance, einen ungewöhnlich großen Fisch zu erwischen, bedingen die 16-kg-Ausrüstung als Standardgerät. Ein Rutenhaltergurt ist eine sinnvolle Ergänzung. Beim »Inshore Fishing«, also in geschützten Buchten, in Häfen oder flacherem Wasser, reicht die 8-kg-Ausrüstung, dies gilt auch für die Angelei an der Ostküste.

Ab Mai beginnt die Saison der Küstenangler. Nirgendwo sonst in Europa ist das Brandungsangeln und Fischen von Molen, Kais und Brücken so beliebt wie in Großbritannien. Zehntausende sind an jedem Wochenende unterwegs, komplett ausgerüstet mit Windschutz, Rutenhaltern, Ködereimern, Grabeschaufeln, Petroleumlampen und Gaskochern.

An den besonders herausragenden Plätzen stehen sie oft zu Hunderten vereint, so z. B. auf der berühmten, fast 25 km langen Chesil Bank (im Süden von Weymouth, Südengland), auf der die besten Plätze nur nach langen Fußmär-

schen zu erreichen sind oder auf der meilenlangen Landzunge von Spurn Head an der Humbermündung bei Grimsby (Nordseeküste). Viele Angler kennen verschwiegene, entlegene Plätzchen und bringen oft großartige Fänge nach Hause. So gelang es einem findigen Reporter herauszubekommen, wo die Angler im äußersten Süden Schottlands im Winter die großen Brandungsdorsche fingen: Er fand sie auf einer winzigen felsigen Plattform in der entlegenen Ecke von Kircudbright am Solway Firth, wie sie gerade einige 8-kg- bis 10-kg-Dorsche aus dem schäumenden, hier 15 Meter tiefen Wasser kescherten. Nur für höchstens vier Stunden, wenn zur Ebbzeit die Felsplattform trockenfällt, ist das Angeln dort möglich.

Wer es bequemer liebt, angelt von einer der über 70 langen, weit in die See hinausgebauten Piers, wie sie vor allem im Südosten und Westen (bei Liverpool) zu finden sind. Die längste (6 km) steht in Southend-on-Sea im Osten Londons. Hohe Zeit der Brandungsangler ist im Spätsommer, wenn Plattfische, Rochen, Conger, ja sogar vereinzelt die kleineren Haie nahe an die Küste kommen. Ab November bis Februar beginnt die Dorschangelei, schwerpunktmäßig an der Nordseeküste. Fast überall wird die 4-kg-Brandungsangelausrüstung benutzt.

Hot Spots
Die Beschreibung der Hot Spots erfolgt nach Landesteilen. Inseln Orkneys und Shetlands siehe unter »Atlantische Inseln Nord«, Kanalinseln Guernsey und Jersey siehe am Schluss dieser Aufzählung.

Heilbutt aus dem Pentland Firth

Schottland

Allgemeine Informationen:
Internet: www.visitscotland.com
Schottische Föderation der Meeresangler: Scottish Federation of Sea Anglers, Unit 28, Evans Business Centre, Mitchelstone Drive, Kirkcaldy, Fife KY1 3NB.
Internet: www.sfsa.freeserve.
co.uk/main.htm
Telefonansagen übers Wetter:
0044-891-600 262.
Wöchentlich aktuelle Informationen übers Meeresangeln:
0044-336 404 074.

Meeresangeln in Schottland: Das heißt sich der bewegten See und dem gemäßigten Klima anvertrauen und mit Fischen belohnt werden, die in dieser Menge und Größe sonst nirgendwo in Great Britain gefangen werden. Saison ist von Mai bis September. Wer sich mit den ganz großen Rekordrochen, Heilbutts, Dickdorschen und Haien anlegen will, muss im Winter kommen, seefest sein und sich warm anziehen. Dann aber winkt »Meeresangeln total«.

In den nachfolgenden Gebietsbeschreibungen sind nur jene Orte erwähnt, die in der Vergangenheit Schauplatz spektakulärer Fänge waren. In solchen Orten findet der reisende Angler bereits die Infrastruktur, die ihm das Fischen erleichtert (Boote, Gerätehändler, Wiegestationen usw.). Es soll aber jeder ermuntert werden, den unerforschten »wilden, schottischen Westen« auf abseits gelegenen Pfaden anglerisch zu entdecken. Fast in jedem der kleinen Fischerorte findet sich in der Sommerzeit ein Bootsmann, der für ein kleines Honorar zu den Rochen, Haien und Congern fährt. Dazu benötigt man ein wenig englische Sprachkenntnisse und – nicht zu vergessen – einen guten Whisky.

Ortsaufzählungen von Norden im Uhrzeigersinn

Deutsche Seekarte Nr. 235
S-1 Scrabster b/Thurso: Der kleine Hafen von Scrabster ist zunehmend Ausgangspunkt für Angelfahrten in den unruhigen, stark strömenden Pentland Firth. Die Meerenge zwischen dem Festland und den Orkney-Inseln ist außeror-

dentlich fischreich und wird kaum professionell befischt. Der britische Rekordheilbutt (106,1 kg) und drei schottische Rekorde (Brosme, Conger und Pollack) kamen bisher aus dem Firth. Schon ab Mitte September muss wegen widriger Winde mit Ausfalltagen gerechnet werden; früher als anderswo müssen hier Fahrten abgebrochen oder abgesagt werden.

Der Firth gilt als einziger, sicherer Heilbuttangelplatz Großbritanniens.

Deutsche Seekarte Nr. 229

S-2 *Stonehaven b/Aberdeen:* Vor der Küste liegen Steinriffe und Wracks. In diesem Gebiet wurden viele gute Fische erbeutet, unter anderem der britische Rekord-Lengfisch (26 kg), dazu viele Katfische, Dorsche, Schellfische, Wittlinge, Plattfische, Pollack und Köhler.

S-3 *Pittenweem:* Schottlands Meeresangler veranstalten viele Angelfestivals. Das größte findet traditionell jedes Jahr im Juni an diesem Ort statt.

Deutsche Seekarten Nr. 806 und 814

S-4 *Kirkcudbright:* geschützt in einem Fjord gelegen. Bootsangelei hervorragend, aber stark wetterabhängig außerhalb des Fjordes. Dorsche (beinahe ganzjährig), Conger, Pollack, Hundshaie, Plattfische, auch Steinbutt, Wolfsbarsche.

Bei rauer See empfiehlt sich sehr das Angeln von Felsen und Stränden. Der britische Rekord-Nagelrochen (9,86 kg) der Küstenangler wurde hier gefangen. Vor einer felsigen Plattform bei Balcary Point, einem Kap im Westen von Kirk-

cudbright, reicht 10 bis 15 Meter tiefes Wasser unmittelbar ans Ufer. Von September bis Februar werden hier regelmäßig Dorsche der 10- bis 15-kg-Klasse gefangen.

S-5 *Ayrshire-Distrikt:* Zwischen Punkt 4 und Glasgow findet man entlang der langen Küste mit fast zwei Dutzend charterbaren Angelbooten das größte Angebot dieser Art in Schottland.

Deutsche Seekarte Nr. 1167

S-6 *Isle of Mull:* Im Sound of Mull, der Meeresenge, die das Festland von der Insel Mull trennt, wurde von der Pier in Lochaline (Festlandseite) der sagenhafte Glattrochen von 60,5 kg gefangen und später vom Boot in Tobermory am Nordausgang der Enge ein gigantischer Rochen von 102,9 kg. Die Skipper kennen die »take and release« (Fangen und Zurücksetzen) Methode. Jeder Fisch wird vorher markiert. Weitere Fische: Hundshaie, viele Rochenarten, Plattfische, Dornhaie, Köhler.

Deutsche Seekarte Nr.1170

S-7 *Isle of Skye:* In den Gewässern von Uig und Portree (Inselhauptort) wurden viele Großrochen, Haie und die ganze Palette der in Schottlands Meereswasser vorkommenden Fische gefangen.

Deutsche Seekarte Nr. 1171

S-8 *Ullapool:* sehr schön gelegener Ort, Fährhafen zu den Äußeren Hebriden. Exzellente Fänge aller in Schottland vorkommenden Fischarten. Viele Inseln, Klippen und Bänke. Ausgangshäfen sind Ullapool und Achiltibuie (nördlich).

Deutsche Seekarten Nr.1171 und 1170 **S-9 *Äußere Hebriden:*** Wie ein schützender Wall liegen die Outer Hebrides vor der schottischen Westküste, eine Kette aus 90 Inseln und Inselchen, insgesamt rund 210 km lang. Sanft hügelig, grün und beinahe baumlos trotzen die Inseln dem Atlantik mit langen, feinsandigen Küsten im Westen und vermehrt felsigen im Osten. Der Cockle Strand auf der Insel Barra ist so glatt und fest, dass er täglich bei Ebbe einer Linienmaschine vom Festland als Rollfeld dient.

Die Äußeren Hebriden sind anglerisches Niemandsland, ein Paradies für Brandungs- und ein Dorado für Boots-angler, die bei jeder Windlage geschützte Plätze finden können. Es ist Meeresanglers »wilder Westen«, unentdeckt und unerforscht. Nur im größten Ort auf der Hauptinsel Lewis, in Stornoway, existiert im Sommer eine organisierte Bootsangelei. Der Stornoway Sea Angling Club besitzt am Hafen ein eigenes Clubhaus und veranstaltet Angelfahrten. Jedes Jahr findet das »Western Isles Sea Angling Championship« statt. Hauptbeute sind Großrochen, Blau- und Hundshaie, Pollack, Leng, Köhler, Dorsch, Plattfische und Schellfisch. Charterboote sind auch auf anderen Inseln zu haben.

England

Informationen, Rekordfischanmeldungen bei: National Federation of Sea Anglers (Nationaler Meeresanglerverband), NFSA Office: Hamlyn House, Mardle Way, Buckfastleigh, Devon TQ11 ONS. E-Mail: ho@nfsa.org.uk. Internet: www.nfsa.org.uk

Ortsbeschreibungen, beginnend im Nordosten (Nordseeküste) und dann im Uhrzeigersinn

E-1 Wrackküste von Scarborough: Die Orte Whitby, Scarborough und Bridlington bilden das Gegenstück zur südenglischen Wrackküste. Über 1.000 Wracks liegen vor der Küste, rund 50.000 Schiffe sollen seit dem Mittelalter hier gesunken sein. In allen Häfen liegen Boote, die meisten in Bridlington. Alljährlich große Angelfestivals. Das Interesse der Angler an diesem Gebiet steigt, seit zunehmend

Der Wolfsbarsch ist der begehrteste Fisch bei allen Brandungsanglern im Mittelmeer und im Atlantik.

gute Fänge bekannt werden. Ein Dorsch von 22 kg (1988) blieb nur knapp unter dem britischen Rekord. Daneben werden alle anderen Nordseefische (Köhler, Leng, Hundshaie, Plattfische, Schellfisch) gefangen. Das Spurnhead, Endpunkt einer langen Sandbank im Norden der Humbermündung, ist ein sehr bekannter Brandungsangelplatz. Auf 60 km bis hinauf nach Bridlington lässt sich dort das Brandungsangeln betreiben an einer Küstenstrecke, die Jahr für Jahr Meter um Meter der nagenden See opfern muss. Zwei Dutzend Dörfer sind im Laufe von Jahrhunderten bereits in der Nordsee versunken.

Deutsche Seekarte Nr. 196
E-2 Felixstowe: In allen Orten entlang der Küste nördlich und südlich von Felixstowe wird das Küsten- und Bootsangeln betrieben. Felixstowe verdient herausgehoben zu werden, weil hier der britische Rekord-Wolfsbarsch von 8,2 kg gefangen wurde. Beim Bootsangeln gehen Hundshaie, Rochen, Conger und Plattfische an den Haken, im Winter auch große Dorsche. Mehrere Charterboote sind vorhanden. Schiffsverbindung nach Zeebrügge (Belgien).

Deutsche Seekarte Nr. 245
E-3 Dover Distrikt: In diesem Bereich herrscht im Sommer Hochbetrieb, es kommen viele Angler aus London. Die Angelei in der Straße von Dover ist ganzjährig gut, im Winterhalbjahr werden viele Dorsche, im Sommer die ganze Palette der britischen Seefische erbeutet. Im Winter fahren zum Teil sehr große, seetüchtige Boote zum Dorschangeln.

Die wichtigsten Häfen sind Ramsgate, Deal, Dover und Folkestone.

Deutsche Seekarte Nr. 245
Hastings: Einer der ältesten Meeresangelvereine, die EAST HASTINGS SEA ANGLING Ass. (gegründet 1910), besitzt am hohen Ufer direkt am Meer ein großes Clubhaus, eine eigene Slipanlage und eigene, meist kleine Boote. Es wird sehr viel bei gutem Wetter und ruhiger See in der Umgebung geangelt und ausgezeichnet gefangen. Clubrekorde: Glattrochen 65 kg, Dorsch 15 kg, Leng 10 kg, Conger 32 kg, Steinbutt 8 kg, Anglerfisch 24 kg.
(Prospekt in deutscher Sprache): EAST HASTINGS SAA, The Stade, GB-Hastings/Sussex. Von hier aus wurde bei Dungeness der britische Rekord-Pollack (13,26 kg) gefangen.

Deutsche Seekarte Nr. 269
E-4 Die Chesil Bank bei Weymouth im Südwesten ist wohl Englands populärster Brandungsangelplatz. 25 km lang, schnurgerade, teils kiesig, teils sandig, mit tiefem Wasser überall in Wurfweite – ideal. Kein Tag vergeht, ohne dass dort geangelt wird, und es ist Platz genug für alle. Köder müssen mitgebracht werden (Wattwürmer, Sandspierlinge), sie können in allen Geräteläden an der Küste tiefgefroren gekauft werden. Im Weymouth Angling Centre gibt es Köder, Geräte und die Möglichkeit, Charterbootsplätze zu buchen.

Deutsche Seekarte Nr. 273
Die Wrackküste vor Plymouth: Aus diesem Gebiet kommen seit Jahrzehnten

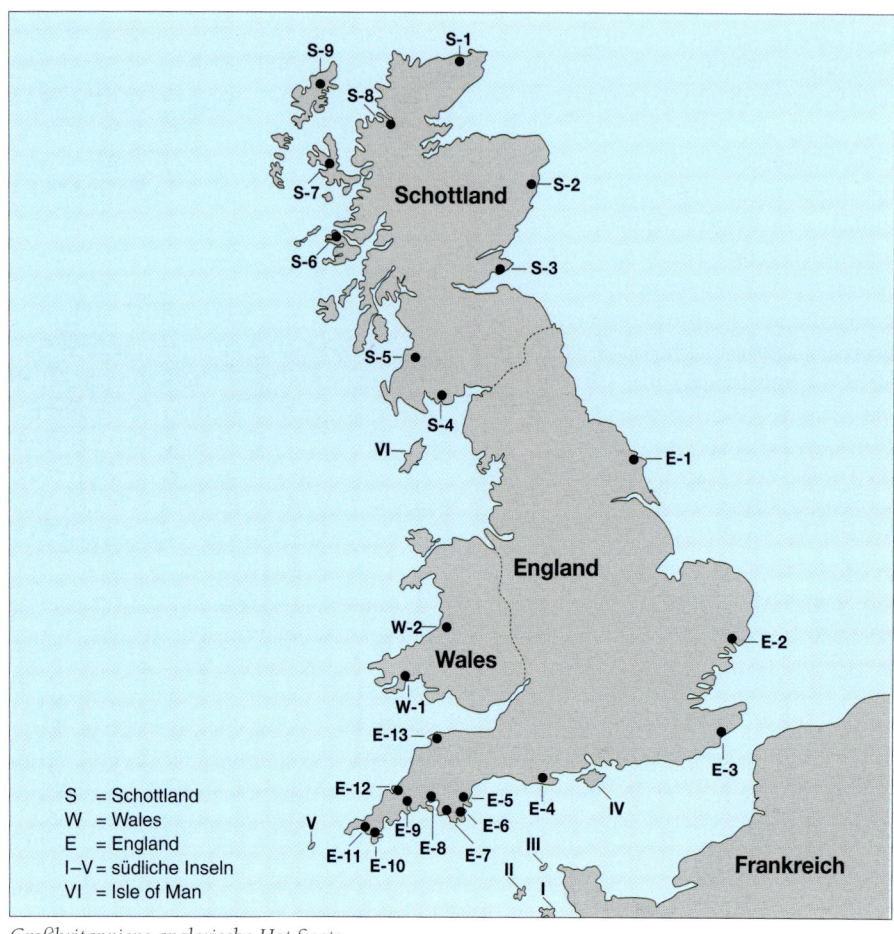

Großbritanniens anglerische Hot Spots.

die spektakulärsten Fänge. Von der Netzfischerei verschont, bildet dieses Gewässer mit zahllosen großen Wracks und spitzen Steinriffen, mit reißendem Tidenstrom nahe am offenen Atlantik ein ideales Angelrevier. Mehr als anderswo wird wegen der vielen Hänger und der großen Fische das 16-kg-Gerät benötigt. Die Bootsangelei ist in der Bucht vor Plymouth und in der benachbarten Lyme Bay hervorragend organisiert; in der sommerlichen Hauptsaison dürften hier weit über 100 Boote (à 4 bis 10 Angler) täglich hinausfahren. Man meide die Zeit der Schulferien. Beste Angelzeit: Mitte August bis Anfang Oktober.

Weil nicht alle Boote für das Wrackfischen (bringt die besten Erfolge bei Congern, Pollacks, Leng und Wolfsbarschen) geeignet sind, sind die in Frage

106

kommenden oft schon ein Jahr im Voraus an den Wochenenden und zu Zeiten der Nipptiden ausgebucht.

E-5 Brixham: herrlich in einer Nische des felsigen Steilufers gelegener Hafen, umbaut von Häusern. An der Pier Angelgeräte und Köder, Buchungsstände. Mehrere Top-Boote für die Wrackangelei. Mehrere Rekordfische wurden hier gefangen, darunter ein Conger von 30,4 kg direkt vor dem Hafen.

E-6 Dartmouth: zwar geschützt, aber doch sehr nahe bei den Wrackgründen gelegen, der Stützpunkt der »richtigen« Angler. Mehr als 20, meist vorzüglich ausgerüstete Boote benötigen nur 30 bis 45 Minuten Fahrt bis zu den ersten guten Angelstellen. Neben Plymouth das größte Angelzentrum an der »Wrackküste«.

E-7 Salcombe: versteckt zwischen den letzten schützenden Felsen vor der offenen See; auch hier ist bei schlechtem Wetter noch geschütztes Küstenangeln möglich. Einer der Spezialhäfen für das raue Wrackangeln, über ein Dutzend Boote, kurze Fahrten zu den Fanggründen. Viele Rekordfische wurden hier gefangen, z. B. ein Rekord-Steinbutt (15,3 kg).

E-8 Plymouth: Früher der »Mutterhafen« aller Meeresangler im Süden Englands, hat seinen Glanz verloren.
Geangelt wird aber immer noch über den Wracks und den berühmt-berüchtigten Eddystones, einer Riffgruppe, die größtenteils knapp unter Wasser liegt

und im Laufe von Jahrhunderten vielen Schiffen verhängnisvoll wurde. Der einzige größere aus dem Wasser ragende Felsen ist mit dem Eddystone-Leuchtturm bebaut – Wahrzeichen der Wrackangler von Plymouth und Umgebung.

Bootsbuchungen über den Gerätehändler Clive's Tackle, in der Exeter Street Nr. 182.

E-9 Looe: Englands bekanntestes Hai-Angelzentrum. Der Shark Angling Club of Great Britain baute 1953 im Hafen ein Clubhaus mit Wiegestation und machte den kleinen, verträumten Ferienort weit über die Landesgrenzen hinaus berühmt. Riesige Mako-, Herings- und Fuchshaie wurden hier registriert, vor allem aber Blauhaie, es dürften seit 1953

Der Leuchtturm von Portland Bill ist das Wahrzeichen für das emporstrebende Angelzentrum Weymouth an der englischen Südküste.

über 50.000 gewesen sein. Nur Rekord-
haie werden heute noch zur Waage
gebracht, alle anderen Fische werden
zurückgesetzt. Die Haiangelboote sind
sämtlich mit Kampfstühlen ausgerüstet,
die Skipper verstehen ihr Handwerk aufs
beste. »Shark for order« (Haie auf
Bestellung) ist ihre Devise. Aber auch
auf alle anderen Fische wird hier geangelt.

E-10 Mevagissey: geschützt liegend an
der St. Austell Bay westlich von Plymouth. Neben Dartmouth und Plymouth eines der wichtigsten Angelzentren der »Wrackküste«. Der britische
Rekord-Zitterrochen (43,57 kg) und der
größte britische Graue Meerbrassen
(4,33 kg) wurden hier gefangen. Viele
weitere außergewöhnlich große Fische.

E-11 Falmouth: der letzte, leidlich
geschützte Hafen der »Wrackküste« im
äußersten Südwesten, mit vielen guten
Booten für die Hochseeangelei. Hier
endet die Saison bereits Ende September. Zwar ist in diesem Gebiet die See oft
noch einen Grad rauer als vor den anderen Häfen, aber dafür nimmt die Menge
an Fischen deutlich zu.

E-12 Padstow: kleiner Fischereihafen an
Cornwalls Nordwestküste, wurde in den
70er-Jahren berühmt, als Angler die
Heringshaie vor der Küste entdeckten.
Heute kann man sagen, dass Padstow
das Heringshai-Angelzentrum Großbritanniens ist, nur die Shetland-Inseln
könnten dem Ort diesen Ruhm streitig
machen: Marie und Jorge Potier aus
London machten Padstow bei Mee-

resanglern vollends berühmt, als sie
nacheinander britische, europäische und
sogar weltweite Heringshai-Rekorde auf-
stellten. Jorge's Hai von 210,92 kg wurde
ein IGFA-Weltrekord.

Die Padstow-Haie werden im Spätsommer gefangen, meistens nur ein bis
zwei Kilometer von der Küste entfernt.

Südlich von Padstow liegt der Hafen
von Newquay, von dem aus vermehrt
Angelfahrten, auf Wunsch auch auf
Heringshaie, veranstaltet werden.

Deutsche Seekarte Nr. 368
E-13 Ilfracombe: am südlichen Eingang
zum Bristol Channel, mit hohen Gezeiten und scharfem Tidenstrom. Auch hier
wird seit kurzem erfolgreich auf Heringshaie geangelt, das Hauptinteresse
aber gilt Rochen, Pollacks und allen
anderen Seefischen der englischen Küste.
Eine Besonderheit sind die großen
Hundshaie am Baggy Point, eine Landspitze mit sehr guten Brandungsangelmöglichkeiten; dort wurde ein Hundshai
von 26,3 kg vom Ufer aus gefangen.
Über ein Dutzend Boote im Hafen.

Wales

Alles übers Meeresangeln, auch eine
Bootsliste mit rund 70 Buchungsadressen, Tidenkalender und Wettervorhersa-
ge, findet man auf der Internetseite
www.fishing-in-wales.com
Allgemeine Infos in www.visitwales.com

Tradition hat das Behindertenangeln in
Wales, gefördert durch den Handicap-
ped Anglers Trust (s. Fishing-in-Wales-
Web-Site.)

Neben den nachgenannten beiden Hot Spots gibt es weitere Ausgangshäfen mit zahlreichen Booten (Auswahl): Conway; Rhos-on-Sea; Rhyl; Soundersfort und Swansea.

W-1 *Tenby:* am Nordausgang des Bristol Channels, geschützte Lage an der Carmarthen Bay und Sommerfrische der Großstädte Cardiff und Bristol. In der Ferienzeit etwas überlaufen, aber gute Bootsangelei. Der Ort wurde durch das alljährliche »Tenby-Tope-Festival«, einem reinen Hundshai-Angelwettbewerb, bei Meeresanglern berühmt. Bei diesem Angeln werden alle Fische, mit Ausnahme der rekordverdächtigen Tiere, lebend zurückgesetzt.

Ferner werden beim Bootsangeln gefangen: Katzenhaie, Rochen, Wolfsbarsche, Pollack. Angelei weit weniger wetterabhängig als im Süden.

Deutsche Seekarte Nr. 800
W-2 *Aberystwyth:* Mittelpunkt der großen Cardigan Bay. Hauptbeute: Hunds- und Katzenhaie, Rochen, Plattfische, vereinzelt Leng und Meerengel. 31 walisische Rekordfische aus dem Meer wurden hier schon gefangen!

Die südlichen Inseln Großbritanniens

Internetinformationen über www.visit-britain.com – mit weiterführenden Seiten zu Guernsey und Jersey.
Deutsche Seekarte Nr. 1036

Channel Islands – die Kanal-Inseln – bestehen aus drei Haupt- und mehreren kleineren Inseln vor der Nordküste Frankreichs. Das Klima ist im Vergleich zum britischen Festland sehr mild und sonnig. Die Inseln liegen im Bereich der bis zu 11 Meter hohen Gezeitenwelle von St. Malo; der Angelurlaub sollte stets in eine Woche mit Nipptiden gelegt werden, weil sonst die gewaltigen Strömungen das gefühlvolle Fischen zu sehr erschweren. Die Inseln sind von Touristen überlaufen und in den Sommermonaten voll ausgebucht.

Unterkünfte und Angelboote müssen im Voraus gebucht werden. Alle Inseln sind felsig mit teilweise langen (Jersey) sandigen Abschnitten. Der Meeresboden rund um die Inseln ist gespickt mit bizarren Unterwasserklippen, felsigen Bänken und steinigen Feldern; weite Bereiche bleiben von der Netzfischerei verschont. Dadurch hat sich ein guter Fischbestand erhalten, der nur mit Handleinen und Angeln zu erreichen ist. Auf den Fischmärkten stammt ein großer Teil des Fanges von Fischern und Anglern, die allesamt mit Handleinen und Schleppgeräten fischen.

In den Haupthäfen der Inseln gibt es Angelgeschäfte mit passender Ausrüstung und täglich frische Köder (Würmer und Sandspierlinge). Dort findet man auch Angelboote.

I *Jersey:* mit 13 x 25 km Ausdehnung die größte der drei Inseln, ist zugleich auch die »vornehmste«. Es ist die Sommerfrische für all jene, die teure Hotels, Nachtleben, Luxusgeschäfte und exklusive Bars schätzen.

II Guernsey: Die Insel ist berühmt für den guten Stein- und Glattbuttbestand, es ist mit Abstand das beste britische Angelrevier für diese großen, begehrten Plattfische. Die Saison reicht von Mai bis Oktober. Weitere Fische: Wolfsbarsche, davon so viel, dass alljährlich im September ein »Bass-Angling-Festival« stattfindet, ferner Pollacks und Meerbrassen.

III Alderney: die kleinste der drei Inseln, am wenigsten von der hohen Gezeitenwelle und dem Tourismus betroffen. Die Insel ist das Mekka des Britischen Mullet-(Meeräschen-)Clubs. Alljährlich werden viele große Meeräschen, auch große Seezungen (Rekord: 2,77 kg, im Braye-Hafen), dazu Conger, Pollack, Rochen und Dorsche gefangen. Saison: ganzjährig, mit dem Höhepunkt im September/Oktober.

Deutsche Seekarte Nr. 262
IV Isle of Wight: sehr beliebtes Erholungsgebiet, im Sommer voller Touristen. Fährschiffverbindung von Portsmouth, Southampton und Lymington. Dort werden Boote vermittelt, die sowohl im Süden der Insel als auch im geschützten Solent, der Meerenge zwischen Insel und Festland, zum Angeln fahren. In den Gewässern wurde der britische Rekord-Adlerrochen (23,8 kg) gefangen. Daneben: Plattfische, alle Haiarten, viele Rochenarten.

Deutsche Seekarte Nr. 276
V Scilly Islands: Englands äußerster Südwestspitze sind die Scilly-Inseln vorgelagert, eine Gruppe von 150 felsigen Eilanden, sechs davon sind bewohnt. Zwischen dem 50 km entfernten Festland und den Inseln liegen zahlreiche Unterwasserriffe und über 200 Wracks. Das Klima ist mild, fast subtropisch. Es gibt Gärten voller Zedern, Palmen, Mimosen und Fuchsien (Insel Tresco). Die unbewohnten Inseln sind im Besitz von Seehunden und Seevögeln; Hummer und Langusten werden überall mit Körben gefangen. Von Penzance aus besteht Verbindung per Fährschiff oder Hubschrauber. Die Scillys sind wie für das Hochseeangeln geschaffen, Makrelen und Pollacks gibt es in Mengen vom Ufer, Conger, Blauhai, Hundshai, Heringshai, viele Rochenarten, Leng und alle übrigen vor der englischen Südküste lebenden Fische gehen an den Haken.

VI Isle of Man
Internetinformationen über:
www.visitbritain.com
Deutsche Seekarte Nr. 806 D

Liegt inmitten der Irischen See, per Fähre von Liverpool und Heysham erreichbar. Teils sandige, teils felsige Küste mit hervorragenden Brandungsangelmöglichkeiten, fast jeder Windlange durch Ortswechsel anpassbar.

Fische: herausragend ganzjährig Dorsche, im Sommerhalbjahr auch Köhler, Pollack, Rochen, Katzen- und Hundshaie, dazu viele Makrelen. Jährlich finden zwei traditionelle Angelfestivals statt. Die Organisation wird geleitet vom Mannin Angling Club, PO Box 6 in Port St. Mary IM99 7PP. Dort erfährt man auch die aktuellen Charterbootadressen.

110

Irland

Deutsche Seekarten Nr. 376 (Ostteil) und 377 (Westteil)
Allgemeine Auskünfte:
Irland Information
Untermainanlage 7
60329 Frankfurt
E-Mail: info@irland-ferien.de
Internet: www.irland-ferien.de
Meeresangeln: www.cfb.ie mit vielen Links zu Meeresanglern und Bootseignern.

Liebenswertes Irland: Überall entlang der Küste finden sich Hinweise auf gute Angelplätze.

Irland gehört zu den bevorzugten Reisezielen deutscher Angler. Nicht nur der große Fischreichtum nach Arten und Individuenzahl, sondern auch die massive staatliche Förderung des Angelns seit Beginn der 60er-Jahre hat dazu beigetragen. Überall entlang der Küste wurden seither Angelzentren eingerichtet und der allgemeine Urlaubstourismus durch konsequente Verbesserung der Angebote auch für nicht angelnde Mitreisende verbessert. Irland ist ein ideales Ziel für einen Angel-Familienurlaub – nicht für Liegestuhl-Faulenzer, sondern Aktiv-Urlauber.

Viele deutsche Reiseveranstalter bieten seit Jahrzehnten Pauschalangelreisen nach Irland an, wobei Meeresangeln mit Süßwasserangeln auf Hecht, Forelle und Lachs ideal miteinander verbunden werden können.

Nur etwa 50 Kilometer Küstenlinie im äußersten Südosten von Wicklow bis Wexford ist flachsandig und dünenreich, alle anderen Küstenstriche sind felsig mit gelegentlich eingestreuten kleinen, sandigen Buchten. Von besonderer, herber Schönheit ist die bergige, buchtenreiche Landschaft Donegal im äußersten Norden. Von dort verläuft die Küstenstraße fast immer nah am Meer, zunächst im Nordwesten durch eine wildromantische, von Torfmooren und zerklüfteten Steilufern gekennzeichneten Landschaft zu den einsamen, aber fischreichen Abschnitten der Belmullet-Halbinsel. Diese Landstriche sind die »irischsten« aller irischen Gebiete, hier wird noch Gälisch gesprochen.

Die Westküste, mit über 100 Meter hohen, steilen Kaps und ungezählten kleinen Inseln und Klippen im Nordteil, wirkt zerrissen und zerkerbt; tief haben sich die gewaltigen Wogen des Atlantiks ins Land gefressen. Der Südwesten ist geprägt von fjordartigen Einschnitten, die bei den vorherrschenden Südwestwinden kaum Landschutz gewähren. Der Süden schließlich ist Irlands »Botanischer Garten« mit Korkeichen, Oleanderbüschen und meterhohen Fuchsienhecken und vielen schützenden Buchten sowie der am besten entwickelten Bootsangelei.

Die Gezeiten laufen in Irland hoch auf: Im Westen bei Galway beträgt der Hub 4,9 m, im Osten (Arklow) sogar 9 m.

Fische und Fang

Kein Tag ohne Fang am Meer – ein Versprechen, das in Irland leicht einzuhalten ist. Ob »gelernter Angler« oder Newcomer, ob großer oder kleiner Mann – alle werden ihren Fisch fangen.

In der irischen Rekordliste werden 62 verschiedene Seefischarten geführt, darunter allein elf aus der Familie der Haie und Rochen. Nirgendwo sonst in Europa werden so viele verschiedene Knorpelfischarten an einem Platz erbeutet.

Neben den in der Saisonliste aufgeführten Arten ist noch in auffälligen Gewichten gefangen worden (in kg):

Auszug aus der Rekordliste mit auffälligen Gewichten:

Anglerfisch	42,98 kg
Blauhai	93,63 kg
Conger	32,72 kg
Dorsch	19,10 kg
Heringshai	165,90 kg
Hundshai	30,17 kg
Leng	22,06 kg
Monkfisch	33,18 kg
Nagelrochen	16,81 kg
Scholle	3,70 kg

Regional treten einzelne Arten vermehrt auf, dies gilt insbesondere für:
Heringshai: Westküste, Aran-Inseln, Galway-Bucht, Achill Head.
Blauhai: Südküste (mit jeder Meile mehr Abstand von der Küste werden die Haie größer), Achill Island (Westport).
Großrochen: Westküste, Südwestspitze (Valentia Island), Südwestküste.
Meerengel: Tralee Bay (Südwestküste).

Meerforelle: Achill Sound (bei Westport), ganze Nordwest- und Nordküste, Süßwassereinläufe.
Hundshaie: Loch Swilly (Rathmullan, Nord).
Dorsch: Südostküste von Dublin bis Wexford (Winterhalbjahr).
Wolfsbarsch: Südwestküste, Atlantikseite, Shannon-Mündung.

Freiwillige Schonung für gefährdete Arten wurden von den organisierten irischen Anglern wie folgt eingeführt:
Glattrochen: Alle Fische werden zurückgesetzt. Grund: geringe Vermehrungsrate, langsames Wachstum.
Hundshai: Alle Fische werden bei Festivals zurückgesetzt. Grund: keine Verwertung und geringe Vermehrung.
Wolfsbarsch: Mindestmaß 40 cm, höchstens zwei Fische per Angler und Tag. Grund: starke Überfischung (kommerziell) und geringe Vermehrungsrate.
Meerengel, Katzenhaie, Dornhaie und Rochen sollen nach Möglichkeit zurückgesetzt werden, nur Specimen-Fische werden einbehalten. Grund: geringe Verwertungsmöglichkeit.
Blauhaie: Tiere unter 50 kg werden markiert und zurückgesetzt. Dies ist Teil eines Programms des Central Fisheries Board/Dublin im Zusammenwirken mit den Skippern. Über 1000 Blauhaie wurden bereits markiert und viele Tage später am selben Ort oder nach Jahren bis zu 6750 km entfernt (Barbados) wieder gefangen. Einmalig in der europäischen Angelszene ist das Irisch Specimen Fish Committee. Es wurde 1972 gegründet und zeichnet jeden Fisch aus irischen Gewässern aus, der ein Mindestgewicht

Irlands endlose Felsküsten laden zum Brandungsangeln ein – so wie hier bei Cruit-Island in Donegal.

(Specimen weight) erreicht. Bisher wurden weit über 12 000 Auszeichnungen (Specimen award) an Angler aus aller Welt verliehen. Wer einen Fisch mit dem in der Specimen-Liste angegebenen Mindestgewicht gefangen hat, hat einen »Specimen« erwischt, kann ihn anmelden und erhält den Anerkennungspreis. Formblätter für die Anmeldung und geeichte Waagen besitzen alle Skipper. Man kann die Formblätter aber auch selbst beim Komitee anfordern: Irisch Specimen Fish Committee, Balnagowan House, Mobhi Boreen, Mobhi Road, Glasnevin, IR-Dublin 9.
E-Mail: isfc@cfb.ie

Das Bootsangebot ist hervorragend. In keinem europäischen Land, England und Schottland ausgenommen, kann man so viele gut geeignete Angelboote chartern. Große Angelkutter fehlen, ein Massenangeltourismus wie in Deutschland oder Holland findet nicht statt.

Statt dessen sind die Boote relativ klein, um 11 Meter lang, vorn gedeckt mit Steuerhaus, achtern mit viel Platz für 4 bis 12 Angler. Kampfstühle fehlen häufig, ebenso Unterstände; einige Boote sind ohne Toilette. Verpflegung muss in jedem Fall selbst mitgebracht werden, Leihangeln sind meistens im schlechten Zustand.

113

In einigen Orten wurden Angelzentren aufgebaut. Sie verfügen über gute Unterbringungsmöglichkeiten. Geräteläden und mehrere Boote (die in der Hochsaison im Voraus gebucht werden müssen): die wichtigsten sind (alphabetisch geordnet):

Cahirceveen, Co. Kerry (Südwest)
Cobh (Cork-Hafen), Co. Cork (Süd)
Crosshaven, Co. Cork (Süd)
Dungarvan, Co. Waterford (Süd)
Fenit, Co. Kerry (Südwest)
Killybegs, C. Donegal (Nordwest)
Kinsale, Co. Cork (Süd)
Westport, Co. Mayo (West)

Saisonales Fischvorkommen Irland

	I	II	III	IV	V	VI	VII	VIII	IX	X	XI	XII
Blauhai						X	X	X	X	X		
Conger						X	X	X	X			
Dorsch	X				X	X	X	X	X	X	X	X
Flunder					X	X	X	X	X	X		
Franzosen-dorsch						X	X	X				
Gefleckter Lippfisch						X	X	X	X	X	X	
Heilbutt						X	X					
Heringshai						X	X	X	X	X		
Hornhecht						X	X	X	X			
Hundshai					X	X	X	X	X	X	X	
Kliesche					X	X	X	X	X	X		
Knurrhahn						X	X	X	X			
Köhler					X	X	X	X	X	X	X	X
Leng						X	X	X				
Makrele						X	X	X				
Meeräsche					X	X	X	X	X			
Meerengel				X	X	X	X	X	X	X		
Nagelrochen						X	X	X	X	X		
Pollack				X	X	X	X	X	X	X		
Scholle					X	X	X	X	X	X		
Steinbutt					X	X	X	X	X			
Wittling	X								X	X	X	X
Wolfsbarsch: SW-Küste				X	X	X	X	X	X	X		
Wolfsbarsch: restl. Küsten					X	X	X	X	X	X		

Beim Bootsangeln wird zumeist das Driftangeln auf Haie (in halber Wassertiefe) oder das Grundangeln betrieben. Die 16-kg-Ausrüstung, vervollständigt durch einen Rutenhaltegurt, ist die gebräuchlichste Ausrüstung. Daneben wird mit dem 8-kg-Gerät auf kleinere Fische geangelt. Wer gezielt große Heringshaie oder Rochen fangen will, kann auch das 37-kg-Gerät verwenden. Die Angeltiefen schwanken zwischen 15 und 50 Meter, größere Tiefen werden wegen des harten Gezeitenstromes kaum erreicht.

Naturköder (Makrelen in allen Formen) überwiegen bei weitem, nur bei klarem Wasser wird gelegentlich mit künstlichen Ködern (Gummiaale, Twister, Pilker, Blinker) geangelt. Anfüttern mit Rubby dubby (s. Seite 54–55) ist nicht nur bei der Haiangelei üblich, sondern bringt auch bei der Grundangelei vom verankerten Boot viele Fische an den Haken. Fast alle irischen Skipper beteiligen sich an der »Conservation«, dem Schutz von gefährdeten Arten. Die dafür in Frage kommenden Fische (s. weiter oben), aber auch die Fische mit geringem Küchenwert (Katzenhaie, Dornhaie, einige Rochen, Bastardmakrelen usw.) werden, wenn nichts anderes vereinbart wurde, von den Bootsführern wieder lebend zurückgesetzt.

Das Angeln von ungezählten felsigen Plattformen oder Stränden der kleinen Buchten ist sehr erfolgversprechend. Vorweg sei vor den besonderen Gefahren, vor allem an der Westküste, gewarnt: Irland liegt ungeschützt am Atlantischen Ozean, neben Windwellen können auch hohe Dünungswogen aus

Ein legendäres Foto, aber alljährlich an der Westküste wiederholbar: Angler Jack Shine landet zusammen mit seinen Söhnen einen Heringshai von 92 lbs bei Green Island.

ferneren Gebieten jederzeit heranrollen, überdies läuft die Flut über vier Meter hoch auf. Bei unvermittelt einsetzender schwerer See muss stets ein schneller Rückzug vom Angelplatz möglich sein. Niemals auf engen Felsplattformen in zu geringer Höhe einsperren lassen! Auch das Angelgerät sollte stets höher als scheinbar notwendig gelagert werden.

An den westwärts gelegenen Kaps kann man im Spätsommer vom Ufer Haie angeln, eine Möglichkeit, die entlang der europäischen, atlantischen Festlandsküste nur in Irland zu haben ist. Bis zu 50 kg schwere Heringshaie hat der irische Meiereidirektor Jack Shine in den 60er-Jahren bei Spanish Point (Lahinch, Westküste) mit der Brandungsrute gefangen (s. Foto Seite 115). Seine Methode war einfach: Eine ganze Makrele, mit Haken gespickt und mit einem Gleitfloß versehen, wurde so weit wie möglich in die See geworfen. Jack Shine hat Fische verloren, die um 100 kg gewogen haben mögen.

Neben Haien und Makrelen wird hauptsächlich in den wogenden Brandungszonen bei auflaufendem Wasser auf Pollacks (mit Fetzenködern, Sandspierlingen, Blinkern) und Wolfsbarsche (Spierlinge, Wurmbündel, Tintenfische) geangelt. Auch große Lippfische gehören zur regelmäßigen Beute.

Im Bereich tiefer, glattgrundiger Bezirke (Häfen, Molen, Buchten) werden bei aufkommendem Wasser und nachts Plattfische und Rochen erbeutet, so z. B. im Hafen von Cork. Diese Angelmethode (mit Makrelenfilets) ist vor allem an der Ostküste erfolgreich. Sind Felsverstecke in der Nähe, dann bereichern Conger die Ausbeute.

Plattfische (Flundern, Klieschen, Schollen) vervollständigen die bunte Strecke der Küstenangler. Hinzu kommen schwere Meeräschen, die vor allem in den Häfen leicht mit daumennagelgroßen Fischfetzenködern zu überlisten sind. Der Autor fing einmal mit dem Congergeschirr und fingerlangem Makrelenfilet (!) eine Dicklippige Meeräsche von über 3,5 kg im Hafen von Galway. Die Äschen sind in den Fischereihäfen an Fischnahrung gewöhnt.

Brandungsangeln wird in der Regel überall mit der 4-kg-Ausrüstung ausgeübt, nur beim gezielten Rochen- und Congerangeln verwendet man das 8-kg-Gerät. Mit dem Gleitfloß vermeidet man Hänger, aber auf dem Grund ausgelegte Köder fangen mehr.

Hot Spots

1 Rathmullan liegt auf halber Länge an einem über 40 km langen Fjord, Lough Swilly. Windgeschützt bietet Lough Swilly von Ende April bis Ende September ausgezeichnetes Angeln auf Rochen, Conger und Hundshaie (bereits ab Anfang Juni), ferner auf Meerengel, Dornhaie, Plattfische, Knurrhähne, Blauhaie. Herausragend ist der Bestand an Lengfischen, Nagelrochen und Hundshaien. Es scheint, dass dieses Gebiet Irlands bestes Hundshai-Angelrevier ist. Mehrere Charterboote.

2 Killybegs: Irlands Rekordmeeräschen wurden hier vom Pier gefangen. In Killybegs großem Fischereihafen sind die Äschen und Makrelen an Fischnahrung gewöhnt.

Donegal Bay: Die Nord- und Südküste der großen Bucht ist bekannt für große Meeräschen, Conger und Lippfische, besonders gut die Piers in Killybeg und Mullaghmore. In der River-Erne-Mündung (Ballyshannon) Meerforellen. Charterboote.

3 Killala Bay: Die Bucht wurde durch Pauschalangelreisen bei Europas Anglern berühmt, sogar die Irischen Meeresangelmeisterschaften wurden hier veranstaltet. Mehrere Charterboote.

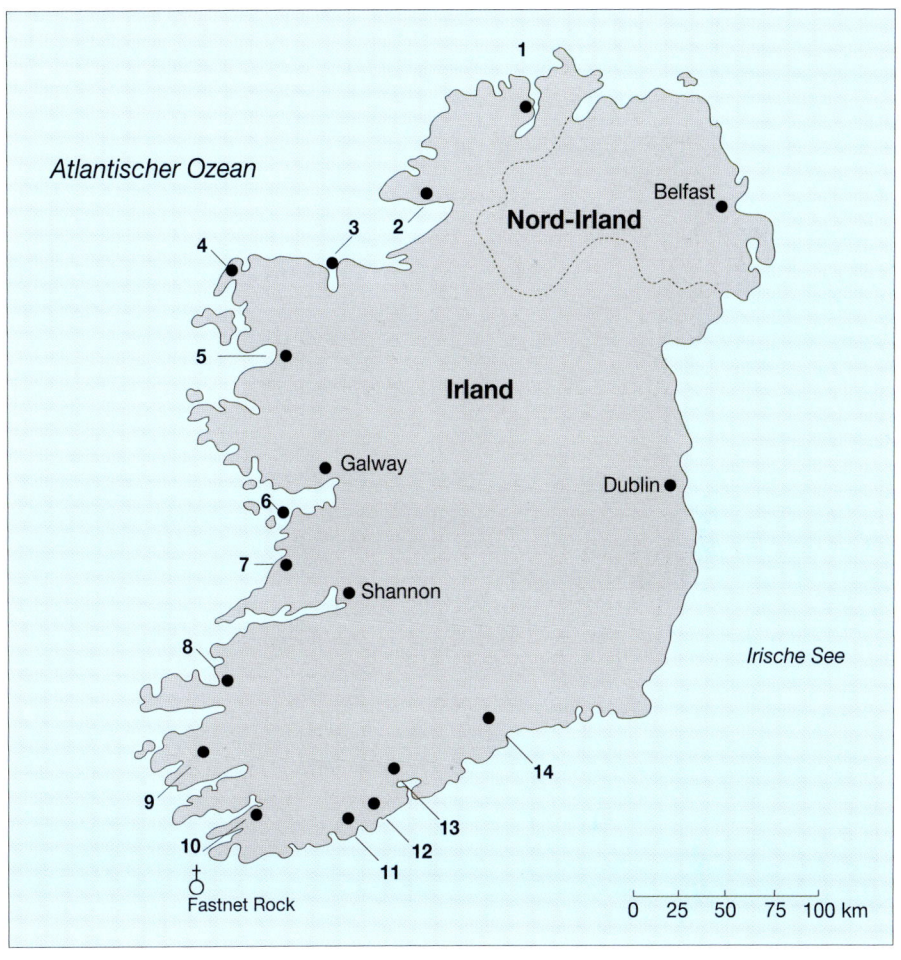

4 Belmullet: sehr gutes Meerforellenrevier. Herausragend: Rossport, Blind Harbour, Frenchport. Die fast 10 km lange Westküste von Belmullet bis Glosh Point (Südspitze) gilt auch als gutes Brandungsangelrevier. Auch Bootsangelei ist möglich. Irlands Rekord-Heilbutt (70,8 kg) kam aus Belmullets Gewässern. Mehrere Charterboote.

5 Westport: Traditionsreiches Angelzentrum. Die Clew Bay vor Westport bietet an allen Ufern sehr gutes Angeln, vor allem beim Spinnfischen werden Meerforellen, Makrelen und Hornhechte gefangen. Bertraw Strand bei Lecanvey bietet zusätzlich die Möglichkeit, beim Grundangeln Hundshaie, Meerengel, Katzenhaie und Nagelrochen zu erwi-

117

schen. Aus der Crew Bay stammt der irische Rekord-Weißrochen (74,8 kg). Charterboote.

6 Küste Black Head bis Cliffs of Moher:
Einer der besten Felsküstenabschnitte Irlands für das Brandungsangeln, Ballyvaughan und Ballyreen sind Ausgangspunkte. In Fanore fand die Weltmeisterschaft im Klippenangeln statt. An der Fischhalle findet man Informationen über die besten Plätze. Man angelt mit weiten Würfen über die Geröllzone hinweg, mit Krallbleien, Köder: Makrelenfetzen. Oder man angelt mit Spinner, Plastikimitationen von Würmern und Sandspierlingen oder Twistern im Klippenbereich. Beim Black Head große Lippfische in den Tangwäldern, Makrelen und Hornhechte überall, vor allem aber gute Pollacks und Wolfsbarsche. Sogar kleine Heringshaie sind hier schon gefangen worden, auch Stechrochen. Beim »Galway-Shark-Festival« (Bootsangelwettbewerb) wurden an einem Tag 74 Heringshaie erbeutet.

Vor den Cliffs of Moher/County Clare befindet sich ein sehr gutes Angelrevier mit Makrelen, Dorn- und Hundshaien im Juli/August.

Lengfischfang aus den Gewässern des Ring of Kerry im Südwesten Irlands

7 *Miltown Malbay:* Hier werden von der Küste beim Brandungsangeln Heringshaie gefangen, der Rekord steht bei einem Fisch von knapp über 100 pounds. Bester Platz ist Green Island, eine kleine vorgelagerte Insel, die bei Ebbe zu Fuß erreicht werden kann. Im Hochsommer bei sonnigem Wetter treiben die Heringshaie die Makrelen bis an die Ufer. Geangelt wird mit schwerstem Brandungsgerät (16 kg), Stahlvorfächern und Gleitfloß, Köder: ganze Makrelen. Außerdem viele Pollacks in den Tangwäldern auf der gesamten Küstenlinie von Green Island bis Spanish Point.

119

8 Fenit: mehrere Boote. Gefischt wird in der flachen, sandigen Tralee Bay. Das ist Irlands berühmtester Fangplatz für Meerengel, der irische Rekordfisch (33 kg) wurde hier erbeutet. Charterbootliegeplätze. Die Fenit Pier ist vermutlich Irlands bester Küstenangelplatz, wenn es darum geht, Conger, Hundshaie, Katzenhaie, Rochen und Plattfische bequem von einer hohen, trockenen Mole zu angeln. Besonders nachts bei auflaufendem Wasser wird hier sehr gut gefangen. Drei irische Rekorde wurden hier aufgestellt (Stechrochen, Meerengel, Undulata-Rochen). Mehrere Charterboote.

9 Ring of Kerry: Mittelpunkt des »Fünf-Finger-Landes« an der Südwestecke Irlands, landschaftlich ist dies der berühmteste »Finger«. Über tausend Meter hoch ragen die Berge aus dem Meer, überall steile Felsufer mit herrlichen Angelplattformen, atemberaubende Ausblicke bis zu den Skellig Rocks mit Zehntausenden von Seevögeln. An der Westseite führt eine Brücke zur kleinen Insel **Valentia Island,** eines der besten Hochseeangelreviere Irlands. Fünf irische Rekordfische wurden hier gefangen: Conger (32,7 kg), Katzenhaie, beide Arten (10,8 und 1,9 kg), Brachsenmakrele (2,8 kg), Roter Meerbrassen (4,2 kg).

Cahirciveen, das Angelzentrum (mit Charterbooten), liegt inmitten dieser Landschaft.

10 Bantry: Der »kleine Finger«, die Halbinsel Whiddy Island, erlaubt von vielen Steilufern das Küstenangeln, hauptsächlich mit dem Gleitfloß (Lippfische, Pollack). Am Ende der Halbinsel sehr tiefes Wasser; nicht weit vom Ufer über 30 m, in der Buchtmitte 55 m. Beim Bootsangeln erwischt man Conger, Katzen-, Dorn- und Hundshaie, Rochen. Einer der schwersten irischen Dornhaie (8,5 kg) und ein Aal (3,1 kg), ebenfalls Rekord, wurden hier gefangen. Charterboote.

Die Gewässer um den Fastnet Rock sind bekannt für ihren Fischreichtum. Über 50 kg schwere Glattrochen, große Herings- und Blauhaie, Pollack, Leng, Hunds- und Katzenhaie, Rote Meerbrassen, viele Rochenarten werden hier gefangen.

11 Courtmacsherry: Angelzentrum mit einer ganzen Flotte guter Boote. In der großen, geschützt liegenden Bucht von Courtmacsherry werden alljährlich viele Specimen-Fische erbeutet, vor allem Conger, Pollack, Köhler, Leng, Dorsch, Schellfisch, Franzosendorsch, massenhaft Makrelen und Hornhechte, ferner alle kleinen Haie sowie große Blauhaie und Glattrochen. Die meisten Haie und Rochen werden markiert und zurückgesetzt.

12 Kinsale: Irlands größtes Angelzentrum. Sehr gute Angelboote mit Kampfstühlen und Leihgeräten für die Haiangelei. Seit der Gründung 1956 gilt das Angelcenter neben Looe (GB) als das berühmteste Blauhai-Angelzentrum Europas.

Bei den Ling Rocks und dem berühmten Lusitania-Wrack, das in etwa 90 Meter Tiefe 20 km vor der Küste liegt, werden außerdem alljährlich viele Specimenfische erbeutet. Viele Rekorde wurden hier aufgestellt: Köhler (12,5 kg), Schellfisch (4,9 kg), Leng (21,1 kg), Grauhai (69,8 kg), Hornhecht (1,6 kg).

13 Cork: Irlands bester Naturhafen, geschützt weit im Landesinnern liegend. Neben der Fenit-Pier (Hot spot Nr. 8) ist der Tiefwasserkanal in Cobh an der engsten Stelle der Hafeneinfahrt einer der berühmtesten landseitigen Angelplätze Irlands. Hier und im Hafen selbst wurden vier irische Rekorde aufgestellt: Blondrochen (16,6 kg), Steinbutt (15,4 kg), Fleckrochen (3,82 kg), Kliesche (0,9 kg). Viele Charterboote.

Bei Schlechtwetter ist Bootsangeln in vielen geschützten Lagen möglich.

14 Dungarvan: neben Kinsale das größte Bootsangelzentrum Irlands. Dungarvan hat dem Küstenangler viel zu bieten; es werden vor allem Plattfische und Rochen gefangen. Hauptbeute der Bootsangler sind Pollack, Haie und Rochen, daneben die ganze Palette der irischen Fischfauna.

Orkney-Inseln

Deutsche Seekarte Nr. 234.
Allgemeine Auskünfte: Orkney Tourist Board, 6 Broad Street, GB Kirkwall KW15 1NX. Internet: visitorkney.com, täglich verkehren vier Fähren von Schottland nach Mainland und Stromness

90 Inseln und Inselchen, 24 davon bewohnt, das ganze Gebiet rund 60 mal 80 km groß – das sind die Orkneys.

Fast alle Inseln sind sanft hügelig, baumlos und flach, nur im Westen ragen hohe, steinerne Kliffe wie natürliche Sturmschutzwälle gegen den ewigen Wind empor. Berühmt ist eine allein aus der See aufragende Klippe »The Old Men of Hoy« im Westen der Insel Hoy, rund 150 Meter hoch und sehr an die »Lange Anna«, dem felsigen Wahrzeichen der Insel Helgoland, erinnernd.

Die kleineren, unbewohnten Inseln sind umschwärmt von Seevögeln. Rundherum liegen die Körbe der Hummer- und Krebsfischer, in den Buchten werden Lachse, Muscheln und Austern gezüchtet. Die Fischerei spielt nicht mehr die Rolle früherer Zeiten, Tourismus, Fisch-, Schaf- und Rinderzucht haben für Abwechslung gesorgt.

Die Inselgruppe gibt sich sehr britisch, mit eigenen Bier- und Whiskyfabriken, mit bed & breakfast-Angeboten und vielen mietbaren Ferienhäusern, Bungalows und Cottages. Für den, der es bequem und organisiert liebt, sind die Orkneys von allen drei Inselgruppen im Nordatlantik die empfehlenswertesten.

Dazu trägt auch die bequeme Fährschiffverbindung nach Schottland bei. Neben Stromness ist Kirkwall die zweite Stadt von Bedeutung. Von dort fahren lokale Autofähren täglich zu den entlegeneren kleineren Inseln.

Diese kleineren Inseln, namentlich Sanday, Westray und Stronsay, sind es wert, von Meeresanglern besucht zu werden.

Mehrere Skipper bieten Charterangelfahrten für 4 bis 10 Angler an. Auskünfte bei der OISAA (s. unten) oder beim Tourist Board.

Fische und Fang

Hauptbeute der Orkney-Angler sind Dorsche und Lengfische. Letztere werden regelmäßig mit mehr als 15 kg Gewicht gefangen. Daneben gehen vermehrt an den Haken: Pollack, Köhler, Nagelrochen, Schellfisch, Dornhaie, Makrelen, Lippfische und Plattfische, alles ein bisschen kleiner als auf den anderen Inselgruppen.

Orkneys Besonderheiten sind die vielen riesigen Glattrochen. Fische von fast einem Zentner Gewicht werden immer wieder gehakt, der schwerste wog bisher 98,3 kg (1988). Aber auch schwere Heilbutte und Heringshaie gehören zum Fang.

Alljährlich richtet die Orkney Islands Sea Angling Association (OISAA) von Mitte Mai bis Anfang Oktober mehr als ein halbes Dutzend Hochseeangel-Festivals aus. Genaue Informationen, Leihgeräte und besondere Hilfe für Junioren und Newcomer bietet die OISAA an über den Sekretär J. Geddes, Quarryfield, Orphir, GB-Orkney oder dem Chairman, Mr.Ken O'Connor, Coubister House, Finstown/Orkney. Ihr Club hat eine informative Internetseite eingerichtet: www.anglingorkney.so.uk

Die berühmtesten Angelplätze, vor allem für Lengfische, liegen in der Bucht von Scapa Flow, dort liegen neben vielen anderen Wracks auch die von sieben deutschen Kriegsschiffen, die sich dort 1919 selbst versenkten. Der erwähnte Rekordrochen wurde in den Bring Deeps bei der Insel Graemsay am Westausgang von Scapa Flow gefangen.

Hunderte von Wracks liegen aber auch im Pentland Firth, der Meerenge zwischen Schottland und den Orkneys. Wann immer es möglich ist, wird dort geangelt, aber dies ist nur bei geringem Wind und bei der kurzen Kenterzeit des Tidenstromes sinnvoll. Bei westlichen Winden läuft die Strömung im Firth so hart, dass selbst kleinere Trawler nicht dagegen andampfen können. Aus diesem Grund sind die Angler dazu übergegangen, in diesem Gebiet mit dehnungsarmen, hochtragenden Geflechtschnüren zu fischen. Bei harter Strömung muss die 16-kg-Ausrüstung mit bis zu 1 kg Gewicht beschwert werden. Harness und Rutenhalter sind für diese Methode unumgänglich.

Strömung und Wind beeinträchtigen die Angelei im Windschatten der kleineren Inseln weit weniger. Allerdings sind die hindernisfreien Küstenabschnitte stark ausgefischt. Ohne Führung durch einen kenntnisreichen Skipper, der Wracks und Felsregionen genau kennt, wird man kaum etwas Besonderes fangen. Wer mit dem eigenen Boot angeln will, benötigt hier noch mehr als anderswo eine Seekarte.

Die 16-kg-Ausrüstung ist in jedem Fall beim Orkney-Angeln Standard. Geangelt wird mit Makrelenfilets oder Fetzen von Köhlern und Plattfischen, Stücken von Tintenfischen oder Heringen. Auch das Pilken mit Beihaken ist im Winterhalbjahr sehr erfolgreich.

Das Brandungsangeln kann entlang der langen, flachsandigen Strände überall in ähnlicher Weise ausgeübt werden wie in Deutschland. Hauptbeute sind Plattfische, nachts auch Rochen.

Entlang der Felsküste werden in erster Linie viele kleine Köhler, auch Dorsche,

Makrelen, Pollacks sowie Lippfische erbeutet. Im Bereich von Süßwassereinläufen fängt man Meerforellen, Aale und Flundern.

Besonders gute Küstenangelplätze sind die strömungsreichen Meerengen zwischen den Inseln Mainland, Burray und South Ronaldsay. Auch die Westküste vor Hexa auf South Ronaldsay sowie die Küste östlich von Orphir auf der Mainland-Insel sind empfehlenswert.

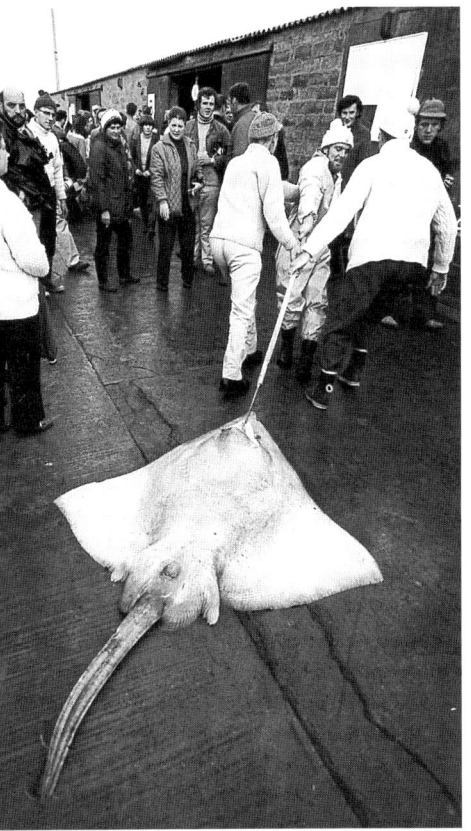

Solche prächtigen Glattrochen werden in Buchten wie der von Scapa Flow auf den Orkney-Inseln gefangen.

Shetland-Inseln

Deutsche Seekarten Nr. 287 (Nordteil) und 285 (Südteil).
Allgemeine Auskünfte: Shetland Islands Tourism, Market Cross, GB Lerwick ZE1 OLU. Internet: www.visitshetland.com

Vieles, was für die Orkney-Inseln gilt, kann auch auf die Shetlands übertragen werden. Die fast baumlosen, sanft hügeligen Grasland-Inseln erstrecken sich 113 km lang in nord-südlicher Richtung. Nur 18 der insgesamt 117 Inseln sind bewohnt. Fischerei und Schafzucht sind die Haupterwerbsquellen der Shetländer. Die endlos lange Ostküste bietet bei den vorherrschenden westlichen Winden guten Landschutz bei der Bootsangelei, die teilweise felsige Westküste eignet sich dagegen sehr gut für das Brandungsangeln.

Fische und Fang

Seit 1970 sammelt die rührige Shetland Association of Sea Anglers (SASA) Daten über geangelte Fische. Meeresangeln wird auf den Inseln groß geschrieben und dabei in erster Linie Lengfische, Dorsche, Brosme, Seehechte, Nagel- und Glattrochen erbeutet.

Gewichtigste Vertreter sind dabei die Heringshaie (über 200 kg) und die Glattrochen (über 100 kg). Daneben werden aber auch Fische gefangen, die hier ihre nördlichste Verbreitungsgrenze finden, wie z. B. Steinbutt, Katzenhaie, Grauer Meerbrassen und Stöcker.

Das saisonale Auftreten der Heringshaie (August) gehört zu den aufregends-

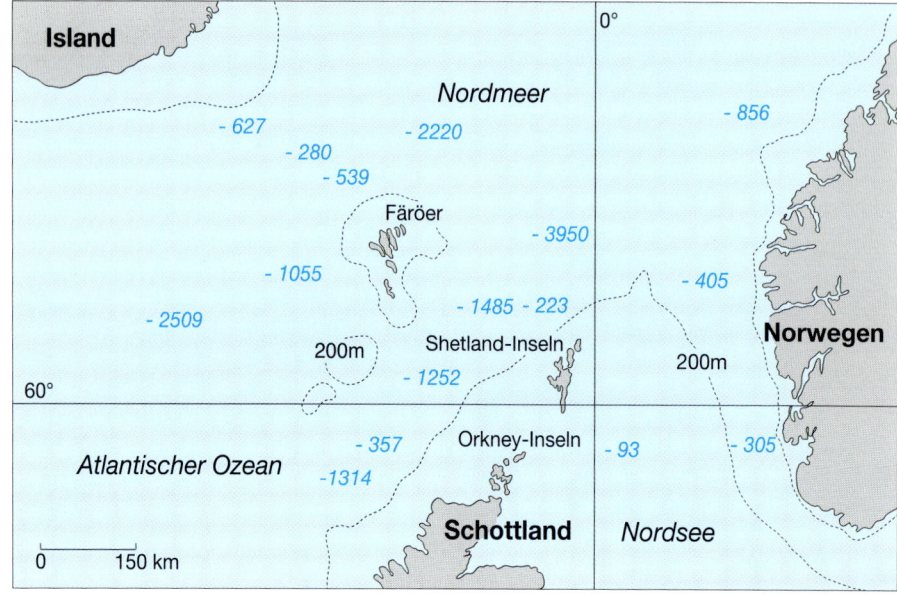

ten Herausforderungen unter den Großfischanglern. Die strömungsreichen Gewässer vor dem Sumburgh Head, der südlichsten Spitze der Hauptinsel, sind alljährlich Schauplatz der Heringshaijagd. Bis zu vier Haie von 88 bis 203 kg erbeuteten britische Angler hier schon an einem Angeltag. Nur wer weiß, wie wild sich diese Haie an der Angel gebärden, kann ermessen, dass solche Angeltage zu den unvergessenen Augenblicken im Leben eines Petrijüngers zählen.

Das mag aber auch so manchem Angler ergehen, der am alljährlich stattfindenden mehrtägigen »Viking Angelfestival« teilnimmt. 50 Angler fingen dabei schon über zwei Tonnen Seefische. Das Festival wird meistens Anfang September veranstaltet, und die Unterlagen dazu erhält man bei der Sekretärin Mrs.

Magreth Smith, Shore Fields, Lady Smith Road, GB-Scalloway, ZE1 OXD.

Zwar werden keine regelmäßigen Charterboottouren angeboten, aber Boote können zum Hochseeangeln stets gebucht werden über die eingangs erwähnte Shetland Islands Tourism-Organisation.

Ist die See zu bewegt, kann man in den vielen Seen, Bächen und Flüsschen Meerforellen, Lachse und Regenbogenforellen angeln oder sich fürs Brandungsangeln entscheiden.

Strömungsreiche Meerengen, schäumendes Wasser vor felsigen Abschnitten, brandende See an langen Stränden – das alles haben die Shetlands in unermesslicher Fülle zu bieten, und alles ist unentdeckt, in den meisten Fällen noch nie beangelt worden.

124

Köder (Muscheln, Würmer, Krabben, Krebse) lassen sich bei Ebbe leicht einsammeln. Das schon für Island empfohlene Wanderangeln (siehe dort) lässt sich hier fast ebenso unbeschwert durchführen. Ein Fernglas und eine Telelinse für die Kamera sollten dabei nicht fehlen. Es gibt seltene Vögel in Fülle und Seehunde, ja sogar Fischotter zu beobachten; die Tiere sind allesamt wenig scheu.

Färöer-Inseln

Dänische Seekarte Nr. 83.
Allgemeine Auskünfte: Faroe Islands Tourist Board, P. O. Box 118. FR 110 Torshavn. E-Mail: tourist@tourist.fo
Internet: www.tourist.fo/
Achtung: Alle einzuführenden Angelgeräte, auch Rucksack und Stiefel, müssen zuvor desinfiziert werden. Eine Bescheinigung darüber muss vorgelegt werden.
Die Färöer sind ein autonomes Inselreich unter der dänischen Krone. Eine nicht unbeträchtliche Zahl von Inselbewohnern spricht oder versteht Deutsch.

Fast mittig zwischen Island und dem europäischen Festland liegen die Färöer-Inseln und trotzen mit bis zu 470 Meter hohen steilen Cliffs in der einsamen Wasserwüste des Atlantiks Wind und Wogen.
Das Inselreich dehnt sich von Norden nach Süden 113 km, von West nach Ost 75 km, besteht aus 18 bewohnten und 6 unbewohnten Inseln. Alle großen Inseln sind durch kühne Brückenbauten oder Tunnels und Dämme miteinander verbunden. Wer ein Auto mitbringt (Autofähren von Schottland [12 Stunden], Dänemark [35 Stunden] und Norwegen) ist König im Reich der Färinger.
Mit dem Auto erschließt sich der urlaubende Meeresangler am gründlichsten ein fast unerschlossenes Himmelreich, bestehend aus meist felsigen Küsten mit eingestreuten sandigen Buchten und gelangt in Gebiete mit Millionen von Basstölpeln, Papageientauchern und Sturmmöwen. Mit dem Auto lässt sich am schnellsten ein Küstenangelplatz wechseln, wenn der Wind zu sehr auffrischt oder der Küstennebel aufzieht. Das passiert auch im Sommer, meistens am Vormittag, aber nur für kurze Zeit.
Das Klima ist feucht-mild mit Durchschnittstemperaturen von 6 °C im Januar und 11 °C im Sommer (mittags 20 °C).

Wanderangler finden Fisch im Meer und Forellen in den zahllosen Seen nah beieinander.

125

Fernab aller Welten bietet die färingische Küste dem Wanderangler absolutes Einssein mit Natur und Fisch.

Fische und Fang

Die Inseln sind für den wandernden Küstenangler der abenteuerlichste und fangsicherste Platz in Europa. Es ist beinahe unmöglich, von einer sicheren Felsplattform keinen Fisch zu fangen.

Hauptbeute und allgegenwärtig sind Köhler (»Seelachs«) in Gewichten von 1 bis 2 kg, die man mit der Spinnrute und 20 bis 60 g schweren, schnell sinkenden Blinkerformen vom Ufer aus fängt.

Dabei besteht ständig die Möglichkeit, mit denselben Ködern an einen Lachs oder eine Meerforelle zu gelangen – die Aussichten dazu sind auf den Färöern die besten in Europa.

Lässt man die schweren Blinker-/Pilkerformen bis auf den Grund sinken und angelt vom Ufer aus pilkend, dann erwischt man auch Dorsche; angelt man

mit Naturködern auf dem Grund, kommen Katfische, Leng und viele Plattfische dazu.

Die Hot spots sind ungezählt; die allerbesten finden sich in den vielen, langen, oft schmalen Meerengen zwischen den Inseln. Dort läuft ein ständiger Gezeitenstrom, es herrschen Bedingungen wie an den berühmten »Straumen« in Norwegen.

Damit nicht genug: Für 35 Seen und Bäche werden für die Zeit vom 1. Mai bis 31. August Erlaubniskarten zum Angeln von Lachs, Meer- und Bachforelle ausgegeben, eine schöne Abwechslung zwischen blühenden Wiesen und Tausenden von Schafen.

Schließlich besteht auch die Möglichkeit zum täglichen Hochseeangeln, Inselrundfahrten oder Bootstouren zu einsamen, entlegenen Vogelinseln.

126

Süßwasserlizenzen und Bootsbuchungen über das eingangs erwähnte Faroe Islands Tourist Board. Genaue Auskünfte übers Angeln erhält man beim Vorstand des örtlichen Angelvereins »Föroya Silaveidifelag«, P. O. Box 1123, FR-110, Torshavn.

Island

Deutsche Seekarten Nr. 252 (Südwest), 253 (Nordwest), 254 (Nordost) und 255 (Südost). Allgemeine Auskünfte: Isländisches Fremdenverkehrsamt, Frankfurter Straße 181, 63236 Neu-Isenburg E-Mail: info@icetourist.de.Internet: www.icetourist.is

Achtung! Alle Angelgeräte, auch Rucksack und Stiefel, müssen desinfiziert werden. Eine Bescheinigung darüber ist bei der Einreise vorzulegen.

Die Insel im Nordatlantik, fast halb so groß wie die Bundesrepublik, ist Meeresanglers Traumland. Nirgendwo in Europa ist das Meer so reich an Fischen; es ist absolut unmöglich, nichts zu fangen. Über 70 % des gesamten isländischen Exporterlöses werden von den Fischern erwirtschaftet. Seit der Ausweitung der isländischen Hoheitsgewässer auf 200 Meilen befischen die Isländer behutsam und mit System die einzelnen Sektoren, um ihre Bestände zu schützen. Der Raubbau durch internationale schwimmende Fischfabriken früherer Jahre ist vorbei. Ganze Küstenabschnitte sind zu Abwuchs- und Schonbezirken erklärt worden und für die Berufsfischerei tabu. Geangelt werden darf aber überall nach Herzenslust.

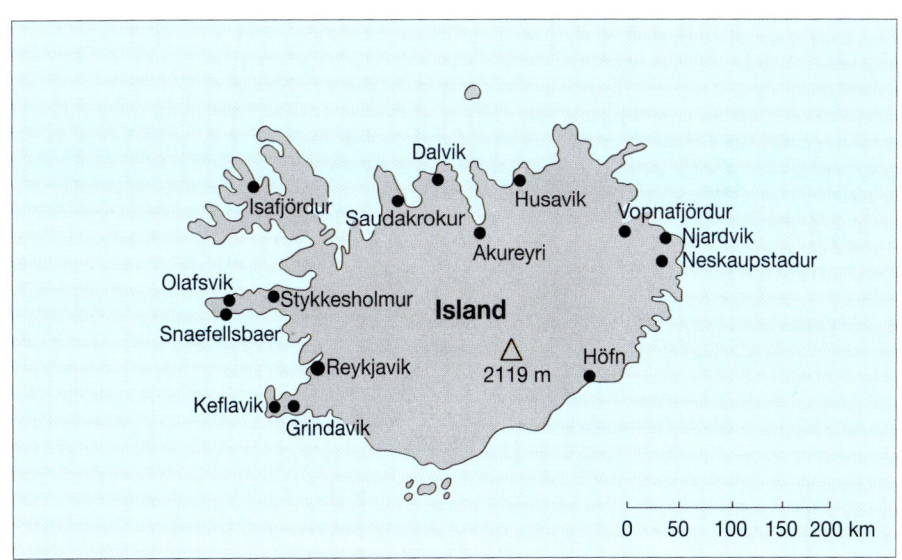

Island und die wichtigsten im Text erwähnten Orte für angelnde Touristen

Knapp unter der Küste füllen sich beim Bootsangeln mit dem Pilker rasch die Kisten.

Die ideale Zeit dafür ist der Sommer, wenn Islands Klima sich von der besten Seite zeigt. Stürme kommen dann selten vor, und die Winde halten sich in Grenzen, sodass das Meeresangeln kaum behindert ist. Auch der Regen hält sich zurück; er ist in Island mit 474 mm Jahresschnitt im Norden und 804 mm im Süden erstaunlich gering (zum Vergleich: München 904 mm). Die Juli-Durchschnittstemperatur beträgt 11 °C (im Januar minus 1 Grad). An der Nordküste scheint die Sonne fast 24 Stunden während der Mittsommerzeit, sie verschwindet dann nur für wenige Minuten unter dem Horizont.

Wie für Angler geschaffen, verläuft nahe am Meer um die gesamte Insel eine Ringstraße. Die über 6.000 km lange Küstenlinie ist im Süden flachsandig, im Norden meistens felsig. Die Straße verbindet alle Fischereiorte miteinander.

Die dünn besiedelte Insel erschließt sich am besten abenteuerlustigen Individualisten, die viel Zeit mitbringen und alles selbst organisieren. Besonders günstig reisen kleine Gruppen, weil sie sich die in Island hohen Kosten für Leihwagen und Charterboote teilen können. Ohne Auto ist man in dem einsamen Land hilflos.

Direktflüge verbinden Reykjavik mit einigen deutschen Städten. Mehrere isländische Fluggesellschaften fliegen von Reykjavik zu beinahe allen isländischen Küstenorten. Die meisten Angler ziehen es vor, von Reykjavik aus mit dem Leihwagen weiterzureisen.

Eine Reisealternative ist auch die Fährfahrt von Esbjerg (DK) oder Bergen (N) über die Färöer-Inseln nach Ostisland unter Mitnahme des eigenen Wagens.

Beinahe jeder Isländer spricht Englisch und versteht Norwegisch und Dänisch. Deutsche Sprachkenntnisse kann man in großen Hotels erwarten, nicht jedoch in den für Meeresangler besonders empfehlenswerten bäuerlichen Unterbringungsmöglichkeiten. »Farm Holidays in Iceland« bieten sehr günstige Übernachtungs- und Pensionsmöglichkeiten bei Bauern an der Küste an, manchmal sogar mit Bootsleihe.

Fische und Fang

Die Fischfauna ist geprägt von hoher Individuenzahl relativ weniger Arten. Besonders die dorschartigen Fische sind stark vertreten. Basis des Fischreichtums ist das nahrungsreiche, vom Golfstrom erwärmte Meer. Längst kennen die Fischer Küstenabschnitte mit mächtigen warmen Unterwasserquellen. Erst in jüngster Zeit haben isländische und deutsche Forscher mit Tauchbooten solche Quellgebiete vor der Nordküste untersucht und eine fantastisch reiche Tier- und Pflanzenwelt in der Umgebung solcher vom Erdinnern erwärmter Wassermassen entdeckt.

Die 200-Meter-Tiefenlinie, Grenzlinie des üppigen marinen Lebens, verläuft mit großem Abstand vor der Küste, dicht bestanden mit meterhohen Tangen und Algen und übersät mit Muscheln und Schnecken in den Lavasandflächen sowie Krebsen und Krabben in den vielen Geröllgebieten.

Meerforelle, beim Küstenwanderangeln erbeutet.

Islands Fische werden überall rund um die Insel gefangen. Für zwei Fischarten jedoch haben sich besondere Angelgebiete herauskristallisiert:

Heilbutt kommt in den Gewässern von Stykkesholmur vor. Eine englische Anglergruppe fing hier innerhalb von drei Tagen 11 Heilbutte, darunter Fische von 46, 61, 64 und 70 kg Gewicht. Ähnliche Fänge lassen sich überall an der West-, Nord- und Ostküste in den flachen Buchten wiederholen. Die Fische kommen meistens in der zweiten Augusthälfte und bleiben bis Mitte September in den flachen Gewässern.

Eishaie werden vor allem im Osten, in der Bucht von Vopnafjördur, gefangen. Ein Fischer aus diesem Ort, Hreinn Björgvinsson, hat einmal an einem Tag fünf Eishaie in den Hafen geschleppt, keiner unter vier Meter Länge, der schwerste wog 1.500 kg.

Vier Angler könnten in zwei Stunden an einem »Dorschberg« ein paar Meilen vor der Küste mit Rute und Rolle rund eine Tonne Fisch fangen und als hochwillkommene Beute bei der Fischereigenossenschaft abliefern. Die Berufsfischer kennen solche Plätze, an denen keine Netze ausgebracht werden können. Sie fischen dort zeitweilig selbst mit Blinkern und riesigen Gummiaalen am Paternostersystem mit elektrisch betriebenen, an der Bordwand befestigten Rollen.

Sie kennen auch die Stellen, an denen die großen, kämpferischen Köhler lauern oder die Großdorsche ab 15 kg Gewicht stehen, wissen auch, wo man große Lengfische oder riesige Heilbutte fängt.

Vorbereitung zur Angelfahrt, Arnastapi

Eine organisierte Charterbootangelei mit großen Booten gibt es in Island im Sommerhalbjahr nur nach vorheriger Absprache. Meistens sind es die Angelclubs der größeren Orte, die ein Boot chartern und Gäste mitnehmen. Aber auch die großen Boote für die Wal- und Vogelfelsenbeobachtungen sind tageweise ohne festen Fahrplan zum Hochseeangeln unterwegs. Die wichtigsten Abfahrhäfen sind:

Akureyri; Dalvik; Höfn; Husavik; Isafjördur; Neskaupstadur; Njardvik; Olafsvik; Reykjanesbaer/Grindavik; Rey-

kjavik; Saudarkrokur; Snaefellsbaer; Stykkisholmur; Vopnafjördur.

Eine Liste mit allen aktuellen Bootsbuchungsangaben erhält man unter dem Stichwort »Island zur See« beim Isländischen Fremdenverkehrsamt.

Mehrfach hat der Autor sehr gute Erfahrungen bei Absprachen zu Mitfahrgelegenheiten in einem der vielen kleinen Häfen gemacht. Dort liegen die Boote der Schneider, Bäcker, Ortsgendarmen und Postbüroleiter – alle sind »Nebenerwerbs- und Hobbyfischer«, kein Isländer ist ohne Boot. Durch Herumfragen gelingt es meistens schneller als erwartet, eine Angelfahrt ganz privat zu arrangieren; Brennevin und ein paar Devisen sind dabei sehr hilfreiche Entgelte.

Für das Hochseeangeln kann die 8-kg-Kombination ausreichend sein, gerät man aber an große Dorsche und Köhler, dann ist die 16-kg-Ausrüstung gerade richtig. Für Riesenheilbutte kann sogar die 37-kg-Kombination in Frage kommen. Die Eishai-Angelei in Vopnafjördur kann sowohl mit dem 37-kg- wie auch dem 60-kg-Gerät ausgeübt werden.

Beim Bootsangeln werden in erster Linie Pilker, kombiniert mit farbigen Gummiaalen und Twistern, verwendet. Beim Heilbuttangeln werden Heringe, halbiert oder im Ganzen mit einem Einzelhaken angeködert.

Wer das Abenteuer sucht, findet es in Island beim Wanderangeln. Mit Rucksack, Schlafsack und Bratpfanne lässt es sich tagelang an der absolut menschenleeren Küste wandernd fischen, besonders die wunderschöne, geschützte Nordküste eignet sich dafür. Hauptbeute

in der Nähe von Felsen und Süßwassereinläufen sind Meerforellen, oft in
schweren Exemplaren von über 5 kg. Sie
beißen unmittelbar nach Ebbetiefstand
bei Einsetzen der Flut am besten, alle
anderen Fische lieben die Ufernähe erst,
wenn die Flut sich ihrem Höhepunkt
nähert. Treibholz für die improvisierte
»Bratküche« oder für ein wärmendes
Feuer findet sich in Unmengen überall,
man ist allein mit unzähligen Seevögeln,
Sturmmöwen, Basstölpeln, Gänsen, En-
ten, Raubmöwen und Falken. Keine
Menschenseele weit und breit, es ist, als
hätte man die ganze Küste nur mit den
Tieren zu teilen. Gäbe es dieses Paradies
nicht, man müsste es sich als Meeresangler erträumen.

Aber auch von Hafenmolen und Kais
lässt es sich vorzüglich angeln. Sobald
die Flut in die Häfen läuft, kommen die
Fische, allen voran die Dorsche und
Köhler, manchmal auch Saiblinge. Sie
alle erbeutet man mit tiefgeführten Blinkern oder kleinen Pilkern. Mit dem
Bodenblei und Fischfetzenködern fängt
man Unmengen Plattfische, an den tieferen Stellen ab Mitte August auch Heilbutte – zwar nicht die ganz großen, aber
auf 10-kg-Fische darf man hoffen, besonders dann, wenn die Flut und die
Nachtzeit zusammenfallen.

Beim Brandungsangeln muss man die
Eigentumsrechte der Bauern beachten.
Ihnen gehört das Land bis zum Strand,
und sie können das Betreten verbieten.
Will man in der Nähe eines Bauernhofes
im Meer angeln, so ist eine freundliche
Bitte um Erlaubnis zum Betreten des
Strandes geraten. Kein Bauer wird eine
solche Bitte abschlagen.

Ansonsten ist das Angeln im Meer frei;
auch fast alle Molen und Kais dürfen
betreten werden.

Norwegen

Deutsche Seekarten (Übersichten): Nr.
252 (Südwest); Nr. 253 (Nordwest); Nr.
254 (Nordost); Nr. 255 (Südost). Sehr
empfehlenswert: deutsche und norwegische Seekarten im Maßstab 1:25.000 bis
1:50.000 für das zu beangelnde Gebiet.
Allgemeine Auskünfte: Norwegisches
Fremdenverkehrsamt, Postfach 113317,
20433 Hamburg. Katalogbestellung:
0180-500 15 48, Fax 0180-566 79 29
E-Mail: germany@ntr.no
Internet: www.visitnorway.com

Auf über 57.000 km felsiger Küsten-
länge vermählen sich in Norwegen Land
und Meer, ineinander verwoben mit vielen Inseln, Schärengärten, Buchten und
Fjorden, die bis über 200 km tief ins
gebirgige Land reichen. Für urlaubende
Angler ein Paradies, das in allen anglerischen Fantasien nicht schöner sein
könnte.

Weit mehr als eine Viertelmillion deutsche Angler zieht es Jahr für Jahr nach
Norwegen – und doch findet man sie
nicht wieder. Sie alle leben verteilt auf
Camping- und Wohnmobilplätzen, in
Hotels, Pensionen, auf Bauernhöfen und
in Hütten.

Eine Hütte: Das ist in Norwegen ein
komfortables Ferienhaus, mit Küche
und Bad, vollelektrisch, oft mit Kamin
und, besonders wichtig, mit einem Boot

131

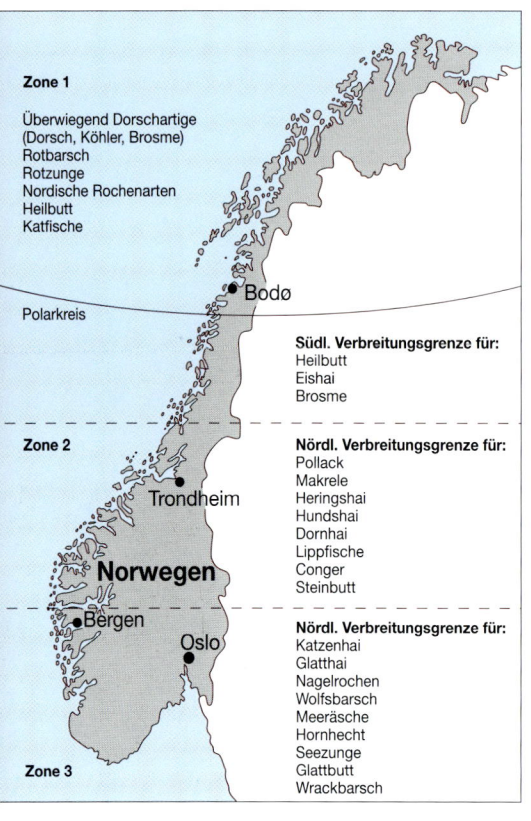

Zone 1

Überwiegend Dorschartige
(Dorsch, Köhler, Brosme)
Rotbarsch
Rotzunge
Nordische Rochenarten
Heilbutt
Katfische

● Bodø

Polarkreis

Südl. Verbreitungsgrenze für:
Heilbutt
Eishai
Brosme

Zone 2

● Trondheim

Norwegen

Nördl. Verbreitungsgrenze für:
Pollack
Makrele
Heringshai
Hundshai
Dornhai
Lippfische
Conger
Steinbutt

● Bergen
Oslo ●

Nördl. Verbreitungsgrenze für:
Katzenhai
Glatthai
Nagelrochen
Wolfsbarsch
Meeräsche
Hornhecht
Seezunge
Glattbutt
Wrackbarsch

Zone 3

Hüttenanlagen für bis zu 100 Angler. Gesellschaftsräume, Fischreinigungsanlagen und Tieffrosttruhen in Reihe, dazu Boote aller Größen, mit allen Sicherheitsmitteln ausgerüstet, auch Echolot und Seekarten gehören dazu.

Nirgendwo sonst in Europa findet man solche Angelzentren. Hier treffen sich »Alte Hasen« und Neulinge, hier werden Erfahrungen ausgetauscht, die täglichen Fänge bestaunt, verarbeitet, filetiert und tiefgefrostet am Ende der Reise mitgenommen.

Norwegens Küstenklima ist besser als sein Ruf: Es ist mäßig-mild mit durchschnittlichen, von zu Hause gewohnten Regenmengen. Sogar der hohe Norden,

Monatliche Durchschnittstemperaturen in °C

	Jan.	Juni	Aug.	Sept.
Bergen	1,5	12,6	14,7	12,0
Trondheim	−3,1	11,6	13,6	9,8
Bodø	−2,1	9,9	12,7	9,4
Røst/Lofoten	1,5	10,8	12,6	9,8

samt Außenbordmotor am Privatsteg vor dem Haus. Solche Hütten bieten die Norweger in allen Küstenabschnitten an. Die Kataloge der deutschen Angelreiseveranstalter sind voller Pauschalreiseangebote mit Hütten. »Hüttenferien mit Angeln« werden auch von allen großen norwegischen Hüttenvermittlern in umfangreichen, deutschsprachigen Broschüren angeboten.

Meeresangeln in Norwegen ist so populär geworden, dass überall zwischen dem Nordkap und Oslo Angelzentren entstanden sind. Das sind große

weit über dem Polarkreis, bleibt im tiefsten Winter an der Küste eisfrei – ein Ausläufer des Golfstromes macht's möglich.

Überdurchschnittliche Regenmengen gibt es nur in den »Löchern«, jenen Gebieten, die nach Westen hin offen, nach Osten aber durch hohe Gebirge umschlossen sind. Die feuchte Luft fängt sich an den Berghängen, so z. B. in Bergen, das mit über 2.000 mm Regen im Jahresmittel den Niederschlagsrekord hält. In Vardö im äußersten Norden fällt dagegen jährlich nur 543 mm Niederschlag.

Das Dauer-Dämmerlicht des Winters – im Norden, jenseits des Polarkreises, bleibt die Sonne für viele Wochen unter dem Horizont – wird durch lange Tage, taghelle Nächte oder sogar durch ununterbrochenen Sonnenschein über viele Wochen im Sommer wieder wettgemacht.

Mitternachtssonne (Dauersonnenschein)

Bodø/Lofoten	4. Juni bis 8. Juli
Tromsø	20. Mai bis 22. Juli
Nordkap	13. Mai bis 29. Juli

Im Sommerhalbjahr benötigt man in Norwegen dieselbe Kleidung wie an deutschen Küsten. Es kann selbst am Nordkap tagelang »hemdsärmeliges« Wetter herrschen, und ein Sonnenbad auf den Lofoten ist nichts Ungewöhnliches, aber wärmendes Wollzeug und wasserdichte Kleidung sollten immer im Gepäck sein.

Die hohe Angelsaison verändert sich von Süd nach Nord: Von Oslo bis etwa nach Trondheim gelten Mai/Juni und September/Oktober als die besten Monate, im Norden ist die Zeit von Juni bis September sehr zu empfehlen.

Angelgebiete

Norwegens unendlich lange Küste ist in vier große Angelgebiete unterteilbar:

Fjorde: Diese tief bis ins Landesinnere reichenden Meerwasserarme haben mit ihrer überwältigenden Schönheit Norwegen den Ruf als eines der sehenswertesten Reiseländer Europas eingebracht. Viele Fjorde werden regelmäßig von Kreuzfahrtschiffen angelaufen.

Hüttenferien mit eigenem Boot und Fischen unmittelbar vor der Tür gibt's in Norwegen in Fülle.

Bis zu 204 km lang (Sognefjord) und über 1.000 Meter tief, weit verzweigt und gekrümmt, dehnen sich die Fjorde ins Land. Besonders eindrucksvoll sind die Meeresarme zwischen Stavanger und Kristiansund. Hier steigen die Felswände oft senkrecht aus dem mehrere hundert Meter tiefen Wasser und recken sich zu über 2.000 Meter hohen Bergen empor, von Gletschern gekrönt.

Das Angeln in den geschützten Fjorden zwischen bewaldeten, steil aufragenden Felswänden gehört zu den schönsten Angellandschaftserlebnissen. Zu-

133

Im Sommerhalbjahr verwandelt sich die norwegische Küste unter der Mitternachtssonne in einen endlosen Tagtraum.

gleich ist es dort leider am schwierigsten, gute Fische zu fangen. Denn unter Wasser setzen sich die steilen Felshänge fort, fallen viele hundert Meter tief ab (Sogneford bis zu 1200 m!). An den steilen Unterwasserabhängen wohnen nur wenige Fische, wohl aber tief unten am Boden. Dort ist das Reich großer Lengfische, Heilbutte und Eishaie. Bei günstigen Strömungsverhältnissen fängt man sie in 200 und mehr Meter Tiefe auf dem Grund mit Naturködern (ganze Makrelen und Köhler). Dazu sind Senker von 1 bis 1,5 kg Gewicht an dehnungsarmen Geflechtschnüren notwendig. Profis verankern beim Fjordangeln das Boot und schlagen schwere Ketten an den Anker, damit er hält. Genaue Seekarten und ein gutes Echolot sind unabdingbare Hilfsmittel. Seekarten benötigt man auch, um die vom Tiefwasser umgebenen Unterwasserplateaus von 25 bis 100 Meter Tiefe aufzufinden. Dort findet man immer Fische, so auch in den sanft abfallenden Buchten.

Schären und Inseln: Zwischen Tausenden von Inseln, Schären und Klippen vor dem norwegischen Festland finden Meeresangler die besten und ergiebigsten Angelplätze. Diese Bereiche sind meistens nicht von Berufsfischern ausgefischt, besitzen die Idealtiefe von 30 bis 100 Metern und sind voller Fische.

Straumen: Das sind Gezeiten-Stromschnellen in Meerengen zwischen Inseln oder Fjordengen auf dem Festland; es

Angelzentren, Hütten, Campinganlagen mit allen Einrichtungen für die Fischeverwertung gibt es überall im Land; hier ein Ferienbungalow Lycke Gard am Spindanger-Fjord bei Farsund, Südnorwegen.

gibt Hunderte davon. Ständig »atmet« der Atlantik, drückt im täglichen Rhythmus ungeheure Wassermassen um die Inseln in die Fjorde und nimmt sie anschließend wieder bei sich auf.

In diesen Meerengen, den Straumen, fließt das Wasser bis zu 20 km/h schnell, bildet Wirbel und Neerströme, breite und tiefe Ausläufe. Die Straumen sind voller Fische.

Kleine und große Straumen gibt es überall in Norwegen. Man achte hier auf alle in Landkarten eingezeichnete Meerengen.

Die Straumen-Angelei ist kurzweilig und sehr ertragreich. Vom Ufer fischt man entweder mit Blinkern flach auf Köhler oder mit schnellsinkenden, schweren Pilkern auf Dorsche. Auch Fetzenköder am Gleitfloß bescheren aufregendes Angeln. Heilbutte fängt man mit ganzen oder halbierten kleinen Köhlern, driftend auf dem Grund.

Offene See: Wer an die wirklich großen Fische, kämpferische 10-kg-Köhler, Dorsche, Brosme, Katfische oder Schellfische heran will, muss hinaus auf die norwegische See. In 8 bis 25 km Abstand ist es oft nicht tiefer als 50 bis 150 Meter. Die Fischer kennen die Steinbänke vor ihrer Haustür, unbefischbar mit Netzen. Dort legen sie Langleinen mit Tausenden von Haken am Abend aus, verbringen ein paar Stunden dösend auf See und ziehen dann Fische aus der Tiefe, die einem Angler die Sprache verschlagen.

Fische und Fang

Die Bootsangelei ist in Norwegen sehr beliebt. Dabei werden mit Abstand die meisten Fische gefangen. Nirgendwo sonst in Europa kann man ohne große Bedenken kleinere, offene Boote ab 4,5 Meter Länge für das Meeresangeln empfehlen (ausgenommen natürlich die offene See). Boote gibt es mit und ohne Motor überall, in Häfen, bei Campingplätzen, Hotels oder Privathäusern.

Gefischt wird in den Fjorden und zwischen den Inseln mit dem 8-kg-Gerät und auf Heilbutt, Haie oder auf Großfische in der offenen See mit der 16-kg-Ausrüstung. Es wird mit Pilkern zwischen 75 und 500 g oder nur mit einem Endblei und darüber montierten Twistern, Garnelen-, Krabben- oder Tintenfischimitationen geangelt. Sehr beliebt sind farbige Gummiaal-Imitationen. Mit diesen Kunstködern fängt man Dorsche und Köhler.

Bodenfische, wie Brosme, Katfische und Schellfische, bringt man mit Naturködern (Muscheln, Seeringelwürmer, Fischfetzen) an den Haken. Heilbutt und Eishai werden mit ganzen toten Heringen, Makrelen oder Köhlern und Wittlingen gefangen.

Auf Heilbutt fischt man driftend mit der »Atlantik-Universal-Methode« (s. Seite 143), auf Eishaie wird vom verankerten Boot geangelt.

Die tief ins Land einschneidenden Fjorde bieten geschütztes Angeln umrahmt von mehrere hundert Meter hohen Bergen, hier der Geiranger Fjord.

Der Saltstraumen bei Bodö ist Norwegens berühmtester Landangelplatz. Aber überall im Land gibt es hunderte ähnlicher Salzwasserströme mit vielen Fischen.

Die Schleppangelei mit Downriggern beginnt sich jetzt auch in Norwegen durchzusetzen (Beschreibung s. Seite 214). Hauptbeute sind Köhler, Makrelen. In der Nähe von Süßwassereinläufen, vor allem im späten Frühjahr nach der Saisoneröffnung für Salmoniden (am 1. Juni), sind es Lachse und Meerforellen.

Große Charterboote mit regelmäßigen, fahrplanmäßigen Ausfahrten gibt es in Norwegen nicht. Allerdings mehren sich allmählich die Angebote von Nebenerwerbsfischern, mit ihren kleineren, für sechs bis acht Angler geeigneten Booten Ausfahrten bei Bedarf zu unternehmen. In der Nähe größerer Städte laufen auch Angelkutter an den Wochenenden zu Hochseeangeltouren aus. Dabei wird meistens in einhundert und mehr Meter Tiefe mit 200 bis 400 g schweren Pilkern gefischt und große Fische gefangen. Auskünfte über solche Gelegenheiten bekommt man bei den örtlichen Touristinformationen.

Zu beachten ist auch die wachsende Zahl von Hochseeangelfestivals. Viele werden traditionell schon im zweiten oder dritten Jahrzehnt alljährlich international ausgerichtet. Besonders zu beachten sind die Veranstaltungen in Tananger bei Stavanger (dort wurde schon mehrfach die Europameisterschaft im Meeresangeln ausgetragen); ferner die Festivals in Harstad, Andenes und Söröya, alle in Nordnorwegen, sowie die spätwinterliche Weltmeisterschaft im

Angelfestivals mit hunderten von Teilnehmern wie hier bei der winterlichen Dorschweltmeisterschaft auf den Lofoten werden immer beliebter.

Die Bootsangelei kommt in Norwegen immer besser in Schwung. Die großen Fische fängt man bei geführten Touren mit Fischerbooten.

Dorschangeln auf den Lofoten in Svolvaer. Auskünfte bei den Veranstaltern über die örtlichen Touristinformationsstellen.

Nicht nur beim Bootsangeln wird hervorragend gefangen, sondern auch vom Ufer gehen fast alle erwähnten Fischarten an den Haken.

Bevorzugte Uferangelplätze findet man an den bereits erwähnten Straumen, aber auch überall von felsigen Plattformen, die seewärts gerichtet sind und tiefes Wasser vor sich haben.

Gefangen werden mit schlanken kleinen Blinkern von 10 bis 30 g beim Spinnfischen Köhler, meistens 1 bis 1,5 kg schwer, und Pollacks. Letztere können viele Kilo schwer vor allem an der Süd- und Westküste bis hinauf nach Bodø gefangen werden und gewähren einen hinreißenden Drill, der mit der Gegenwehr von Lachsen durchaus vergleichbar ist.

In den – seltenen – sandigen Buchten
fängt man mit dem Brandungsangelgerät
und Wurmködern (s. Seite 208) prächtige
Flundern und Schollen sowie Aale. Letztere leben in großen Mengen und oft
kaum beachtet in allen Fjorden, namentlich in den flachen Stillwasserbereichen,
von der Südküste bis hinauf nach Nordnorwegen.

Wo wenige Hänger zu erwarten sind,
angelt man auch vom Ufer mit Pilkern
von 50 bis 75 g auf dem Grund Dorsche, und dies immer bei auflaufendem
Wasser und bevorzugt in den Dämmerungszeiten.

*Überall an der Küste fängt man Köhler, Pollack
und Dorsch ohne große Vorkenntnisse.*

Der Drei-Stunden-Fang gelang Hüttenbewohnern bei einem spontan organisierten Angelwettbewerb.

139

Ausrüstung für das Atlantikangeln

Geringes Gewicht und kein Sperrgut – der reisende Atlantikangler wird es schätzen, wenn die Angelausrüstung das Urlaubsgepäck nicht stark belastet.

Deshalb ist es empfehlenswert, nur Ruten und Rollen als Kernstücke der Ausrüstung mitzunehmen und alles andere am Urlaubsort zu beschaffen. Das gilt besonders für die gewichtigen Senker, Pilker und die vielen Kunstköder. Gerade bei der Wahl der Kunstköder sollte man sich auf den Rat der Gerätefachhändler vor Ort verlassen. Sie wissen am besten, auf was die Fische am Urlaubsort gerade scharf sind.

Koffer-Reiseset fürs Atlantikangeln bestehend aus:

2 Fly- und Drive-Teleskopruten, zusammengeschoben 75 cm lang. Die Bootsrute sollte etwa 2,4 Meter lang sein mit einem Wurfgewicht von 250 bis 400 g; die Makrelenrute muss 4 bis 4,5 Meter lang sein und ein Wurfgewicht von 200 g tragen.
Gemeinsame Rutenmerkmale sind seewasserresistente Schraubrollenhalter und SIC-Ringe, abschraubbare Endkappe, Moosgummigriff und für jede Rute eine Spitzenschutzkappe.
Die Multirolle vom Typ PENN-Senator, Größe 4/0 mit Sternbremse ist ein Rollenklassiker, der Maßstäbe für alle neuen Rollen auf dem Markt
setzt. Die Rolle eignet sich für alle Bootsangeleien, besiegt im Süden einen kampfstarken Dolphin und im Norden halbzentnerschwere Dorsche.
Die Stationärrolle vom Typ DAIWA-Emblem X, 4500-Longcast fasst über 200 Meter Schnur von 0,40 mm Durchmesser. Großer Spulendurchmesser, versetzte Schnurwickellagen und Antidrall-Schnurlaufröllchen setzen Maßstäbe.
Beide Rollen sind seewasserresistent. Die Multirolle wird mit der Bootsrute kombiniert, die Stationärrolle mit der Makrelenrute. Mit Letzterer lässt sich das Makrelenangeln, das Brandungsangeln und das Angeln von Felsen meistern.

Die Ruten wählt man als Teleskopruten. Sie lassen sich auf das Kofferinnenmaß zusammenschieben – das Sperrgutproblem mit ständiger Bruchgefahr ist behoben.

Alle übrigen Teile können wahlweise ebenfalls am Urlaubsort beschafft oder von zu Hause mitgebracht werden. Dem Atlantikangler steht von Teneriffa bis zum Nordkap ein dichtes Netz von Angelgerätehändlern an der Küste zur Verfügung. Dort einzukaufen heißt auch zugleich alles über die neuesten Fänge, Fangorte, Bootscharterungen und Skipper zu erfahren.

Stückliste für das Angeln im Atlantik

	Vom Ärmelkanal	
	südlich	nördlich
Bleischrot	X	–
Blinker (s. Köder, Seite 142)	X	X
Gerätekasten	X	X
Gleitposen	X	–
Gummibänder (für Stopper)	X	X
Gummigewebeschlauch (f. Muschelköder, s. Seite 61)	X	X
Haken, Größe 8–5/0	X	–
Haken, Größe 1/0 bis 5/0	–	X
Jigs (s. Köder, Seite 63)	X	–
Kescher	X	X
Luftballons (f. Haiangelei)	X	–
Paternoster (f. Makrelen und Köhler, s. Köder, S. 139, 143, 175)	X	X
Pilker (s. Köder, S. 143, 199–201)	–	X
Schnüre, monofil, farblos, f. Vorfächer 0,16 und 0,25 mm	X	–
Schnüre, monofil, farblos, f. Vorfächer 0,30 und 0,45 mm	–	X
Schnur, monofil, farblos, 4 und 8 kg, f. Stationärrolle	X	X
Schnur, multifil, 16 kg, für Multirolle	X	X
Seitenarme (Booms)	X	X
Sekundenkleber	X	X
Senker, div. Formen je nach Angelart 30–500 g	X	X
Senkerkugeln (f. Gleitfloß) 5, 10, 20 g	X	–
Stahlvorfach mit Schlaufen, 50 u. 200 cm, 8 bis 24 kg	X	X
Wirbel mit Karabinerhaken, 8 bis 24 kg	X	X
Wobbler (s. Köder, S. 53, 57)	X	–

In dieser Liste sind die Teile für das Brandungs- und Schleppangeln nicht enthalten. Beides siehe im Kapitel »Ostsee«, S. 208 und 214.

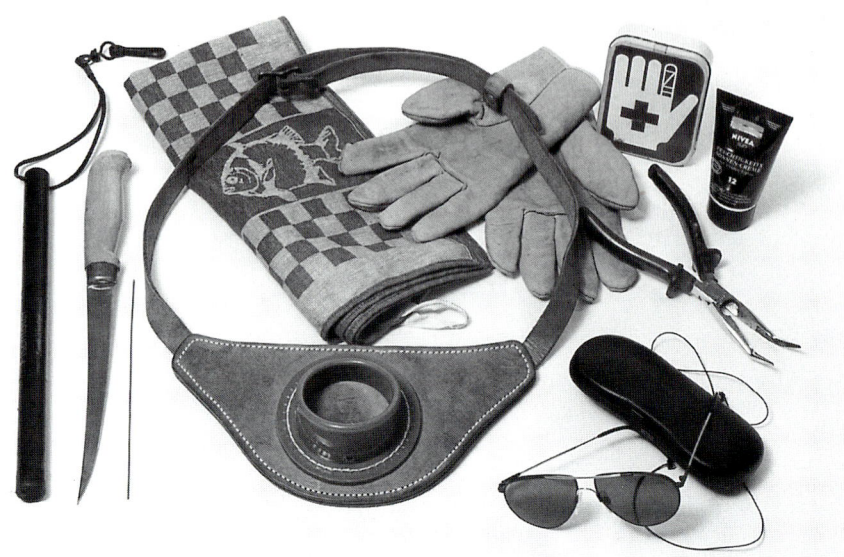

Werkzeug fürs Atlantikangeln

Von links: Schlagstock (Priest), Filetier- und Tötungsmesser; Ködernadel fürs Wurmaufziehen, darunter ein Rutenhalter, in dem die Rute abgestützt wird; ganz oben eine wasserdichte Blechschachtel mit Erste-Hilfe-Verbandszeug;

Sonnenschutzcreme, Lösezange mit Drahtschere zum Hakenabkneifen bei Verletzungen. Die Polaroidbrille entspiegelt die flimmernde See und schützt die Augen. Die Brille liegt in einem festen, unzerbrechlichen Etui.

Kleidung

Südlich des Ärmelkanals benötigt man dieselben Kleidungsstücke wie beim Mittelmeerangeln (s. Seite 51). Nördlich vom Kanal wird es frischer und feuchter, selbst im Sommerhalbjahr kann es kalte Füße und kalte Hände geben. Ins Gepäck gehören:

Derbe, dichtgewebte Jeans; windsichere Mütze, z. B. Wollmütze; Unterwäsche, wärmend, je nördlicher, desto länger; Gummistiefel, rutschsicher; Ölzeug (Jacke und Hose; einteilige Aufschwimm-Overalls sehr zu empfehlen); Pullover und derbe Windjacken; Handschuhe.

Atlantik-Angelmethoden

Atlantikfische sind wild und ungestüm. Sie zu fangen ist wesentlich einfacher, als beispielsweise Mittelmeerfische an den Haken zu bekommen. Die Dorsche des Nordatlantiks scheren sich wenig um raffinierte Köder, sie beißen auch auf ein eisernes, halbkiloschweres Rohrstück, wenn es im Wasser bewegt wird. Und die im Norden allgegenwärtigen Köhler lassen sich sogar mit handlangen Stücken von farbigen Isolierschläuchen fangen.

Nur die Fische im Südabschnitt unseres europäischen Atlantikgebietes, also von der Biskaya bis hinunter zu den Kanarischen Inseln, sind etwas zurückhaltender. Aber selbst Meerbrassen oder die scheuen Meeräschen, im Mittelmeer nur mit List und viel Geduld zu fangen, machen es dem Angler im Atlantik leichter.

Bootsangelmethoden

Atlantik-Universalmethode

Mit dieser Montage angelt man mit der Bootsrute und Multirolle in allen Tiefen je nach Strömungsdruck bis etwa 100 Meter tief immer auf dem Grund. Sobald der Senker den Grund berührt, nimmt man Fühlung auf und angelt mit gespannter Leine so, dass Köder und Senker immer knapp über dem Grund

Bequemes Atlantikangeln erreicht man durch einen Rutenhalter (Angler im Hintergrund) und durch zusätzliche Gurthalterung an der Rolle (im Vordergrund sichtbar).

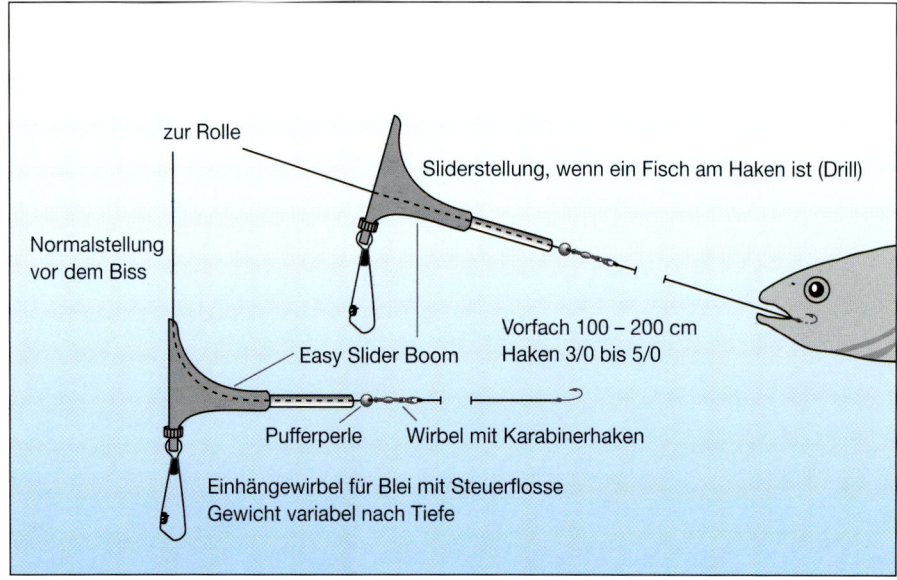

Ein gut funktionierender Abstandshalter (Boom) ist bei der Atlantik-Universalmethode wesentlich. Er soll das beköderte Vorfach verwicklungsfrei hinter dem Grundblei herlaufen lassen.
Der EASY-SLIDER-Boom klappt nach dem Biss eines Fisches mit seinem Arm in Richtung Fisch und vermindert so wesentlich Schnurreibung, vermittelt ein besseres Drillgefühl.

schweben bzw. gleiten. Kleine Auf- und Abbewegungen, verursacht durch Seegang, sind dabei hilfreich, sollten aber nie zu heftig werden, denn der Fisch benötigt etwas Zeit zum Wittern, bevor er zupackt.

Hakengrößen und Länge der Vorfächer sind von Ort zu Ort verschieden und richten sich nach Art der Fische, Bootsdrift und Wasserströmung. Wichtig ist, dass man stets einen guten Kontakt zum Köder hat, damit man jeden Biss fühlen kann. Bei stramm gehaltener Schnur haken sich die Fische oft selbst.

Beste Köder: Watt- und Seeringelwürmer, Muschelsackfleisch, Fetzen aus Makrelen und fingerlange Kleinfische.

Paternosterangeln

Mit Naturködern: siehe Kap. »Mittelmeer«, Seite 57). Köder, Gerät und Methode sind dieselben. Geangelt wird damit von der südbretonischen Küste (Frankreich) bis Gibraltar und rund um die Kanaren, Madeira und Azoren.

Vor der südbretonischen Küste werden bei dieser Methode Meerbrassen und oft am Endhaken Conger gefangen. In solchen Fällen muss das Vorfach wesentlich tragfähiger gewählt werden. Immer vom Skipper beraten lassen!

Makrelenpaternoster: 4 bis 6 Haken mit bunten Fäden und Federn werden 7 bis 20 Meter tief abgesenkt und mit dem Seegang leicht zupfend auf- und abbewegt. Damit werden Makrelen und Stöcker gefangen, und zwar überall im Atlantik. Montage siehe Kap. »Nordsee«, S. 181. Die Rute muss mindestens so lang sein wie das Paternoster. Multi- wie auch Stationärrolle sind geeignet.

Köhlerpaternoster: 3 bis 5 Haken, verkleidet mit fingerlangen Kunststoffschläuchen in unterschiedlichen Farben, werden wie Makrelenpaternoster benutzt in Tiefen von 10 bis 40 Meter. Damit fängt man Köhler überall zwischen Schottland, Island und Norwegen. Geangelt wird mit der Spinnrute und wahlweise Stationär- oder Multirolle.

Pilken

Dies ist die mit Abstand erfolgreichste Methode zum Fang von Dorschen zwischen dem Ärmelkanal (Winter) und Nordnorwegen. Technik und Montagen wie im Abschnitt »Ostsee«, S. 206. Nur Bootsrute und Multirollen kommen im Atlantik zur Anwendung.

Geangelt wird in 20 bis über 100 Meter Tiefe. Die Pilkergewichte schwanken zwischen 100 und 500 g, örtlich noch schwerer – je nach Tiefe und Drifttempo. Wichtigste Pilkerform ist der Dreikantpilker, verchromt. Beifänger, als Springer vor dem Pilker montiert, lässt man beim Atlantikangeln weg.

Big-Game-Angeln

Beim Driften im Freiwasser (siehe vorheriger Abschnitt) werden auch Fische jenseits der 100-kg-Grenze gehakt. Bei so großen Fischen spricht man vom Big-Game-Angeln (s. Kap. Mittelmeer, S. 60).

Für die Angelei dieser Riesen unter den Fischen benötigt man nicht nur ein speziell ausgerüstetes Boot mit Kampfstuhl und Kampfgurt, sondern auch einen erfahrenen Skipper mit Mannschaft. Solche Männer stehen mit kompletter Big-Game-Ausrüstung an folgenden Plätzen für die atlantische Großfischjagd zur Verfügung:

- Azoren: Thune, Marline, Haie
- England: Haie (Looe, Plymouth, Padstow, alle im Südwesten)
- Frankreich: Thune, Bonitos, Haie (Cap Ferret, Arcachon)
- Irland: Blauhaie (Südküste), Heringshaie (Westküste)
- Kanaren: Thune, Marline
- Madeira: Thune, Marline
- Norwegen: Eishai (Trondheim)
- Portugal: Blauhaie (Algarve)
- Schottland: Heilbutt (Thurso/Scrabster)
- Shetlands: Heringshai
- Spanien: Thune (Cadiz)

Schleppangeln

Mit Jigs, Wobblern oder präparierten Fischen wird diese Angelei vor der portugiesischen Küste und rund um die südlichen atlantischen Inseln betrieben. Köder und Technik s. Kap. »Mittelmeer«, S. 58).

Mit Wobblern und schlanken Spinnern wird vor der norwegischen Küste zwischen den Schären und in den Fjorden auf Lachs und Meerforelle gefischt. (Köder und Technik s. Kap. »Ostsee«, S. 214).

Driften und Angeln im Freiwasser
(s. auch Big-Game-Angeln)
Die Methode (s. Kap. »Mittelmeer«, S. 57) gilt dem Fang von Haien, Thunartigen

und Heilbutten und wird im Atlantik wie folgt ausgeübt:

Monoleinen verwendet man beim Angeln bis zu etwa 50 Metern Tiefe, in größerer Tiefe sind Geflechtschnüre vorteilhafter, weil sie weniger dehnbar und bei gleichem Schnurdurchmesser tragfähiger sind. Die vorsichtigen Thunfische scheuen oft vor diesen Geflechtschnüren; muss man die Thune tief suchen, wird der Haken an eine weit weniger sichtbare, ca 10 Meter lange Monoschnur als Vorfach angebunden.

Stahlleinen müssen als Vorfach hinterm Haken verwendet werden, wenn Scharfzähner die Köder nehmen sollen, also bei allen Haien, auch bei großen Katfischen, Heilbutts und Rochen.

Köder überall: kleine bis mittelgroße Makrelen, im Ganzen angeködert. Nur Bootsruten und Multirollen werden verwendet.

Wrackangeln

wird vor Englands Südwestküste (Pollacks, Conger), im Ärmelkanal von Holland aus, in der deutschen Bucht von Dornumer Siel und Cuxhaven aus und vor Hvide Sande (DK) betrieben. Dort ist überall der große Dorsch der Zielfisch. Technik, Taktik und Köder s. Kap. »Nordsee«, S. 182.

Haspelangeln

Das Angeln mit der Haspel (norwegisch »Harpe«) ist in Norwegen, den Färöern

Relingrollen werden von den Berufsfischern des Nordens über Felsgrund benutzt. An 1 mm dicker Schnur werden Pilker von 500 bis 800 g und drei bis fünf Mundschnüre mit Gummiaalen auf den Grund gelassen und mit dem Arm gepilkt. Eine einfache, aber sehr wirkungsvolle Angelmethode.

Mit der Haspel wird in Island und Norwegen aus der Hand gepilkt und Dorsche gefangen. Es ist die primitivste, aber oft sehr erfolgreiche Angelmethode des Nordens.

und Island sehr beliebt. Das Handgerät ist zumeist bestückt mit 100 Meter Leine, sechs verschiedenen Kunstködern und einem 200 bis 400 g schweren Senker. Alles, was sich mit Rute und Rolle, kombiniert mit Pilkern und Gummiwürmern, fangen lässt, fängt man auch sehr gefühlvoll mit der »Harpe«. Es ist das alternative Gerät für Mitreisende ohne Angel.

Landangelmethoden

Angeln von felsiger Küste
Felsplattformen mit tiefem Wasser von 20 und mehr Metern in Wurfweite eröffnen dem Uferangler großartige Möglichkeiten überall an der Atlantikküste. Vom Süden bis Nordspanien sind es Meerbrassen, Blaufische, Wolfsbarsche, Makrelen und Hornhechte; in Irland und England entfallen Meerbrassen und Blau-

fische, statt dessen kommen überall Pollacks dazu; ab Schottland nordwärts fängt man Pollacks, Köhler und Dorsche, gelegentlich auch Meerforellen und Lachse. Geangelt wird im klaren Wasser, noch besser am Gischtsaum mit Spinnködern und Wobblern in halber Tiefe, mit dem Pilker (bei geringer Hängergefahr!) nur auf dem Grund und mit Naturködern am Gleitfloß in allen Tiefen.

Wer sich dabei auf große Fische einlässt (beste Zeit bei steigendem Wasser und Dämmerung) benötigt Hilfsmittel zum Landen der Fische (Gaff oder Kescher, langstielig). Nur Spinnruten und Stationärrollen werden für diese Angelei verwendet.

Brandungsangeln
Plattfische überall, Wolfsbarsche von Irland und England südwärts und Adlerfische vor der französischen Küste sind die Zielfische im Atlantik. Taktik, Technik, Montagen und Köder s. Kap. »Ostsee«, S. 208.

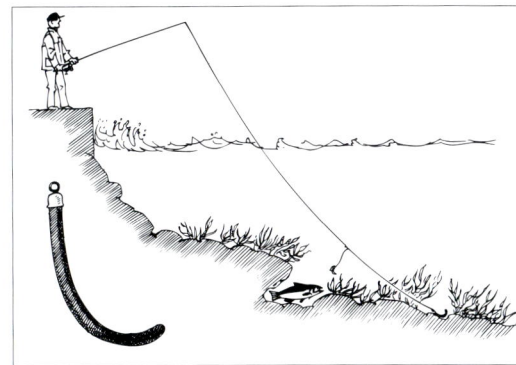

Brandungsangeln über unreinem Grund mit dem Stabblei. Das Blei wird, hakenförmig verformt, ausgeworfen. Bei einem Hänger streckt es sich beim Zug und kommt leicht wieder frei.

147

Köder für Atlantikfische

Naturköder werden hauptsächlich in der südlichen Atlantikhälfte verwendet. Von Schottland und Irland über Frankreich südwärts werden bei der Angelei vom Ufer Watt- und Seeringelwürmer, bei der Bootsangelei Makrelen (im Ganzen, halbiert, als Filet oder Fetzen) verwendet.

Die Würmer kann man selber sammeln oder sich bei den Angelfachhändlern beschaffen. Die Aufbewahrung ist im Kap. »Mittelmeer«, S. 61, beschrieben.

Makrelen hingegen werden vorzugsweise zappelfrisch verwendet. Deshalb wird bei jeder Bootsausfahrt vor dem eigentlichen Angeln versucht, einige Makrelen mit der Paternosterangel zu fangen. Sind die Makrelen nicht zu erwischen, dann beschafft man sich in den Fischereihäfen tiefgefrostete Makrelen. Bereits aufgetaute, »weiche« Makrelen aus Fischverkaufsläden halten nicht am Haken.

Makrelen sind der Top-Universalköder bei der Atlantikangelei, von Teneriffa bis zum Nordkap.

Sandspierlinge werden oft tonnenweise als »Gammelfisch« in den Fischereihäfen gelöscht. Sie sind ein ganz ausgezeichneter Köder für alle Fische.

Künstliche Köder gelangen nordwärts von Schottland zur Anwendung. Der Futterneid der meisten in großen Schwärmen vorkommenden Fische wie Dorsch und Köhler lässt die Fische auf blankes Metall (Pilker) oder Kunststoffschläuche (Köhler) beißen. Sogar der meistens am Boden lebende Heilbutt geht vehement an einen Pilker, ebenso Lengfisch und Brosme. Nur Rotbarsch und Schellfisch, ebenfalls stets in Schwärmen auftretend, werden sicherer mit Naturködern gefangen.

Pilker benötigt man stets in unterschiedlichen Gewichten. Es beginnt bei 100 g für die Küstenangelei im Flachwasser bis etwa 25 m und endet bei 500 g und mehr für das küstenferne Tiefwasserangeln, vor allem vor der gesamten norwegischen Küste. Verwendet werden nur verchromte Dreikantpilker. Farbige Variationen und Beifänger wie z. B. Twister fangen nicht mehr als der Pilker selbst, können also entfallen.

Gummimakk (»Gummiwurm«) ist ein farbiger Kunststoffschlauch von Fingerlänge, an einem 3/0- bis 5/0-Haken gebunden. Mit diesem einfachsten aller Kunststoffköder werden in erster Linie Köhler in allen Größen bis hin zu 10-kg-Fischen gefangen.

Blinker verwendet man in schlanken, gut »schwänzelnden« Formen in 12 bis 60 g für folgende Zwecke:

Spinnangeln von Felsen: Pollack, Köhler (Norden); Wolfsbarsch, Blaufisch, Makrelen (Süden).

Schleppangeln: Blaufisch, Adlerfisch, Wolfsbarsch im Süden; Lachs, Meerforelle, Köhler, Pollack im Norden. Bevorzugte Farben: Blau und grünlich, zeitweilig auch Rot.

Wobbler gelangen meistens in der Südhälfte zur Anwendung. In denselben Farben wie Spinner, aber 10 bis 15 cm lang fangen sie dieselben Fische wie Spinner.

Jigs aus Weichplastikmaterial mit Bleikopfmontage (s. Kap. »Mittelmeer«, S. 65) werden beim Schleppangeln im Südabschnitt des Atlantiks verwendet und fangen dieselben Fische wie Blinker, oft besser, wenn Tintenfische auftreten.

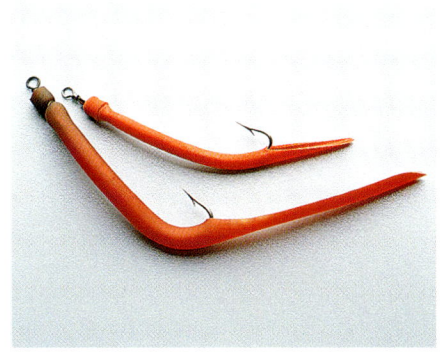

Gummimakks, Haken der Größen 3/0 bis 6/0 mit einem Kunststoffschlauch verkleidet, sind die wirkungsvollsten Beifänger zum Fang von Köhlern in Norwegen, Island und den nördlichen Atlantikinseln.

Dreikantpilker in Gewichten von 150 bis 1000 g sind die wichtigste und fängigste Köderform in Norwegen, Island und den Färöern.

149

Angeln in der Nordsee

Die flache Nordsee gilt als Kinderstube der Meeresfische. Im Winter ziehen aus dem Norden die Dorsche in die südliche Nordsee, und kaum sind sie fort, erscheinen die Plattfische am selben Ort und halten Hochzeit. Und im Sommer kommen Makrelen, Hornhecht und Stöcker zum Liebesspiel hierher, um anschließend gnadenlos die inzwischen herangewachsenen jungen Dorsche und Plattfische zu jagen.

Sie alle begründen von der holländischen Küste über die Deutsche Bucht bis hinauf nach Norddänemark eine abwechslungsvolle, ertragreiche Angelei. Auch das Kattegat mit der dänischen und schwedischen Küste gehört dazu.

Zugleich sind all diese Küsten viel besuchte Urlaubsziele mit lebhaftem Badebetrieb und Ferienunterkünften vom Hotel bis zu Ferienhäusern und Campingplätzen gleich hinter Deich und Düne. Nur in Helgoland und in Schweden gibt es Felsküsten, ansonsten dehnen sich überall viele hundert Kilometer lange Sandstrände und laden zum Brandungsangeln ein. In fast allen Häfen findet man im Sommer Angelkutter (Zielfisch ist die Makrele), und im Winterhalbjahr fährt ein Teil dieser Boote zum Dorschangeln.

Insgesamt gesehen ist die Nordsee in erster Linie ein Bootsangelrevier für schwere, große Angelkutter mit sehr guten Fangaussichten. Die Brandungsangelei konzentriert sich auf die dänische Küste. Dort gibt es nur geringe Wasserstandsunterschiede, während vor der deutschen und holländischen Küste mit der Ebbe riesige Wassergebiete trocken fallen (Watten).

Niederlande

Deutsche Seekarten Nr. 214 (Abschlussdamm IJsselmeer); Nr. 84 (Waddensee); Nr. 244 (Nordsee).
Allgemeine Auskünfte:
Niederländisches Büro für Tourismus, Postfach 27 05 80 in 50511 Köln.
E-Mail: info@niederlande.de
Internet: www.niederlande.de und www.holland.com

Das Angeln in der Nordsee ist gebührenfrei. In den abgeschleusten Binnenmeeren sind a) ein Staatlicher Erlaubnisschein (sportvisakte, ab einem Alter von 15 Jahren) und zusätzlich Tages- Wochen- oder Monatskarten erforderlich; erhältlich bei den örtlichen Touristikbüros und Angelshops. Dort erfährt man auch die aktuellen Bootsadressen für Hochseeangel- und auch Wrackangeltouren (Fahrzeit zu den Wracks ca. 4 Stunden). Viele weitere nützliche Hinweise erhält man bei der Nederlandse Vereniging Van Sportfissersfederaties (NVVS), Postbus 288, NL-3800 AG-Amersfoort.
E-Mail: nvvs@tip.nl;
Internet: www.nvvs.org.

Fangergebnis beim Hollandstyle-Angeln: Dorsche, Wittlinge und Plattfische

Hollands Küste kennt keine Felsen, keine natürlichen Erhebungen. Die rund 800 km Küstenlinie ist gekennzeichnet von weiten Sandstränden und hohen Deichen. Zahllose, oft kilometerlange Molen und Buhnen erstrecken sich als Schutzbauten und willkommene Angelplätze weit in die See.

Die holländische Küste gliedert sich für den Meeresangler in drei unterschiedliche Abschnitte: Die **Waddenzee** wird von einem Kranz langgestreckter Inseln und dem nördlichen Festland umschlossen; die **Noordzee-Küste** verläuft von der Insel Texel bis hinunter nach Hoek van Holland (Rotterdam).

Daran schließen sich bis zur belgischen Grenze die **Zeeuwse Wateren** an, eine Delta-Landschaft der Ooster- und Westerschelde.

Fische und Fang

Hollands Fischfauna ist der deutschen an der Nordseeküste sehr ähnlich, jedoch sind überraschende Fänge von Fischen, die sporadisch von englischen oder französischen Küsten einwandern, jederzeit möglich.

Dies sind die häufigsten Fischarten: Aal, Dorsch, Flunder, Hornhecht, Kliesche, Makrele, Scholle, Wittling.

Diese Fische begründen die saisonale Angelei wie folgt: Dorsch nur im Winter von XII bis III, Makrelen und Hornhechte nur im Sommerhalbjahr von V bis IX. Dazwischen, im Frühjahr und im Herbst, liegt die hohe Zeit der Plattfischangelei auf Flundern, Klieschen und Schollen.

Nicht so häufig oder nur gelegentlich gefangen werden folgende Fische (Aufzählung ist nicht vollständig):

Finte
Franzosendorsch
Glattbutt
Hundshai
Knurrhähne (Grauer u. Roter)
Köhler
Lippfisch, Gefleckter
Meeräsche, Dicklippige
Meerbrassen, Grauer
Meerbrassen, Gestreifter
Meerforelle
Pollack
Seezunge
Stechrochen
Wolfsbarsch

Besonders auffällig ist das massenhafte Vorkommen der Makrelen (Höhepunkt Juli/August), allerdings bleiben die Fische meistens klein (im Schnitt 400 g). Das Dorschvorkommen gründet sich auf die im Winter einwandernden Laichzüge aus der nördlichen Nordsee; viele große Fische sind darunter.

Hervorzuheben ist die Meerforelle, die zusammen mit der Regenbogenforelle in einigen umschlossenen Brackwassern ausgesetzt und zahlreich gefangen werden. Bekannteste Gewässer sind das Veerse Meer auf der Halbinsel Zeeland bei Middelburg im Südwesten Hollands und das Oostvoornse Meer westlich vor Rotterdam und südlich vom Europoort.

Für das Angeln in den Besatz-Gewässern erhält man Erlaubnisscheine beim Nationalen Angelsportverband (NVVS, s. Holland-Einleitung).

Beinahe ganzjährig wird in Holland vom Land aus geangelt. Nur im März/ April sind die Erfolgsaussichten etwas geringer. Auf allen Molen und Plätzen, wo Tiefwasser in Landnähe ist, herrscht Hochsaison im Dezember, Januar und Februar, wenn die Laichzüge der Dorsche an die Küste kommen. Dieselben Angelplätze sind im Hochsommer bei anhaltenden Schönwetterlagen und ablandigen Winden sehr begehrt für den Fang von Makrelen.

Mai/Juni und September/Oktober sind die besten Monate für das Brandungsangeln auf Plattfische und Aale an der gesamten Küste. Fast überall wird mit dem Grundblei, zum Teil auch mit dem Gleitfloß gefischt. Topköder ist der Wattwurm. Man kann ihn überall in den Angelläden, in den Hafen-Boutiquen der

Angelbootbesitzer oder unterwegs am Deich kaufen. Professionelle Wattwurmsammler stellen am Deich Schilder auf und verkaufen »direkt aus dem Watt«. Natürlich kann man seine Köder auch selber sammeln, jedoch ist das Wattwurmgraben mancherorts von einer Erlaubnis abhängig.

Hauptanziehungspunkt sind die vielen langen Molen, die zum Teil kilometerweit ins Meer hinausragen. Die Anmarschwege sind mancherorts so lang, dass die Mitnahme eines Gepäckkarrens ratsam ist. Auf dem Abschlussdeich des IJsselmeeres darf nicht geparkt werden. Wer nicht zehn oder zwanzig Kilometer zu Fuß laufen will, sollte ein Fahrrad mitnehmen.

Hollands Angler fischen beim Brandungsangeln sehr fein, meistens mit 6-kg-Schnur. Das gilt nicht für die winterliche Dorschsaison: 12-kg-Schnur ist die unterste Grenze, es sind schon Dorschriesen von 15 kg und mehr Gewicht von den Molen gefangen worden. Ein geeignetes Landenetz darf dann nicht fehlen, müssen die Fische doch oft vier bis sechs Meter hochgezogen werden.

Wie überall, so gilt auch in den Niederlanden die Zeit von 3 Stunden vor der Flut bis etwa 2 Stunden danach als die beste. Bei einsetzender Ebbe wird an den Stränden dem ablaufenden Wasser nachgegangen, und dabei werden oft die besten Fänge gemacht. Eine Gezeitentabelle ist unerlässlich für die Planung eines Brandungsangeltages.

Kein anderes europäisches Land hat eine so hervorragend entwickelte Bootsangelei wie Holland. Unter den Angelschiffen – meist umgebaute ehemalige

Hochseefischereischiffe – befinden sich wahre »Großangelschiffe« mit einem Fassungsvermögen von 100 Personen. Daneben gibt es aber auch viele kleine Boote und Kutter für 15 bis 30 Angler. Die meisten Schiffe sind jedoch für 40 bis 60 Angler zugelassen.

Alle Angelschiffe unterliegen den strengen Sicherheitsbestimmungen der holländischen Schifffahrtsinspektion.

Etwa ein Dutzend Reeder veranstalten mit ihren Schiffen auch Mehrtagesfahrten zu entfernteren Zielen, z. B. zu den Kanalinseln Guernsey und Jersey oder zur Braunen Bank (auf halbem Wege zur britischen Küste) und anderen markanten Punkten, vor allem zu den zahlreichen Wracks, wobei die Wrackangelei wie in der Deutschen Bucht ausgeübt wird (s. S. 182).

Die aktuellen Bootsbuchungsadressen erfährt man bei den Touristinformationen der einzelnen Provinzen und Orten mit Schiffsliegeplätzen. Die bekanntesten Ausgangshäfen für Angelfahrten sind (von Nord nach Süd):

Lauwersoog; Holwerd; Harlingen; Den Oever; Den Helder; IJmuiden; Scheveningen; Stellendamm; Bruinisse; Burghsluis; Colijnsplaat; St. Annaland; Tholen; Yserke; Breskens.

Die Bootsangelei findet in der Nordsee hauptsächlich in etwa 5 bis 10 km Entfernung von der Küste in 15 bis 20 Meter tiefem Wasser statt. In der Makrelensaison wird driftend mit Paternosterangeln (s. Seite 181) gefischt, in der gesamten übrigen Zeit wird zumeist geankert und mit Naturködern (Wattwurm) auf dem Grund geangelt. Damit nicht sämtliche Angeln am Heck zusam-

mentreiben, werden schwere Krallsenker verwendet und diese quer zur Bordwand ausgeworfen. Meistens wird mit einem Zweihakenpaternoster (s. Seite 180, Hollandstyle-Methode) geangelt. Auch alle Dorsche werden so gefangen. Das trübe, unsichtige Wasser verhindert ein erfolgreiches Angeln mit Pilkern.

In den Monaten Mai bis Juli sollte man seinen Angelplatz unbedingt im Voraus buchen. Besonders an den Wochenenden sind während der Makrelensaison und Urlaubzeit viele Schiffe ausgebucht. Einige fahren im Hochsommer zweimal am Tag.

Hot Spots der Niederlande

Abschlussdamm zum IJsselmeer, Karte 1

1 Breezanddijk

Mittelpunkt des 30 km langen Abschlussdeiches zwischen Nordsee und dem IJsselmeer. Zwischen den Schleusenmolen bis zu 24 Meter tiefes Wasser, vor den Molen auch bei Ebbe noch bis zu 14 Meter tief. Viele Hornhechte ab Mai bis September, dazu Plattfische, vereinzelt Meerforellen. Bei ausströmendem Wasser gutes Angeln mit dem Gleitfloß. Köder: Wattwurm und Stintfleisch, für Hornhechte auch Fetzenköder aus der hellen Seite von Plattfischen.

Der Abschlussdeich, eine vierspurige Autostraße, darf nicht überquert werden. Nur am Beginn des Deiches, beim Denkmal »Der Vlieter«, bei Kornwerderzand und bei Breezand darf die Straße gekreuzt werden. Wer in aller

Hollands Hot Spots, Karte 1

30 Boote, meistens in Küstenkutter-größe, liegen hier. Geangelt wird unmittelbar vor dem Hafen, nur 15 bis 30 Minuten Fahrzeit entfernt. Hauptbeute: Plattfische, im Sommer auch Makrelen und Hornhechte. Bei südwestlichen Winden gut geschützte Lage.

Die Inseln

3 Ameland
Autofähre von Holwerd (50 Minuten). Zahlreiche Sicherungsdämme auf der Wattenseite sind bei Flut gute Angelplätze. Die Strandseite (im Sommer viel Badebetrieb) sehr gut für das Brandungsangeln geeignet, tiefe Löcher zwischen Pfahl 9 und 10. An der Westspitze bis zu 25 Meter tiefes Wasser in Wurfweite, starke Strömung. Mit Blinkern, Fetzenködern am Gleitfloß im Sommer Makrelen, manchmal Meerforellen, bei Kenterwasser viele Plattfische, Aale. Seekarte Nr. 86.

4 Terschelling
Autofähre von Harlingen (1½ Stunden). Auf der Watt-(Süd-)seite von Dämmen und Deichen bei Flut gutes Aalangeln bei Kienum, Strieperpolder, t'Sehael, de Keag und De Ans. Vom Strand sehr gutes Brandungsangeln auf Schollen, Flundern, Aale, Wolfsbarsch und Meerforellen, auch Makrelen und Hornhechte, besonders bei den Pfählen 5, 6, 8, 11, 12 und 18. Im Hafen auch Meeräschen. Im Sommer viel Badebetrieb.

Das Seegebiet unmittelbar vor der Westspitze von Terschelling ist im Sommer voller Hundshaie und Makrelen. Beste Plätze: der betonnte Weg nach

Einsamkeit entlang der etwa 15 km langen Abschlussdeichstrecke von Breezand bis Den Oever angeln will, sollte ein Fahrrad mitnehmen (Fahrradwege vorhanden).

2 Den Oever
Die Molen zwischen dem nördlichen Außenhafen und den Schleusen sind gute Angelplätze für Aale, Plattfische, im Sommer auch für Hornhechte und Makrelen.

Der Ort hat sich zu einem wichtigen alternativen Ausgangsplatz für die Bootsangelei außerhalb der Dorschsaison, also von Mai bis November, entwickelt. Über

Norden (Boomkensdiep bis Thomas Smit Gat) sowie das Stortemelk-Seegat entlang der Nordwestgründe – alles nur 0,5 bis 3 Meilen vom Ufer entfernt. In diesem Gebiet liegen mehr als ein Dutzend Wracks, zum Teil betonnt. Beim Driftfischen fängt man bei den Wracks neben Hundshaien auch Conger, Dornhaie, Dorsche, Wolfsbarsche. Das gesamte, meistens nur 6 bis 10 Meter tiefe Gebiet ist gespickt mit Barren und Bänken, auf denen bei westlichen und nördlichen Winden eine steile See steht. Holländische Sportfreunde berichten, dass sie während eines vierwöchigen Urlaubs nur siebenmal eine so ruhige See vorfanden, dass dort gefahrlos und gefühlvoll geangelt werden konnte. Beste Zeit: August/September. Stehen die Makrelenschwärme dicht zusammen, dann kann man in diesem Gebiet die Haie an der Oberfläche rauben sehen. Deutsche Seekarte Nr. 85.

5 Texel

Deutsche Seekarte Nr. 214.
Autofähre ab Den Helder (15 Minuten). Wird von Anglern viel besucht. Die gesamte Inselküste ist befischbar. Herausragende Plätze sind Het Horntje beim Fährhafen an der Südostspitze der Insel (im Sommer bei Flut auch Hornhechte und Makrelen) und das Nordkap (»Ijzeren Kaap«) mit ähnlich guten Möglichkeiten. Für Aal und Plattfische bekannt ist der Damm Oostkaap nördlich von Oudeschild. Von dort weiter nördlich bis zum Nordkap sind überall sehr gute Angelstellen zu finden. Entlang der Westseite kann man in den Dünen bei De Koog parken und herrliches Brandungsangeln erleben, besonders zwischen den Pfählen 13 bis 17 mit zahlreichen Buhnen.

Im Sommer sehr viel Badebetrieb. Vom Hafen Oudeschild laufen Angelkutter aus (Sommerhalbjahr).

Nordseeküste von Den Helder bis Hoek van Holland, Karte 2

6 Den Helder

Liegeplatz zahlreicher großer Angelkutter (ganzjährig). Der westlich gelegene Strand Huisduinen ist ein beliebter Angelplatz im Frühsommer. Die etwa 20 km lange Brandungsküste von Den Helder südwärts bis Petten wird im Winter viel von Dorschanglern besucht.

7 IJmuiden

Hier liegen die meisten, ganzjährig ausfahrenden Angelschiffe (ein Dutzend und mehr). Berühmt sind die kilometerlangen Molen. Besonders von der Nordmole (zu erreichen über Wijk aan Zee, dort Parkplatz) wird das ganze Jahr lang geangelt. Die ganze Palette der holländischen Seefische wird erbeutet, im Sommer auch Makrelen und – besonders begehrt – Seezungen. Im Winter werden Dorsche und Wittlinge gefangen. Auch die Südmole wird aufgesucht, allerdings ist sie nur bis zum Mittelabschnitt (»Hek«) begehbar. Für den äußeren Abschnitt besteht ein Betretungsverbot; schwere Seen aus Südwest könnten hier leicht einen Angler ins Wasser spülen.

Die Wassertiefen an den Molenköpfen betragen etwa 12 Meter. Geangelt wird meistens auf der Innenseite der Molen in Tiefen von 3 bis 10 Metern. Viele, den

155

Karte 2: Das Deltagebiet »Zeeuwse Wateren« ist ein beliebtes geschütztes Revier.

Molenfüßen unter Wasser vorgelagerte Steine erschweren das Angeln. Gepäckkarren sind für die langen Fußmärsche auf den Molen vorteilhaft. Wattwürmer sind käuflich in den Boutiquen bei den Angelkuttern.

8 Scheveningen

Auch Scheveningen ist ein sehr bekannter Liegeplatz für ganzjährig auslaufende Hochseeangelschiffe (rund ein Dutzend). Von den Hafenmolen, die aus großen Betonblöcken mit beidseitigen Steinschüttungen bestehen, kann mit einiger Vorsicht immer geangelt werden, auch

bei kräftigen Winden. Besonders beliebt sind die Molenköpfe mit etwa 5 bis 8 Metern Wassertiefe. Parkplätze befinden sich am Beginn beider Molen. Alle Seefische Hollands sind hier zu fangen, nur der Dorsch macht sich rar.

Eine Besonderheit ist »De Wandelpier« nördlich vom Hafen. Weit in die See hinausgebaut, steht auf Pfählen eine Pier mit Restaurant und Aussichtsturm. Wenn schlechtes Wetter selbst den zünftigsten Angler von den Molen vertreibt, findet er hier die geeignete Zuflucht: Hoch und trocken kann er im überall tiefen Wasser angeln und sehr gut fangen. Allerdings ist eine Eintrittsgebühr zu zahlen, und die Öffnungszeiten müssen beachtet werden.

Wattwürmer erhält man bei den Angelkuttern im Hafen.

9 IJsselmeer

Stark ausgesüßter ehemaliger Brackwasser-Meerbusen. Darf nur mit Angelschein befischt werden. Rege Bootsfischerei auf Barsch und Zander, auch Hecht und Weißfische. Angelboote (über 30) liegen in Den Oever und in Makkum bei Kornwerderzand.

Zeeuwse Wateren

Deutsche Seekarte Nr. 246 (Gesamtgebiet); Deutsche Seekarte Nr. 208 bis 212 (Detailkarten). *Beschreibung von Nord nach Süd.*

1 Burghsluis

Liegeplatz von Angelkuttern (vier), die wetterbedingt entweder in die Nordsee oder Oosterschelde zum Angeln fahren.

Der lange Damm zwischen Burghsluis und Schelphoek mit Wassertiefen bis zu 25 Metern in Wurfweite gilt als vorzüglicher Angelplatz, der ganzjährig gut ist für alle Nordseefische. Die tiefste landnahe Stelle liegt genau zwischen Burghsluis und dem Plompetoren. Ein weiterer guter Platz liegt auf den Molenköpfen vom Werkhafen Schelphoek. In der hinter der Schleuse liegenden Oosterschelde werden kapitale Wolfsbarsche erbeutet.

2 Westkapelle
Ein sehr bekannter guter Brandungsangelplatz. Vor dem Deich an der Südwestspitze starke Strömung und bis zu 25 Meter tiefes Wasser. Alle Nordseefische sind hier zu fangen, ebenso vor dem Deich weiter nördlich bis zum Norderhöft. Weite Würfe sind nicht nötig.

3 Veerse Meer
Ein vom Meer abgedeichter, etwa 25 km langer ehemaliger Meeresarm enthält durch das zeitweilige Zuschleusen von Nordseewasser brackiges Wasser. Der See wird jährlich mit 40 000 Regenbogenforellen besetzt, daneben gibt es Aal, Stint, Flundern und Meeräschen.

4 Yerseke
Bis zu 13 Angelschiffe liegen hier. Sie sind Bestandteil der großen Bootsflotte, die auf der geschützten Oosterschelde verkehrt. Gefangen werden alle Nordseefische.

Holland.
Bei Ockenburg nahe Scheveningen/Monster.

5 Brouwersdam
An der Schleuse wird bei ein- und auslaufendem Wasser gefischt. Zielfisch: Wolfsbarsch. Der vom Meer abgedeichte Meeresarm Grevelingen wird wie Punkt 3 jährlich neu mit Regenbogenforellen besetzt und viel beangelt (Wattwurm an der Pose). Im Sommer werden in Schleusennähe Heringe erbeutet, im Winter auch Dorsche.

6 Oostvoornse Meer
Berühmt wegen seines guten Regenbogenforellenbestandes. Dort wird mit Spinn- und Fliegenruten gefischt. Im nahe liegenden Angelshop erhält man die fängigen Muster.

157

Deutschland

Nordseeküste, Seekarte Nr. 87 und zahlreiche weitere Detailkarten.

Das Meeresangeln vor der niedersächsischen Küste ist gebührenfrei.

Für das Meeresangeln vor der schleswig-holsteinischen Küste wird ein Jahresfischereischein verlangt. Scheine anderer Bundesländer werden anerkannt. Urlauber können auch einen auf 40 Tage befristeten Angelschein bei den Ordnungsämtern am Urlaubsort erwerben.

Deutschlands Nordsee-Ferienküste ist zugleich Angelland der besonderen Art: im Gezeitenrhythmus fallen die Watten bis an den Horizont trocken. Dann verschwinden auch alle Fische, und man kann zu Fuß von Cuxhaven auf die Insel Neuwerk gelangen.

Klar, dass bei der Küstenangelei dann nichts zu fangen ist. Aber selbst bei Flut lohnt sich die Wattenangelei nicht, das Wasser ist zu flach. Jedoch beginnt mit steigendem Wasser eine gute Angelei überall von Molen und in Häfen und ganz besonders dort, wo man auch baden kann: vor den weißen Stränden der vielen Inseln.

Ein Tidenkalender, der überall entlang der Küste im Buch- und Zeitschriftenhandel zu erhalten ist, gehört unbedingt zur Ausrüstung des Nordseeanglers.

Fische und Fang

Beim Brandungsangeln werden Aale und Flundern gefangen, ganz selten einmal Dorsche, Makrelen oder Seezungen. Alle Inselhörns mit tiefem Wasser in Wurfweite eignen sich fürs Angeln, ebenso die seewärts gerichteten langen Sandstrände der Inseln, wenn das Wasser steigt.

Von Molen und Kais erbeutet man bei Hochwasser ebenfalls Aale und Flundern, mit etwas Glück aber auch Meeräschen, im Sommer Makrelen, Hornhechte, in der kalten Zeit Heringe, Stinte und Dorsche.

Stets wird dabei mit Wattwürmern geangelt, die man überall graben oder in den Angelfachgeschäften kaufen kann. Die Köder werden immer auf dem Grund angeboten.

Die Makrelen-Angelei in der Nordsee beginnt Mitte Juni und endet im Spätsommer.

Ganz anders beim Pöddern, das im Cuxhavener Bereich sehr populär ist. Vom verankerten Boot wird entlang der großen Priele, vor allem aber entlang der Fahrwasserrinnen mit einem großen Wurmbündel in halber Wassertiefe gefühlvoll auf ziehende Aale geangelt (siehe S. 184).

Die Bootsangelei ist berühmt wegen der Makrelenangelei, die im Juni beginnt und im September endet. Mehr als zwei Dutzend Angelkutter bieten in dieser Zeit Fahrten an. Etwa 10 bis 15 Meilen vor der Küste, im Spätsommer sogar noch näher zur Küste, werden dann mit dem Makrelenpaternoster oft zwei, drei und mehr Makrelen zugleich gefangen (s. Seite 181).

Bei anhaltenden warmen Schönwetterlagen mit östlichen Winden gelingt es einem Angler leicht, 20 oder 30 Makrelen bei einem Törn zu fangen.

Vor und nach der Makrelensaison wird in der Deutschen Bucht das Wrackangeln praktiziert. Mehr als 1000 Wracks liegen in und um die Deutsche Bucht verstreut außerhalb der Hauptschifffahrtswege. Rund 80 % der Beute bei diesen Wracks sind Dorsche, meistens über 2 kg schwer. Zusätzlich werden Pollacks, Franzosendorsche, Wittlinge und ganz selten auch Köhler und Lengfische gefangen.

Wrackangeltouren lohnen sich, denn die Skipper finden die Unterwasserhindernisse punktgenau. Tagesfänge von 10 bis 20 kg Dorsch sind keine Ausnahme, eher die Regel. Bei der Wrackangelei (s. Seite 182) wird wegen der ständigen Gefahr des Festhängens mit sehr robustem Gerät geangelt. Man lässt die teuren

Beim Wrackangeln in der Deutschen Bucht werden große Dorsche und Pollacks (Mitte) gefangen.

Pilker weg, ersetzt sie durch einen Paternoster aus drei bis fünf Octopus-Kunststoffködern mit einem genügend schweren Endgewicht.

Hundshaie, mit bis zu zwei Meter Länge unsere größten einheimischen Seefische, können regelmäßig nach Einsetzen der Makrelensaison ab Ende Juli gefangen werden. Die Fische haben eine Vorliebe für Rinnen und Löcher im sandig-schlickigen Seegrund. Sie liegen dort tagsüber lauernd, nordöstlich von Helgoland, auf dem Borkumriff und zwischen den Barren und Bänken am Auslauf der großen Priele überall zwischen den Nord- und Ostfriesischen Inseln. Sie werden mit Haiangeln (s. Seite 182) gefangen.

Saisontabelle
Januar/Februar: In manchen Jahren ziehen viele kleine, gerade maßige Dorsche in die Tiefwasserbereiche der Häfen (Emden, Wilhelmshaven, Cuxhaven, Büsum). Bei strenger Kälte sammeln sich Meerforellen vor den Süßwassereinläufen bei Schleusen und Sieltoren. Stinte ziehen ins Süßwasser. Bei Gutwetter: Wrackangelei.
März/April: Zu den Stinten gesellen sich Heringe (Meldorf, Cuxhaven). Wrackangeln beginnt.
Mai: Die Plattfische kommen ins Flachwasser. Beste Zeit fürs Wrackangeln und fürs Börtebootangeln um Helgoland.
Juni: Immer noch sehr gutes Wrackangeln, aber die ersten Makrelen kommen. Ab Monatsmitte fahren die Kutter meistens nur noch zum Makrelenangeln. Gutes Brandungsangeln auf Plattfische, auch Aale.
Juli: Die Makrelensaison ist voll im Schwung, beim Plattfischangeln in den Brackwasserzonen beginnt die Wollhandkrabbenplage.
August: Überall Makrelen. Die Hundshaie erscheinen (Borkum, Helgoland, Sylt).
September: Immer noch Makrelen, bester Hundshai-Angelmonat. Überall gutes Brandungsangeln auf Flundern und Aale. Dorschangelei um Helgoland erlebt starke Belebung.

Oktober: Die Makrelenzeit ist vorbei, es lebe der Dorsch. Auch das Brandungsangeln floriert jetzt ohne Krabbenplage. Hundshaie können immer noch geangelt werden.
November/Dezember: Alle Fische ziehen ins tiefe Wasser, schlechtes Wetter behindert zunehmend die Kutterangelei auf Dorsche, nur wenige Boote fahren noch aus. Gutes Dorschangeln von Molen in Helgoland.

Hot Spots der deutschen Nordseeküste von West nach Nord

1 Emden
Die Knock, ein langer Seedeich im Westen der Stadt, bietet auf mehreren Kilometern bei Hochwasser gutes Brandungsangeln.

2 Wilhelmshaven
Das Hafengebiet und die Außenmolen sind ständig von Anglern besetzt.

3 Cuxhaven
Im Hafen wird viel geangelt (Plattfische und Aale). Liegeplatz von Angelkuttern, die ganzjährig auslaufen.

4 Büsum
Liegeplatz mehrerer Angelkutter. Hafenangelei.

5 Sylt
Die Nord- und Südspitze sind gute Brandungsangelplätze, im Sommer viele Makrelen und Hornhechte.

6 Helgoland

Es ist der beste Meeresangelplatz unserer Nordseeküste. Von Molen fängt man alle Nordseefische, auch Makrelen, Hornhechte, Meeräschen, vereinzelt sogar Pollacks und Wittlinge. Von Mai bis Ende September fahren täglich Fischer mit offenen Börtebooten zum Dorschangeln aus.

Einziger Platz mit Charterbooten fürs Hundshaiangeln. Auskünfte: Kurverwaltung Helgoland.

Eine ausführliche Detailbeschreibung vieler weiterer Plätze enthält das Buch »Modernes Meeresangeln« vom selben Autor.

Die I-Punkt-Mole auf der Helgoländer Düne ist Deutschlands bester Meeres-Molenangelplatz. Hornhechte und Makrelen (Bild rechts) und Plattfische werden dort in Mengen gefangen. Leider zerfällt die Mole immer mehr.

Angelkutter vom Festland besuchen Helgoland beinahe täglich, ohne anzulegen.

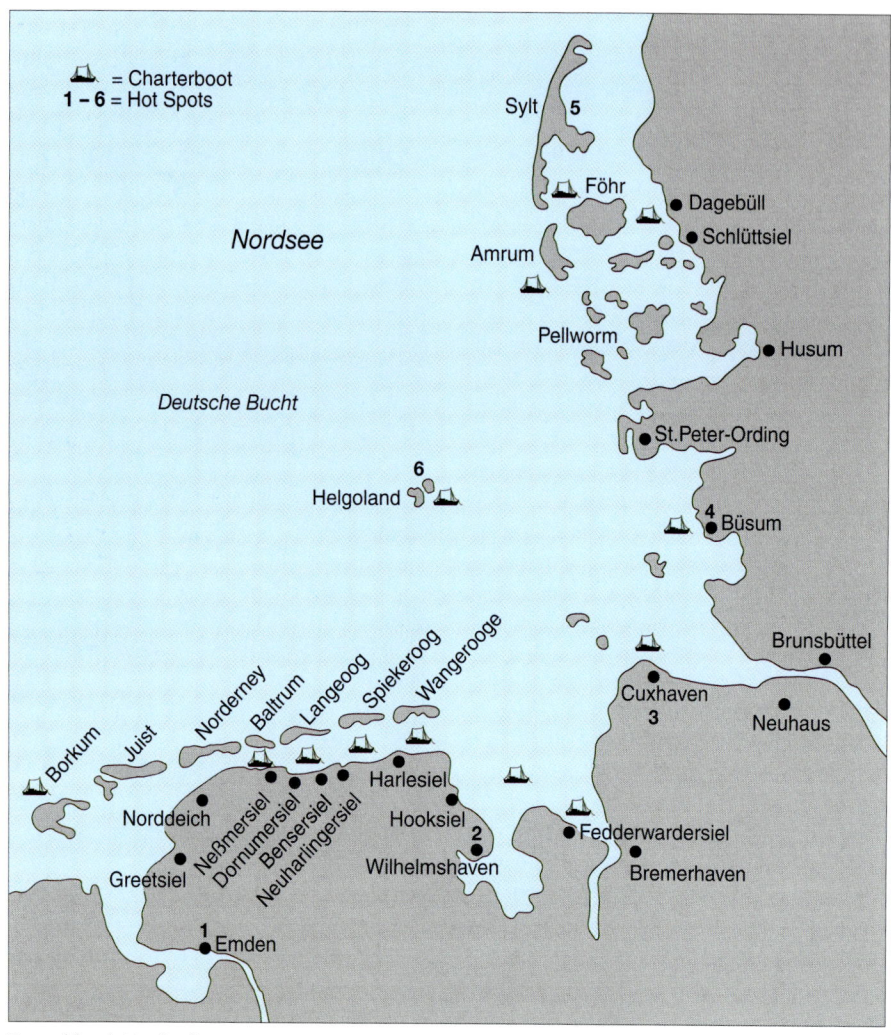

Deutschland, Nordseeküste

Angelkutter-Liegeplätze

Ganzjährig: Cuxhaven und Büsum.
Sommerhalbjahr: fast alle ostfriesischen
Sielhäfen, Wyk auf Föhr, Amrum, Sylt.

Eine aktuelle Adressenliste erhält man
bei dem Internationalen Sportfischer-
Magazin BLINKER, Jessenstr. 1, in
22767 Hamburg.

Dänemark

Mit Kattegat und Bornholm

Deutsche Seekarte Nr. 82 (Westteil);
Nr. 62 (Ostteil); Nr. 64 (Südteil).
Allgemeine Auskünfte: Dänisches Fremdenverkehrsamt, Glockengießerwall 2,
20095 Hamburg.
E-Mail: daninfo@dt.dk
Internet: www.denmark.dt.dk
Liste mit über 140 Angelkuttern:
www.sportsfiskeren.dk

Für das Meeresangeln ist ein Angelschein erforderlich für jedermann zwischen 18 und 67 Jahren. Er wird tage- oder wochenweise oder für ein Jahr ausgestellt und ist bei allen Touristbüros und Postämtern erhältlich.

Dänemark steht in der Gunst der deutschen Angler ganz oben und entwickelt sich zum Urlaubsangelland und Wochenendtrip-Ziel Nr. 1.

Über 5000 km feinsandige Küstenlinie, zum großen Teil gesäumt von hohen Dünen oder steilen Abbruchkanten, abseits der wenigen Ballungszentren nicht überlaufen, laden zum unbeschwerten Urlauben und Angeln ein.

Mit einem Riesenangebot an komfortablen Ferienhäusern und gut ausgerüsteten Campingplätzen, dazu fast in jedem Hafen im Sommerhalbjahr Angelkutter sowie vielerorts mietbare Boote mit Außenbordmotor, kommt unser Nachbarland dem Angler und seiner Familie sehr entgegen.

Zudem verfügt jede Region, jeder Ort über eine Tourist-Information, die sich ganz auf angelnde Gäste eingestellt hat.

Das Küstenhinterland hat überdies eine reiche Auswahl an gut besetzten Seen und Flüssen und sehr viele »Put and take«-Angelseen anzubieten, oft landschaftlich schön gelegen. Mit zahlreichen Schriften in deutscher Sprache wird bis ins Detail über das Angeln an der Küste und binnenwärts informiert.

Angelsaison ist beinahe immer; die Höhepunkte fallen in das Frühjahr und den Herbst.

Fische und Fang

Vier Fischarten begründen eigenständige, wichtige Angeleien:

Dorsch ist der wichtigste Zielfisch. Er wird ganzjährig erbeutet. Berühmt sind die schweren, großen Fische, die alljähr-

Dorsche werden beim Bootsangeln überall in dänischen Gewässern gefangen.

163

lich bei der Öresund- und Nordseeangelei (Gelbes Riff) gefangen werden. Fische von über 30 kg, fast 1,5 Meter lang, waren darunter. Höhepunkt der Großdorschangelei ist im Öresund im Januar/Februar, zu der sich beinahe täglich mehr als 100 Angelboote auf engstem Raum zusammenfinden. Am Gelben Riff werden die meisten Großfische im Mai gefangen. Aber auch in der übrigen Zeit werden Dorsche überall erbeutet, im Sommer mehr vom Boot im Tiefwasser, in der kalten Jahreszeit auch ufernah beim Brandungsangeln. Die besten Bootsangelgebiete liegen in den Belten und im Kattegat. Überall wird gepilkert.

Meerforellen werden seit Jahrzehnten in ständig steigender Zahl gefangen. Basis ist eine umfangreiche Besatzaktion, bei der alljährlich viele Millionen Brütlinge, Fingerlinge und Smolts ausgesetzt werden, finanziert mit den Einnahmen aus dem Angelscheinverkauf.

Der Bestand an fangfähigen Forellen ist entlang aller Küsten inzwischen so gut, dass sich darauf eine eigenständige Angelei gründet. Geangelt werden die Fische mit allen Methoden des Wat- und Schleppfischens. Höhepunkte sind nach der ersten nachhaltigen Wassererwärmung im Frühjahr und im Herbst, wenn die Fische sich küstennah zum Einstieg in die Flüsse sammeln.

Die herausragende Region für das Meerforellenangeln bildet die gesamte Küstenlinie der großen Insel Fünen. Jedoch halten sich die vagabundierenden Fische niemals lange an einem Ort auf, sondern bevorzugen Standplätze, die im Kapitel »Fische« auf S. 247 erläutert sind.

Makrelen bevölkern ab Juni die gesamte dänische Nordseeküste und begründen eine eigenständige Angelei mit Paternostervorfächern vom Boot, bei der die Fische dutzendweise erbeutet werden. Gegen Ende der Saison, nach anhaltenden Schönwetterlagen mit Ostwind, werden Makrelen auch überall an der Nordsee von Kais und Buhnen, zum Teil sogar beim Spinnangeln vom Strand gefangen. Von Kais angelt man ebenfalls mit kleinen Spinnern, Paternostern oder mit dem Gleitfloß und Fetzenköder.

Heringe begründen eine intensive Angelei im März/April von den Kais im Hafen von Hvide Sande/Nordsee und im Oktober/November/Dezember im Öresund vom Boot. In Hvide Sande sind die Frühjahrsheringe klein; oft folgen im Herbst (September/Oktober) dort größere Fische für einige Wochen.

Darüber hinaus sei auf das vermehrte Vorkommen des kleinen »Giftzwerges«, dem Petermännchen (s. Kap. »Fische«, S. 248) hingewiesen. Sein Vorkommen beschränkt sich aufs Kattegat und dort in Fülle rund um die Insel Laesö. Wehe, wer von diesem Fisch gestochen wird: Tagelange Schmerzen und ein verdorbener Angelurlaub sind die Folgen!

Beim Brandungsangeln, das in Dänemark sehr erfolgreich ausgeübt wird, werden eine Menge weiterer Fische gefangen, allen voran im Sommer Aale, und die in guten Gewichten in der Nähe von Brackwasserzonen mit Bewuchs (Kattegat und Inselwelt). In der kalten Jahreszeit sind es nicht nur Dorsche, die schon über zehn Kilogramm schwer vom Ufer erbeutet wurden, sondern vor allem Plattfische wie Flunder, Kliesche und Scholle, selten auch Steinbutt (Ostteil) und Seezunge (Nordsee). Wolfsbarsche (selten) und Meeräschen (immer häufiger überall) sind im Sommerhalbjahr ständig rund um Molen und von Kais zu fangen.

Bei der Bootsangelei erwischt man überall Wittlinge, vor der Nordseeküste und im nördlichen Kattegat auch Lengfische (Rekord am Gelben Riff 35 kg), Köhler und Pollack.

Ab Mai bis in den Juli hinein bevölkern Scharen von Hornhechten alle dänischen Gewässer und werden sowohl vom Ufer wie auch beim Bootsangeln gefangen.

Die Bootsangelei ist sehr gut entwickelt, besonders im Sommerhalbjahr sind in über 40 Häfen Angelkutter stationiert. Allein im Langelandsbelt fahren 25 Boote im Sommer aus. Meistens handelt es sich um kleinere Kutter der Küstenfischerei, die im Winterhalbjahr bei der Berufsfischerei eingesetzt werden. Nur wenige Boote können mehr als 25 Angler mitnehmen. Die Preise liegen wesentlich höher als in Deutschland, aber immer noch unter dem internationalen Preisniveau. Nur wenige Schiffe bieten Aufenthaltsräume und warmes Essen an Bord. Die Fahrzeiten zu den Angelplätzen dauern selten länger als 30 Minuten. Vielerorts wird selbst bei rauem Wetter in sicherem Landschutz geangelt. Dies trifft nicht zu für die Nordsee- und nördliche Kattegatküste. Dort können bei ungünstigen Winden Angelfahrten kurzfristig ausfallen. Überdies haben die dänischen Sicherheitsbehörden für die raue Nordsee verschärfte Sicherheitsbestimmungen erlassen. Nur wenige Schiffe, die diese Auflagen erfüllen, können mit Gästen zum Angeln fahren.

Zentren der Bootsangelei: Öresund, Hirtshals, Langelandsbelt und Ebeltoft. Die Liegeplätze sind in den Distriktsbeschreibungen aufgezählt.

Vorausbuchungen sind ratsam, dies gilt insbesondere für die Boote auf Lolland und Langeland, die besonders intensiv von deutschen Gruppen gebucht werden. In Deutschland bieten einige Unternehmer Vermittlungsdienste an (s. Anzeigen im Reiseteil der Fachzeitschriften).

Charterboote werden im steigenden Maße angeboten. Meistens handelt es sich um 6 bis 8 Meter lange, halbgedeckte Boote mit Dieselmotoren, geeignet für 4 bis 6 Angler, teilweise mit Pantry und Schlafkojen. Die Boote werden tage- und wochenweise vermietet. Ein Bootsführerschein ist nicht erforderlich. Allein im Bereich des Langelandsbeltes gibt es fast 100 solcher Boote. Auch sie werden von Reiseunternehmern in Fachzeitschriften angeboten.

Fangkalender

Januar/Februar: Großdorschangelei und Heringsangeln im Öresund.

März: Heringe in Hvide Sande (im Hafen). Watfischerei auf Meerforellen beginnt.

April: Bester Monat für Meerforellenangeln vom Ufer. Boots- und Brandungsangeln auf Dorsche und Plattfische beginnt. Heringe in Hvide Sande.

Mai: Beste Zeit für Großdorschangeln am Gelben Riff (Hirtshals, Hanstholm).

Bootsangeln auf Dorsche, Brandungsangeln auf Dorsche, Plattfische und Meerforellen überall gut.

Juni: Bootsangeln überall, Gelbes Riff gut. Aale überall, Plattfische. Dorsche ziehen sich ins Tiefe zurück.

Juli: Bootsangelei überall, in der Nordsee auch Makrelen. Brandungsangeln gut für Aal und Meerforellen, Makrelen von Molen (Nordsee).

August: Brandungsangeln wie Juli; beim Bootsangeln im Kattegat kommen jetzt Nordseefische hinzu. Makrelen von Molen (Nordsee).

September: Brandungsangeln gut, Dorsche kommen wieder ans Ufer. Bootsangelei auf dem Höhepunkt, im Kattegat auch Köhler, Pollack, Dornhai, um Skagen vereinzelt Heringshaie.

Oktober: Brandungsangeln mit immer mehr Dorschen, Makrelen sind verschwunden, Aalvorkommen wird weniger. Meerforellen ziehen zu den Süßwassereinläufen. Bootsangelei auf Dorsch und Nordseefische (Kattegat) gut.

November: Nur noch hochseetüchtige Boote laufen aus. Nordseeangelei kommt zum Erliegen. Brandungsangeln gut auf Dorsch, Plattfische ziehen fort ins tiefe Wasser.

Dezember: Alle Aktivitäten erlahmen.

Hot Spots Dänemarks
Westteil, von Nord nach Süd

1 Skagen

Sehr gutes Angelgebiet, im Sommer zeitweilig starker Touristikbetrieb. Gute Plätze: Molen im Hafen Skagen, Küste vor dem Leuchtfeuer, starke Strömung, Makrelenfang mit Blinkern, Federhaken oder Fetzenködern. Gammel(GL)-Skagen: zwischen den Buhnen über steinigem Grund Plattfische und Dorsche, zeitweilig Meerforellen. Klitgarden (südwestlich Skagen): gutes Meerforellenrevier. In den Gewässern um Skagen (nach Norden rascher Tiefenabfall auf 100 Meter) im Sommer Hundshaie, im Spätsommer Heringshaie. Alljährlich fin-

Paradefisch vom Gelben Riff: ein Leng von 35 kg.

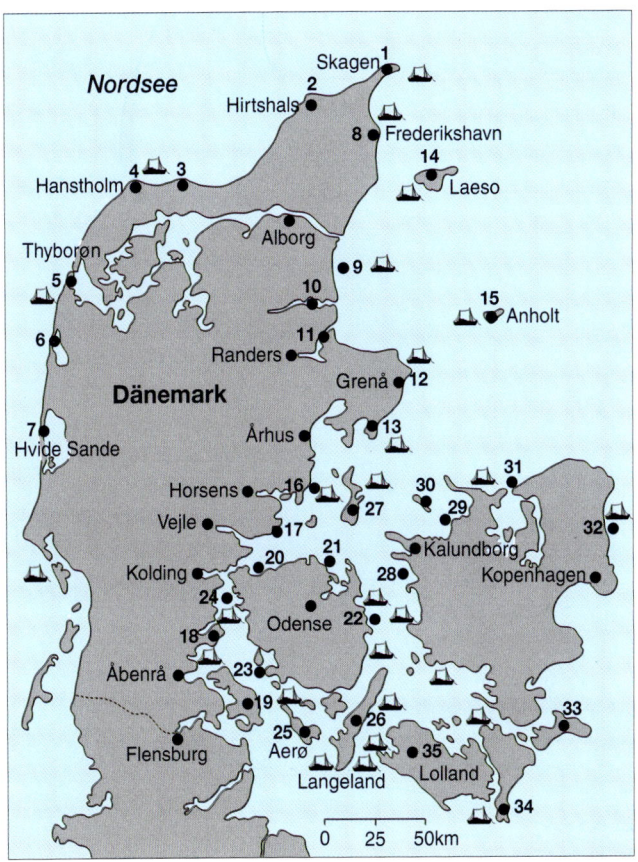

det das SKAGEN-HAVFISKE-FESTIVAL statt, organisiert vom Skagen Havfiske Klub. Im Hafen liegen Angelkutter.

Auskünfte: Skagen Turistforening Sct. Laurentivej 22, DK-9990 Skagen. Gefischt wird meistens über dem Herthas Flak, einer bis zu 9 Meter unter Wasser aufragenden Bank ca. 15 km südöstlich von Skagen.

2 Hirtshals

Fährschiff- und Fischereihafen. Die West- und Nordmole bilden gute Angel-

plätze (Plattfische, Dorsche). Im Sommer: Hornhechte und Makrelen. Weiter östlich, bei Skiveren Strand vereinzelt sogar Glatt- und Steinbutt. Etwa 25 km nordwestlich des Hafens dehnt sich eine etwa 50 km lange, parallel zur Küste verlaufende Bank aus: »Det Gule Rev« oder »Gelbes Riff« mit Tiefen zwischen 23 und 40 Metern, im Nordteil rasch bis auf 100 Meter Tiefe abfallend. Die Bank gilt als bestes dänisches Bootsangelrevier (Dorsch, Pollack, Leng, Katfisch, Rochen, Heilbutt u. a.). Europaweit befin-

167

det sich hier einer der wenigen sicheren
Plätze für den Fang der großen, kämpfe-
rischen Köhler. Auf dem Riff wird mit
16-kg-Ausrüstung und Multirollen ge-
fischt. Kutteradressen bei: Hirtshals
Turistbureau, Nörregade 40, DK-9850
Hirtshals und Anzeigen in deutschen
Angelmagazinen.

3 Hanstholm bis Hirtshals (Jammerbucht)

Gute Molenangelplätze in Lönstrup,
Lökken und Hanstholm. Bulbjerg/Lild-
strand: zeitweilig Meerforellen, bei Vigsö
sogar Rochen.

4 Hanstholm

Ist ebenfalls Liegeplatz von Angelkuttern, die regelmäßig zum »Gelben Riff«
fahren. Auskünfte: Turistbüro, Byrtorvet
2, DK-7730 Hanstholm.

*Meerforellen sind beim Schleppfischen in Däne-
mark häufige Beute.*

Das Wanderangeln auf Meerforellen ist entlang der gesamten dänischen Küstenlinie erfolgreich.

Gruppenbilder mit guten Dorschfängen entstehen nicht nur in der Urlaubszeit überall in Dänemark vor den zurückgekehrten Angelkuttern, so wie hier vor FK Fanø in Hvide Sande.

5 Thyborøn

Der Thyborøn-Kanal bildet den einzigen Nordseezufluss zum Limfjord. Jeder Plattfisch und Aal, der in den Fjord will, muss an der langen Kanalmole vorbei. Die Mole bildet einen der besten Angelplätze entlang der Nordseeküste. Sogar Meerforellen werden hier gefangen. Mit der Fähre gelangt man auf die nördliche Kanalseite (Agger Tange). Außerhalb der Badesaison ein guter Angelplatz.

Im Sommer zeitweilig Kutterangelfahrten. Auskünfte: Turistbureau Thyborøn Havn, DK-7680 Thyborøn.

6 Torsminde

Der Auslaufbereich des Nissum Fjords ist ein sehr guter Angelplatz für Platt-

fische, im Sommer auch Makrelen und Hornhechte. Die Küste zwischen Thyborøn und Bovbjerg gilt als sehr guter Brandungsangelabschnitt; das Wasser fällt rasch zur 10-Meter-Tiefenlinie ab. Bei Stille gute Möglichkeit für Watfischerei auf Meerforellen.

7 Hvide Sande

Ab Ende März kommen die Heringe in Mengen in den Hafen ans Sperrwerk, Höhepunkt Mitte April/Anfang Mai. In diese Zeit fällt auch das traditionelle »Heringsfestival« mit Hunderten von Teilnehmern und vielen Preisen.

Von den Molen (besonders die nördlichen) gutes Angeln (Plattfische, Makrelen, Hornhechte), ebenso im Fischerei-

*Angelkutter gibt es im Sommerhalbjahr in Däne-
mark in großer Auswahl in beinahe allen Häfen.*

hafen. Auskünfte: Holmsland Klit Turistforening, Nörregade 2 b, DK-6960 Hvide
Sande.

Ostteil, von Nord nach Süd

8 Frederikshavn

Vor der Nordmole im Tiefwasser Plattfische, Dorsche und manchmal Köhler.
Nördlich im erlaubten Bereich der Süßwassereinläufe bei Ronnere und Ålbæk
gute Angelplätze für Meerforellen und
Aale.
Angelkutter im Hafen. Buchungsadressen: Touristbureau, DK-9900 Frederikshavn.

9 Aalborg-Bucht

Die gesamte Küste südwärts bis zum
Randers Fjord ist bei westlichen Winden
ungünstig für das Brandungsangeln.
Nach anhaltenden Ostwinden aber sehr

gut für Aale, insbesondere bei Hals (Einlauf Limfjord, im Frühsommer auch
Hornhechte) und Als Odde (Mariager
Fjord). In Øster Hurup-Hafen im Sommer Angelkutter.
Buchungsadresse: Øster Hurup Turistforening, Kystvejen 34, DK-9560 Hadsund.

10 Mariager Fjord

Der gesamte Fjord ist vielleicht der beste
Aal-Angelplatz (in Bezug auf Fischgröße)
in Europa. Überdies werden viele Meerforellen und (im inneren Bereich) Regenbogenforellen erbeutet. Gute Plätze: zwischen Assens und Fladberg; Havnø
(Mole); Hadsund (Fischereihafen und
Brücke); Stevn (beim Alten Kalkwerk);
unterhalb Kielstrup Sø (tiefes Wasser,
hier auch Flundern).

11 Randers-Fjord

Fischreicher Fjord, im inneren Bereich
Barsch, Flunder und Aal, in allen anderen Bereichen Maränen, Plattfische, mit
der Flut und bei Ostwinden Dorsche, im
Sommer Hornhechte und Makrelen.
Hauptsächlich Schleppen auf Meerforellen an den Kanten der Fahrrinne, aber
gute Uferstrecken auf der Nordseite zwischen Udbyhøj und Støvring-Damm.
Dänemarks längster Fluss, die Gudena,
mündet in den Randers Fjord.

12 Grenå

Angelkutter im Hafen, Buchungsadres-
sen: Djurslands Turistforening v/Grenå
Turistbureau, Torved 1, DK-8500 Grenå,
Hafen und Molen: Plattfische, Aale. Die
Küste nordwärts hat mit Gjerrild Klint
einen Topplatz für Meerforellen; süd-

wärts von Grenå gilt dies von Glatved bis Elsegarde mit einem Riff bei Jernhatten.

13 Ebeltoft

Angelkutter im Hafen, Buchungsadresse: Turistforening for Ebeltoft og Mols, Torved 9-11, DK-8400 Ebeltoft.

Die Kutter fahren in das Gebiet Sletterhage südlich der Halbinsel Helgenaes. Es zählt zu den besten Dorschangelplätzen Dänemarks. Östlich Ebeltoft liegt die Insel Hjelm mit einer bis zu 42 Meter tiefen Rinne auf der Westseite. Zeitweilig stehen hier (bei starker Strömung) große Köhler und Pollacks an den Scharkanten.

Sehr gute Dorsch- und Plattfischangelplätze sind: Die gesamte Ostküste und Südspitze von Helgenaes; namentlich unter dem Leuchtfeuer lässt sich bei allen Windlagen gut angeln; die Begtrup Vig ist gut für Plattfische.

14 Læsø

(Detailkarte in Seekarte Nr. 25). Die 22 km lange Insel liegt auf einem riesigen Flachwasserplateau mit sehr geringen Wassertiefen. Die Brandungsangelei beschränkt sich deshalb auf nur zwei kleine Abschnitte: Østerby-Hafen und die äußerste Nordostspitze Syr Odde. Dort und vom Boot in einiger Entfernung vom Ufer erbeutet man so häufig wie sonst nirgendwo in Europa Steinbutt und Petermann – zwei in der Küche sehr geschätzte Fische, letzterer aber gefürchtet wegen seiner Giftstacheln.

Um Læsø herum liegen Dänemarks beste Hochseeangelreviere. Nach einstündiger Kutterfahrt erreicht man im Osten die Untiefe Læsø Trindel (3 Meter) mit einem abrupten Tiefenabfall bis 98 Meter im Bereich der Bøchers Banke. Mindestens vier weitere Fischbänke werden im Sommer von Angelkuttern ab Østerby-Hafen angelaufen. Die Fänge sind außerordentlich, sowohl nach Artenreichtum wie nach Größen. Außer Dorsch und Steinbutt gehen Köhler, Pollack, Katfisch, Dornhai, vereinzelt sogar Hundshai und Rochen an die Angel. Im Westen der Insel, auf halbem Wege zum Festland, verläuft die Rinne Læsø Rende (bis 43 Meter tief). Makrelen und Hornhechte locken hier im Sommer regelmäßig Heringshaie an.

Auskünfte und Kutterbuchungen: Læsø-Turistforening, Feargeterminalen, DK-9950 Vesterø sowie beim Hafenmeister in Østerby, Læsø und im Hotel Laerkely, Læsø.

Fähre: Ab Frederikshavn (1 Std. 45 Min.).

15 Anholt

(Detailkarte in der Seekarte Nr. 24). Die 10 km lange Insel ist zu 80 % Naturschutzgebiet, Strände dürfen aber überall betreten werden. Angelplätze: vor der sehr hohen Steilküste im Westen (Meerforellen). Im Hafen: Plattfische, Hornhechte. Vor dem 8 km langen Südost-Strand (Pakhus-Bucht): Plattfische, vor allem Schollen und vereinzelt Steinbutt. Leuchtfeuer Ostspitze (Totten): Plattfische, Dorsche, sogar Rochen. Die Ostspitze ist nur zu Fuß oder mit dem Fahrrad erreichbar. Die äußerste Landspitze darf nicht betreten werden. Im Sommer Gelegenheitsfahrten zum Hochseeangeln.

171

Informationen: Turist- og Erhvervskontor, DK-8592 Anholt. Fähre verkehrt von Grenå (2 Std. 45 Min.).

16 Arhus bis Horsens

(Seekarte Nr. 19). Südlich Arhus von Norsminde bis Gylling viele gute Strandabschnitte (Plattfische, auch Dorsch). In Hov Angelkutter. Buchung über: Odder Turistbureau, Banegardsplads 3, DK-8300 Odder.

17 Horsens bis Vejle

(Seekarte Nr. 18). Auf der Horsensfjordinsel Hjarnø und südlich an der AsBucht von Snaptun bis Overby viele gute Meerforellenangelplätze. Vom Traeskohage-Leuchtturm bis Juelsminde überall gute Stellen für Plattfisch, Dorsch, Meerforelle. Im Sommer sogar Makrelen und Hornhechte.

18 Kolding bis Åbenra

(Seekarte Nr. 16). Südlich Kolding ist Gamle Abro-Landspitze ein sehr guter Platz für große Dorsche, im Sommer Hornhechte. Hejlsminde und Avne Vig (nördlich Haderslev-Fjord) gelten als gute Aalplätze. Ørby Hage (Fjordeingang Nordseite) zählt zu den guten Dorsch-, Plattfisch-, Meerforellen- und Hornhechtangelplätzen. Dasselbe gilt für die gesamte Strecke seewärts am südlichen Ausgang des Harderslev-Fjordes von Tamdrup Strand bis Halk Nor (ca. 18 km). Im schmalen Sund zwischen dem Festland und der kleinen Insel Arø oftmals Dorsche. Auf dem Inselchen selbst südwärts vom Leuchtturm gute Angelplätze. In Arø-Sund liegt saisonabhängig zeitweilig ein Angelkutter. Auskunft: Turistbureau, DK-6100 Haderslev.

Hejsager Strand gilt bei Experten als guter Meerforellen-, Aal- (beim HalkNor-Auslauf) und zeitweilig Dorschangelplatz. Im Sommer auch Hornhechte. Sönderballe Hoved und die Genner Bucht (nördlich Løit Kirkeby) zählen zu den guten Meerforellenrevieren. Die Insel Barsø vor der Genner Bucht bietet vielseitiges Angeln bei allen Wetterlagen: Im Norden, Westen und Südwesten liegen gute Dorsch- und Meerforellenreviere, im Osten (Flachwasserseite) Plattfisch-, aber auch Meerforellenreviere bei ablandigem Westwind.

Die gesamte Küste zwischen der Genner Bucht und Åbenra wird viel von Anglern aufgesucht (Dorsch und Meerforelle, auch Plattfische). Herausragend ist Knudshoved. Mit Wathosen kann man über 100 Meter weit zum Steinabfall eines Riffes hinauswaten. Dort fällt das Wasser auf über 10 Meter Tiefe ab (große Dorsche und Meerforellen). In Åbenra liegen Angelkutter, Auskünfte: Turistforening for Åbenra og Omegn, H.P. Hanssensgd. 5, DK-6200 Åbenra.

19 Insel Als

(Deutsche Seekarte Nr. 16 und Nr. 26): südwärts auf der Halbinsel Kegnaes gute Meerforellenplätze bei »Kegnaes Ende« bis Sønderby. An der Landenge Drejet zwischen Kegnaes und Als vom Leuchtturm bis zum Campingplatz liegt ein hervorragender Angelplatz für Plattfische und Dorsche.

Vor der Südostspitze von Als, Gamle Pøl, wurden schon bis zu über 10 kg schwere Meerforellen bei der Watfischerei erbeutet.

Im Fährhafen von Mommark: Plattfische, von den Molen Hornhechte und Dorsche. Im Hafen liegen saisonabhängig zeitweilig Angelkutter. Auskunft Turistbureau Sønderborg/Als, DK-6400.

Die Nordküste wird aufgesucht bei Bosted Hoved bis zum Leuchtfeuer Lejrskole. Im Nordwesten befindet sich vor der Ortschaft Holm die Landnase Hellesögard, die bis in die Stegsvig-Bucht hinein als gutes Meerforellen- und Plattfischrevier gilt.

Fyn (Fünen) und Inseln,

beginnend im Kleinen Belt bei Middelfart im Uhrzeigersinn:

20 Strib bis Bogense

(Deutsche Seekarte Nr. 16): Gute Plattfisch- und Dorschangelplätze bieten der alte Hafen von Strib und die Hafenmolen von Bogense. Im Mündungsbereich der Storaa bei Varbjerg Watfischerei auf Meerforellen.

21 Bogense bis Kerteminde

(Deutsche Seekarten Nr. 11, 18 und 21): Einen ganz ungewöhnlichen Angelplatz bietet die Westküste der kleinen Insel Aebelø (Plattfische, Meerforellen). Nur bei Ebbe kann man vom Festland vom Dorf Lindø zu Fuß über das Eiland Aebeløholm zur Insel gelangen.

Die Landspitze Agernaes (nur nach langem Fußmarsch zu erreichen) bietet gutes Plattfischangeln. Vor dem Odense Fjord liegt die sieben Kilometer lange Enebaerodde, eine schmale Landzunge mit bis zu 19 Meter Wassertiefe beim

Leuchtfeuer an der Südspitze. Sie gilt als bester Angelplatz für alle Fischarten in Fünen. Auch der gesamte Küstenbereich des Odense Fjords bis Klintebjærg wird von Watfischern aufgesucht.

Die Halbinsel Hindsholm hat im Westen beim Lotsenhaus gegenüber der oben erwähnten Enebaerodde sehr gute Angelmöglichkeiten (Anfahrt über Mesinge-Midskov). Sehr gut auch die einsame Landspitze Fyns Hoved im äußersten Norden der Halbinsel (Steilküste mit Tiefwasser). Alle Fischarten kommen hier vor. Das gilt auch für die Ostküste bei Bøgebjaerg (Steilküste), Steengaards Stenge (beim Dorf Male) und für die Landspitze Stavres Hoved (über Hverringe). In Hverringe selbst gute Angelei bei westlichen Winden.

In Kerteminde liegen Angelkutter. Auskünfte: Kerteminde Turistforening, Strandgade 5 A, DK-5300-Kerteminde.

22 Kerteminde bis Svendborg

(Deutsche Seekarten Nr. 11, 12, 13): gute Angelstellen südlich Kerteminde bei Risinge, Nordenhuse, Rabenlyst und Skabo Huse. Herausragend die Landspitze Knudshoved bei Nyborg. Von den alten Molen des Fährhafens sehr gute Möglichkeiten (Dorsch, Plattfisch, Hornhechte, vereinzelt Makrelen).

In Nyborg liegen Angelkutter. Auskunft: Nyborg Turistforening, Torved 9, DK-5800 Nyborg.

Die Küste zwischen Nyborg und Svendborg wird viel von Anglern aufgesucht. Im Nordabschnitt bis Klintholm/Stokkebaek Strand überall gute Angelstellen (Dorsche, Meerforellen, Hornhechte), im Südabschnitt werden die Dorsche kleiner, die Plattfische nehmen mengenmäßig zu. Herausragend: Lundeborg, Freskov und Leuchtfeuer Elsehoved.

Die Schmalstelle zwischen Fünen und der vorgelagerten kleinen Insel Turø (Ausmündung des Skaarupöre Sundes) gilt als guter Plattfischangelplatz. Die Südspitze an der Insel Turø beim Badehotel hat bis zu 12 Meter tiefes Wasser in Wurfweite (Plattfische, Dorsch, Meerforelle).

Die Insel Tasinge südlich Svendborg weist einen guten Angelplatz um die Stenodde herum (Anfahrt über das Dorf Vemmeneas) und am Fuß der SiøBrücke (Dorsch, Hornhechte) auf.

In Svendborg liegen Angelkutter. Auskunft: Turistforening for Svendborg og Omegn, Møllergade 20, DK-5700 Svendborg.

23 Fåborg bis Assens

(Deutsche Seekarte Nr. 16): Westlich Fåborg liegt die steile Landspitze Sønderhørne (Plattfische, Meerforellen, Dorsche). Im Fährhafen von Bøjden: Plattfische, Aale. Die Insel Helnæs bietet auf der über 6 km langen Südseite überall »windgerechte« Angelplätze (Plattfische). Die Insel ist über einen Damm mit dem Festland verbunden. Die Akrog-Bucht bietet bei Brydegard und der Steilküste von Sønderby Klint gute Plattfischplätze. Im Hafen von Assens gute Molenangelei auf alle Fischarten.

24 Assens bis Middelfart

Nördlich Assens werden Plattfische und kleinere Dorsche gefangen bei: Aborg Strand, Sandager-Naes, Wedellsborg

(kleiner Hafen und das ganze westliche Hoved), Alehoved (eine schöne, einsame Landspitze).

Die Halbinsel Fønsskov und die Insel Faenø (mit Fähre von Middelfart zu erreichen) reichen mit ihren Südwestküsten an das bis zu 81 Meter tiefe Fahrwasser des Kleinen Belt heran. Besonders die Nordspitze von Fønsskov und die Südweststrecke von Faenø bieten hervorragende Möglichkeiten für den Fang aller Fische, auch großer Dorsche. Auch im Faenø Sund bei Hindsgavel (Middelfart) wird viel erbeutet. Überall muss mit starker Strömung gerechnet werden.

Auskünfte: Turistforeningen for Middelfart og Omegn, Havnegade 10, DK-5500 Middelfart.

25 Ærø

(Deutsche Seekarte Nr. 14): bei westlichen Winden sehr gute Fangaussichten auf alle Fischarten vor den Steilküsten von Vejnaes Nakke, Risemark und Vodrup Klinter. An der Schleuse von Vitsö auch Meerforellen. Einsames Angeln an der Nordspitze beim Skjoldnaes-Leuchtfeuer und nahe daran, östlich vor dem Naebbet, einer Landzunge. Bei nördlichen und östlichen Winden viele Plattfische im Hafen von Söby und in der Revkrog-Bucht bei Bornaes. Allen Winden angepasst, angelt man auf der kleinen Halbinsel Urehoved.

In Marstal saisonabhängig Angelkutter. Auskünfte: Turistbureau, DK-5960 Marstal. Fähren: ab Mommark (Insel Als), Fåborg, Svendborg und Rudkøbing (Langeland).

26 Langeland

(Deutsche Seekarte Nr. 12): von deutschen Anglern vielbesuchte Insel (Fähre ab Kiel und ab Tars/Insel Lolland; Straßenverbindung über Fünen). Gute Strandabschnitte sind (von Nord nach Süd im Uhrzeigersinn): Leuchtfeuer Hov (Lohals); Snøde Øre; Tranekjær Leuchtfeuer; 15 km Strandlinie von Tullebolle bis Tryggelev (hauptsächlich Plattfische); Gulstav (westlich Feuer-Südspitze, viele Steine). Bei Westwind: Nordenbro (über Vesterregn); Ristinge Landzunge (mit steinigem Ufer im Südwesten). Die übrige Westküste bis hinauf nach Lohals gilt als weniger geeignet.

Angelkutter: in Lohals, Spodsbjerg und Bagenkop, meist ganzjährig auslaufend. Auskünfte: Langelands Turistbureau, Bystraedet 3, DK-5900 Rudkøbing.

27 Samsø

(Deutsche Seekarte Nr. 20): Die Südspitze vom Leuchtfeuer Vesborg bis zum Leuchtfeuer Lushage im Osten zählt zu den guten Brandungsangelbezirken Dänemarks. Bei jeder Windlage findet sich ein geeigneter Angelplatz. Bei östlichen Winden ist die gesamte Strecke von Lushage bis Langemark nordwärts sehr gut geeignet. Im Hafen von Ballen gutes Molenangeln. Die Nordspitze der Insel ist auf allen Seiten vom Maarup-Wald im Osten bis zum Maarup-Hafen sehr gut beangelbar. Die äußerste Nordspitze ist von sehr flachem Wasser umgeben (Watfischerei auf Meerforellen bei ruhiger Wetterlage). Unterhalb der Nordspitze auf der Westseite bei den Kabelbaken reicht sehr tiefes Wasser bis nah ans Ufer (guter Dorschangelplatz,

auch Meerforellen). Im Fährhafen von Kolby gute Angelmöglichkeiten.

In Ballen und Langör liegen Angelkutter. Auskünfte: Samsø Turistforeningsbureau, Langgade 32, DK-8791 Tranebjerg. Fährverbindungen: von Kalundborg (Seeland) und Hov (bei Horsens, Jütland).

28 Korsør bis Kalundborg

(Deutsche Seekarte Nr. 11): südlich Korsør bei Skovstrand und Vester Bøgebjerg: Plattfische und Dorsche. Nördlich Korsør sehr gute Dorschangelplätze bei Halskov Rev, Høje Klint und Frølunde Fed. Am Høje Klint wurden schon große Dorsche überlistet.

In Korsør liegen Angelkutter, Auskünfte: Korsør Turistrad, Nygade 7, DK-4220 Korsør.

29 Kalundborg bis Nykøbing S.

(Deutsche Seekarte Nr. 20): Beide Seiten der Halbinsel Rösnaes sind gute Angelbezirke, auf der Nordseite vermehrt Plattfische, von der Spitze (starke Strömung) Dorsche und Meerforellen. Auf dem Landhaken Vröj (über Saltbaek erreichbar) gute Watfischerei auf Meer- und Regenbogenforellen, auch um die Landspitze Stold (nahe Fährhafen und Feuer Havnsø).

Die Landspitze Ordrup Naes zählt auf beiden Seiten zu den besten Dorschangelplätzen (Windanpassung jederzeit). Die Sjællands Odde, ein 15 km langer Landhaken, bietet nur im Bereich des Fährhafens und des Odde-Hafens gute Angelstellen; an der Landspitze Gniben wird auf der Westseite das Meerforellenangeln (Watfischerei) ausgeübt.

30 Sejrø

Die Insel (mit Fähre ab Havnsö erreichbar) bietet auf beiden Landspitzen gutes Brandungsangeln auf alle Fischarten. Die Nordostseite wird im Herbst viel von Meerforellenanglern aufgesucht.

31 Korshage und Skansehage

am Eingang zum Isefjord bieten Angelei auf Plattfische, Meerforellen und Hornhechte. In Rørvig liegt ein Angelkutter. Auskunft: Turistbureau Algade 52, DK-4500 Nykøbing.

Kutter ebenso in Gilleleje, sie fahren in den Øresund und ins südliche Kattegatgebiet, Auskunft: Turistbureau, DK-3250 Gilleleje. Gute Molenangelplätze im Hafen.

32 Gilleleje bis Kopenhagen

(Deutsche Seekarte Nr. 328): bis Helsingør viele gute Abschnitte für die Dorsch- und Plattfischangelei (Munkerup, Hornbæk, Ålsgade, Fährmole Helsingør).

In Helsingør, Rungsted, Vedbaek, Snekkersten, Skovshoved liegen ganzjährig auslaufende Angelkutter. Die Meerenge Øresund zählt zu Dänemarks besten Hochseeangelrevieren. Im Winter (Januar, Februar) finden sich weit über 100 Boote aller Größen auf dem Sund zum Dorschangeln ein. Alle dänischen und schwedischen Dorschrekorde wurden hier aufgestellt. Im zeitweilig sehr stark strömenden Wasser (bis 700 g schwere Gewichte nötig, 16-kg-Geräte mit Multirollen) wird auch im Sommerhalbjahr sehr erfolgreich gefischt (Dorsch, Leng, Makrelen, Hering, Horn-

Großdorschangeln im Öresund gehört vor allem in der hohen Winterzeit zu den herausragenden Meeresangelmöglichkeiten in Europa.

176

hecht, Pollack, Köhler). Im Winter sind die Boote oft lange im Voraus ausgebucht.

Auskünfte: Turistbureau, Strandgade 93, DK-3000-Helsingør und Fredensborg-Humlebæk Turistforening, P.B. 54, DK-3480 Fredensborg, sowie Turistinformation Kopenhagen.

33 Møn

(Deutsche Seekarte Nr. 40): Die Angelei unterhalb des berühmten Kreidefelsens von Liselund im Norden bis zum Leuchtfeuer Møn im Süden gilt als aussichtsreich (Dorsche, Meerforellen).

Im Norden der Insel bei Ulvshale und bei der Enge Pilebo Rende kann man Plattfische, aber auch Hechte und zeitweilig Barsche fangen. Madses Klint im Süden am Eingang zu Grønsund (starke Strömung) gilt als guter Platz für Dorsche, als bester Platz für Meerforellen.

34 Falster

Die Südspitze bietet gute Plätze (Dorsch, Plattfisch, Meerforellen, Hornhechte) bei Gedser Odde und westlich von Gedser bis hinauf nach Skelby. Im Sund südlich von Nykøbing/F. im Engstellenbereich Meer- und Regenbogenforellen.

35 Lolland

Im Norden gelten das Gebiet am Sakskøbing Fjord (Nordseite) und der Hafen von Bandholm als gute Aal- und Plattfischstellen. Im Süden am Auslauf des Guldborg Sundes bildet die Landspitze Tagense Strandhuse gute Fischerei (Dorsch, Hornhechte, Meerforellen). Die lange Nehrung Hyllekrog von Rødby

Hav über Hyldtofte Dige zählt in ganzer Länge zu den guten Gebieten für Dorsch, Plattfisch, Meerforelle. Von den Molen des Hafens Rødby wird ebenso gut gefangen wie von den Molen des gegenüberliegenden deutschen Fährhafens Puttgarden.

In Nysted gibt es Angelkutter, Auskunft: Turistbureau, DK-4880 Nysted.

Im Westen zählt die innere Insel der Nakskov-Bucht zu den besten Barschangelrevieren in dänischen Brackwasserbereichen. Die südwestlich vorgelagerten Nehrungshaken Albuen und die Abschnitte Riddertofte/Alehoved (über das Dorf Knubbelökke erreichbar) sind gute Plattfisch- und Dorschangelplätze).

In Nakskov liegen Angelkutter, die bis zum Langeslandsbaelt und zum Store Baelt (Großer Belt) auslaufen – zwei sehr guten Hochseeangelbezirken.

Auskünfte: Westlollands Turistforening, Axeltorv 6, DK-4900 Nakskov.

Bornholm
(Deutsche Seekarte Nr. 159)

Die Ostseeinsel zählt zu Dänemarks besten Meerforellenrevieren. Bis zu 11,7 kg schwer werden alljährlich viele gute Fische beim Brandungs- und Schleppangeln gefangen. Topzeit: März bis Mai und ab September. Vom 16. September bis 16. Januar sind 21 Süßwassereinlaufgebiete Schonbezirke.

Darüber hinaus wird auf Plattfische, Aale und Dorsche geangelt. In der Saison fahren bei Bedarf Kutter zum Dorschangeln; Fische bis 30 Pfund sind dabei schon erbeutet worden.

177

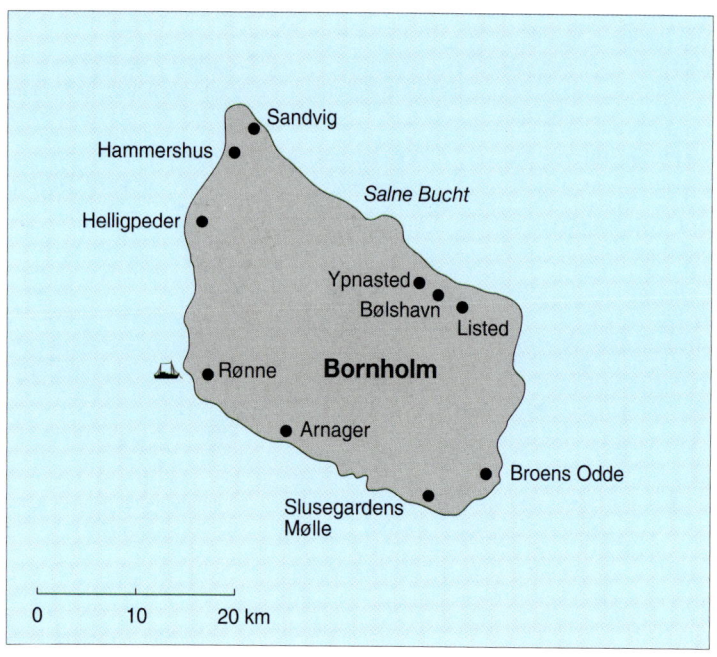

Insel Bornholm

Empfehlenswert sind auch die Süßwasser-Seen auf der Insel mit gutem Hecht-, Zander- und Schleienbestand.

Auskünfte beim Bornholm-Turistbüro, Munch Petersens Gade 4 und Bornholms Turistinformation, Östergade 25, beide in DK-3700 Rønne.

Herausragende Küstenangelplätze fürs Watfischen auf Meerforellen (im Uhrzeigersinn):

Rønne: Bei der Forellenzuchtanlage.

Hasle-Helligpeder: Bewuchs und viele Steine.

Sandvig: Das Gebiet um die Nordspitze mit bis zu 82 Meter hohen Granitfelsen gilt als guter Bootsangelplatz, auch für Dorsche.

Salne-Bucht: Viele gute Plätze, besonders bei Gudhjem. Tiefes Wasser in Ufernähe bringt vorteilhaftes Spinnangeln bei Bölshavn, Ypnasted und Listed. Weiter östlich ist ein guter Platz in Svaneke beim Vandrehjemmet.

Broens Odde: Von hier bis südlich zur Slusegardens Mølle überall gute Angelplätze, ebenso bei Arnager.

Ausrüstung für das Nordseeangeln

Keine sperrigen, zerbrechlichen Ruten im Auto, im Bus oder in der Bahn, sondern alles bruchsicher verstaut im Koffer – das erreicht man mit Teleskopruten.

Ganze zwei davon und dazu eine Stationär- und eine Multirolle benötigt der Meeresangler.

Je nach Angelart wird die übrige Ausrüstung zusammengestellt. Checklisten dazu folgen im Abschnitt »Methoden für die Nordsee«.

Werkzeug wird im selben Umfang wie beim Atlantikangeln benötigt, s. dort.

Die Kleidung wählt man immer »eine Nummer wärmer« als daheim. Warmes Unterzeug, Pullover und vor allem regenfeste Kleidung dürfen nicht fehlen.

Koffer-Reiseset fürs Nordseeangeln bestehend aus: Zwei Fly- und Drive-Teleskopruten, zusammengeschoben 75 cm lang. Die Bootsrute sollte etwa 2,40 Meter lang sein mit einem Wurfgewicht von 200 bis 400 g. Die Makrelenrute sollte etwa 4 Meter lang sein bei einem Wurfgewicht von rund 200 g.
Gemeinsame Merkmale: Auf jeden Fall in den Koffer passend; salzwasserresistente Schraubrollenhalter und SIC-Ringe, abschraubbare Endkappe, Moosgummigriff und für jede Rute eine Spitzenschutzkappe.
Die abgebildete Multirolle PENN-Super-Marina Nr. 49 entspricht der Größe 4/0, besitzt einen Schraubrutenhalter für noch festeren Sitz auf
dem Rutenhandteil und eine Sternbremse. Die groß dimensionierte Trommel macht rasches Einholen möglich. Diese Rolle wird mit der Bootsrute für alle Grundangeleien, auch für schwerstes Riff- und Wrackfischen, benutzt.
Die Stationärrolle DAIWA Enblem EM S 5500 T fasst über 210 Meter 0,50-mm-Schnur. Sie wirkt der Schnurverdrehung beim Aufwickeln entgegen (»Twist Buster«). Die groß dimensionierte Spule mit Kreuzwicklung ist wechselbar. Zusammen mit der Makrelenrute eignet sich diese Rolle für das Hollandstyle-, das Makrelen- und das Brandungsangeln. Beide Rollen sind salzwasserresistent.

179

Nordsee-Angelmethoden

Hollandstyle
(Bootsangeln mit Naturködern), Abb. S.181.

Mit bis zu 50 Anglern sind die holländischen Kutter unterwegs. Außerhalb der Makrelenzeit, also im Frühjahr, Herbst und – bei günstigem Wetter – auch im Winter, wird weit draußen geankert und im dort ständig getrübten und strömenden Wasser mit Wattwürmern am 2-Haken-Vorfach auf dem Grund geangelt.

Damit es dabei keine Verhedderungen mit Nachbars Angeln gibt, wird ein Krallsenker verwendet. Die steifen Booms sorgen für unverwickelte Vor-

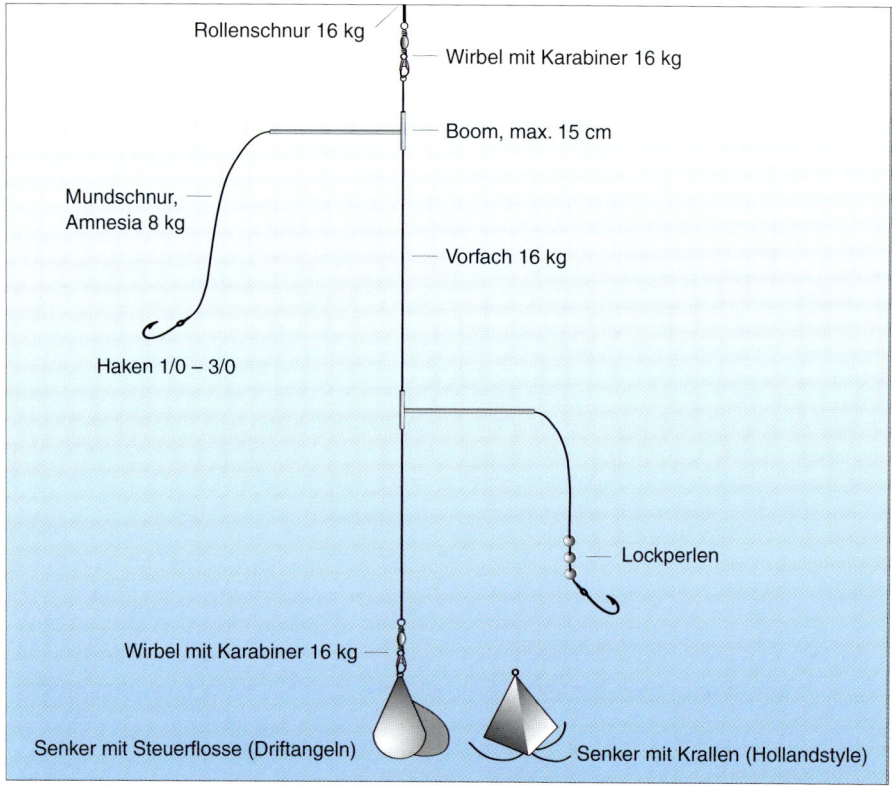

Rollenschnur 16 kg

Wirbel mit Karabiner 16 kg

Boom, max. 15 cm

Mundschnur, Amnesia 8 kg

Vorfach 16 kg

Haken 1/0 – 3/0

Lockperlen

Wirbel mit Karabiner 16 kg

Senker mit Steuerflosse (Driftangeln)

Senker mit Krallen (Hollandstyle)

Hollandstyle-Montage. Gesamtvorfachlänge ca. 120 cm. Krallbleie werden beim Ankern verwendet (s. S. 181).

fächer. Die einmal ausgelegten, verankerten Köder bleiben auch beim Schwojen des Bootes liegen; man gibt Leine
oder nimmt Leine auf.

Diese Montage kann auch vom driftenden Boot verwendet werden. Anstelle
der Krallsenker benutzt man dann Senker mit Steuerflossen.

Checkliste Hollandstyle:
Lange Rute
Multirolle; fürs Werfen: Stationärrolle
Rollenschnur monofil, farbig, 16 kg
Vorfachschnur Amnesia 8 kg
Seitenarme (Booms)
Haken Gr. 1/0 bis 3/0
Krallsenker 200 bis 300 g
Wirbel mit Karabiner 16 kg
Lockperlen rot und gelb
Empfehlenswert: Vorfächer daheim auf
Vorrat knüpfen.

Makrelenangeln

Man verwendet käufliche Paternoster-
Vorfächer mit 4 bis 6 Haken. Zu Beginn
verwendet man Vorfächer mit lauter verschiedenen Ködern, um herauszufinden,
welche Köderform von den Fischen
bevorzugt wird. Danach entscheidet man
sich für einheitliche Köder und fischt in
etwa 8 bis 15 Meter Tiefe über tiefem
Wasser. Der Senker soll so gewichtig
gewählt werden, dass die Schnur stets
direkt unter der Rutenspitze bleibt und
nicht seitlich zu den mitangelnden
Nachbarn abdriftet.

Das Vorfach wird abgesenkt und in
der gefundenen Fangtiefe auf- und abbewegt. Die gefundene Tiefe merkt man
sich durch Zählen beim Absenken: Ein-
undzwanzig, zweiundzwanzig usw. Nach

Makrelenpaternoster, verkürzte Darstellung

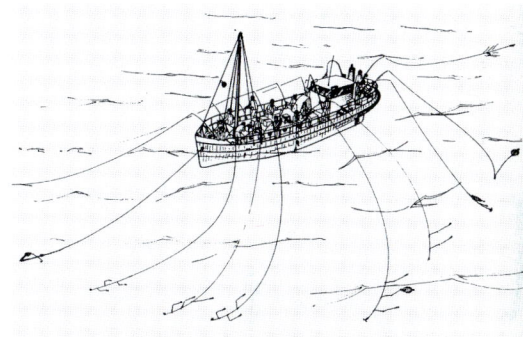
*Gesamtansicht bei der Kutterangelei mit Natur-
ködern vom verankerten Boot (Hollandstyle)*

dem ersten Biss lohnt es sich zu warten,
immer mehr Fische nehmen schließlich
alle Paternosterhaken, erst dann wird
zügig aufgeholt.

Die Rute muss immer länger sein als
das Paternostervorfach, damit die Fische
leicht über die Reling gefiert werden
können. Makrelen löst man mit der
behandschuhten Hand, sonst drohen

Verletzungen durch den scharfen Anal-
dorn.

Checkliste Makrelenangeln:
• Lange Rute
• Multi- oder Stationärrolle
• Rollenschnur 16 kg
• Paternoster-Vorfächer, div. Formen
  und Farben
• Kugel- und Birnensenker, 100–250 g
• Wirbel mit Karabinerhaken, 16 kg

Hundshaiangeln
Geangelt wird vom verankerten Boot
und dabei reichlich Lockfutter (Rubby
dubby) ins Wasser gegeben. Der Köder –
eine frische halbierte Makrele oder 2 bis
3 Makrelenfilets – muss dort platziert
werden, wo Rubby dubby den Boden

erreicht. Man legt Senker und Köder auf
den Grund oder hält den Senker (mit
Steuerflosse) knapp über dem Grund,
um den Köder beim Schwojen lockend
über den Grund laufen zu lassen.

Das Stahlvorfach wird aus zwei
Abschnitten à 100 cm gewählt und ein
Wirbel dazwischengeknüpft. So wirkt
man den rasenden Drehungen des Haies
beim Drill entgegen und vermeidet ein
Durchscheuern der Rollenschnur durch
raue Haihaut.

Wrackangeln
Das Angeln über den vielen Wracks vor
der holländischen, deutschen und auch
französischen und britischen Küste wird
immer beliebter. In der Nordsee werden
dabei in erster Linie Dorsche gefangen.

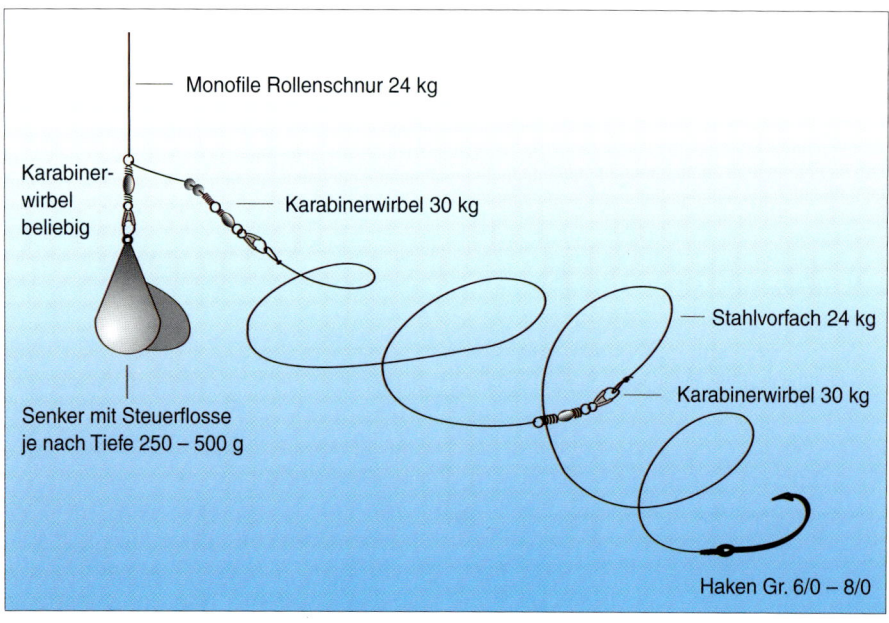

Hundshai-Angelvorfach, auch verkürzt für Congerfang geeignet (s. S. 222).

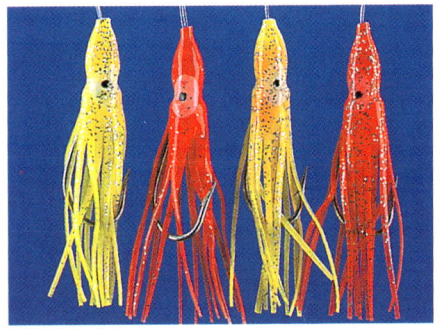

Dabei treibt das Boot über das Wrack, es kann nur kurze Zeit geangelt werden, dann wird verholt und erneut über das Wrack gedriftet. Es gilt, den Köder, ein Zwei- bis Drei-Haken-Paternoster mit Octopus-Imitationen, bis auf den Grund im Strömungsschatten des Wracks zu fieren. Alles muss schnell gehen, und es

Octopus-Paternoster für die Wrackangelei auf Dorsche, Hakengröße 3/0

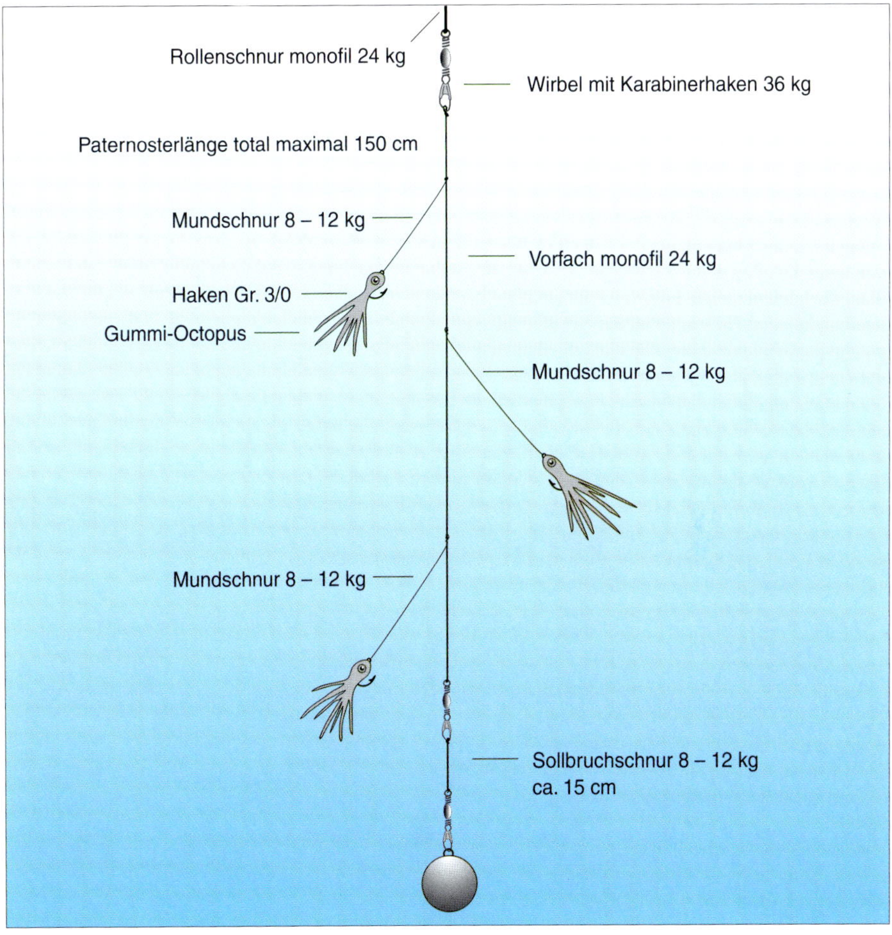

Rollenschnur monofil 24 kg

Wirbel mit Karabinerhaken 36 kg

Paternosterlänge total maximal 150 cm

Mundschnur 8 – 12 kg

Vorfach monofil 24 kg

Haken Gr. 3/0

Gummi-Octopus

Mundschnur 8 – 12 kg

Mundschnur 8 – 12 kg

Sollbruchschnur 8 – 12 kg
ca. 15 cm

Nordsee-Wrackangel-Montage (Sollbruchmontage) Gesamtlänge ca. 150 cm

soll sich möglichst nichts verhängen. Deshalb wählt man nur Einzelhaken und rund geformte Senker.

Um die Verluste durch Abriss in Grenzen zu halten, nehmen manche Angler keine käuflichen Paternoster, sondern knüpfen sich die Vorfächer mit Sollbruchstellen (s. Abbildung).

Für dieses schwere Angeln benutzt man eine kurze Bootsrute; empfehlenswert ist neben der fürs Nordseeangeln empfohlenen Rute eine Spezialrute aus unzerbrechlichem Vollglasfasermaterial, 2,4 Meter lang mit Rollenendring. Dazu die abgebildete Multirollenklasse mit 24-kg-Schnur.

Pöddern

Pilken

Die ausführliche Darstellung siehe Kap. »Ostsee«, ab Seite 199. Gepilkt wird in der Nordsee im klarsichtigen Wasser, so rund um Helgoland und in allen dänischen Gewässern.

Gleitposenangeln

Montage siehe Seite 56. In der Nordsee angelt man mit dem Gleitfloß an schönen Sommertagen im Tiefwasser von Molen auf Makrelen, Hornhechte. Die Methode ist beliebt in Helgoland, auf Sylt und von allen dänischen Tiefwassermolen.

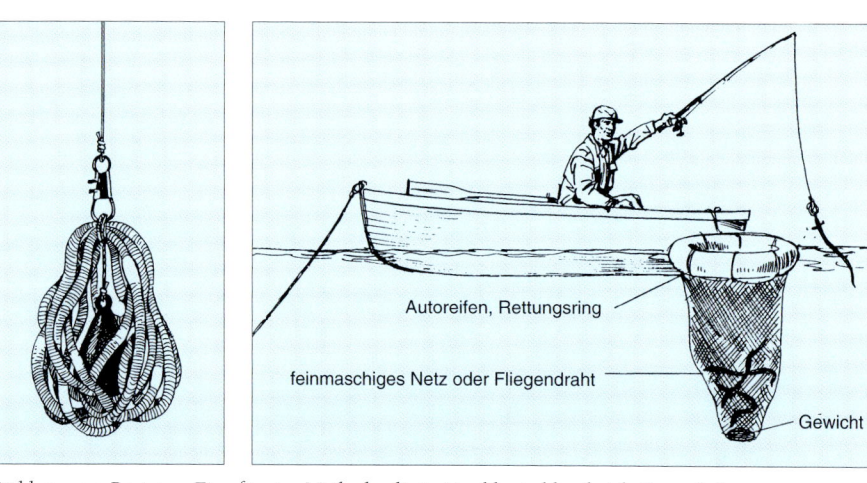

Autoreifen, Rettungsring

feinmaschiges Netz oder Fliegendraht

Gewicht

Pöddern vom Boot aus. Eine fängige Methode, die in Norddeutschland viele Freunde hat.
Der Pödder besteht aus einem Bündel von Wattwürmern, die zuvor mit einer Ködernadel auf einen feinfaserigen Kunststofffaden aufgezogen wurden. Ein Senker wird entweder im Pödder oder über dem Pödder angebracht. Das Wurmbündel kann auch in einem feinstmaschigen, faserigen Säckchen untergebracht werden. Vom verankerten Boot wird in der Strömung meistens in halber Wassertiefe gefischt. Die zerrenden Bisse quittiert man mit gleichmäßigem, zügigem Aufholen und lässt die mit ihren Zähnen in den Fasern verhängten Aale in ein bereitstehendes Gefäß gleiten. Nur frische Pödder fangen; sie müssen alle 15 Minuten ausgetauscht werden.

Köder für Nordseefische

Naturköder

Wattwürmer sind der wichtigste Köder. Überall entlang der Küste, besonders in den schlickreichen Watten, verraten bei Ebbe die Kringelhaufen, wo der »Sandpier« oder »Köderwurm« lebt. Man kann die Würmer selber mit einer Grabeforke sammeln und muss dabei Grabungsverbote in den Nationalparkgebieten beachten.

Inzwischen kann man die Würmer aber auch überall an der Küste bei den Angelfachhändlern kaufen. Sie werden dort oft angeboten mit

Seeringelwürmern, die meistens aus britischen Zuchten stammen. Sie sind am Haken haltbarer als Wattwürmer und ausdauernder bei der Hälterung. Alles über die Aufbewahrung der lebenden Wurmköder siehe im Kap. »Mittelmeer«, S. 61.

Watt- und Seeringelwürmer werden an der Nordsee verwendet beim Brandungsangeln, beim Bootsangeln im »Hollandstyle«, beim Molen- und Hafenangeln und als Lockköder an Pilkerhaken beim Pilken. Für das Pöddern werden nur Wattwürmer gebraucht.

Makrelen: Wie überall beim europaweiten Angeln sind frische Makrelen auch beim Nordseeangeln der absolute Fischfleisch-Topköder, sowohl als Fetzenköder beim Spinnangeln und Gleitfloßangeln auf Makrelen und Hornhechte von Molen, beim Bootsangeln als große Filets beim grundnahen Naturköderangeln auf alle Nordseefische, hauptsächlich vor der dänischen Küste,

Wattwürmer verraten sich durch Sandhäufchen bei Ebbe im Watt. Wer nicht graben will, kann diesen Topköder überall an der Küste in Angelgeschäften kaufen.

und halbiert oder im Ganzen als Köder beim Hundshaiangeln.

Kunstköder

Makrelenpaternoster dürfen von Juni bis September in keiner Köderbox fehlen.

Heringspaternoster sind im Frühjahr bei der lohnenden Heringsangelei in Hvide Sande (DK) oder in Meldorf und Cuxhaven unentbehrlich. Der clevere Angler hat solche Paternoster auch immer dabei, wenn es auf die hohe See geht, denn bei allen Angelmethoden steht man oft unvermutet mitten in einem Heringsschwarm, auf jedem Echolot leicht zu erkennen.

Pilker benötigt man in verschiedenen Farben, Formen und Gewichtsklassen. Für die Helgoland- und Kattegatangelei genügen Gewichte von 60 bis 150 g. Für die Angelei in größerer Tiefe (Gelbes Riff, DK) oder bei starker Strömung (Belte und Öresund) benötigt man zusätzlich auch Gewichte bis 400 g, ausnahmsweise auch 750 g (Öresund).

Angeln in der Ostsee

Beschrieben werden: die Deutsche Ostseeküste, Schweden und Finnland. Die Küsten der Baltischen Republiken und Polens werden aus unterschiedlichen Gründen nicht mit einbezogen. Dänemark ist im Kapitel »Nordsee« behandelt.

Die Ostsee, oft die »liebliche Schwester der Nordsee« genannt, ist ein Dorado für Brandungsangler und Watfischer. Überall, an jedem Kilometer Küstenlinie, ist Angelland, ganz besonders an den steinigen, kiesig-sandigen Abschnitten mit viel Bewuchs und Muschelbänken.

Das reiche Leben in der Brandungszone lockt die Fische, allen voran Flunder, Aal und Dorsch und erlaubt Brandungsangeln vom Besten, ganzjährig und unabhängig von kaum merkbaren Gezeiten.

Eine Besonderheit ist die Watfischerei auf Meerforellen, vielleicht sogar ist die Ostsee das beste europäische Meerforellenrevier für diese Angelei. Alle Anrainerstaaten stützen die Meerforellen- und auch Lachsbestände seit vielen Jahrzehnten und im steigenden Maße durch künstliche Aufzucht. Immer mehr Angler zieht es deshalb an unsere und die skandinavischen, auch an die polnische Küste zur watenden Wanderangelei auf die edlen Salmoniden.

Sie angeln inmitten einer großartigen Küstenlandschaft mit zum Teil völlig naturbelassenen Stränden vor bis zu 60 Meter hohen Steilküsten aus Sand-, Kalk- und Granitfelsen. Überall hinein gestreut findet man reinsandige Abschnitte, in der Ferienzeit das Dorado der Sonnenanbeter und Badespaßler. Nirgendwo kommen sich Angler und Wasserfreunde zu nahe, die Ostseeküste ist ein ideales Revier für urlaubende Angler.

Hinzu kommen die Angebote zu Kutterangelfahrten auf die hohe See. Ganzjährig wird gefahren und gut gefangen; nirgendwo sonst, außer in Holland und Irland, ist die Hochseeangelei in Europa so gut organisiert wie in der westlichen Ostsee.

Januar/Februar

Dickdorschangeln auf den Tiefwasserplätzen im Fehmarn Belt, Arkonatief, Öresund, Südausgang der Belte.

März

Die Heringe kommen zum Laichen in die Buchten und Häfen (Kappeln, Kiel, Stralsund, Peenemündung). Bei Erwärmung beginnt die Watangelei auf Meerforellen.

April

Die Hochseeangelei auf Dorsche wird besser, auch die Watangelei beginnt zu florieren. Heringsangelei von Kais und Molen ist auf dem Höhepunkt. Die ersten Hornhechte kommen.

Mai/Juni

Das Lachsschleppfestival in der Hanö-Bucht/Südschweden findet statt. Die Schleppfischerei kommt überall in Gang. Dorschangelei vom Kutter floriert, Watangelei ist auf dem Höhepunkt, das Brandungsangeln auf Plattfische und Dorsche beginnt. Hechte und Barsche in den Bodden und Schären beißen gut. Tolle Angelmonate. Hornhecht-Hochsaison.

Juli/August

Watangelei in Dämmerungszeiten ist gut, Barsche und Aale beißen willig. Dorschangelei verlagert sich ins Tiefwasser, Brandungsangelei lässt bei starker Erwärmung nach.

September bis November

Das Brandungsangeln wird mit zunehmender Abkühlung immer besser, vor allem Dorsche beißen. Meerforellen stehen in der Nähe von Süßwassereinläufen. Hechte beißen jetzt am besten. Hochseeangelei läuft gut. Dies sind gute Angelmonate.

Dezember

Alle Angelaktivitäten erlahmen. Dorsche müssen im Tiefwasser der hohen See gesucht werden.

Deutschland

Ostseeküste, Deutsche Seekarte Nr. 64 (Gesamt) und viele Detailkarten.

Eine stets aktuell gehaltene Angelkutterliste erhält man beim Angelmagazin BLINKER in 22754 Hamburg. Genaue Beschreibungen aller guten Brandungsangelplätze enthält das Buch MODERNES MEERESANGELN (vom Autor dieses Buches verfasst) im JAHR-Verlag, Hamburg.

Einen Jahresfischereischein benötigt man entlang der gesamten deutschen Ostseeküste. In Schleswig-Holstein wird ersatzweise für 40 Tage ein Urlaubsangelschein ausgestellt. Zu beziehen bei den Ordnungsämtern am Urlaubsort.

Mecklenburg-Vorpommern verlangt zusätzlich einen Küstenangelschein, der als Tages-, Wochen- oder Monatskarte ausgegeben wird vom Landesamt für Fischerei in Rostock und dessen Außenstellen sowie in vielen Angelfachhandlungen und Tourist-Informationsstellen.

Für das Befahren der Ostsee mit Motorbooten über 5 PS Maschinenleistung ist der Motorbootführerschein-See erforderlich.

Deutschlands Ostseeküste ist so beliebt, dass viele Nordseeangler außerhalb der Makrelensaison dort hinfahren. Ihre Gründe:

Das ganze Jahr kann man mit großen seetüchtigen Charterbooten zum Dorschangeln ausfahren; die Boote sind mit Toiletten und beheizten Aufenthaltsräumen ausgerüstet. An Bord gibt es Speisen und Getränke – ein Standard, der nur bei wenigen europäischen Angelbooten gefunden wird.

Ferner lockt das Brandungsangeln. Überall, von Flensburg bis Usedom, kann es ausgeübt werden mit den Höhepunkten im Frühjahr und Herbst. Weder Stürme noch mächtige Gezeitenhübe stören das Angeln. Das gilt auch für die Watfischerei auf Meerforellen und Hornhechte.

Urlaubsangler, die überdies für sich und ihre Angehörigen neben dem Angeln Erholung suchen, werden wie an der Nordsee auch an der Ostsee ein großartiges, sommerliches Küstenbadeleben finden, begünstigt durch klares Wasser und Wegfall der Gezeiten.

Hervorzuheben ist auch die Möglichkeit, auf eigene Faust im Boot das Hochseeangeln zu versuchen. Immer mehr Unternehmer bieten entlang der Küste geeignete Leihboote für bis zu sechs Angler an. Auch das eigene Boot, mindestens 4,5 Meter lang und möglichst halbgedeckt, kann vom Trailer überall in den vielen Häfen zu Wasser gebracht werden.

Erwähnenswert sind auch die vielen großen Campingplätze, die überall verstreut bis nah ans Wasser zu finden sind, zum Teil mit Möglichkeiten der Bootslagerung.

Die Ostseeküste von Flensburg bis Travemünde. Schiffssymbole markieren Angelkutter-Liegeplätze; schraffierte Küsten kennzeichnen gute Brandungsangelplätze.

Fische und Fang

Eine ausführliche Darstellung aller Fangplätze findet man im Buch »Modernes Meeresangeln« (Jahr-Verlag, Hamburg). Hier eine Zusammenfassung:

Dorsche findet man überall, vorzugsweise in Gebieten mit Steinen und Bewuchs. Top-Hochseeangelplätze sind: Tiefwasserrinne nördlich Fehmarn, Kadetrinne nördlich Rügen, alle flachen Bänke im gesamten Gebiet. Fast alle Dorsche werden beim Pilken gefangen. Pilker in Gewichten von 60 bis 200 g kommen zum Einsatz, vorzugsweise in Kombination mit einem Beifänger (s. Seite 207).

Viele Dorsche werden auch beim Driftangeln vom Boot mit Watt- und

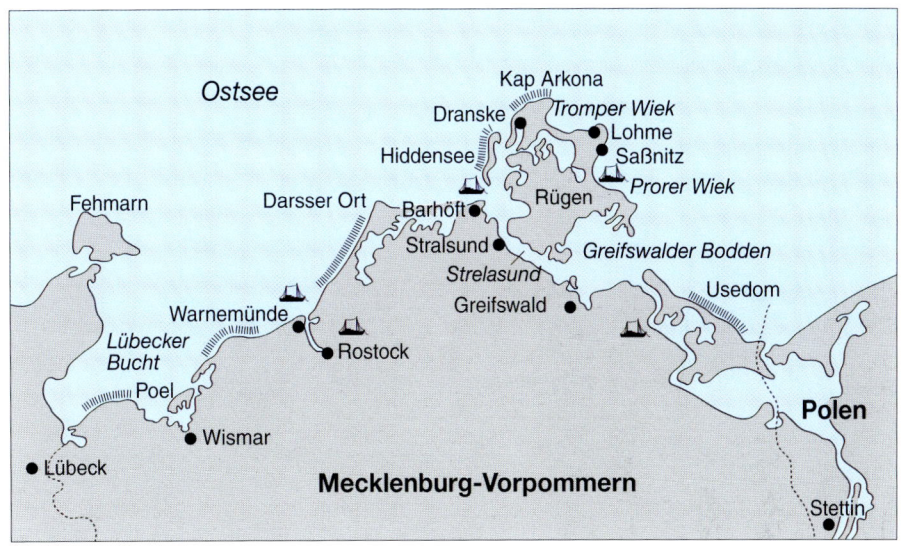

Die Ostseeküste von Travemünde bis zur Insel Usedom

Seeringelwürmern gefangen (s. Seite 213). Heiligenhafen ist Charterkutterzentrum.

Plattfische, überwiegend Flundern, werden beim Brandungsangeln (s. S. 208) vorzugsweise in der Umgebung von Abschnitten mit einem Gemenge aus Geröll, Steinen, Sand und Bewuchs (»Leopardengrund«) gefangen, hauptsächlich im Frühjahr und Herbst. Dorsche sind häufiger Beifang. Wichtigster Köder sind Seeringel- und Wattwürmer.

Meerforellen gibt es überall küstennah in Gebieten mit »Leopardengrund«. Topreviere sind die Flensburger Förde, die Küste zwischen Falshöft und der Eckernförder Bucht, die Hohwachter Bucht, der Klützer Winkel und die Wismar Bucht, die Nordküste Rügens und die Küste Usedoms.

Bei der Watfischerei werden in erster Linie schlanke, fingerlange Blinker benutzt. Immer mehr Angler bevorzugen das Fliegenfischen in den Dämmerungszeiten; Streamermuster sind sehr beliebt.

Hechte gibt es in den Boddengewässern Rügens in respektablen Größen, 20-kg-Fische sind fast alljährlich dabei. Sie werden watend an den Schilfkanten oder vom Boot gefangen. Zu beachten ist die Schonzeit vom 20. März bis 15. Mai.

Die Hechte werden vorzugsweise mit großen Wobblern erbeutet.

Barsche gibt es manchmal eimerweise zu fangen in den Boddengewässern, Topangelplatz ist der Peenestrom bei Wolgast. Im Greifswalder Bodden erreichen die Stachelritter ganz respektable Größen.

Sie werden mit dem Wurmköder oder mit fingerlangen Kleinfischen am Kniehaken gefangen.

Heringe begründen eine saisonale, intensive Angelei, an der sich täglich hunderte von Anglern, oft auf engstem Raum, von Mitte März bis Ende April beteiligen. Topstellen sind, von West nach Ost: Kappeln; Eckernförde-Hafen; Kieler Hafen; die Trave zwischen Lübeck und Travemünde; Rostock, Häfen; Greifswald, die Rügendammbrücke; Peenemündung, nur mit Boot beangelbar.

Alle Heringe werden mit dem Heringspaternoster gefangen, eine Methode, die in der Ostseeangelei ihren Ursprung hat (s. Seite 211).

Hornhechte kommen ebenfalls nur für kurze Zeit an die Küste. Die ersten Fische erscheinen ab Mitte April in der Flensburger Förde. Dann breiten sich die Fische in meist großen Schwärmen an der gesamten Küste aus und werden überall beim Meerforellenwatangeln mit Spinnern gefangen. Besonders ergiebig sind die Gewässer um Rügen. Höhepunkt ist im Mai/Juni. Ab Juli verschwinden die Fische wieder.

Eine besonders sichere Methode, Hornhechte zu fangen, ist das Angeln mit dem Fetzenköder am Gleitfloß (s. Kap. Mittelmeer, S. 55).

Angelkutter-Liegeplätze

Sie sind auf den Karten markiert, unterliegen aber einem dauernden Adressenwechsel. Eine aktuelle Liste aller Buchungsadressen erhält man auf Anforderung kostenlos bei dem Internationalen Angelmagazin BLINKER in Hamburg.

Schweden

Deutsche Seekarten Nr. 60, 62, 63 (Westküste), Nr. 240 Ostküste.

Allgemeine Auskünfte: Schweden-Werbung für Reisen und Touristik GmbH, Lilienstr. 19, 20095 Hamburg.

Internet: www.schwedenurlaub.de und: www.visit-sweden.com

Für Lachs und Meerforelle gelten für den Fang im offenen Meer und vor Flussmündungen von Landesteil zu Landesteil (s. Einteilung auf der Karte) unterschiedliche Schonvorschriften und Mindestmaße. Das betrifft hauptsächlich die Zeit vom 1. Oktober bis 31. Dezember. Genaue Auskünfte erteilen die örtlichen Touristinformationen.

Schweden ist wohl das ungewöhnlichste Reiseziel der europäischen Meeresangelszene. Es ist das Land mit zwei total unterschiedlichen Meeresangelwelten: Die Westküste, mit Skagerrak und Kattegat der Nordsee zugewandt, kennt beinahe alle Salzwasserfische der fischreichen Nordsee; an der Ostküste dagegen fehlen die meisten von ihnen. An ihre Stelle treten Fische, die man im Meer nicht vermutet: Hecht, Barsch, Zander, Aland, Rotaugen, Brassen – lauter Süßwasserbewohner, die sich küstennah wohl fühlen. Die Hechte werden vor der Ostküste so groß, dass die Schweden respektvoll von ihren »Schärengarten-Krokodilen« sprechen.

Grund für dieses außergewöhnliche Fischvorkommen ist der unterschiedliche Salzgehalt der angrenzenden Meere. Im Skagerrak beträgt er noch zwischen 3,0 und 3,4 %, in der mittleren Ostsee schließlich sinkt er auf 0,7 bis

0,8 % ab. Das ist zu wenig für die ans Salz gewöhnten Meeresfische. Nur einige Arten haben Rassen gebildet, die sich an die ausgesüßten Verhältnisse der Ostsee angepasst haben.

Kein Wunder, dass bei so guten Bedingungen das Angeln in Schweden populär ist, jeder Vierte angelt – Angeln ist Volkssport Nummer eins.

Schwedens Bilderbuchküsten sind im Westen und Osten von glatten Granitfelsen geprägt, nur im Süden und Südwesten findet man meilenlange Sandstrände. Typisch sind die Schärengebiete mit zahllosen, eng beieinander liegenden, meist dicht bewaldeten kleinen und großen Inseln, vielen Klippen und Riffen. Solche Gebiete – besonders fischreich – findet man im äußersten Nordwesten von Göteborg bis zur norwegischen Grenze und dann wieder im Osten, südlich der Insel Öland bis nach Stockholm.

Fische und Fang

Rund einhundert Arten werden regelmäßig vor schwedischen Küsten gefangen; 43 Seefische sind in den Rekordlisten geführt. Rechnet man die im Salzwasser fangbaren Süßwasserfische noch hinzu, so müsste man diese Listen noch um rund 10 weitere Arten ergänzen. Die wichtigsten Fische im Einzelnen:

Dorsch: Er wird im Westen praktisch ganzjährig gefangen. Im eng begrenzten Öresundgebiet findet im Januar/Februar jedes Jahr das »Öresund-Dorschfestival« statt, bei dem sehr große Fische (bis über 30 kg) regelmäßig gefangen werden. Auf den Bänken im Kattegat und am Südausgang des Öresundes werden große Dorsche das ganze Jahr gelandet.

In der Ostsee gibt es sichere Angelplätze nur um die Insel Gotland und östlich der Insel Öland. Vor dem Stockholmer Schärengarten kommen die Dorsche in sehr schwankenden Jahresmengen vor.

Großrochen aus dem Kattegat, 111 Pfund schwer, geangelt querab Strömstad vor der schwedischen Westküste.

191

Lachs und Meerforelle. Beide Fische werden in einem Atemzug genannt, weil sie in beachtlichen Größen alljährlich beim Schleppangeln einige Meilen vor der Küste erbeutet werden (Hochsaison Januar – Mai). Bei der Watfischerei werden überall Meerforellen erbeutet. Die steinige Ostseeküste ab Ystad gilt bis weit in den Bottnischen Meerbusen als besseres Revier. Lachse werden entweder im großräumigen Mündungsbereich von Süßwassereinläufen oder auf hoher See in der Nähe von großen Heringsschwärmen gefangen.

Die Schleppangler veranstalten entlang der Küste alljährliche Schleppangelwettbewerbe, an der Dutzende von technisch hochgerüsteten Booten teilnehmen.

Hecht: Hechte kommen im gesamten Ostküstenbereich zwischen Simrishamn und Stockholm und weiter nördlich vor; die kapitalsten (oft über 20 kg) leben zwischen den äußeren Schären, versteckt im Schilf und Seetang, und lauern auf Barsche und Heringe. Hechte sind am besten gleich nach der Eisschmelze im Mai zu fangen, danach ziehen sie sich ins tiefere Wasser zurück und erscheinen erst nach der Abkühlung im Herbst wieder an der Küste.

Katfisch: Diese Art wird vermehrt im Kattegat auf den Bänken (Fladengrund) vor Göteborg/Varberg gefangen. Dabei handelt es sich um ein einmalig gehäuftes Vorkommen. Es ist so groß, dass alljährlich im Mai das »Katfisch-Festival« vor Varberg ausgetragen wird.

Glattrochen: Seit der Meeresangel-Europameisterschaft 1970 weiß man, dass riesige Exemplare in den tiefen Mulden zwischen den Kosterinseln bei Strömstad an der norwegischen Grenze leben. Der Schweizer René Moser fing damals ein Tier von 55,6 kg.

Flunder: Diese genügsame Plattfischart lebt an allen schwedischen Küsten in prächtigen Exemplaren. Berühmt ist der Fangplatz der Lagan-Flussmündung südlich Halmstad an der Westküste. Hier werden die dicksten Flundern gefangen. Aber alle Süßwassereinläufe entlang der Küste sowie die Sandstrände im Süden sind gute Angelplätze.

Besondere Fische der Schwedenküste sind außerdem die Große Maräne, die bis zu 5 kg schwer vor der Ostküste lebt, aber nur wenige Wochen unmittelbar nach der Eisschmelze auf den Wurmköder beißt, und Arktische Äschen, die im äußersten Bottnischen Meerbusen vor der nordschwedischen Küste vorkommen. Angler behaupten, dass die kiloschweren Äschen unfangbar seien; nur die Netzfischer erwischen sie.

Die **Bootsangelei** ist an der Westküste gut entwickelt. Zentren sind: Helsingborg/Öresund, insbesondere im Winter, wenn die schwedische und dänische Angelflotte auf engstem Raum zusammengezogen werden und mit über 100 Booten die größte Angelkutter-Konzentration in Europa zu sehen ist. Ferner: Varberg, südlich von Göteborg. Von beiden Orten werden ganzjährig Angelfahrten unternommen, im Sommer täglich, im Winterhalbjahr (außerhalb der Öresundangelei) an den Wochenenden.

Entlang der Küste von Bohuslän (nördlich Göteborg) liegen Boote fast in jedem Hafen.

An der Süd- und Ostküste sind hochseetüchtige Schiffe Mangelware. Nur auf

der Insel Gotland bei Arkösund und vor Stockholm gibt es in den Sommermonaten an den Wochenenden größere Charterschiffe. Dagegen sind Boote für Selbstfahrer für die Schärenangelei überall mietbar.

An der Westküste wird meistens mit Naturködern (Wattwurm, Muschelwurst [s. Seite 63] oder Fischfetzen) geangelt. Nur bei der winterlichen Dorschangelei im Öresund werden bis zu 400 g schwere Pilker benötigt (Strömung!).

Entlang der Ostküste wird mit Blinkern und Wobblern (bis 25 cm lang) auf Hechte gefischt, mit Naturködern Barsch geangelt (s. Abschnitt Finnland S.199). Immer mehr Angler üben die Schleppfischerei mit Downriggern, also tiefgeführten Ködern (s. Seite 214) aus, dabei sind Meerforellen und Lachse die Beute.

Die Anzahl der eigens dafür entwickelten Boote steigt ständig. Mit den Schleppbooten, meistens Halbkajüttypen, lassen sich bis zu zehn Köder in unterschiedlichen Tiefen achteraus schleppen. Solche Boote sind samt Skip-

Große Angelkutter laufen täglich von Varberg und vielen weiteren Häfen an der schwedischen Kattegatküste aus.

Zwischen Strömstad und Malmö gibt es vor der schwedischen Westküste eine große Artenvielfalt: Katfisch, Scholle und Dorsch, beim Bootsangeln mit Naturködern erbeutet.

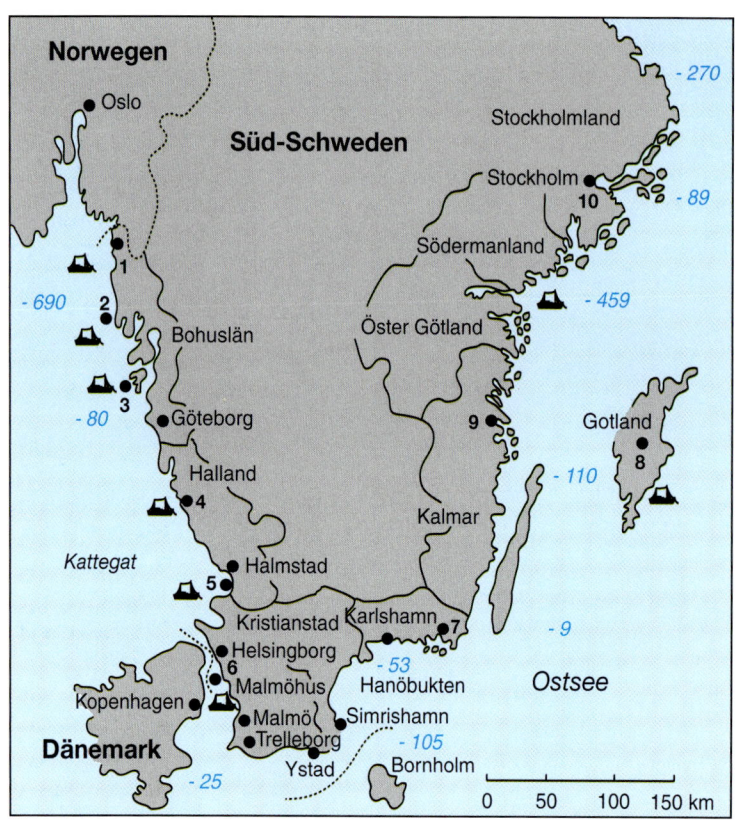

Südschweden mit Kattegatküste, Wassertiefenangaben in Metern. Beschreibung Insel Bornholm siehe Dänemark S.178

per vermehrt in den Häfen zu chartern, wobei sich mehrere Angler die meist erheblichen Charterkosten teilen können.

Höhepunkt der Schleppfischerei ist alljährlich im Mai, wenn in Karlshamn das »Lachsfestival«, ein reiner Schleppangelwettbewerb, stattfindet.

Die normale Ausrüstung für das Hochseeangeln an der Westküste besteht aus der 8-kg-Kombination; die 4-kg- und 2-kg-Ausrüstung sind für die Bootsangelei an der Ostküste zweckmäßiger. Für die

winterliche Großdorschangelei im Öresund benötigt man 16-kg-Leinen und Multirollen.

Alljährlich werden an der Westküste Angelfestivals veranstaltet. Die bekanntesten sind das FLADEN-Festival (August) und HAVSKATT-(Katfisch-) Festival (Mai), beide in Varberg. Das ÖRESUND-DORSCH-Festival ist das einzige Meeresangelfestival in Europa, bei dem auch um Geldpreise geangelt wird. Hunderte von Booten aller Größen versammeln sich auf engstem Raum. Der

Veranstalter bezeichnet das Festival als das »größte Bootsangelfestival der Welt«.

Beim **Brandungsangeln** ist der beliebteste Beutefisch die Meerforelle. Ihr wird im Nordteil der Westküste und entlang der gesamten Süd- und Ostküste mit Blinkern, Löffeln und Wobblern nachgestellt. Watfischerei ist nur im Süden entlang der Sandstrände (Trelleborg bis Kristianstad) und im Westen im Bereich der Ätran- und Lagan-Mündungen möglich. Ansonsten wird von der felsigen Küste geangelt. Dies ist weniger gefährlich als von anderen Ufern Europas, weil Eiszeiten die schwedischen Felsküsten gut begehbar glattgeschliffen haben. Beste Plätze befinden sich in Göteborg nordwärts bis zur norwegischen Grenze an allen Süßwassereinläufen und an den Meerengen und Kaps in den weitverzweigten Fjorden der vorgelagerten Inseln.

Die besten Flundern werden in der Halmstad-Bucht – außer im Hochsommer – mit dem Wattwurm beim Brandungsangeln gefangen. Makrelen kommen nach längeren Westwindlagen vor die Klippen der Westküste und werden mit Spinnern und Paternoster erwischt. In den Tangwäldern kommen Pollacks und Lippfische hinzu.

Schließlich gilt es noch an der Ostküste Hechte mit Wobblern und Barsche mit Wurm und kleinen Köderfischen zu erbeuten.

Hot Spots

1 *Strömstad*, deutsche Seekarte Nr. 755: Der kleine Ort an der norwegischen Grenze war bereits Schauplatz einer EFSA-Europameisterschaft der Meeresangler. Alle Fische des Skagerraks und Kattegats sind vor Strömstad versammelt. Die Koster-Inseln, nur etwa 10 km von Strömstad entfernt, bilden ein Archipel aus hunderten von Inseln und Inselchen, vom Festland durch den Kosterfjord getrennt.

Dieser Fjord dehnt sich wie ein schmaler Graben mit fast senkrecht abfallenden Kanten in nordsüdlicher Richtung parallel zur Küste aus. Von einer Untiefe um 11 Meter fällt der Meeresboden an vielen Stellen abrupt auf 200 Meter Tiefe ab. Zusammen mit den zahlreichen Koster-Inseln und idealer Angeltiefe zwischen 20 und 50 Metern bildet dieses Meeresgebiet eines der aufregendsten Angel-Areale Schwedens.

In den Mulden zwischen den Inseln leben große Rochen. Hier wurde auch der schwedische Rekordrochen (55,6 kg) erbeutet.

2 *Strömstad bis Smögen*, deutsche Seekarten Nr. 755 und 754: viele Boote, im Sommer oft mit Kurzfahrten für Touristen belegt. Liegeplätze in Kungshamn, Fjällbacka, Grebbestad, Tanumstrand, Hamburgsund.

3 *Smögen bis Göteborg*, deutsche Seekarten Nr. 752 und 751: Dies ist das Einzugsgebiet der schwedischen Hochseeangler aus Göteborg, der zweitgrößten Stadt Schwedens. Viele hochseetüchtige Boote. Ausgangshäfen: Ellös, Marstrand, Grundsund, Fiskebäckskil, Hjusviks brygga, Lysekil, Göteborg/ Fischereihafen, Skarhamn Rönnäng, Klippan/Göteborg.

Sehenswert: Göteborgs Fischhalle »Fiskekörka« zur frühen Marktzeit.

4 Varberg und Umgebung, deutsche Seekarte Nr. 25 (Kattegat, Nordteil): Varberg ist das Zentrum einer ganzjährig auslaufenden Hochseeangelflotte und Schauplatz mehrerer Angelfestivals. 1990 fand hier die EFSA-Europameisterschaft der Meeresangler statt. Hauptfanggebiet ist der Fladengrund, im Frühjahr bekannt für ungewöhnlich guten Katfischbestand.

Buchungen über: FLADENBATARNA, S-43244 Varberg, Prospekte in deutscher Sprache erhältlich. Angelgeräte und Köder sind im Angelzentrum bei den Booten käuflich.

Weitere Boote in Lerkil (bei Kungsbacka) und Träslövsläga (bei Varberg), zeitweilig auch in Falkenberg.

5 Halmstad/Laholmsbucht, deutsche Seekarten Nr. 481 und 25; Schwedens bester Plattfischfangplatz soll die Laholmsbucht sein. Herausragend die Mündungsbereiche des Nissan und Lagan. Hier lohnt auch die Watfischerei auf Meerforellen.

Bootsliegeplatz in Bastad-Hafen (nur im Sommer).

6 Öresund, Helsingborg bis Trelleborg, deutsche Seekarten Nr. 328 und 329: Zentrum der Dorschangelei, im Sommer im ganzen Gebiet, im Winter bei Helsingborg. Topangelplätze liegen bei der Insel Ven und in der Sund-Engstelle zwischen Helsingborg und Helsingör. Zeitweilig sehr starke Strömung, besonders bei und nach anhaltenden Winden. In

Lachs,11,2 kg. Solche Lachse werden beim Schleppangeln auf der hohen See vor der südschwedischen Küste erbeutet.

strengen Wintern Vereisung des Sundes (Treibeis) möglich.

Weitere gute Angelplätze für Großdorsche, vor allem außerhalb der winterlichen Saison, liegen im Südeingang des Öresundes südwestlich Trellebergs, seit alters her als Wrackküste bekannt, weil hier viele Schiffe gestrandet oder in Kriegen verloren gegangen sind. Besonders das Gebiet »Kriegers Flak« ist bei Anglern bekannt. Das Gebiet wird von Limhamn/Malmö, Trelleborg und auch vom dänischen Hafen Köge aus angelaufen.

7 Karlshamn/Karlskrona, Seekarten Nr. 139 und 140: Westlich Karlshamn liegt die Mündung der berühmten Mörrum, einer der besten Lachs- und Meerforellenflüsse Schwedens. Die vor der Mündung liegende Hanöbucht zwischen Simrishamn und Karlskrona ist einer der besten Schleppangelgebiete Schwedens. Hier werden alljährlich die schwersten Meerforellen und Lachse auf hoher See erbeutet. Mehrere Schleppangelwettbewerbe in der ersten Jahreshälfte werden in diesem Gebiet durchgeführt; am bekanntesten ist das Festival in Karlshamn.

Bei Karlshamn beginnt die endlose Ostseeschärenküste mit ungezählten Inseln und Klippen. Sie zieht sich schier endlos über Stockholm bis hoch in den Bottnischen Meerbusen hin. Der »Schärengarten« ist berühmt wegen seiner vielen Hechte, wobei das Karlshamn/Karlskronagebiet als überangelt gilt.

8 Gotland, deutsche Seekarten Nr. 167 (Süd) und 168 (Nord): Etwa 50 x 120 km groß liegt die Insel mitten in der Ostsee wie eine riesige Angelplattform. Die Gewässer um Gotland sind das beste Meeresangelgebiet im Ostteil Schwedens.

Grund für diese Einschätzung ist das gute Dorschvorkommen namentlich auf der Ostseite querab von Visby, der alten Hanse- und Hauptstadt der Insel. Saison für die Dorschangelei ist von Mai bis Dezember. Von Visby verkehren täglich Hochseeangelkutter.

Bei der Fischerei nahe der Küste werden erbeutet (in Klammern die Saison):
• Meerforellen (Watfischerei: IV und ab IX, in der übrigen Zeit vom Boot)
• Hechte (vom Boot V bis XII)
• Barsche (überall und immer)
• Flunder (VI bis X)
• Hornhecht (VI bis VIII)
• Hering (VI und VIII in den Häfen)

Weitere Fische: Steinbutt, Aal und Aland (unmittelbar nach der Eisschmelze in Schwärmen, viele kiloschwere Fische).

Angelgeräte: 4-kg-Ausrüstung für das Wurfangeln mit Wobblern, Spinnern und Löffeln; silbrig-blaue Farben werden zur Heringszeit bevorzugt. Bei ablandigem Wind kann nachts mit der Fliege geangelt werden. Barsche werden mit dem Gleitfloß, Wurmköder oder kleinen toten Köderfischen gefangen. Die Fischchen müssen waagerecht im Wasser gehalten werden; man verwendet dafür die speziellen Kniehaken (s. Seite 198).

Angelreviere: Meerforellen vor allem vor der Nordwestküste bei Garde, Kap Lickershamn, Hechte und Barsche vermehrt bei Slite, Ljugarn, Ronehamn und an der Nordseite der Burgsvikbucht.

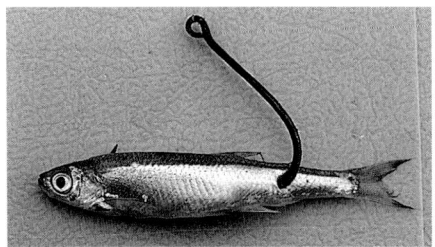

Kniehaken (Finnland) für Barsch- und Hechtangelei. Der Kniehaken wird in einen toten Köderfisch am After eingeführt und mit der Spitze bis an die Kopfpartie geschoben. So angeködert stehen die Köderfische fast waagerecht, von Wellen leicht bewegt. Das erweist sich als besonders fängig gegenüber anderen Anköderungsmethoden.

Gute Watfischerei auf Barsche an der Südspitze. Bei Tofta gute Reviere für Dorsch und Meerforellen.

Visby ist Sitz der Gotland Turistförening, S-62102 Visby.

9 Bla Kusten (Blaue Küste), deutsche Seekarten Nr. 183 (Süd) und 136 (Nord): Dieser Abschnitt ist eines der schönsten Schärengebiete Schwedens, ein einziger Irrgarten aus Wasser und Inseln. Mittelpunkt ist die Stadt Västervik, dort erhält man Informationen über die vielfältigen Angelmöglichkeiten auf Hechte (Mai am besten, danach ziehen sich die Fische zu den äußeren Schären zurück, kommen im September wieder in die inneren Schären); Meerforellen nach der Eisschmelze (April) am besten, danach im Bereich der äußeren Schären, meistens tiefer stehend; Schleppfischen mit Downriggern (s. Seite 211); Heringe (Mai/Juni) überall in den Sunden und bei Süßwassereinläufen.

Boote und sonstige Auskünfte: Bla Kusten Information, S-59300 Västervik (Prospekt anfordern).

In Arkösund östlich von Norrköping liegt der Angelkutter *MS Vinsta*. Von Mai bis Oktober werden Hochseeangelfahrten (Dorsch, Hering) unternommen zum Rand des tiefsten Seegebietes der Ostsee (Landsort-Tief, – 459 m).

10 Stockholm, Gesamtgebiet deutsche Seekarte Nr. 169 (zahlreiche Nebenkarten erhältlich). Schwedens Hauptstadt liegt versteckt hinter einem riesigen Irrgarten von Schären, in dem es von Fischen wimmelt. Im inneren Bereich überwiegen Barsch und Zander, im äußeren Hechte und Meerforellen. Im Frühjahr und Herbst kommen alle Fische näher ans Ufer der inneren Inseln. Laich- und Jungheringe sind ganzjährig überall zu finden. Dorsche werden vor den äußeren Schären im Tiefwasser gefangen (jährlich schwankendes Vorkommen).

Schwedens Rekord-Hecht (26,57 kg) wurde im Stockholmer Schärengarten erwischt; im Schnitt sind die Hechte 3 kg schwer, aber viele werden bis zu 9 kg Gewicht gefangen.

Außergewöhnlich ist die Möglichkeit, Meerforellen und Heringe hauptsächlich (Mai bis Juni) im Stadtzentrum von Stockholm zu angeln. Am Auslauf des riesigen Binnenseegewässers Mälaren – vor dem Schloss und Opernhaus Stockholms – in die Ostsee werden alljährlich viele Salmoniden und tausende von Heringen geangelt. Die Stadt beteiligt sich mit großem finanziellen Umfang am Besatz mit Lachsen und Meerforellen.

Finnland

Deutsche Seekarte Nr. 1300 (Überblick des besprochenen Gebietes, siehe Einzeichnung in Kartenabb. Seite 204).

Allgemeine Auskünfte: Finnische Zentrale für Tourismus, Postfach 170265, 60076 Frankfurt.

E-Mail: finnland.info@mek.fi

Internet: Finland-turism.com (weiterführend mit /web/fishing/index.nsf.

Für Angler im Alter von 18 bis 65 Jahren wird ein staatlicher Fischereischein benötigt. Er ist bei Banken und jedem Postamt erhältlich; er wird nur für das Inselmeer vor Turku, nicht für die Aland-Inseln verlangt. Er kann für eine Woche oder ein Jahr ausgestellt werden.

Für alle Inselgebiete ist immer zusätzlich eine Angelerlaubnis der privaten oder kommunalen Gewässereigner erforderlich. Die Gebühren schwanken je nach Gewässergröße und Güte.

Finnland, Land der abertausend Seen, scheint sich im Süden und Südwesten endgültig in der Ostsee auflösen zu wollen. Land und Wasser bilden einen einzigen, riesigen Irrgarten, das Saaristomeri (Inselmeer), wie die Finnen diesen Landesteil nennen, oder die »Ägäis des Nordens«, wie es begeisterte Weltenbummler schwärmerisch bezeichnen.

Der südwestliche Schärengarten gilt als fischartenreichster Abschnitt, nur er wird hier beschrieben. Nicht nur Salz- und Süßwasser vermengen sich hier (zwischen den inneren Schären 0,3 %, vor den äußeren Inseln 0,6 %), auch Schilf und Tang, Reiher und Möwen, Hecht und Dorsch, Barsch und Flunder leben nebeneinander – ein Schmelztiegel der Biotope.

In dieses Gebiet fährt man nicht nur wegen der Fische, sondern auch wegen der landschaftlichen Schönheit und des unbeschwerten Angellebens. Hüttenferi-

Tausende von Klippen und Schären bieten überall Windschutz.

en mit offenem Kamin, Sauna und einem motorisierten Leihboot vor der Tür sind in diesem Gebiet sehr populär und werden Angelgästen tausendfach angeboten. Das finnische Inselmeer ist im Sommer ideal für Eltern, die mit ihren Kindern gefahrlos zwischen schützenden Inseln das Bootsangeln üben wollen; die allgegenwärtigen Sommerbarsche machen den Youngstern den Einstieg ins Meeresangelleben leicht. Im kühleren Frühjahr und Herbst ist das Gebiet ideal für zünftige Angler, die sich von gelegentlichen nächtlichen Frösten nicht abschrecken lassen und dafür größere Fische erbeuten.

Zwar angeln in Finnland rund 1,5 Millionen Menschen (Angeln ist nach Skilaufen die wichtigste Freizeitbeschäftigung der Finnen), aber das wasserreiche Land bietet allen Anglern so viel Platz, dass man sich nirgendwo in die Quere kommt. Einschränkend auf die Angelfreiheit wirken sich dagegen die Rechtsverhältnisse aus: Die Gewässer zwischen den Inseln sind Privatbesitz, erst die offene See außerhalb des Schärengartens darf frei beangelt werden.

In Finnland muss immer die Erlaubnis des Gewässerbesitzers eingeholt werden. In jüngster Zeit schließen sich immer mehr Gewässereigner zu Verpachtungsgemeinschaften zusammen; auch die Inselkommunen sind bemüht, ihre Fischereirechte auszudehnen. Der Zerstückelung in viele kleine beangelbare Teilgebiete läuft eine Entwicklung entgegen, die auf größere, zusammenhängende Angelgebiete mit einer einzigen Erlaubniskarte abzielt. Wer im Schärengarten vorteilhaft angeln will, achte bei der Auswahl des beangelbaren Gebietes auf genügende Größe (ab 1.500 ha ist wünschenswert).

Auch das Land darf nicht ohne Erlaubnis betreten und benutzt werden. Wer eine Insel zum Rasten ansteuert und ein Feuer machen will, sollte immer nachsehen, ob der Landeigner gerade auf der Insel ist, und um Erlaubnis fragen. Sie wird kaum verwehrt werden.

Im Schärengarten wird überall Schwedisch und Englisch gesprochen, stellenweise auch Deutsch.

Fische und Fang

Etwa 75 Fischarten leben im schwach salzigen Wasser des Inselmeeres. Die wichtigsten angelbaren Fische sind:

Barsch: Er wird im Schnitt 350 g schwer, oft über 0,5 kg, seltener schwerer. Ist überall im inneren Schärenbereich über hartem Grund in 1 bis 4 Meter Tiefe fangbar. Köder: Wurm, kleine Löffel oder tote Köderfische am Kniehaken (s. Abb. S. 198). Tüchtige Angler füllen an einem Tag ohne weiteres einen 10-Liter-Eimer mit Barschen. Die gebratenen Filets sind in Finnland sehr beliebt.

Hecht: steht nach Häufigkeit an zweiter Stelle. Im Frühjahr und Herbst überall vor den Schilfkanten und Klippen im inneren Schärenbereich, im Sommer ziehen die großen Fische zu den äußeren, unbewohnten Schären auf der Suche nach Heringen.

Flunder: überall auf Schlickgrund zwischen den äußeren Schären, Sommerfisch.

Maräne: überall, geht aber nur während der kurzen Zeit der Eisschmelze an den Wurmhaken, im Sommer nur mit Netzen fangbar.

Dorsch: meidet allzu süßes Wasser und liebt es kalt. Im Frühjahr und Herbst ab 10 Meter Tiefe zwischen den äußeren Schären. Tritt periodisch in Schwärmen auf; etwa alle 10 Jahre erleben die Gewässer eine »Dorsch-Invasion« für viele Monate.

Meerforelle und Lachs: Sie sind die begehrtesten Fische der finnischen Meeresangler. Durch großzügige und kontinuierliche Besatzmaßnahmen wächst der Bestand ständig. Fang mit Wobbler und Spinner nahe der Inseln (Meerenge, Klippen) im Spätherbst und unmittelbar nach der Eisschmelze, danach Fang mit Tiefenschleppgeräten vor den äußeren Schären ab 15 Meter Tiefe.

Alljährlich wächst die Zahl der Schleppangelfestivals. Bei der Finnischen Schleppangelmeisterschaft kommen hunderte von Booten zusammen und der Fang (im Schnitt ein Fisch auf zwei Boote) wird volksfestartig gefeiert. Da Finnisch schwer verständlich ist, hier

Finnlands Meeresfische, von oben: Barsche, Maräne, Flunder, Dorsch, Hering

eine E-Mail-Adresse eines Englisch sprechenden finnischen Trollingfan, der gern Auskünfte erteilt: sven.kevin@helsinki.fi

Organisierte Hochseeangelfahrten mit größeren Charterbooten gibt es nicht. Dagegen kann man fast überall kleinere Boote (für zwei bis drei Angler geeignet) mieten; oft sind sie Teil eines Hüttenmietangebotes. Ein mitgebrachtes Echolot ist vorteilhaft. Ohne Boot ist die Angelei im Schärengarten nicht zu empfehlen.

Seekarten, die man überall auf den Inseln kaufen kann, sind notwendig für sicheres Navigieren zwischen den Inseln. Dies auch im Hinblick auf die vielen Klippen, die streckenweise nur eine Handbreit unter der Wasseroberfläche versteckt liegen, Vorsicht! Auch vor den Unterwasserkabeln der Kabelfähren zwischen den Inseln muss gewarnt werden. Im Allgemeinen sind Klippen nicht durch Seezeichen gekennzeichnet.

Beim Bootsangeln werden fast nur künstliche Köder verwendet. Nur wenige Angler fischen mit dem Gleitfloß und toten Köderfischen am Kniehaken (s. Abb. S. 198), obwohl diese Methode über Krautbänken und an steilen Klippenkanten sehr erfolgreich sein kann. Köderfische beschafft man sich mit engmaschigen, kleinen Kiemennetzen, in die man die Fische an den Schilfkanten hineintreibt. Die Verwendung solcher Netze ist legal, muss jedoch vom jeweiligen privaten Fischereirechtseigner zusätzlich erlaubt werden.

Die 4- bis 8-kg-Ausrüstung ist für alle Angelarten ausreichend.

Die Angelei von felsigen Eilanden beschränkt sich in Finnland auf Gebiete

Fangkalender Schären, Südwest-Finnland

		I	II	III	IV	V	VI	VII	VIII	IX	X	XI	XII
Meerforelle	A				X	X	X	x	x	X	X	X	X
	B				X	X					x	x	X
Hecht	A				X	X	X	X	X	X	X		
	B	x	E	E	X	X	x	x	x	x	X	X	X
Dorsch	A	X				x	X	x	x	x	x	X	X	X
	B												
Flunder	A						X	X	X	X	X		
	B							x	x	x			
Maräne, Große	A				X	X	X	X	X	X	X		
	B				X	X							
Hering	A						X	X	X	X	X		
	B							X	X	X			
Barsch	A												
	B	x	E	E	x	x	X	X	X	X	X	X	X
Weißfische	A												
	B	x			x	x	X	X	X	X	X	x	x
Zander	A												
	B	x					X	X	X	X	X	X	X
Aalquappe	A	X	E	E	x							x	X
	B	x	E	E	x								

A = äußere Schären E = Eisangeln x = Nebensaison
B = innere Schären X = Hauptsaison I–XII = Monate

tiefen Wassers in unmittelbarer Nähe einer Insel, Fährstelle oder eines Kais.

Meerforellen werden an strömungsreichen Engstellen zwischen den Inseln oder rund um klippenreiche Eilande wandernd gefangen. Wathosen erübrigen sich, da nirgendwo gleichmäßig tiefe, längere Strecken fürs Waten zu finden sind. Nur die ersten zwei Wochen nach der Eisschmelze und Dämmerungszeiten im Oktober bis Dezember lassen bei dieser Angelei auf Erfolg hoffen.

Flundern werden an den vorgenannten tiefen Stellen gefangen, wenn der Boden schlickig ist. Auch hier Vorsicht beim Hineinwaten: Schlickböden im Schärengarten sind sehr weich, man sinkt tief ein. Geangelt wird mit dem Grundblei und einem Ein- und Zweihakenvorfach. Köder: Würmer, Heringsfilets.

Barsche werden vom Ufer überall über hartem Grund gefangen, oft stehen große Fische nur ein bis zwei Meter tief in unmittelbarer Ufernähe. Ihre Standplätze verraten sie durch geräuschvolles Rauben an der Oberfläche. Köder: kleine tote Köderfischchen am Kniehaken oder Wurmköder, beide an der durchsichtigen Wasserkugel angeboten.

Weißfische, insbesondere Brassen und Rotaugen, fängt man wie bei uns üblich im Sommerhalbjahr nahe der Schilf- und Bewuchsfelder im Bereich der inneren Schären. Köder: Wurm, Teig, Brot.

Zander sind nur im innersten Bereich der Inseln nahe dem Festland in moorigen »Braunwasser«-Bereichen zu finden. Scheu wie überall, lassen sich Zander auch hier in erster Linie mit langsam geführten toten Köderfischen in Grundnähe überlisten.

Die Ferien-Fanggebiete

Das Finnische Inselmeer vor der Südwestküste wird in zwei Teilgebiete, die Åland-Inseln und das Inselgebiet von Turku, unterteilt. Die nachfolgende Beschreibung soll den Einstieg in die beiden Inselreiche erleichtern.

1. Åland-Inseln

Allgemeine Auskünfte:
Åland Turistinformation, Storgatan 8, 22100 Mariehamn.
E-Mail: info@turist-aland.fi. Internet: www.goaland.net

Dieses Gebiet umfasst 6.500 bewirtschaftete Inseln und eine weit größere Zahl unbewirtschafteter Eilande und Klippen. Alle Inselgruppen sind untereinander durch Fähren und mit Autobussen verbunden. Eingangstor zu den Inseln ist Mariehamn. Hier machen die Fähren aus Schweden fest.

Die Åland-Inseln sind teilautonom mit eigener Verwaltung, Flagge und Sprache (Schwedisch). Hier benötigen Angler keinen staatlichen Fischereischein. Angeln vom Strand ist vom 15. 4. bis 15. 6. verboten (Brutvogelschutz).

Die Ålands oder finnisch: Ahvenanmaa (das Barschland) sind stark vom Tourismus abhängig. Im Hochsommer sind die Inseln überlaufen, aber im Frühjahr und Herbst zu den besten Angelzeiten ist Platz genug in den vielen Hütten und Hüttensiedlungen, die in allen Komfortklassen mit Booten und Angelerlaubnis zu haben sind.

Die besseren, nicht überangelten Fischgründe finden sich auf den äußeren Inselgruppen (Brändö, Kumlinge und Kökar).

Fische und Fangaussichten sind mit denen des Inselmeeres vor Turku gleichzusetzen. Spezialisten fangen Meerforellen und Lachse bei der Schleppangelei im Frühjahr und Sommer gleich dutzendweise. Mehrere Angelfestivals finden alljährlich statt, z.B. ein Hechtfestival und ein Lachstrollingtreffen.

Charterboote für das sommerliche Tiefenschleppen liegen in Mariehamn und Eckerö. Buchungsvermittlung: Åland Turistinformation (s. oben).

2. Inselmeer vor Turku

Allgemeine Informationen:
Aboland Tourist Association, Runebergsgatan 6, PB.120, SF 21601 Pargas.
Internet: www. travel.fi/saaristomeri

Es umfasst rund 61.500 Inseln, wenn man alle Klippen mitzählt. Unverkennbar ist die Gliederung in den äußeren und inneren Schärenbereich. Für Angler empfehlenswert ist der äußere Schärenbereich (Kustavi, Houtskär, Korpo, Nagu).

Das äußerst empfindliche Biotop weist einen sehr unterschiedlichen Fischbestand auf. So waren Anfang der neunziger Jahre die Hechte aus dem Schärengarten südlich von Dragsfjärd völlig verschwunden; schwere Bestandsschädigungen wurden auch im Bereich von Papierfabriken im Bottnischen Meerbusen gemeldet. Man erkundige sich bei den Gewässerpächtern genau über den Zustand des Fischbestandes. Sind keine Hechte da, sind meistens auch alle anderen Fische, besonders Barsche, verschwunden.

Fingangspforte zu diesem Schärengebiet ist der Fährhafen der Stadt Turku. Die oben genannten äußeren Schärengebiete sind von Turku alle mit dem Auto zu erreichen; die Inseln sind untereinander mit Bedarfsfähren gebührenfrei verbunden.

Dieses Schärengebiet untersteht unmittelbar dem finnischen Staat, aber es wird auch hier vorzugsweise Schwedisch gesprochen. Angler benötigen einen staatlichen Fischereischein und die Erlaubnis der privaten Gewässereigner, die meistens zugleich Hütten- und Bootsvermieter sind. Genaue Informationen über Angelgebiete, Hütten und Boote erhält man im Fremdenverkehrsverein Aboland, siehe S. 203.

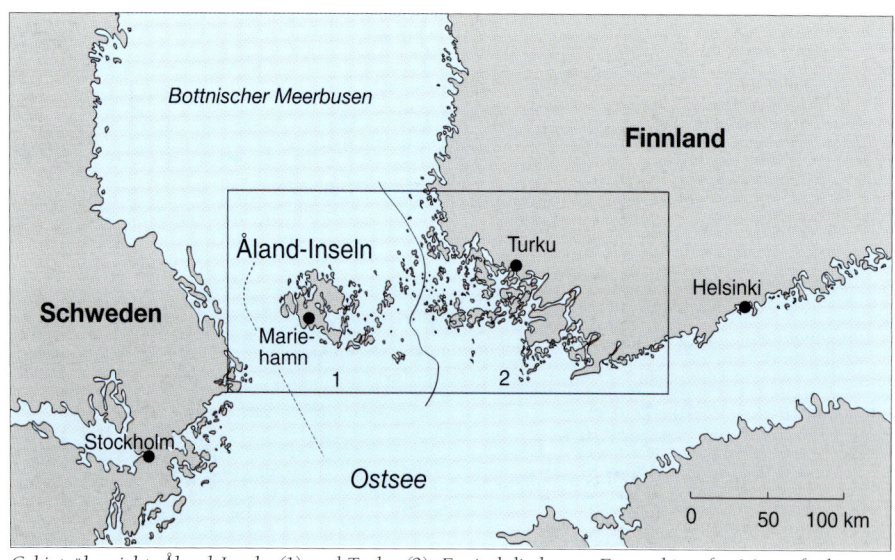

Gebietsübersicht: Åland-Inseln (1) und Turku (2). Es sind die besten Fanggebiete für Meeresfische in Finnland.

Ausrüstung und Fangmethoden für das Ostseeangeln

Wer im Urlaub an die Ostsee fährt und sich nicht mit zu vielen Angelgeräten belasten kann oder will, dem sei, wie schon bei den anderen europäischen Meeresbereichen, zu einer Grundausrüstung geraten, die sich bruchsicher in einem normalen Reisekoffer mit unterbringen lässt.

Zum einfachen Reiseset gehört wegen der vielen, sehr unterschiedlichen Angelmethoden weiteres Zubehör, das nachfolgend in Stücklisten beschrieben wird.

Kofferreiseset fürs Ostseeangeln bestehend aus:

Drei Fly- und Drive-Teleskopruten, zusammengeschoben ca. 75 cm. Gemeinsame Merkmale: Moosgummigriff, seewasserresistente Schraubrollenhalter und SIC-Ringe, abschraubbare Kappen (wichtig für Reinigung). Die untere Rute hat im Griffteil eine »Tennisschlägerwicklung«.
Die Spinnrute (unten) ist 2,7 bis 3 Meter lang mit einem Wurfgewicht für 20 bis 40 g (fürs Meerforellenangeln). Die Bootsrute misst 3,5 Meter und hat ein Wurfgewicht von 100 bis 200 g (fürs Pilken). Die Brandungsrute misst 4,2 Meter und eignet sich für Wurfgewichte um 200 g. Damit lässt sich auch das Naturköderangeln vom treibenden Boot ausüben.

Die Multirolle vom Typ ABU-Ambassadeur 10.000 CL fasst 350 Meter 0,50-mm-Schnur und besitzt ein selbsttätiges Wechselgetriebe, das bei hoher Belastung herunterschaltet. Sie ist für alle Bootsangeleien gedacht.

Die Stationärrolle vom Typ DAIWA Enblem EMX 5000 T fasst 210 Meter 0,45-mm-Schnur, wirkt mit einem besonderen Schnurlaufröllchen der Schnurverdrallung entgegen, wickelt kreuzweise auf und eignet sich mit der großdimensionierten konischen Weitwurfspule sehr gut fürs Brandungsangeln. Wechselspulen erhältlich. Beide Rollen sind seewasserresistent und Prototypen für viele weitere Rollen, die von Herstellern angeboten werden.

Pilken

Das ist die wichtigste Bootsangel-methode, bei der fast nur Dorsche gefangen werden. Und Dorsche sind der Hauptzielfisch in der westlichen Ostsee. Auf den großen Angelkuttern wird fast nur gepilkt.

Die Methode ist leicht zu erlernen: Der Pilker wird bis auf den Grund gesenkt und anschließend auf- und abbewegt, um einen lebendigen Fisch vorzutäuschen. Man benötigt dazu nur eine Bootsrute, eine Multirolle und ein paar Pilker. Auf den großen Angelkuttern wurde das Luv- und Leeseitenpilken entwickelt, siehe Abb. unten.

Stückliste Pilken

- 1 Bootsrute aus dem Reiseset kombiniert mit
- 1 Multirolle aus dem Reiseset mit 8-kg-Schnur
- 1 Pilkerwurfrute fürs Leeangeln, ca. 3 Meter, WG 100-200
- 1 Stationärrolle aus dem Reiseset mit 8-kg-Schnur
- 1 Dutzend Wirbel mit Karabiner-haken, 16 kg
- 1 Dutzend Twister in roter, gelber und schwarzer Farbe
- 1 Hakenschärfer
- div. Pilker mit Drillingshaken, in den Gewichten 75, 100, 125 g und einige wenige auch schwerer

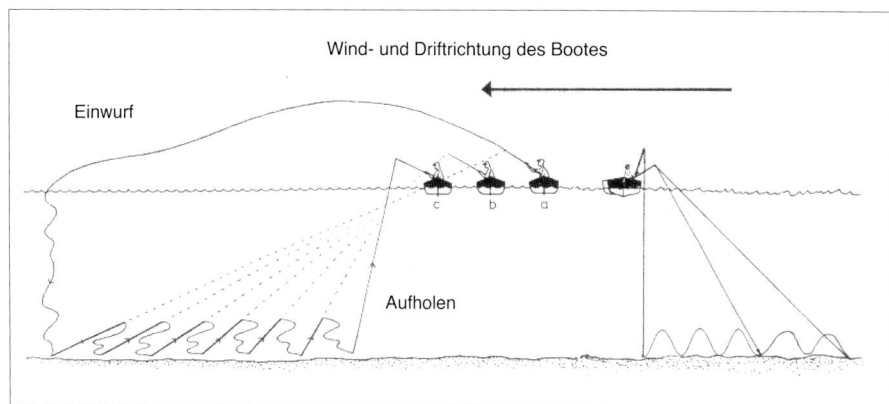

*Pilkangeln (Ostsee, Nordsee, Nordatlantik)
Der Pilker wird mit kleinen Sprüngen über den Grund geführt. Geangelt wird immer vom treibenden Boot. Auf der Windschattenseite (Lee) des Bootes wird weit ausgeworfen; dafür ist eine Stationärrolle gut geeignet. Das Boot treibt von a) zu b) auf den Pilker zu. Deshalb muss nach jeder Pilkbewegung Schnur eingeholt werden.*

Am Boot angelangt, wird der Pilker aufgeholt. Auf der Windseite (Luv, Boot ganz rechts) lässt man den Pilker an der Bordwand zum Grund absinken. Das Boot treibt über a) nach b) immer weiter vom Pilker weg. Mit der »Daumenbremse« auf der freilaufenden Schnurtrommel gibt man ständig Schnur, um den Pilker am Grund zu halten. Dafür ist eine Multirolle vorteilhaft.

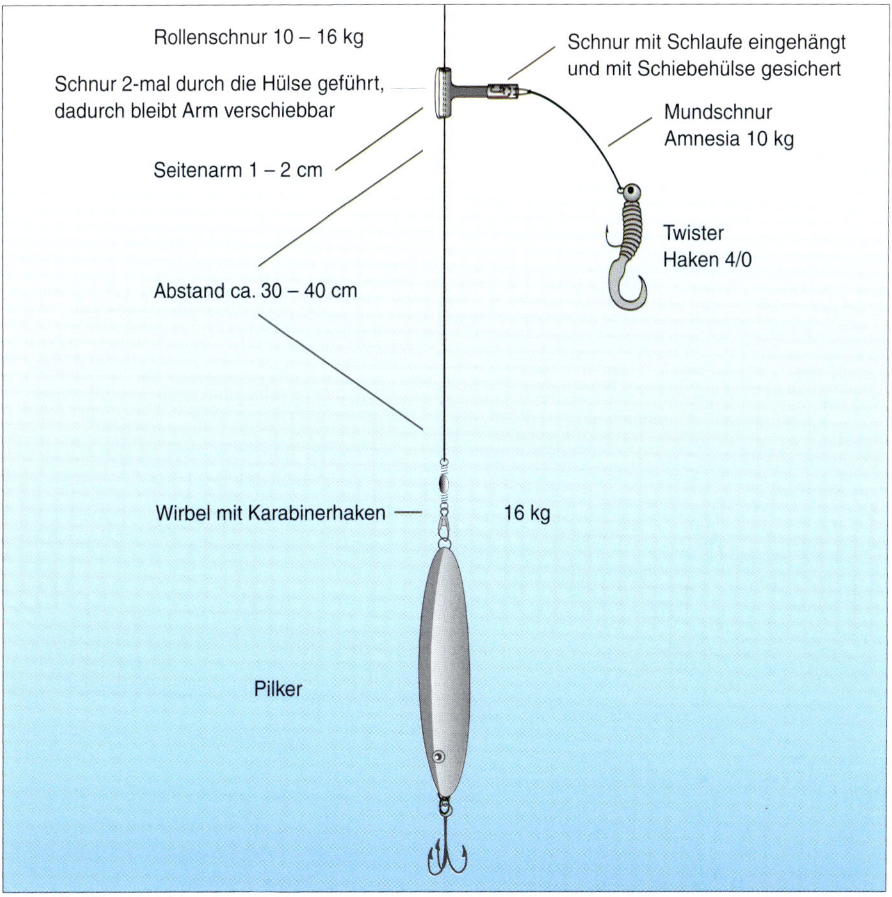

Rollenschnur 10 – 16 kg

Schnur 2-mal durch die Hülse geführt, dadurch bleibt Arm verschiebbar

Schnur mit Schlaufe eingehängt und mit Schiebehülse gesichert

Mundschnur Amnesia 10 kg

Seitenarm 1 – 2 cm

Twister Haken 4/0

Abstand ca. 30 – 40 cm

Wirbel mit Karabinerhaken — 16 kg

Pilker

Pilkermontage mit Twister. Solche Beifänger sind in der Ostsee unentbehrlich.

Rechts: Pilker werden in allen Farben benötigt, vorzugsweise in chromsilber, rotsilber und rot.

Warnung! Wer das sichere Werfen von schweren Pilkern nicht beherrscht, sollte es unterlassen und sich und andere durch unkontrolliert umherfliegende Pilker nicht gefährden.

Brandungsangeln

An der Ostsee wurden die Methoden entwickelt und erprobt, die europaweit ebenfalls beim Angeln vom Strand in der Brandung angewandt werden.

Bei dieser Angelei kommt es darauf an, mit möglichst weiten Würfen ins tiefe Wasser hinter die Brandung zu gelangen. Ideale Plätze sind an der Ostsee dort, wo mit 60 Metern (Anfänger) oder 100 Metern (Fortgeschrittene) Wurfweite hakfreie, tiefe Bereiche inmitten vom »Leopardengrund« zu finden sind. Als »Leopardengrund« bezeichnet man Brandungszonen aus Sand, Steinen, Kies, Bewuchs und Muschelbänken, die, durch die Polarisationsbrille betrachtet,

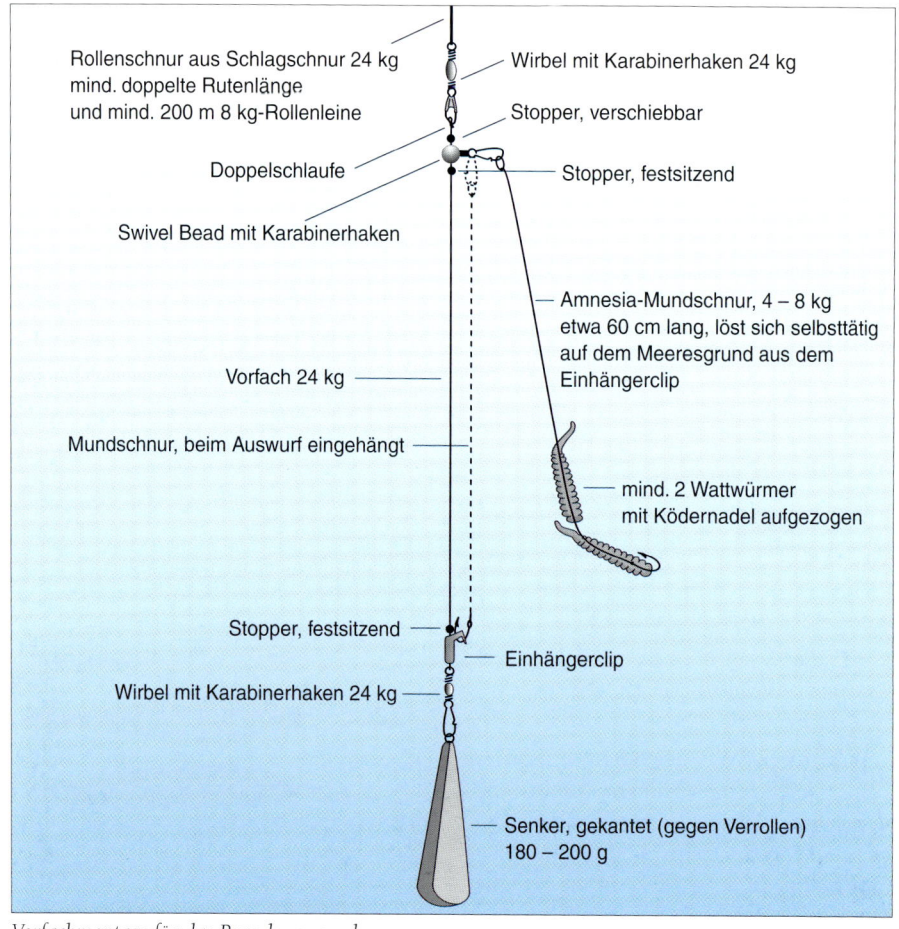

Vorfachmontage für das Brandungsangeln

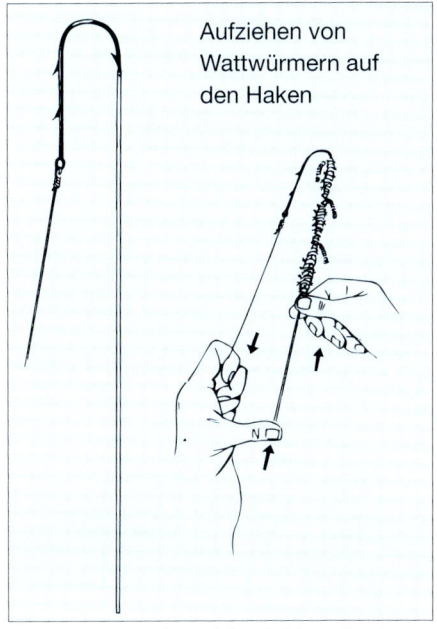

Aufziehen von Wattwürmern auf den Haken

Die Wattwurmködernadel ist hohl. Dadurch kann die Hakenspitze aufgesetzt werden.

unter Wasser einen Fleckenteppich bilden.

Je mehr Nahrung aus diesem Fleckenteppich für die Fische durch die Brandung herausgespült wird, desto besser wird man gleich hinter der Brandung im Tiefwasser fangen. Wichtigste Köder sind Würmer, in erster Linie Wattwürmer, die man überall entlang der Ostseeküste in den Angelfachgeschäften kaufen kann.

Damit diese Würmer nicht beim Schleuderwurf vom Haken fliegen, werden sie mit einer Ködernadel auf Haken und Schnur gezogen und vor dem Wurf in einen Clip gehängt, s. Abb. S. 208.

Nach dem Auswerfen kann man fühlend angeln und die spürbaren Bisse

mit einem Anhieb quittieren. Die meisten Angler aber bevorzugen Rutenhalter und beobachten die Bewegungen der Rutenspitze, nachts durch Knicklichter sichtbar gemacht.

An der Ostsee – man angelt immer auf der windzugekehrten Seite! – werden mit dieser Methode Dorsche, Plattfische, Aale, Aalmuttern, gelegentlich auch Meerforellen gefangen. Hauptfangzeit ist in der Dämmerung und nachts.

Stückliste Brandungsangeln
- 1 Brandungsrute aus dem Reiseset
- 1 Stationärrolle aus dem Reiseset
- 1 Keulenschnur, verjüngend von 24 auf 8 kg
- 1 Spule Amnesia-Schnur für Mundschnüre
- 1 Dutzend Swivel Beads (als Mundschnureinhänger)
- 1 Dutzend Haken Gr. 1 bis 2/0, mit und ohne gespantem Schaft
- 1 Dutzend käufliche Stopperperlen, div. Weitwurfgewichte, um 180 g, Tropfenform, gekantet
- 1 Dutzend Clips
- 1 Rutenhalter
- 1 Dutzend Knicklichter
- 1 Kopfleuchte

Die Auswahl von Rute und Rolle ist für weite Würfe entscheidend. Teleskopwie Steckruten eignen sich gleich gut, wenn sie nicht zu schwer und mit elastischer, bissanzeigender Spitze ausgestattet sind. Die Länge ermittelt man nach der Formel: Körpergröße x 2 + 13 %.

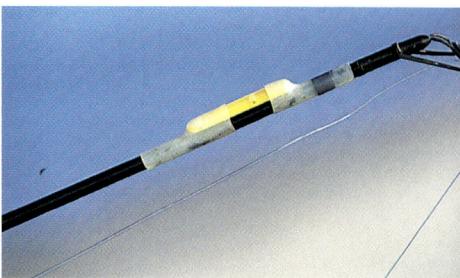

Knicklichter, an der Rutenspitze befestigt, signalisieren nachts den Anbiss eines Fisches.

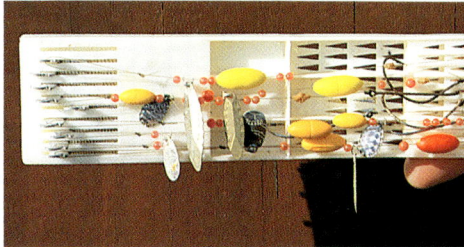

Käufliche Dreibeine werden bevorzugt benutzt und bei Wind mit einem Sandsack oder Eimer beschwert.

Käufliche Vorfachordner

Brandungsangler an der Ostsee

Heringsangeln

Alljährlich ab Mitte März mit dem Höhepunkt im April werden vom Ufer mit dem Heringspaternoster Heringe gefangen. Die Paternoster sind in großer Auswahl käuflich. Man verwendet 4- bis 6-kg-Hakensysteme und beschwert sie mit einem Trapezsenker als Wurfgewicht. Die Köder werden nach dem Auswerfen zupfend zurückgeholt.

Zwei Brandungsangelvorfächer mit rotierenden Locklöffeln und Lockperlen

Die Rolle muss für weite Würfe geeignet sein. Konische, groß dimensionierte Spulen mit superglatten Spulenrändern und einem Kreuzwicklungssystem sowie aalglatte Schnurführungsringe an der Rute sind wesentliche Auswahlkriterien.

Für das Brandungsangeln verwendet man Keulenschnüre. Sie tragen auf den ersten ca. 12 Metern 24 kg und reißen nicht beim Schleuderwurf. Die nachlaufende Rollenschnur wird dünner, etwa 8 kg tragend gewählt. So erreicht man wesentlich weitere Würfe.

Vorfächer bindet man selbst und verwahrt sie in käuflichen Vorfachspendern, s. Abb. auf S. 210, oben.

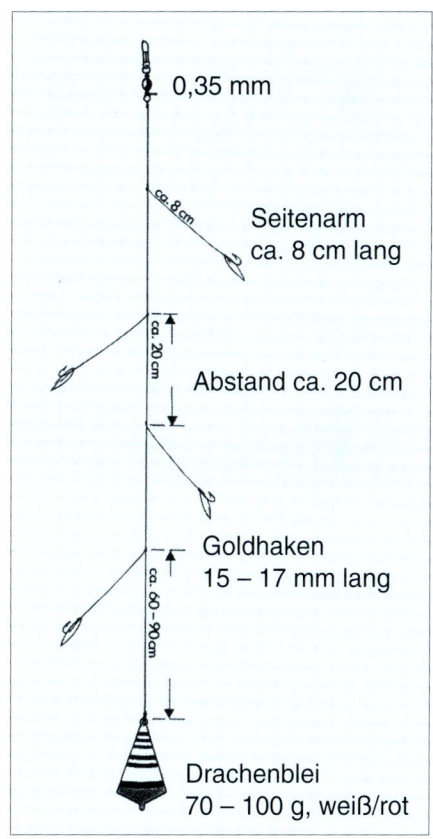

0,35 mm

Seitenarm
ca. 8 cm lang

Abstand ca. 20 cm

Goldhaken
15 – 17 mm lang

Drachenblei
70 – 100 g, weiß/rot

Heringsangeln, Paternostermontage

Die Heringe sind da! Hunderte Angler fangen sie im April im Kieler Binnenhafen und vielen weiteren Orten, siehe Seite 233.

Erfahrene Bootsangler führen solche Paternoster ganzjährig auch beim Boots-angeln mit sich. Werden auf hoher See Heringe gehakt, kann man durch raschen Umbau der Pilkangel mit dem Heringspaternoster zu allen Jahreszeiten Heringe erwischen – solange sie unterm Boot stehen.

Fürs Heringsangeln reicht die Meer-forellen-Spinnrute aus dem Reiseset. An die Stationärrolle werden keine besonde-ren Ansprüche gestellt.

Empfehlenswert ist die Mitnahme eines rauledernen Handschuhs und eines Spüleimers. Darin werden die frisch gefangenen Heringe mit dem Handschuh »gestreift« und so leicht ent-schuppt.

Sehr sinnvoll ist eine Kühlbox, denn Heringe verderben schnell in der Wärme.

Naturköderangeln vom Boot

Mit dieser Methode wird driftend auf dem Grund gefischt und dabei nicht nur Dorsch, sondern die ganze Palette der Ostseefische erwischt. Bester Köder dafür sind Watt- und Seeringelwürmer.

Die fangfertigen Vorfächer sind in vie-len Ausführungen käuflich. Bewährt haben sich kleine rotierende Metalllöffel und/oder farbige und lumineszierende (nachts) Perlen hinter dem Haken. Sie alle wirken als Lock- oder Reizköder; besonders Plattfische fallen darauf he-rein.

Geangelt wird mit schwach gebremster multifiler Schnur. An dieser dehnungs-armen Schnur verhaken sich die Fische leichter, und die Bisse sind besser fühl-bar.

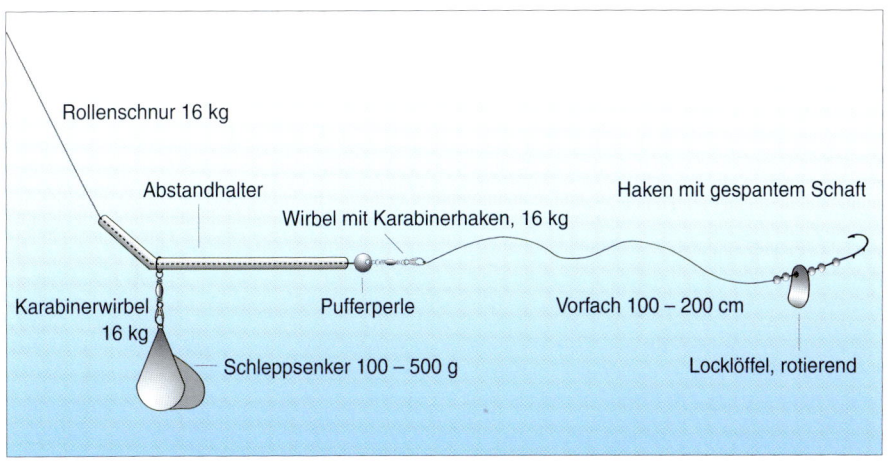

Naturköderangeln vom Boot.
Der Abstandhalter soll den Köder in Driftlinie halten und Verwicklungen im Schleppblei vermeiden.

Stückliste Naturköderangeln vom Boot
- 1 Brandungsrute aus dem Reiseset
- 1 Multirolle aus dem Reiseset mit 8–16-kg-Multifilschnur
- div. Abstandshalter mit Karabinerwirbel
- div. Schleppsenker 200, 300, 500 g
- 1 Ködernadel fürs Wurmaufziehen
- div. Haken 1/0 bis 3/0
- div. fertige Vorfächer
- Pufferperlen
- Hakenschärfer

Watangelei

Zielfische sind Meerforellen, Hornhechte und Dorsche, auf die spinnend beim Waten gefischt wird. Die Angelei unterscheidet sich kaum vom Spinnfischen an Binnengewässern und wird an der Ostsee immer populärer.

Meerforellen, die begehrteste Beute, werden mit 8 bis 10 cm langen, sehr schlanken und 8 bis 18 g schweren Blinkern erbeutet. Bläulich-grüne und rötlich-weiße Muster werden bevorzugt verwendet. Mit den fächerförmig weit ausgeworfenen Blinkern wird das Ufer in halber Wassertiefe abgesucht. Beste Angelzeit: Dämmerung, dazu ruhiges oder nur schwach bewegtes Wasser.

Meerforellenblinker sollen Heringe und Sandspierlinge imitieren. Blaugrüne, schlanke Muster, mitunter aber auch rote, erweisen sich als fängig in Gewichten von 10 bis 30 g.

Sehr beliebt und zeitweilig noch fängiger ist das Fliegenfischen. Dazu werden Einhand-Fliegenruten von etwa drei Meter Länge mit Schwimmschnur und sinkendem Endstück (Sinking Tip) gebraucht. Garnelenfliegen sind als Köder Favorit.

Hornhechte werden von Mai bis Juli am helllichten Tag spinnend gefangen. Besonders zur Laichzeit im Mai sind ufernahe Kraut- und Tangfelder gute Fangplätze. Man verwendet anstelle eines Metallspinners einen Fetzenköder mit Einzelhaken und als Wurfgewicht eine Bleiolive (s. Kap. »Mittelmeer«, Abb. S. 55). Mit dieser Methode vermeidet man den Bruch der empfindlichen, schnabelförmigen Kiefer (und damit das Verludern freigekommener Fische).

Dorsche werden wie die Meerforellen in der Dämmerung spinnend gefangen. Man verwendet dieselben Köder, lässt sie aber auf den Boden sinken und führt sie in Sprüngen zum Ufer zurück.

Stückliste Watangeln
- 1 Spinnrute aus dem Reiseset
- 1 Stationärrolle mit hoher Einhol-Übersetzung und leichter als Reiseset-Rolle, befüllt mit monofiler Schnur 8 kg, ca. 200 Meter
- 1 Wathose, gut isolierend
- 1 Watjacke mit vielen Taschen
- 1 Umhängekescher, schwimmend

Schleppangelei

Diese Methode gewinnt immer mehr Freunde in Deutschland. In Dänemark, Schweden und vor allem im Mittelmeerraum ist das Schleppen längst populär.

Mit Schleppködern, meistens Blinkern, Wobblern oder auch Jigs wird bei 2 bis 4 kn (Ostsee) oder noch schneller (südliche Breiten) das Wasser in unterschiedlicher Tiefe abgesucht. Zielfische in der Ostsee sind Meerforellen, Lachse und – als Beifang – Dorsche. Dazu bieten sich verschiedene Methoden an:

Schleppen mit dem Paravan: siehe Kap. »Mittelmeer«.

Schleppen mit Disk-Scheibe oder Diver: Die kleinen Geräte eignen sich besonders gut für das langsame, rudernde Schleppen in Flachwasserbereichen, bei schnellerer Fahrt, aber auch im Tiefwasser. Sie haben den Vorteil des weit ausholenden seitlichen Scherens, dadurch können mehrere Köder zugleich geschleppt werden.

Diver-Disk-Schleppscheiben

So angelt man mit dem Tiefenschlepp-gerät (Downrigger)

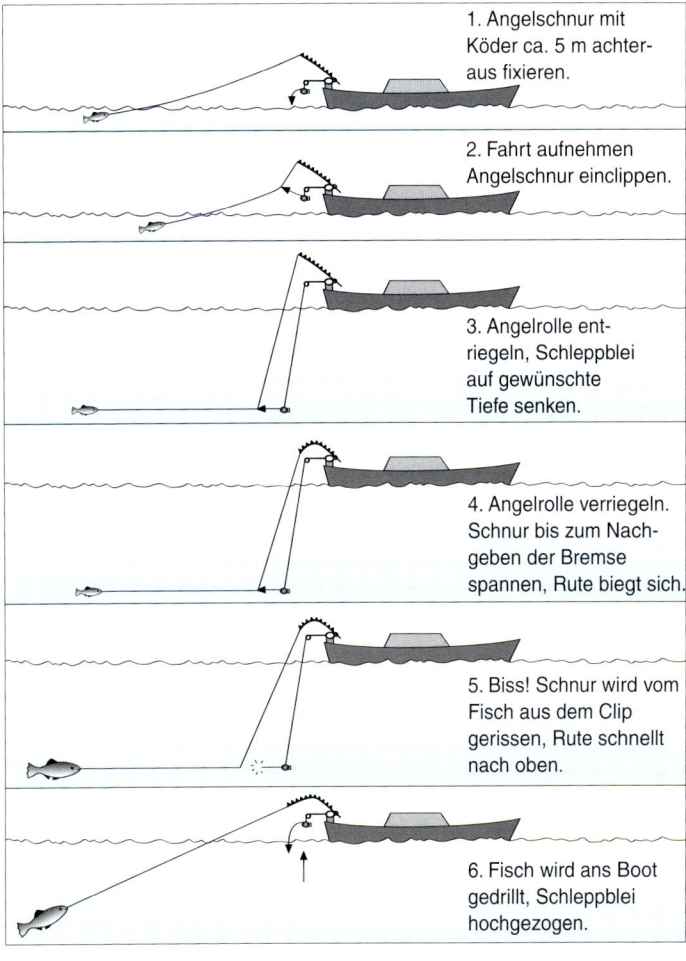

1. Angelschnur mit Köder ca. 5 m achteraus fixieren.

2. Fahrt aufnehmen Angelschnur einclippen.

3. Angelrolle entriegeln, Schleppblei auf gewünschte Tiefe senken.

4. Angelrolle verriegeln. Schnur bis zum Nachgeben der Bremse spannen, Rute biegt sich.

5. Biss! Schnur wird vom Fisch aus dem Clip gerissen, Rute schnellt nach oben.

6. Fisch wird ans Boot gedrillt, Schleppblei hochgezogen.

Schleppen mit Downrigger: Das ist die professionellste Methode. Mit kiloschweren Senkern kann tief geschleppt werden. Der Vorteil: Der Köder wird in die Schleppleine geclippt, beim Anbiss löst sich die Schnur und der Fisch wird mit der Rute ausgedrillt (s. Abb. oben). Bei Paravanen und Divern ist das nicht möglich; die Fische müssen stets samt Gerät gedrillt werden.

In der Ostsee werden beim Schleppen dieselben Blinker verwendet wie beim Watangeln auf Meerforellen. Wenig tauchende, aber gut schlängelnde, hin- und herschießende Wobbler benutzt man ebenfalls.

215

Vollausgerüstetes Schleppangelboot

*Wobbler, schwebende und tauchende Formen,
sind bei der Schleppangelei und zum Hechtfang
wirkungsvolle Köder.*

*Handbetrieb-Downrigger, kann nach dem Angeln
abgenommen und unter Verschluss gehalten werden.*

Stückliste Schleppangeln

- Schleppen ohne spezielle Geräte:
  1 Multirolle mit 8-kg-Schnur und eine
  normale Spinn- oder Bootsrute.
- Schleppen mit Divern und Paravans:
  1 Multirolle (16-kg-Leine) mit Zählwerk (s. Abb. S. 59) und eine spezielle
  Schlepprute.
- Schleppen mit Downriggern:
  Neben dem Downriggergerät mit Clips
  und Schleppsenkern benötigt man
  eine spezielle, leichte Rute mit Multirolle und 8-kg-Schnur.

*Der „Zehnender"aus Schweden. Anordnung von
zehn Schleppleinen hinter einem Boot. Damit wird
die Chance, einen Fisch in der unendlichen Weite
der hohen See zu fangen, beträchtlich verbessert.*

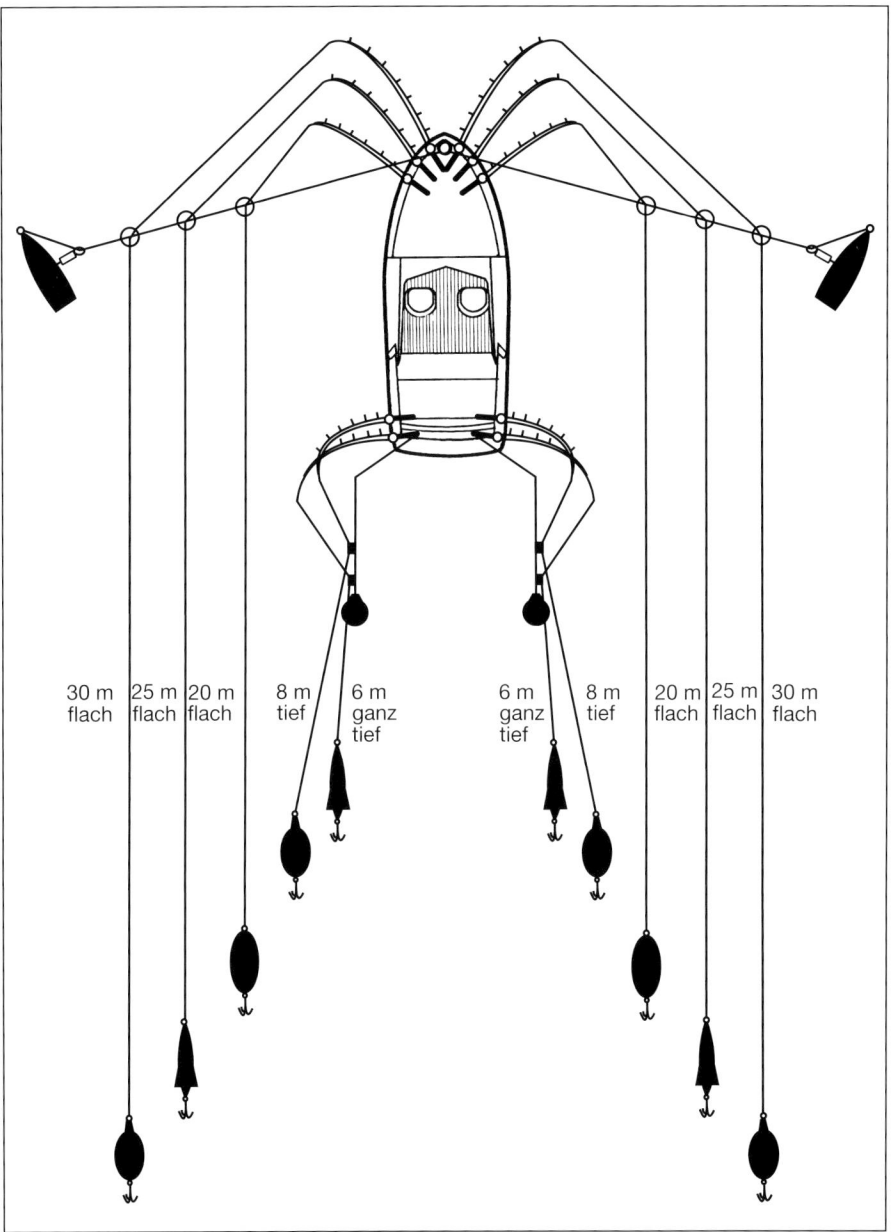

30 m flach	25 m flach	20 m flach	8 m tief	6 m ganz tief	6 m ganz tief	8 m tief	20 m flach	25 m flach	30 m flach

Die Anordnung der Schleppleinen beim „Zehnender" von oben gesehen. Beißt ein Fisch, müssen alle übrigen Leinen sofort eingezogen werden.

217

Die Fische

Rund 2000 Fischarten landen im Laufe eines Jahres auf Europas Fischmärkten. Das ist ein großartiger Reichtum, an dem der Küstenangler mannigfach teilhaben kann. Denn nirgendwo ist die Artenvielfalt so groß wie in der Uferregion oder den mit Boot und Angel erreichbaren küstennahen Meeresabschnitten.

In diesem Buch sind nur die häufigsten oder begehrtesten Angelfische in alphabetischer Reihenfolge beschrieben. Dabei achte man auf diese Zeichen:

 Das bedeutet Verletzungsgefahr bei der Handhabung der Fische durch Stacheln, Dornen oder raue Haut.

 Dies bedeutet Vergiftungsgefahr durch Bisse oder Stachelstiche. So markierte Arten sollten nur mit Handschuhen aus derbem Material angefasst werden.

 Dieses Zeichen weist auf einen ganz besonders hohen Küchenwert des Fisches hin.

Die landesüblichen Fischnamen sind nach dem internationalen Nationenkürzel wie folgt geordnet:

DK	= Dänemark	M	= Malta
E	= Spanien	N	= Norwegen
F	= Frankreich	NL	= Holland
GR	= Griechenland	P	= Portugal
GB	= Großbritannien	S	= Schweden
HR	= Kroatien	SF	= Finnland
I	= Italien	TR	= Türkei
IS	= Island		

Wer mehr über die Biologie der Meeresfische wissen will, dem seien die weiterführenden Bücher im Literaturverzeichnis auf S. 283 empfohlen.

Das bei jedem Fisch erwähnte »Specimen«-Gewicht bezieht sich auf groß abgewachsene Fische, deren Schwere in der Nähe des bestehenden Rekord-Gewichtes liegt. Ein Fisch mit Specimen-Gewicht kann von Fall zu Fall auch Landes- oder Regionsrekord sein, man frage den Angelfachhändler vor Ort.

Vorsicht! Urlaubsverderber!

Drei Flossenträger aus europäischen Gewässern können mit Stacheln und Gift dem Menschen so gefährlich werden, dass der ganze Urlaub gefährdet ist:

Petermännchen (s. S. 248). Der meist nur bis 30 cm lange Fisch und sein ebenso kleiner Verwandter, die Viperqueise, besitzen sehr spitze Stacheln mit Gift. Stiche verursachen andauernden, sich über Tage hinziehenden erheblichen Schmerz mit heftigen Schwellungen. Es gibt kein Gegenmittel, höchstens ein bisschen Linderung.

Stechrochen (s. S. 255). Diese Rochenart besitzt auf dem peitschenförmigen Schwanz große, mit Widerhaken bewehrte Stacheln. Bei der Landung schlägt der Fisch damit wild um sich, die Stacheln können auch durch dünne Handschuhe oder Hosen in den Körper eindringen und führen zu üblen Verletzungen mit Infektionen, die oft wochenlang nicht heilen. Nur Arzt und Krankenhaus können helfen.

Dornhai (s. S. 230) Er kann beißen, wie alle Haie, aber schlimmer noch: Bei jeder Rückenflosse steht ein äußerst spitzer und sehr stabiler Stachel, den der Fisch mit Drehbewegungen in den Körper eines Anglers reißen kann. Angler mussten schon mit dem Rettungshubschrauber ins Krankenhaus geflogen werden, um nach einem Dornhaistachelriss nicht zu verbluten.

Aal
Anguilla anguilla
aal (DK); anguila (E); anguille (F); eel (GB); cheli (GR); jegulja (HR); anguilla (I); áll (IS); aal (N), aal, paling (NL); enguia, eiro (P); al (S); ankerias (SF); yilan (TR).

Specimen: ab 4 kg, Durchschnittsgewicht: 0,5 kg. Länge bis 100 cm.

Verwechslungen sind möglich mit dem Conger. Dessen Rückenflosse beginnt aber schon kurz hinter dem Ende der Brustflossen.

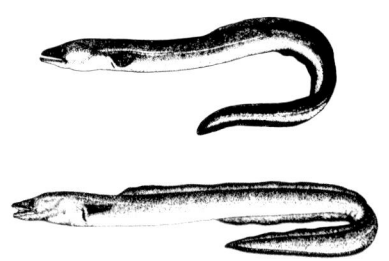

Aal und Conger (unten). Deutlich ist der unterschiedliche Rückenflossenansatz zu erkennen.

Vorkommen: Der Aal ist der einzige der hier beschriebenen Fische, der das gesamte im Buch behandelte Angelgebiet bis in die äußersten Winkel bewohnt. Von den Klippen Madeiras über Islands Südküste bis hin zum Nordkap, von der irischen Westküste bis hoch hinauf in den Bottnischen Meerbusen, und überall im Mittelmeer kommt er vor. Er bevorzugt sehr flaches Wasser, wird nachts im knietiefen Wasser der Küsten im Angespül der Brandungszonen und tags in Verstecken zwischen Molensteinen, unter Kais und Pontons gefangen. Lebt im Wasser aller Salzkonzentrationen.

Fang: Mit dem 4-kg-Gerät auf dem Grund mit Naturködern aller Art, Hakenmindestgröße 1/0. In der Nordsee werden Aale gepöddert (s. S. 184).

Adlerfisch
Argyrosomus regius (Sciaena aquila)
corbina (E); maigre (F); meagre (GB); mayatio aetós (GR); krb (HR); boca d'oro (I); sariağiz (TR).

Specimen: 30 kg, wird bis 200 cm lang. Fisch mit auffällig großen Schuppen, die in schräger Reihung den Körper herablaufen. Die Seitenlinie verläuft über die Schwanzwurzel hinaus bis auf die Schwanzflosse. Erste Rückenflosse: 9 Stachelstrahlen; nur der erste Strahl der zweiten Rückenflosse ist zu einem Stachel ausgebildet. Rücken silbrig-braun, Flanken hell mit Goldschimmer, Flossen rötlich-braun.

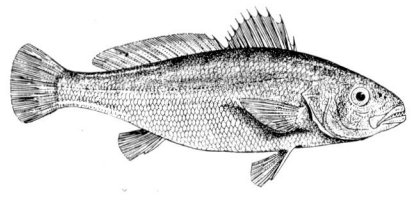

Vorkommen: Fisch flacher Gewässer (Sommer) und seichter Buchten, immer auf der Jagd nach Sardinen, Meeräschen, Hornhechten und Makrelen. Seine Opfer jagen oft panisch in Schwärmen aus dem Wasser, fliehen bis auf den Strand. Fisch des gesamten Mittelmeeres und südlicher Breiten, bei uns bis zum Nordrand der Biskaya vordringend, vereinzelt noch weiter nördlich. Europarekord (37,8 kg, 1988) von der Gironde-Mündung (franz. Atlantikküste).

Fang: Beim Schlepp- und Brandungsangeln in unmittelbarer Küstennähe. Bei trübem Wasser auch mit der Floßangel. Bevorzugt Naturköder (Sardinen, kleine Makrelen, Heringe, Sardellen).

Anglerfisch
Lophius piscatorius

bredflab, havtaske (DK); rape, sapua (E); baudroie, lotte de mer (F); angler, frogfish (GB); Vatrochopsaro (GR); grdobina (HR); rana pescatrice, rospo (I); skötuselur (IS); breiflabb (N); zeeduivel, hozen-bek (NL); tamboril, peixe sapo (P); marulk, havspadda (S); fener baligi (TR). **Specimen:** ab 35 kg, im Mittel: 5 kg, wird bis zu zwei Meter lang und 50 kg schwer.

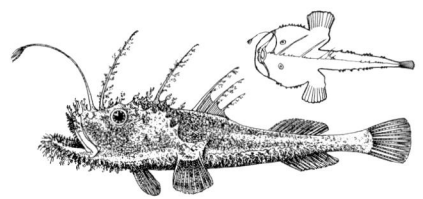

Diese Art ist ganz auf das spezialisiert, was Meeresangler machen: Der Fisch »angelt« (Name!) mit einem kleinen Hautfetzen als Köder. Als »Angelrute« dient der erste Rückenflossenstrahl. Der träge und langsam schwimmende Fisch schlägt mit seinen zu »Flügeln« ausgebildeten Brustflossen eine Mulde ins lockere Sediment, bedeckt sich dabei mit Sand und Kies und passt sich mit seiner Färbung der Umgebung vollkommen an.

So im Boden versteckt und getarnt, lockt er Fische, Krabben, sogar Hummer mit seiner »Angel« herbei. Ist die Beute nahe genug vor dem Maul, wird das Opfer mit einem einzigen, plötzlichen Rachenaufreißen eingesaugt und verschlungen.

Vorkommen: Bewohnt alle europäischen Küsten mit Ausnahme der Ostsee. Gehäuftes Vorkommen: norwegische und portugiesische Küste.

Fang: Vom verankerten oder driftenden Boot mit der Atlantik-Universal-Methode (s. Seite 143). Beste Köder: kleine Plattfische, unzerteilt. Der Fisch ergibt sich ohne große Gegenwehr. Vorsicht! Scharfe Zähne!

Blaufisch
Pomatomus saltator
anjova (E); tassergal (F); bluefish (GB); gofari (GR); strijelka skakusa, plitica (HR); pesca serra (I); blauwvis (NL); enchova (P); lüfer (TR).
Specimen: ab 10 kg, Durchschnittsgewicht: 2 kg, wird bis 110 cm lang.
Der Fisch erinnert an eine stark vergrößerte Makrele, besitzt jedoch keine Flösselchen auf dem Schwanzstiel, hat eine stachelige erste Rückenflosse und kleine spitze Stacheln am Ansatz der Afterflosse. Die auffällige blaugraue Färbung gab dem Fisch seinen Namen; sie verstärkt sich unmittelbar nach dem Tod des Fisches. Der Fisch riecht – wie unser heimischer Stint – leicht nach frischen Gurken.

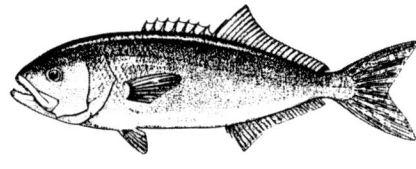

Vorkommen: Von Portugals Nordgrenze bis in alle Bereiche des Mittelmeeres. Steht gern an Kaps und Klippen, am Rand des weißen Wassers bei bewegter See. Oft vor Flussmündungen. Große »Blues« jagen paarweise oder als Einzelgänger, kleinere immer im Schwarm.
Fang: »Piranha des Meeres« nennen die Angler diesen Fisch – so wild tobt er raubend in den Kleinfischschwärmen herum, drängt sie ins Flachwasser der Küste und gerät dabei selbst an Badenden vorbei aufs Trockene.

Wo die Fische rauben, ist ihr Fang vom Ufer aus mit Spinnruten kein Problem. Noch erfolgreicher sind lebende oder tote Köderfische, die mit einem Floß vor der Brandung angeboten werden. Vom verankerten Boot fängt man sie, wenn – mit feinem Rubby-dubby – Kleinfischschwärme ans und unters Boot gelockt wurden.

Blaufische sind »Sonnenfische«, beißen beim hellsten Sonnenschein mitten am Tag. Neben dem Wolfsbarsch gehören sie zu den begehrtesten Beutefischen der portugiesischen Brandungsangler. Stahlvorfächer verwenden!

Bonito, Atlantischer
Sarda sarda
rygstribed pelamid (DK); bonito (E); bonite á dos rayé (F); bonito (atlantik), pelamid (GB); palamida (GR); polanda, pastirica (HR); palamita (I); rygstribet pelamide (N); boniter, bonito (NL); serralhao (P); ryggstrimmig pelamid (S); palamut-torik (TR).
Specimen: ab 7 kg; Durchschnittsgewicht: 2 kg. Bis 90 cm lang.
Eng verwandt mit unserer Makrele und den Thunen, oft verwechselt mit vielen anderen makrelenartigen Fischen. Sarda sarda ist klar unterscheidbar durch die wellenförmig verlaufende Seitenlinie und die weite Maulspalte; der Oberkiefer endet stets erst mit oder hinter dem Augendurchmesser. Typisch auch die diagonal verlaufenden Streifen auf dem stahlblauen Rücken – besonders schön im Wasser zu beobachten. Die Flanken sind ungesprenkelt, hell, der Bauch schneeweiß gefärbt.

221

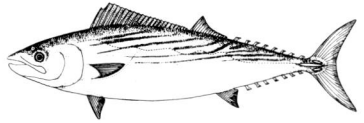

Vorkommen: Schwarmfisch – wie die Makrele – der offenen, hohen See. Kommt selten näher als 10 Meilen an die Küste heran. Jagt ständig aufspritzend und springend Sardinen, Makrelen, Stöcker. Verrät sich aus der Ferne durch kreisende Möwenschwärme. Verirrt sich im Sommer bis nach Schottland; regelmäßig aber bis Ende September in der Biskaya und von dort weiter südwärts. Überall im Mittelmeer.

Fang: Man umrundet vorsichtig einen jagenden Bonitoschwarm und schleppt kleine Jigs, Federhaken, Tintenfische oder frische, tote, kleine Makrelen (durch das Auge gehakt) flach und weit hinter dem Boot her. Wild kämpfender Fisch an leichtem 8-kg-Gerät.

Conger
Conger conger
havaal (DK); congrio (E); congre (F); conger eel (GB); mougri (GR); ugar (HR); grongo (I); hafáll (IS); havaal (N); zeepaling (NL); congro, safio (P); havsaal (S); migri (TR).

Specimen: ab 50 kg; Mittelgewicht 5 kg. Bis zu 3 Meter lang.

Nur mit unserem heimischen Aal verwechselbar (s. Abb. S. 219). In der Regel aber weit größer als dieser und nie im Brackwasser lebend. Wie unser Aal, so ziehen auch die laichreifen Conger gemeinschaftlich zum Laichen weit fort und kehren nicht zurück.

Vorkommen: Streng gebunden an felsige Küsten, Tiefwasserriffs oder Wracks –

kurz an alles, was Unterschlupf gewährt. Sogar unter den Spundwänden von Häfen – besonders Fischereihäfen – leben große Conger. Berühmte Fangplätze für Großconger liegen querab Plymouth und Brixham an der englischen Südküste, in den Steinriffs von Le Croisic bei La Baulle (Frankreich). Conger sind über das ganze westliche Mittelmeer verbreitet, fehlen aber in der Adria und in der nördlichen Ägäis. Es sind ausgesprochen nachtaktive Tiere, die am Tage versteckt in ihren Höhlen leben und nur hervorschießen, wenn ein Köder nahe genug herantreibt. Lebt auch in den Fjorden Südwest-Norwegens.

Fang: Mit Filets frischer Makrelen (bester Köder) und Einzelhaken am Stahlvorfach (s. Seite 182) vom sorgfältig über dem Versteck verankerten Boot. Ohne Führung durch erfahrene einheimische Angler oder Fischer bestehen kaum Chancen zum Fang. Besonders erfolgreich ist das Befischen von Wracks entlang der irischen, südenglischen und nordwest-französischen Küste. Die knapp 30-minütige Stillwasserzeit zwischen Ebbe und Flut während schwach auflaufender Tiden (Nibb-Tide), möglichst auch noch in den frühen Morgen- oder späten Abendstunden, gilt als fast unfehlbare beste Angelzeit.

Conger können nach der Landung im Boot gefährlich werden: Sie schlingen sich um alles und beißen um sich. Erfahrene Skipper fieren einen Conger mit dem Schwanz voran in einen Jutesack oder eine Tonne, um dann mit gezielten Schlägen den Fisch zu betäuben und zu töten.

Dolphin
Coryphaena hippurus
guldmakrel (DK); lampuga, dorado (E);
coryphéne (F); dolphin (GB); kynigos
(GR); corifena (I); dolfijnvis (NL); dou-
rado (P); guldmakrill (S).
Specimen: ab 30 kg, im Schnitt 2 kg.
Kann bis zu 200 cm lang werden. Einer
der farbenprächtigsten Fische unserer
Meeresfauna: Von der dunkelblauen
Rückenflosse bis herab zur roten Bauchflosse schimmert der Fisch in allen Farben des Regenbogens. Zu den kleinen
dunklen Sprenkeln auf den Flanken
kommen beim Drill eines Fisches noch
häufig dunkle senkrechte Streifen hinzu.
Diese, wie auch alle Farben, verschwinden innerhalb weniger Minuten nach
dem Fang des Fisches und weichen
einem einheitlichen, schmutzig-gelben
Ton.

Die Milchner sind mit zunehmender
Größe durch eine sehr hohe, beinahe
senkrechte Stirnpartie deutlich von den
Rognern zu unterscheiden. Die alten
Milchner halten sich einen regelrechten
»Harem« von mehreren Rognern, die
ständig bei ihrem männlichen Anführer
bleiben.

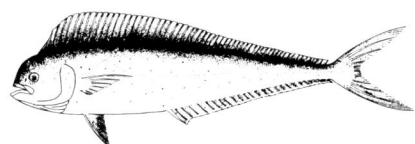

Vorkommen: Schwarmfisch der hohen
See, raubt und jagt im Oberwasser, vor
allem Fische, aber auch Tintenfische.
Auffällig ist die Vorliebe für treibende
Gegenstände; ein Fass, eine große Holz-
bohle oder besser noch ein Treibfeld aus
Seetang und Seegras zieht die Fische
magisch an. Auch driftende Boote werden gern aufgesucht. In unseren Breiten
ist die Königsmakrele beschränkt auf die
warmen ozeanischen Seegebiete bis zur
Südgrenze der Biskaya. Fast immer zu
fangen rund um Madeira, oft auch um
die Kanaren und Azoren anzutreffen. Im
Mittelmeer überall mit Ausnahme der
Adria.
Fang: Dieser Fisch ist, vergleicht man
ihn mit gleich großen anderen Arten,
der absolut wildeste und kräftigste aller
Fische. Große Tiere sind nur mit Geräten der 36-kg-Klasse sicher zu bändigen,
aber auch die kleineren erfordern starkes
16-kg-Gerät. Wer unvorbereitet in einen
Schwarm gerät, wird wahrscheinlich
zunächst das gesamte Vorfach verlieren,
es sei denn, die Bremse ist locker eingestellt.

Königsmakrelen beißen auf alles, was
sich glitzernd im Wasser bewegt, sogar
auf Haken, die nur mit Staniolpapier
umwickelt wurden. Ist ein Schwarm am
Boot, angelt man driftend mit Blinkern,
Fischfetzen oder Twistern und füttert
dabei ständig mit Rubby-dubby (s. Seite
58) an. Man findet einen Schwarm oft
beim Schleppen auf Marline oder
Thune, wenn die Fische auf die (meist
zu großen Köder) mehrfach beißen und
dabei halb aus dem Wasser schießen.

Dorsch
Gadus morhua
torsk (DK); bacalao (E); morue, cabil-
laud (F); cod (GB); thorskur, fiskur (IS);
torsk, skrei (große Ex., N); kabeljauw
(NL); bacalhau (P); torsk (S); turska
(SF).

Specimen: ab 20 kg. Mittelgewicht: 2 kg. Länge bis 1,6 Meter.

Einer der häufigsten und wichtigsten Nutzfische des Nordatlantiks. Ohne den Dorsch käme nicht nur die Angelei, sondern auch die Fischerei in weiten Teilen der Ostsee und im Nordmeer zum Erliegen. Der Dorsch ist der wichtigste Vertreter der Dorschartigen; 21 Arten (darunter Pollack, Wittling, Schellfisch, Köhler) leben im Nordostatlantik.

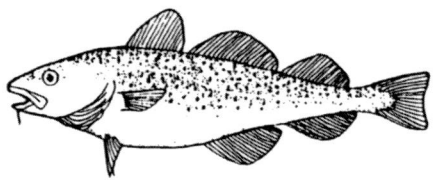

Großdorsche der hohen See nennen die Fischer Kabeljau; Ostsee- und Küstenfische nennt man Dorsche. Im Westatlantik vor Neufundland werden offenbar die größten Kabeljaue erbeutet, Rekord: 44,79 kg. Von seinen Verwandten unterscheidet sich unser Dorsch durch einen Bartfaden am Kinn, eine auffällige, helle Seitenlinie und eine Mar-

morierung, die vom Rücken bis weit zur hellen Bauchseite herabreicht. Die Grundfarbe wechselt je nach Lebensraum: Helle, graue Fische leben über Schlickgrund (selten), braune Exemplare in Tangfeldern, rote in Rotalgenzonen und grünlich gefärbte in Seegraswiesen.

Vorkommen: Küstendorsche leben stets über steinigem Grund zwischen Algen und Tangen, auf Muschelbänken und Geröllfeldern. Selten steigen sie in höhere Wasserschichten auf (nur bei der Jagd auf Heringe), und selten trifft man sie über glattem Sand- oder Schlickgrund.

Sicherster Fangplatz in deutschen Gewässern ist der dicht bewachsene Helgoländer Felssockel. Daneben bilden die über 400 Wracks in der Deutschen Bucht ausgezeichnete Möglichkeiten zum Dorschfang. Alle übrigen Bereiche unserer Nordseeküste scheiden für den sicheren Dorschfang aus.

Hauptfanggebiete entlang der deutschen Ostseeküste sind: Sagasbank (querab Dahme, Ausgangshäfen: Travemünde, Niendorf, Neustadt oder Großenbrode); Ostküste Fehmarn (Ausgangshäfen: Großenbrode, Burg); Nordwestküste Fehmarn, Tonne 5 (Ausgangshafen: Heiligenhafen); südlich Langeland (Ausgangshäfen: Kiel, Eckernförde); Breitgrund (Ausgangshäfen: Kappeln, Maasholm, Eckernförde).

Immer mehr Angler zieht es zum Dorschangeln ins benachbarte Ausland. Top-Dorschangelplätze in Dänemark sind: Großer Belt, Öresund, nördlicher Kleiner Belt, Samsö Belt, Gewässer um Ebeltoft, querab Frederikshavn und Hirtshals (Nordsee).

Wachstum:*				
Jahre	Nordsee (mittlere)	Westl. Ostsee	Landsorttief/ Ostsee (SO-Schweden)	Ost- Island
3	36	32	32	35
4	55	42	40	42
5	68	55	50	55
6	78	64	58	70
7	89	72	64	80

* nach Ehrenbaum »Naturgeschichte und wirtschaftliche Bedeutung der Fische Nordeuropas« und Andersson »Fiskar och Fiske i Norden«.

Europas beste Dorschreviere liegen vor der norwegischen Küste (ab Stavanger nordwärts, bester Platz unter lauter sehr guten Plätzen: Lofoteninseln). In diesem Bereich findet man mehr Dorsche vor der Küste zwischen den Schären als in den Fjorden. Von den Lofoteninseln nordwärts fängt man die Dorsche überall, auch in den entlegensten Fjorden.

Fang: Von 100 Dorschen weden 99 in unmittelbarer Grundnähe gefangen. Am populärsten ist das Pilken (ab Seite 206), mit Pilkern zwischen 75 und 200 g und Beihaken (Twister, Gummiaale). Daneben wird das Naturköderangeln (ab Seite 212) mit Wattwürmern, Tintenfischen, Fetzenködern aus Makrelen, Hornhechten, Plattfischen oder mit in ganzer Länge angeköderten Spierlingen und Jungheringen ausgeübt.

Drachenköpfe
Scorpaenidae

Neun Arten dieser Fischfamilie mit dem »Drachenkopf« leben in den wärmeren europäischen Meeren und sind besonders im Mittelmeer häufige Beute der Angler. Alle besitzen scharfe Stacheln, oft dazu giftige; Handschuhe sind beim Abhaken unbedingt ratsam. Dann aber müssen die Fische in die Küche, denn sie sind allesamt sehr schmackhafte Speisefische.

Die Unterscheidung der Arten ist schwierig. Beschrieben wird hier stellvertretend für alle nur einer:

Roter Drachenkopf
Scorpaena scrofa

cabracho (E); rascasse rouge (F); red scorpionfish (GB); scorpaena (GR); scor-

fano rosso (I); bodeljke, skrpina (HR); rascasso (P); lipsoz (TR).

Specimen: bis 50 cm (selten), meist 30 cm.

Vorkommen: Einzelgänger, aber im größeren Umkreis eines Fangplatzes fängt man meistens noch weitere, wenn felsiger Blockgrund mit Algenbewuchs vorhanden ist. Der Fisch meidet Brackwasser und Häfen, die größeren Exemplare findet man ab 30 Meter Tiefe.

Fang: Mit der Grundangel direkt am Boden mit Fischfetzen, die pilkend geführt werden. Der Fisch beißt willig und schluckt tief, deswegen sind Haken ab Größe 1/0 angebracht.

Franzosendorsch
Trisopterus luscus

skaegtorsk (DK); faneca (E); tacaud (F); bib (GB); skjeggtorsk (N); steenbolk (NL); faneca (P); skjäggtorsk, bredtorsk (S).

Specimen: bis 40 cm lang. Zusammen mit seinem Verwandten, dem Zwergdorsch, ist der Franzosendorsch der »Minikabeljau« der südlichen europäischen Länder. Gedrungener als der Dorsch, mit schwarzem Fleck auf dem Brustflossenansatz, sehr große Augen, Seitenlinie nicht sehr auffällig, Grundfarbe kupferbraun mit vier bis fünf breiten, querlaufenden, dunklen Rückenbinden. Ansatz der ersten Bauchflosse beginnt, von der Seite betrachtet, stets in der Mitte der ersten Rückenflosse.

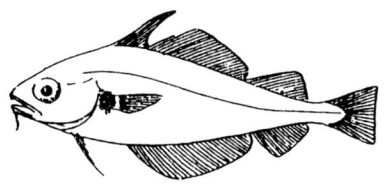

Vorkommen: Vereinzelt und in kleinen Gruppen küstennah zwischen Tangen und Felsen. Nicht selten Beifang der südenglischen, französischen und nordspanischen Angler. Dringt über die Nordsee bis ins Kattegat vor. Manchmal bei Helgoland. Wird auch überall im westlichen Mittelmeer und in der Adria gefangen.

Häufiger Beifang beim Dorschangeln bei Wracken und beim Naturköderangeln in Grundnähe. Guter Speisefisch.

Haie

In Europas Meeren wimmelt es von Haien! Nur in der Ostsee schwimmt keiner der Scharfzähner, aber mit dem Hundshai vor Sylt, Helgoland und Borkum in deutschen Gewässern beginnt die europäische Haiangelei und setzt sich vom Mittelmeer über den Atlantik mit dem Fang von zentnerschweren Blau-, Mako- und Heringshaien fort. Höhepunkt ist die Eishaiangelei in den isländischen und norwegischen Fjorden.

Viele Haie sind für den Fischhandel wertlos und sollten von Anglern in jedem Fall lebend zurückgesetzt werden.

Dazu gehören: Blau-, Eis-, Fuchs-, Hammer-, Hunds- und Katzenhaie. Nur Mako- und Heringshai erzielen hohe Marktpreise. Vom Dornhai werden nur Teile verwertet.

Fast alle aufgezählten Haie sind ungefährlich. Nur mit dem Mako- und Blauhai ist nicht zu spaßen. Sie können nicht nur im Wasser, sondern auch an Deck zubeißen. Fast alle Haie besitzen eine »Sandpapierhaut«, die zu schweren Abschürfungen führen kann, und der Dornhai besitzt sehr stabile, spitze Dornen auf dem Rücken, die böse Verletzungen verursachen können.

Die angelbaren Haie sind nachfolgend in Groß- und Kleinhaie unterteilt. Letztere, auch Dogfishes genannt, bleiben meist weit unter dem Maximalgewicht dieser Gruppe von 50 kg.

Die Großen

Blauhai
Prionace glauca
blaahaj (DK); tintorera (E); requin bleu (F); blue shark (GB); selahia (GR); zupka (HR); verdeska (I); mannaeta (IS); blahai (N); blauwehaai (NL); tintureira (P); blahaj (S).
Specimen: ab 100 kg, Durchschnittsgewicht 25 kg. Maximalgewicht ca. 200 kg bei 3,8 m Länge.
Dies ist der mit Abstand häufigste Großhai unserer Breiten. Unverwechselbar die herrliche dunkle Blaufärbung des Rückens, die von Dunkelkobaltblau über Indigo zu den Flanken hin rasch in

leuchtend helles Blau überwechselt. Die Bauchseite ist schneeweiß. Taucher berichten, dass dieser Hai ob seiner Tarnung sehr schwer in größerer Entfernung erkennbar sei.

Typisch auch die schlanke Körperform und die überlangen, schmalen Brustflossen. Spritzlöcher fehlen. Charakteristisch ist eine Kerbe am Ansatz der mächtigen Schwanzflosse, die wie eine Einschnürung aussieht.

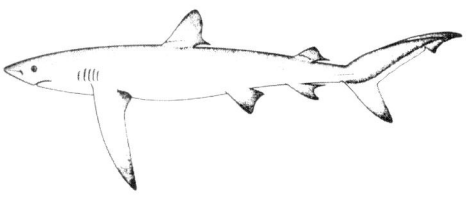

Vorkommen: Blauhaie kommen selten an die Küste. Offensichtlich bevorzugen sie tiefes Wasser unter sich. Erst ab der 400-m-Tiefenlinie beginnen die besten Blauhaifanggebiete. In diesen Gebieten, wie auch auf der hohen See, werden die Haie hauptsächlich in 100 bis 300 Meter Tiefe gefangen. Die Fische ziehen bei uns im Sommerhalbjahr nordwärts bis an die 10 °C-Wassertemperaturlinie. Nord- und Ostsee werden offenbar wegen des Flachwassers und der Aussüßung gemieden.

Topfangplätze sind die Gewässer Portugals querab Sesimbra und Peniche (Nazaré-Rinne). Hier – und gelegentlich auch rund um die Atlantikinseln – werden die größten Blauhaie gefangen. Besonders gehäuft leben die mittleren Jahrgänge vor den Südküsten Portugals, Englands und Irlands. Alle Teile des Mittelmeeres werden bewohnt.

Eishai
Somniosus microcephalus

havkal (DK); tiburón boreal (E); leiche, laimargue (F); greenland shark (GB); hákarl (IS); hakjerring (N); ijshaai (NL); pailona (P); hakäring (S).

Specimen: ab 1000 kg, Durchschnittsgröße 150 kg, bis zu 6,5 Meter lang. Berufsfischer haben schon Eishaie von mehr als 1,5 t gefangen und glauben, dass es Exemplare von 2000 kg gibt. Frisches Eishaifleisch ist giftig.

Der Fisch besitzt keinerlei auffällige Merkmale. Die Grundfärbung ist schwarzgrau, auch auf der Bauchseite; sämtliche Flossen wirken im Gegensatz zu seiner Größe unterentwickelt. Die Zähne sind nicht zum Reißen oder Festhalten ausgebildet, sondern zum scharfen Trennen.

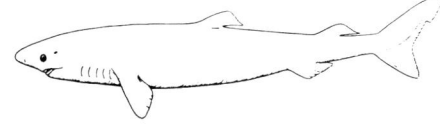

Vorkommen: Selten flacher als 200 m vorkommend. Seit norwegische Angler gezielt auf Eishaie fischen, weiß man, dass diese Art auch in den Tiefen der weit landeinwärts reichenden Fjorde lebt. Der Fisch bevorzugt glatten, ebenen Grund. Sein »Totengräberkleid« passt zu seiner offensichtlichen Aufgabe: Er zieht langsam witternd umher und »sammelt« alles ein, was an alten, kranken Fischen absterbend zu Boden sinkt. Sichere Eishaifangplätze befinden sich auf dem Vopnafjardar-Grund querab von Vopnafjördur (Ost-Island) und im Trondheim-Fjord, Norwegen.

Fuchshai

Alopias vulpinus
raevehai (DK); pez zorro (E); renard de
mer (F); thresher, fox shark (GB); ale-
pouskylos (GR); lisica (HR); squalo
volpe (I); raevehai (N); zorra (P).
Specimen: ab 250 kg, Durchschnittsgewicht: 125 kg, Länge bis 6,50 m.
Von allen anderen Haien klar unterscheidbar wegen der überlangen
Schwanzflosse.

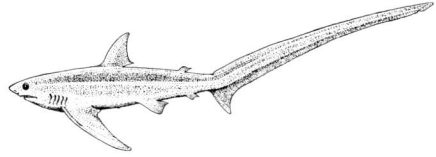

Vorkommen: Seltener Einzelgänger der
hohen See, patrouilliert im Sommer gern
entlang der 200-Meter-Tiefenlinie im
oberflächennahen Wasser und macht
Jagd auf die massenhaft vorkommenden Schwarmfische (Heringe, Sardinen,
Stöcker und Makrelen). Dabei »drischt«
er in die Schwärme und betäubt seine
Beutefische. Am sichersten zu fangen im
Golf von Lion, Südfrankreich und in der
nördlichen Adria.

Hammerhai

Sphyrna zygaena
hammerhaj (DK); pez martillo, cornuda
cruz (E); requin-marteau (F); ham-
merhead shark (GB); zygaina (GR); mlat,
jaram (HR); pesce matello (I); hammerhai (N); hammerhaai (NL); cornuda,
martelo (P); hammerhai (S); cekic (TR).
Specimen: ab 200 kg, Durchschnittsgewicht: 80 kg; bis 4 Meter lang.
Unverwechselbar wegen der Ausbildung

des Kopfes. Beiderseits des wie ein Joch
getragenen Kopfes sitzen die großen
Augen. Vor der südspanischen Küste lebt
eine zweite, sehr ähnliche Art (S. lewini;
spanisch: Cornuda comun).

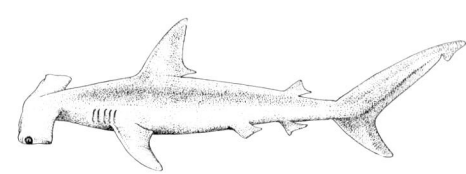

Vorkommen: Dieser Hai bevorzugt die
Küstennähe, lauert an Kaps und Meerengen, dringt bisweilen bis in Häfen vor.
Sicherer Fangplatz ist die Südwestspitze
Madeiras, wo sich eine starke Strö-
mungskante ausbildet. Überall in Meerengen des Mittelmeeres. Kann Menschen
angreifen.

Heringshai

Lamna nasus
sildehaj (DK); cailón (E); taupe (F); por-
beagle (GB); carcharias (GR); kucina
(HR); smeriglio (I); hámeri (IS);
haabrand (N); latour (NL); marracho
(P); habrand (S); dikburun karkarias
(TR).
Specimen: ab 200 kg, gewöhnlich 80 kg
schwer, wird bis 3,7 Meter lang.
Gedrungen, an einen Thunfisch entfernt
erinnernd, mit dem Makohai leicht zu
verwechseln. Von diesem exakt nur
durch die Zahnausbildung deutlich
unterscheidbar. Angriffe auf Menschen
wurden bisher nicht bekannt. Lebendgebärend, bis zu vier Junge, maximal
75 cm lang.

Vorkommen: Überall und nicht selten vorkommend, geht bis ins Kattegat, nicht aber in die Ostsee. Sichere Angelplätze sind Padstow und Bude Bay (West Cornwall und Devon, Süd-England), die Cliffs of Moher, Achill-Island und Green-Island (alles West-Irland); Sumburgh (Südspitze der Shetland-Inseln) und Skagen (Nord-Jütland, DK). Überall im Mittelmeer.

Jagt paarweise oder in Rudeln Schwarmfische der hohen See, vor allem Makrelen, Heringe, aber auch Hornhechte, Stöcker, Tintenfische und Dornhaie. Folgt den Makrelen, die zuweilen bei anhaltenden Winden bis nahe an die Küste gedrückt werden, bis unmittelbar unter Land. Bei solchen Wetterlagen können Heringshaie bis zu 50 kg bei Green-Island (Irland, s. dort) sogar vom Land aus erbeutet werden.

Makohai
Isurus oxyrhinchus
marrajo (E); oxyrhine, lamie (F); mako shark (GB); karharias (GR); psina du gonasa (HR); mako, ossirina (I); marracho (P); diburun (TR).
Specimen: ab 400 kg; Durchschnittsgewicht: 125 kg; bis 4 Meter lang.
Bis 200 kg ist der Mako noch wohlgefällig geformt, etwas rundlicher als der schlanke Blauhai. Specimen-Fische sind dagegen massig und bullig gebaut. Auf-

fällig sind die langen vorderen Reißzähne, die bei Alttieren auch aus dem geschlossenen Maul herausragen können. Verwechslungen in unseren Gewässern sind nur möglich mit dem Heringshai. Beim Mako befindet sich die erste große Rückenflosse – von der Seite betrachtet – etwa in der Mitte zwischen Brust- und Analflosse.

Vorkommen: Große Makos sind Einzelgänger der hohen See. Sie folgen den Schiffen und gelangen bisweilen in die Nähe der Küste nordwärts bis nach Südengland. In der Regel überqueren sie nicht die 400-Meter-Tiefenlinie. Nur kleinere, bis 100 kg schwere, werden regelmäßig vor Sesimbra (Portugal) 10–15 Meilen vor der Küste erbeutet, alle anderen Fänge sind Zufallsfänge bei der Blauhai- oder Thunangelei mit Naturködern.

Auch im Mittelmeer kommen Makos vor und gelangen mit Schiffen bis in die Buchten vor Häfen, was zur Absperrung von Badestränden führen kann, denn Makos sind gefährlich für Menschen im Wasser.

Großhaifang
Für den Fang aller Großhaie benötigt man die Geräte des Big-Game-Angelns der 37-kg-Klasse mit schweren Multirollen. Bis zu neun Meter lange Stahlvorfächer sind unerlässlich, um bei Anbiss

und Landung der Fische gegen zertrennte Schnüre gewappnet zu sein. Die Schaftlängen der Haihaken schwanken zwischen 8 cm (Fuchshai) und 16 cm (Eishai).

Gefischt wird driftend mit der Ballonmontage (s. S. 56) auf alle Haie. Als Köder verwendet man ganze oder halbierte Makrelen. Nur beim Eishaiangeln wird der Köder nicht in 20 bis 40 Meter Tiefe gehalten, sondern auf Grund gelegt.

Anfüttern ist bei jeder Haiangelart unerlässlich.

Eis- und Blauhaie lassen sich fast ohne Gegenwehr ans Boot pumpen, alle anderen Haie wehren sich wie Berserker, allen voran der Makohai, der meterhoch in voller Länge aus dem Wasser springen kann.

Die Kleinen

Dornhai
Squalus acanthias

pighaj (DK); mielga, galludus (E); aiguillat (F); spur-dog (GB); skylopsara (GR); psi, kostelj (HR); gattuccio (I); hafur (IS); piggha (N); doornhaai (NL); caçao galhudo (P); pigghaj (S); köpek baligi (TR).

Specimen: ab 7 kg. Mittelgewicht: 2 kg. Bis 1,2 Meter lang.

Typisch sind auffällige weiße, fingernagelgroße Flecken auf dem Rücken bis herab zu den Flanken; nur bei alten Tieren verlieren sich diese Flecken allmählich. Und vor allem: je ein sehr spitzer und stabiler Dorn vor jeder der beiden

Rückenflossen. Diese Dornen sind gefährlich! Schon viele Verletzungen – bis hin zu aufgerissenen Pulsadern – sind beim leichtfertigen Abhaken vorgekommen.

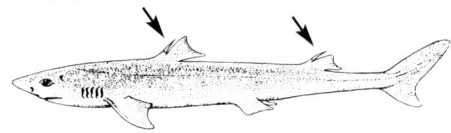

Vorkommen: Überall, wo es Fische zu fressen gibt, da sind die Dornhaie. Sie sind über den ganzen Erdball verbreitet und bei den Fischern verhasst. Zu Tausenden ziehen die Haie in die küstennahen Gewässer und Buchten und fallen über die Schuppenträger her. Es dauert oft Wochen, bis sich der Fischbestand von solchen Heimsuchungen erholt hat. Skagerrak und Kattegat, die nordatlantischen Inseln, die norwegische Küste und die Westküste Irlands gehören zu den sichersten Fangplätzen.

Auch überall im Mittelmeer kann man auf Dornhairudel treffen, ganz besonders bei den Meerengen am Bosporus und Gibraltar.

Hundshai
Galeorhinus galeus

graahaj (DK); cazón (E); milandre, hat (F); tope (GB); galeus drossitis (GR); pas butor (HR); canesca (I); gráháfur (IS); grahai (N); ruwehaai (NL); perna-demoça (P); graahaj, bethaj, hastörgen (S); camgöz baligi (TR).

Specimen: ab 30 kg, im Schnitt 15 kg, wird bis 2 Meter lang. Der größte in deutschen Gewässern regelmäßig vorkommende Meeresfisch. Nur verwechselbar mit dem ähnlichen Glatthai (Mustelus mustelus), von diesem zu unterscheiden durch: raue Körperhaut, graue Grundfärbung ohne jede Fleckung. Zweite, hintere Rückenflosse sehr viel kleiner als die vordere Rückenflosse. Der Hundshai besitzt ferner keine Reißzähne, sondern ein messerscharfes »Sägegebiss«.

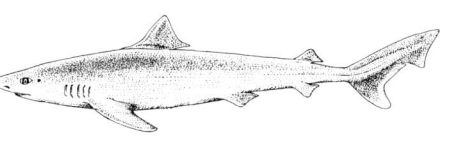

Vorkommen: bewohnt die mäßig warmen Abschnitte aller Ozeane weltweit, fehlt in der Ostsee. Hauptangelgebiet bei uns die südliche Nordsee (Borkum Riff und Helgoland) und die Irische See (Aberystwyth, Wales; Mull of Galloway an der Luce Bay nördlich der Isle of Man), Loch Swilly (Donegal, Irland). In Tenby am Bristol Channel (Süd-Wales) begründet dieser Fisch alljährlich das »Tope-(Hundshai-)Angelfestival«, bei dem alle Fische, die nicht Rekordgröße haben, wieder zurückgesetzt werden.

Auch im Mittelmeer, und dort besonders an der kroatischen Adriaküste, lebt dieser Hai.

Der Fisch lebt küstennah, die größeren Fische oft zu zweit, die kleineren in Rudeln, gern über hartem, kiesigem Grund mit Deckung durch Steine, Bewuchs oder Stromrinnen. Nachtaktiver Jäger, jagt bei windigem, bedecktem Wetter auch am Tage.

Katzenhai, Kleingefleckter
Scyliorhinus canicula
smaplettet rödhaj (DK); pintarroja (E); petite roussette (F); lesser spotted dogfish (GB); skylaki (GR); macka (HR); gattuccio (I); smaplettet rödhai (N); zeehond (NL); pintarroxa (P); smafläckig rödhaj (S); kedi (TR).

Specimen: 4 kg; im Schnitt 1,5 kg schwer, bis zu 100 cm lang. Dieser Hai kann mit einem Lid seine Augen verschließen. Bis auf die Bauchseite sind alle anderen, braunrosa gefärbten Körperteile mit zahllosen dunklen Punkten (»kleingefleckt«) übersät. Der Fisch ist ungewöhnlich rau. Nur zu verwechseln mit dem nächsten Verwandten, dem Großgefleckten Katzenhai (S. stellaris).

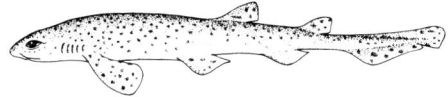

Vorkommen: Katzenhaie mögen mäßig warmes oder besser noch warmes und zugleich flaches Wasser. Im Sommerhalbjahr ziehen sie bis in die flachsten Buchten ihres Verbreitungsgebietes, im Winterhalbjahr wandern sie aufs Festlandschelf (200 m) zurück. Die Fische schätzen sandig-kiesigen Grund mit schwachem, niedrigem Bewuchs und leben dort stets in Trupps, oft nach Hunderten zählend. Bei den Berufsfischern sind Katzenhaie ähnlich verschrien wie die Dornhaie: Wo sie rudelweise einfallen, erstirbt alles übrige Leben. Fehlt in der Ostsee. Hauptvorkommen: Irische See (Cardigan Bay), Ärmelkanal, Nordfrankreich und überall im Mittelmeer.

Kleinhaifang

Alle kleinen Haie lassen sich am einfachsten mit der »Ankern-und-locken-Methode« (s. S. 55) erbeuten. Erfolgsgrundlage ist das Anfüttern mit Rubby dubby.

Eine Montage, die dem Verdrehen der Haie entgegenwirkt, ist auf S. 182 als »Hundshai-Angelvorfach« beschrieben.

Hecht
Esox lucius

gedde (DK); sollo, lucio (E); brochet (F); pike (GB); gedda (IS); gjedde (N); snoek (NL); lucio (P); gädda (S); hauki (SF).

Specimen: 20 kg, Durchschnittsgewicht 3 kg. Wird bis 1,5 Meter lang.

Vorkommen: Der Hecht lebt küstennah im Brackwasser zwischen Schären und Klippen der schwedischen Südküste nordwärts bis in den Bottnischen Meerbusen. Ebenso im finnischen Schärengarten und in den Bodden der mecklenburg-vorpommerschen Küstenlandschaft.

Die Fische beziehen gern Verstecke zwischen den im Brackwasser üppig wuchernden Pflanzen, ganz besonders gern zwischen Blasentangfeldern.

Beste Fangzeit ist im Frühjahr und Herbst.

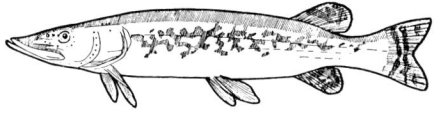

Fang: In erster Linie wird mit dem 8-kg-Gerät das Spinnfischen mit Wobblern (bis zu 25 cm lang!) ausgeübt. Man verwendet rasch aufschwimmende, bei Zug wenig tauchende Typen und überwirft damit die Krautfelder im küstennahen Bereich.

Vom Boot kann man Hechte auch mit schweren Spinnern, leichten Pilkern oder tieftauchenden Wobblern im Tiefwasser fangen, z. B. im Greifswalder Bodden.

Vorsicht beim Abhaken! Scharfe Zähne!

Heilbutt
Hippoglossus hippoglossus

helleflynder (DK); fletan, hipogloso (E); flètan (F); halibut (GB); lutha, heilagfiski (IS); kveite (N); heilbot (NL); alabote (P); hälleflundra (S).

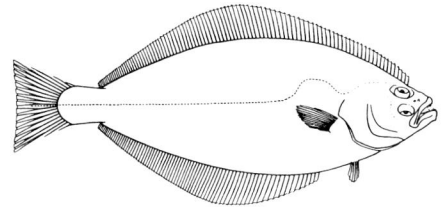

Specimen: ab 100 kg, Durchschnittsgewicht 10 kg, wird bis vier Meter lang.

Vorkommen: Kaltwasserfisch, lebt meist küstenfern zwischen 200 bis 2000 Meter Tiefe. Im Sommer kommen die Fische bis 50 kg zuweilen an die Küste und bleiben einige Wochen in flachen, schlickigen Buchten. Berühmte Angelplätze sind die Gewässer um Stykkisholmur (Westisland) und querab Thurso (Nordschottland). Aber auch alle geschützten Buchten um die Shetlands, Orkneys, Färöer- und Lofoteninseln sind Heilbuttangelplätze. In allen norwegischen Fjorden von Molde nordwärts werden alljährlich von Berufsfischern

Heilbutte bis 150 kg gefangen. Aus einer wissenschaftlichen Studie geht hervor, dass Forscher in Zusammenarbeit mit Fischern in folgenden Fjorden und Gewässern Norwegens beständig Heilbutt gefangen haben:

Sörfolda, Karlsöyfjord und Saltfjorden, alles bei Bodö; Gewässer vor Ballstad und Henningsvaer (Ostküste Lofoten); Nappstraumen (Enge zwischen Süd- und Nordlofoten); Haesholmene (Westlofoten); Hadselfjord (Südspitze Westeralen-Inseln); Sternöy/Öksfjord bei Elvebakken; Laksefjord, Tanafjord und Varangerfjord in Finnmark; Nord-Norwegen. Die Butte laichen im Winter in diesen Gebieten.

Einheitlich gilt der August als bester Angelmonat. Fische bis 20 kg liegen zuweilen in kleineren Trupps, größere Fische meist zu zweit, manchmal auch allein, wochenlang im 20 bis 40 m tiefen Wasser. Mitte September verlassen die Fische wieder die Küsten.

Fang: Die Einhakengrundangel (Atlantik-Universal-Methode, s. Seite 143) wird mit ausreichender Bleibeschwerung vom driftenden Boot benutzt. Die Fische kommen nicht zum Köder, sondern der Köder muss zum Fisch geführt werden. Halbierte Makrelen oder frische, duftende Makrelenfilets, verlockend knapp über dem Grund geführt, gelten als beste Köder.

Hering

Clupea harengus

sild (DK); arenque (E); hareng (F); herring (GB); sild (IS); sild (N); haring (NL); arenque (P); sill, strömming (S); silakka, haili (SF).

Specimen: maximal 50 cm, im Schnitt 250 Gramm schwer. Mindestmaß in schleswig-holsteinischen Küstengewässern und Nordsee: 20 cm; Ostsee 11 cm.

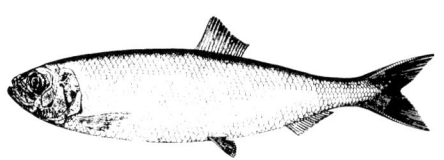

Vorkommen: schätzt mäßig warmes Wasser, folgt dem tierischen Plankton nachts in die oberen, tagsüber in die tieferen Wasserschichten. Lebt meist küstenfern, kommt nur zum Laichen in die Nähe der Angler. Bildet zahlreiche lokale Rassen, die zumeist im Frühjahr (Ostsee), teilweise auch im Herbst (Nordsee) laichen.

Von Ende März bis Anfang Mai ziehen die laichreifen Heringe in großen Schwärmen in die Schlei, die Kieler-, Eckernförder- und Travemünder Bucht. Im Kieler Hafen, in Kappeln vor der Drehbrücke, im Eckernförder- und Travemünder Hafen, im Rostocker Hafen und von der Strelasundbrücke bei Stralsund werden Heringe dann vom Ufer aus massenweise erbeutet. Sonne und Ostwind gelten als vorteilhaft.

Ein berühmter dänischer Fangplatz ist der Hafen von Hvide Sande an der Nordseeküste. Dort findet im April alljährlich ein Heringsangelfestival statt.

Heringe werden auch ganzjährig auf hoher See zufällig beim Pilken gefangen. Dann ist sofortiges Umrüsten auf ein Heringspaternoster zweckmäßig. Die Schwärme sind gut mit Echoloten auszumachen.

Fang: mit dem Heringspaternoster (s. Seite 211). Die Methode ist sowohl vom Boot wie vom Ufer aus erfolgreich.

Hornhecht
Belone belone

hornfisk (DK); aguja (E); orphie, aiguilette (F); garfish (GB); zargena (GR); iglica (HR); aguglia (I); geirsili, hornfiskur (IS); horngjel (N); geep (NL); agulha (P); näbbgädda, hornfisk (S); nokkahauki, nokkakala (SF); zragana (TR).

Specimen: ab 1,5 kg, normal: 1 kg. Bis zu 90 cm lang.

Vorkommen: Einer der wenigen Fische, die sich als »echte Europäer« verhalten: Von den Lofoteninseln und Island im Norden zu den Kanaren im Süden und von dort im gesamten Mittelmeer ist er zu Hause.

In Deutschland ist der Fisch Sommergast, erscheint Mitte Mai zuerst um Helgoland und in der Flensburger- und Kieler Förde und breitet sich rasch über den gesamten Ostseeraum bis nach Finnland aus.

Windstille, sonnige Tage, besonders die Mittagszeit, sind beste Fangperioden sowohl bei der Uferangelei wie auf hoher See. Der Fisch meidet Schmutz- und Trübwasser, geht aber auch in ausgesüßte Meeresabschnitte.

Fang: Hornhechte schwimmen gesellig und bleiben in Ufernähe oft für einige Zeit ortstreu. Man kann beim Fischen stets auf mehrere Fische an einem Fangplatz hoffen. Sicherste Angelmethode:

Fetzenköder von Fischen am Einzelhaken, spinnend geführt (s. S. 55) oder an der Gleitfloßangel gezupft.

Katfisch, Gestreifter

Anarhichas lupus

stribede havkat (DK); perro del norte (E); loup de mer (F); catfish (GB); steinbitur (IS); graasteinbit (N); zeewolf (NL); gata (P); havkatt (S).

Specimen: ab 20 kg, gewöhnlich 3 kg, bis zu 125 cm lang. Ohne Bauchflossen, ohne Schwimmblase, mit auffälligem, furchteinflößendem Gebiss: Hinter den spitzen Reißzähnen stehen im Unter- und Oberkiefer kräftig entwickelte Mahlzähne, die den menschlichen Backenzähnen in Form und Größe sehr ähnlich sind.

Zu verwechseln mit dem Gefleckten Katfisch (Anarhichas minor)

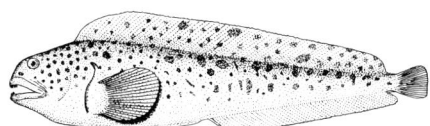

Katfisch, Gefleckter

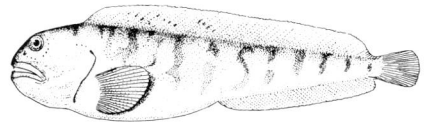

Katfisch, Gestreifter

Vorkommen: Alle Katfische sind ausgesprochene Kaltwasserfische und gehören in der Treibeisregion zu den größten Fischen. Der Gestreifte Katfisch geht zuweilen noch am weitesten südlich bis in die Nordsee, Schottland und vor allem ins Kattegat. Fladengrund und Middelgrund südwestlich von Göteborg vor der schwedischen Westküste sind sichere Fangplätze für große Katfische im Frühjahr (Mai/Juni). Im Öresund werden (selten) im Winter große Katfische gefangen. Vor der norwegischen Küste nordwärts von den Lofoten überall in den Fjorden, selbst im Flachwasser. Bevorzugt unreinen Grund mit dazwischenliegenden Schlick- und Sandflächen.

Fang: Katfische fressen in erster Linie Schalen- und Krustentiere, die sie mit ihrem gewaltigen »Knackgebiss« (Vorsicht!) zertrümmern. Beste Angelmethode: driftend auf dem Grund (Atlantik-Universal-Methode) mit dem Muschelwurstköder, s. S. 63.

Knurrhahn, Grauer
Eutrigla gurnardus
graa knurhane, gnading (DK); boracho (E); grondin gris (F); grey gurnard (GB); urrari (IS); knurre, knor (N); grauwe poon (NL); emprenhador, cabrinha (P); knorrhane, knot (S).
Specimen: im Schnitt etwa 0,4 kg schwer.

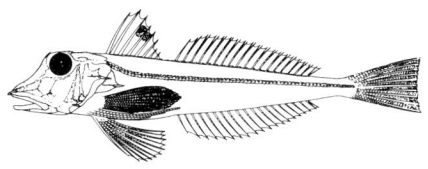

Knurrhahn, Roter
Trigla lucerna
röd knurhane (DK); bejel (E); grondin perlon (F); tube fish, yellow gurnard

(GB); kaponi (GR); lastavica (HR); pesce capone (I); rödknurre (N); rode poon (NL); ruivo, emprenhador (P); storgnoding, fenknot (S); kirlangic (TR).
Specimen: ab 4 kg, im Schnitt 1,5 kg schwer, wird bis zu 75 cm lang. Leuchtend rot gefärbt, die Flossen schwarzblau mit orangefarbigen Strahlen. Der prächtigste und größte Vertreter der Knurrhahnfamilie.

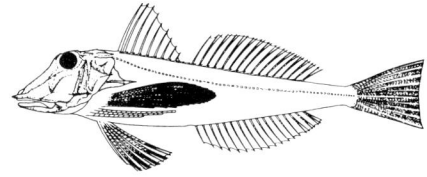

Vorkommen: Diese beiden häufigsten der insgesamt acht europäischen Knurrhahnarten kommen in allen europäischen Küstenabschnitten vor, nur die Ostsee wird von den Fischen gemieden. Die Tiere leben auf sandig-schlickigem Grund, suchen dort nach Weichtieren, Krabben und Krebsen. Nachts jagen die Fische in höheren Wasserschichten auch Kleinfische.

Fang: Knurrhähne leben stets in größeren Gruppen. Mit Rubby-dubby (s. Seite 56), das in einem Korb vom verankerten Boot auf dem Grund angeboten wird, lassen sich die Fische scharenweise ans Boot locken. Man fängt sie mit dem Paternostervorfach (siehe Seite 180) und dem Grundblei, beködert mit daumennagelgroßen Stückchen von frischen Fischen (4-kg-Ausrüstung). Vorsicht bei der Landung wegen der vielen Stacheln. Man greift mit dem Handschuh von vorn über den Kopf.

235

Verwertung: Wegen der Stacheln und der geringen Körpergröße sollte man sich nicht von der Verwertung abhalten lassen. Die kleinen Filets ergeben ein sehr schmackhaftes Gericht.

Köhler
Pollachius virens
sej (DK); abadejo del norte (E); colin, lieu noir (F); saithe, coalfish (GB); ufsi (IS); sei, pale (N); koolvis (NL); escamudo (P); grasej (S); seiti (SF).
Specimen: ab 15 kg, im Schnitt 1 kg (küstennah). Bis zu 130 cm lang. Nach dem Dorsch der häufigste Fisch aus der Großfamilie der Dorschartigen (Gadidae). Von den nächsten Verwandten Dorsch und Pollack durch die fast schwarze Rücken- und blauschwarze Flankenfärbung unterschieden.

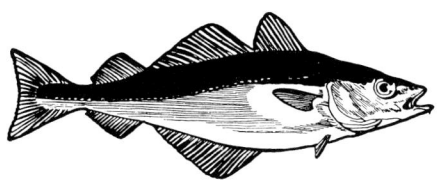

Vorkommen: etwas geringere Ausbreitung als der Dorsch, fehlt in der östlichen Ostsee, ist auch im Westteil selten. Hauptverbreitungsgebiet: Island, Norwegen, nordatlantische Inseln, Schottland. Jungfische bis etwa 1 kg sind im Sommer massenhaft vor den Küsten der genannten Länder anzutreffen. Altfische ab 3 kg leben ab 10 Meilen vor den Küsten über flachen Riffen und Bänken in 70 bis 150 Meter Tiefe, tagsüber in Bodennähe, nachts im Mittelwasser.

Fang: Köhler gehören mit zu den wildesten und kräftigsten Fischen unserer Meere. Sie stehen an Kampfkraft gleichgroßen Lachsen in nichts nach, überstehen das Hochdrillen aus großer Tiefe schadlos und schlagen sich oft genug an der Wasseroberfläche noch vom Haken los. Große Köhler sind nur mit dem 16-kg-Gerät sicher zu fangen.

Große Köhler fängt man ab ca. 50 Meter Tiefe mit Gummiaalen (s. S. 149) oder der Atlantik-Universalmethode und Naturködern (s. S. 143). Die Altfische sind bei aller Wildheit misstrauisch genug, um nur anfänglich auf Pilker zu beißen, nach Fehlbissen sind die Fische rasch vergrämt. Heringe oder Sandspierlinge, unzerteilt angeködert, oder große Makrelenfilets werden dagegen gierig genommen, vor allem, wenn die Köder ständig im Wasser bewegt werden. Dämmerungszeiten und dunkler, bedeckter Himmel gelten als beste Fangzeiten, weil sich die Fische dann vom Grund lösen.

Kleine, bis 1 kg schwere Köhler gewähren entlang der nordischen Küsten ungewöhnlich erfolgreiches Angeln. Die Fische schwimmen in Schwärmen oft unmittelbar ans Ufer, vor allem in der Nähe von Molen, Felsvorsprüngen, steil abfallenden Ufern oder im Bereich ständiger Strömungen zwischen Klippen und Inseln. Man fängt sie mit dem 4-kg-Gerät und kleinen, 30 bis 50 g schweren Blinkern oder mit Fetzenködern. Ebenso gut lassen sie sich mit der Gleitposenangel (s. Seiten 53–54) erbeuten. Spezialisten fangen die Fische mit der Fliegenrute (große Lachs- und Garnelenfliegen).

Weniger sportlich erscheint das Angeln mit dem Paternostergerät (s.

Seite 144). Mit sechs bis acht Haken und einem Endblei kann man in Norwegen oder Island innerhalb einer Stunde leicht 50 kg dieser Fische erbeuten.

Leng
Molva molva

lange (DK); barruenda, maruca (E); lingue (F); ling (GB); langa (IS); lange (N); leng (NL); donzela (P); langa (S).

Specimen: 20 kg, im Schnitt 5 kg, wird bis 180 cm lang. Nur zu verwechseln mit dem Mittelmeer- oder Blauleng (Molva dipterygia. Er lebt in 200 bis 1000 Meter Tiefe, auch im westlichen Mittelmeer bis in die Adria und ist eintönig braunblau gefärbt.) M. molva ist dagegen bronzebraun gefärbt und durch viele dunkle Flecken auf den Flanken gekennzeichnet.

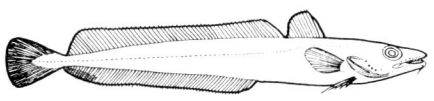

Vorkommen: Angler erwischen fast immer M. molva, denn diese Art lebt küstennah auch ab 25 Meter Tiefe. Er bewohnt den gesamten Nordatlantik bis hinunter zur Biskaya, kommt in die Ostsee nur als Irrläufer.

Fang: Lengfische gelten als »Wrackfische« schlechthin. Nur der Conger macht ihnen dieses Prädikat streitig. Die legendären englischen Angelkutterkapitäne Ernie Passmore und John Trust fanden querab Brixham (Südengland) ein Wrack, aus dessen Strömungsschatten innerhalb einer Woche 10 t Lengfische geangelt wurden. Drei Monate später war das Wrack wieder voller Lengfische. Im Öresund wurden bei einem Wrack an einem einzigen Tag über 40 Leng gefangen.

Ein Skipper, der die schwierige Wrackangeltechnik (s. Seite 183) (und das Auffinden von Wracks!) beherrscht, ist Voraussetzung für ungewöhnliche Lengfänge. Gefischt wird mit der Atlantik-Universal-Methode (s. S. 143) der 16-kg-Klasse und Makrelenfilets, die an einer 1,0 bis 1,5 m langen Mundschnur von 0,70 mm Stärke angeboten werden. Sind zusätzlich Conger zu erwarten, muss mindestens noch ein Wirbel zwischen Hauptleine und Mundschnur befestigt werden (wegen der Drehbewegungen der Conger). Lengfische beißen vehement auf den Köder und haken sich meistens selbst, nach einem Fehlbiss gehen die Fische ohne Zögern abermals an den Haken. Nach kurzer, heftiger Gegenwehr geben die Fische beim Hochpumpen – ähnlich den Dorschen – bald auf und erscheinen meist kieloben schwimmend an der Wasseroberfläche.

Lippfisch, Gefleckter
Labrus berggylta

berggylt (DK); vaqueta (E); labre, vieille grande (F); ballan wrasse (GB); varafiskur (IS); berggylt (N); gevlekte lipvis (NL); truta da costa (P); berggylta (S); Sammelname für Lippfische im Mittelmeer: chilou (GR); vrana (HR); labridi (I); lapin (TR).

Specimen: 3 kg, meist 0,8 kg, wird bis 60 cm lang. Der größte und häufigste von insgesamt 24 Arten unserer Fauna, von denen die meisten auf südliche Breiten beschränkt sind. Nur sechs Arten wagen sich ins kühlere nordostatlantische Wasser vor, die meisten sind zu klein, um für Angler interessant zu sein. Wulstige Lippen, spitze, längliche Reiß- und stumpfe Mahlzähne kennzeichnen den Gefleckten Lippfisch, der sich hauptsächlich von Krabben, Krebsen und Garnelen ernährt. Die Milchner bauen Nester aus Treibsel und bewachen wochenlang die darin von den Rognern abgelegten Eier bis zum Schlupf der Jungen.

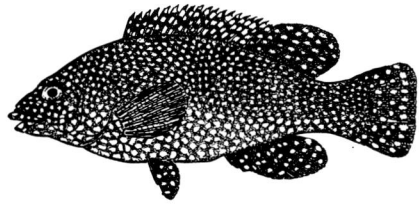

Vorkommen: Diese Art lebt in kleinen Gruppen oder paarweise in unmittelbarer Ufernähe der Felsregionen und ist streng gebunden an hohen und reichlichen Tangbewuchs. Selten werden die Fische tiefer als 20 Meter angetroffen. Hafenmolen und Piers, von Tangen bestanden, sind überall von Portugal bis Mittelnorwegen sichere Fangplätze. Geht bis in die mittlere Ostsee (selten), vereinzelt auch rund um die atlantischen Inseln im Süden des hier besprochenen Gebietes. Besonders häufig bei Guernsey, Jersey und der irischen Westküste (Galway) sowie in den südnorwegischen Fjorden und vor der nordspanischen Küste.
Fang: mit Gleitfloß und 4-kg-Ausrüstung. Kleine, bei Ebbe im Tang gesammelte Strandkrabben von 2 bis 4 cm Größe werden auf einen Einzelhaken

gesteckt und zusätzlich mit einem Baumwollfaden so festgebunden, dass nur die Hakenspitze frei ist.
Verwertung: geringer Marktwert, Fleisch nicht sehr geschätzt. Das gilt für alle Lippfischarten, die besonders gehäuft im Mittelmeer vorkommen und meist willig an die Angel gehen.

Lump
Brosme brosme
brosme (DK); brosmio (E); brosme (F); torsk, tusk (GB); keila (IS); brosme (N); lom, kikkerkop (NL); bolota (P); lubb, brosme (S).
Specimen: 10 kg, im Schnitt 2,5 kg, wird bis 110 cm lang. Fisch der tieferen Wasserschichten (100 bis 500 m). Mit Bartfaden und nur einer Rücken- wie Afterflosse, beide schwarzweiß gesäumt. Das Tier ist grau oder graubräunlich gefärbt, wirkt düster und wenig attraktiv. Krebs- und Weichtierfresser.

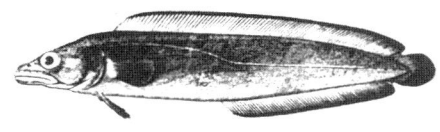

Vorkommen: Ein nordischer Tiefwasserfisch, der im Sommer näher bis ab 50 Meter Wassertiefe an die Küsten kommt. Island, Färöer und die nordnorwegische Küste sind dann die Hauptangelgebiete. Der Fisch wird dann vorzugsweise beim Angeln mit Naturködern (Garnelen am Pilker, halbierte Heringe, Muschelwurst) und mit der »Atlantik-Universal-Methode« erbeutet. Aber auch beim Dorschpilken werden Brosme gefangen.

Verwertung: Hochgeschätzter Speisefisch, zählt zu den nordischen Edelfischen. Auch die Leber, reich an Vitaminen, wird – wie beim Dorsch – verwertet.

Makrelen
Scomber scombrus (Makrele)
makrel (DK); caballa (E); maquereau (F); mackerel (GB); scoumbri (GR); skusa (HR); maccerello (I); makrill (IS); makrel (N); makreel (NL); makrela, cavala (P); makrill (S); makrilli (SF); uskumru (TR).
Specimen: 1,5 kg, im Schnitt 500 Gramm schwer, wird bis 60 cm lang. Verwandtschaft mit den Thunfischen

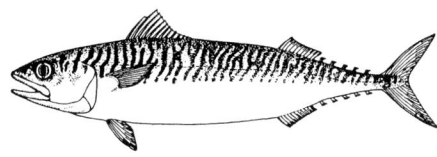

wird angesichts der Flösselchen zwischen zweiter Rücken-, After- und der Schwanzflosse sichtbar. Eine Schwimmblase fehlt. Um nicht abzusinken, muss der kleine Fisch unablässig in Bewegung sein. Kann sehr schnell schwimmen und dazu die große erste Rückenflosse wie ein »Fahrwerk« in eine Hautfalte einziehen. Verwandt mit der Mittelmeer- oder Blasenmakrele (S. japonicus), beide Arten treffen sich von der Biskaya an südwärts.
Scomber japonicus (Blasenmakrele)
spansk makrel (DK); caballa (E); maquereau colias (F); spanish mackerel (GB); kolios (GR); lokarda, plavica (HR); lanzardo (I); spaanse makreel (NL); caballa (P); kolyoz (TR).

Specimen: 1 kg, normal: 0,5 kg, bis 50 cm lang. Verwandt mit der Makrele (S. scombrus), zu unterscheiden durch eine vorhandene Schwimmblase, 8 bis 10 Stachelstrahlen in der ersten Rückenflosse und ein auffallend großes Auge.

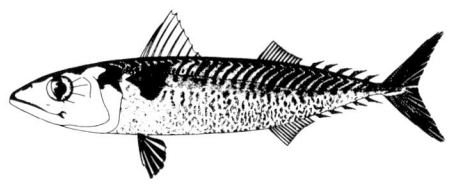

Was wäre die Meeresangelei ohne die Makrelen! Zu tausenden bevölkern sie in Schwärmen alle europäischen Meeresbereiche, fehlen nur in der östlichen Ostsee. Im Norden ist es S. scomber, die ungestüm an die Haken geht, im Süden und im Mittelmeer ist es S. japonicus.

Beide sind Sommerfische der hohen See und werden dort in 10 bis 25 Meter Tiefe angetroffen; Möwenschwärme verraten die Raubzüge der Makrelen, die immer hinter Kleinfischen und Planktern herjagen. Im Hochsommer kommen Makrelen bis an Kais und Molen. Die ersten Fische erscheinen vor der Küste überall im Mai und bleiben bis September, im Süden noch länger.
Fang: In Deutschland (Nordsee) und Holland begründen Makrelen eine eigenständige Angelei mit großen Charterschiffen. Geangelt wird überall mit dem Makrelenpaternoster (s. S. 181). Von Molen und Kais erwischt man die Fische auch mit dem Fetzenköder an der Gleitfloßangel.

In den übrigen europäischen Ländern werden Makrelen nur wegen ihres unübertroffenen Köderwertes gefangen. Sofort nach dem Fang im Ganzen, halbiert oder als Filet zu Ködern verarbeitet, gelten sie als Garantie für den Fang fast aller räuberischen Seefische, vom riesigen Marlin bis hin zum kleinen Hornhecht.

Achtung, Urlaubsangler: Eine frisch gefangene Makrele ist eine absolute Delikatesse! Aber schon nach wenigen Stunden der ungekühlten Lagerung verliert der Fisch seinen Wohlgeschmack und verdirbt sehr schnell.

Marlin, Blauer
Makaira nigricans
aguija azul (E); makaire bleu (F); blue marlin (GB); blauwe marlijn (NL); peito, espadim (P).
Specimen: ab 300 kg, im Schnitt 100 kg, bis zu 4 Meter lang. Milchner werden höchstens 130 kg schwer. Dieser Fisch unterscheidet sich vom verwandten Weißen Marlin (Tetrapturus albidus) wie folgt: Erste Rückenflosse ist kleiner als Körperhöhe und nach oben spitz zulaufend; die erste (größere) Afterflosse ist ebenfalls spitz zulaufend.

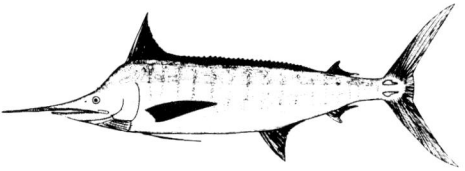

Blauer Marlin

Vorkommen: weltweit, bei uns rund um die südlichen Inseln im Atlantik, hauptsächlich um Madeira und die Azoren.

240

Der Blue ist ein wärmeliebender Fisch, der noch nie nördlich von Portugal von Anglern erbeutet wurde. Ausgangshäfen für den sommerlichen Marlinfang: Funchal/Madeira und Puerto Rico/Gran Canaria. Es werden in jeder Saison mehrere Fische gefangen.
Saison: Juli bis September, Höhepunkt: August.
Fang: zählt zu den am meisten gesuchten Fischen der Big-Game-Angler. Berühmt wegen seiner verwegenen, meterhohen Sprünge und wilden Fluchten. Kämpft meist an der Oberfläche. Wird beim Schleppfischen mit Jigs (s. S. 59) oder – besser – mit präparierten, toten Köderfischen gefangen (Bonitos, Meeräschen, Makrelen, Hornhechte, Tintenfische. Anköderung: s. Seite 63). Auch das Driftfischen oder das Fischen vom verankerten Boot (Gran Canaria) wird praktiziert. Dabei wird mit Rubbydubby (s. Seite 58) angefüttert.

Zum Marlinangeln gehören immer ein gut ausgerüstetes Boot mit Kampfstuhl, eine erfahrene Mannschaft sowie ein sehr gut passender (am besten: eigener) Harness (Schultergurt).

Marlin, Weißer
Tetrapturus albidus
aguja blanca (E); makaire blanc (F); white Marlin (GB); witte marlijn (NL); bicuda, agulhao branco (P).
Specimen: ab 75 kg, im Schnitt 20 kg, wird bis 3 Meter lang. Dem Blauen Marlin sehr ähnlich, jedoch ist bei diesem Fisch die erste Rückenflosse mindestens so hoch wie der Körper. Die äußersten Enden der ersten Rücken- und ersten Analflosse sind abgerundet.

Weißer Marlin

Vorkommen: Der kleinere Verwandte des »Big Blue« umschwimmt ebenfalls die südlichen Atlantischen Inseln, geht aber durch die Straße von Gibraltar bis nach Sizilien und Sardinien ins westliche Mittelmeer. Er ist nirgendwo häufig und meistens Beifang beim Schleppen oder Driftangeln auf Thunfische.

Meeräschen

In südlichen Ländern, ganz besonders im Mittelmeer, sind Meeräschen allgegenwärtig. Sie halten sich gern in unmittelbarer Strand- und Küstennähe auf, ebenso in Häfen, Lagunen und im Brackwasser. Stets schwimmen sie in großen Schwärmen.

Meeräschen zu fangen, gilt als große Kunst. Voraussetzung ist ständiges Anfüttern. Einzelheiten und Köder s. S. 54.

Stellvertretend für die insgesamt sieben Meeräschenarten werden zwei beschrieben, die auch weiter nach Norden vordringen:

Dicklippige Meeräsche
Chelon labrosus

tyklaebet multe (DK); lisa, corcon (E); mulet commun, mulet lippu, muge noir (F); thick-lipped mullet (GB); kephalos (GR); skocac putnik (HR); muggine chelone (I); gräröndungur (IS); tjukkleppet multe (N); gewone harder, diklip-harder

(NL); tainha, mugem (P); tjockläppad multe (S); paksuhuulikeltti (SF); kefal (TR).

Specimen: ab 3 kg, im Schnitt 1 kg, wird bis 60 cm lang. Eine von insgesamt sieben Meeräschenarten, die in Europa leben. Diese Art ist die kälteunempfindlichste, dringt sogar bis Island vor. Oft in Gesellschaft mit der Dünnlippigen Meeräsche (Liza ramada), von dieser durch die auffallend dicke, wulstige Oberlippe zu unterscheiden. L. ramada besitzt außerdem einen verwaschenen dunklen Fleck auf dem Brustflossenansatz.

Schwarmfisch, oft in großen Mengen. Frisst tierisches Plankton und Kieselalgen. C. labrosus ist mit einem sehr scharfkantigen Unterkieferfortsatz in der Lage, schabemesserartig harte Kieselalgenteppiche abzukratzen.

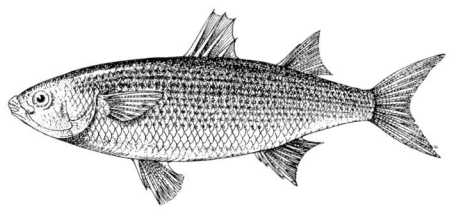

Vorkommen: überall im Mittelmeer, vor der portugiesischen Küste, der französischen und irischen Küste. Dringt durch den Kanal nach Holland, in die Deutsche Bucht (alle Häfen, vor allem Inselhäfen), nach Dänemark und neuerdings sogar in die westliche Ostsee vor, meist in kiloschweren Exemplaren. Saison ist in Nord- und Ostsee, wenn das Wasser ab 15 °C warm ist.

Fang: wie erwähnt, siehe Seite 54.

Portugals Angler fangen die Meeräschen

241

nach stundenlangem Anfüttern mit einem Brei aus frischen Sardinen. Erst wenn die Fische erregt in der Duftwolke des Breis umherschießen, beginnt man mit der Angelei. Das Gerät besteht meistens nur aus einem 8er-Haken an 0,18 mm dicker Schnur – kein Blei, kein Schwimmer.

Der Hakenköder, ein winziges Stück Sardinenfleisch, wird mit der Anfütterung in den Schwarm geworfen.

Meeräschen leisten vehemente Gegenwehr und verlangen gefühlvolles Angeln. **Verwertung:** gesuchter und kostbarer Edelfisch, von hervorragendem Geschmack, besonders gedünstet.

Dünnlippige Meeräsche
Liza ramada
tyndlaebet multe (DK); morragute, mujol (E); mulet ramada, m. porc (F); thin-lipped mullet (GB); kephalos (GR); skcac balavac (HR); muggine calamita (I); tynnleppet multe (N); dunne lippen harder (NL); bicudo, tainha (P); tunnläppad multe (S); keltti (SF); kefal (TR).
Specimen: 2,5 kg, im Schnitt 1 kg, wird bis 50 cm groß. Die kleinere Verwandte der Dicklippigen Meeräsche (Chelon labrosus). Von dieser durch eine dünne »normale« Oberlippe und einen verwaschenen schwarzen Fleck auf dem Ansatz der Brustflossen unterscheidbar.

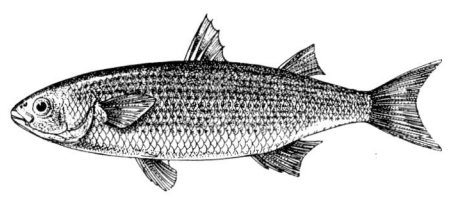

Vorkommen: Schwarmfisch der Küstengewässer, oft in Gesellschaft mit der Dicklippigen Meeräsche, geht aber nicht so weit nördlich, fehlt in Island und Westnorwegen, meidet auch Schottland. In deutschen Küstengewässern nur vereinzelt. In Portugal sehr häufig. Im Mittelmeer überall.

Meerbarsche

Serranidae
Großmäulig und stark beschuppt wie unser Flussbarsch, kommen sie mit 13 Arten in europäischen Gewässern vor, fast alle auf das warme Mittelmeer beschränkt.

Sie sind schwer zu unterscheiden von den ähnlichen Meerbrassen. Der interessierte Angler achte auf den hinteren Kiemendeckel: Dort findet man, meist bei den Meerbarschen flach anliegend, 2 bis 3 nach hinten gerichtete Dornen. Der vordere Kiemendeckel ist am Hinterrand gesägt. Solche Merkmale fehlen den Meerbrassen.

Meerbarsche sind auch nicht so zusammengedrückt und übertrieben hochrückig wie die Brassen. Zu den Meerbarschen gehören auch einige der größten Mittelmeerfische, die Wrackbarsche. Darunter sind vier Arten, die es auf Längen von zwei Metern mit zentnerschwerem Gewicht bringen. Solche Riesen leben in 100 bis 1000 m Tiefe.

Angler fangen in erster Linie die kleineren Arten der küstennahen Felsregion, wo die Fische zwischen Tangen und Seegräsern jagen. Sie sind scheue Dämmerungsjäger, oft in kleinen Trupps. Stellvertretend für alle werden hier zwei Arten aus der Familie beschrieben:

Schriftbarsch
Serranus Scriba
serrano (E); serran écriture (F); perka (GR); sciarrao scrittura (I); pirka (HR); yasilihani (TR).

Sofort erkennbar durch die vielen »Schriftzeichen« auf der Kopfpartie (Name!). Die sehr deutlichen dunklen Senkrechtstreifen auf hellem grauem und/oder bläulich-rötlichem Schuppenkleid teilt er aber mit einigen anderen Arten. 25–35 cm groß.

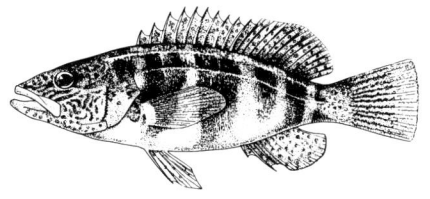

Vorkommen: überall im Mittelmeer bis ins Schwarze Meer, vom Ufer bis in 150 m Tiefe gehend. Die Fische leben in kleinen Trupps und beißen willig auf Naturköder, vorzugsweise auf Muschelfleisch.
Fang: mit der Paternosterangel gefühlt oder mit dem Gleitfloß knapp über dem Grund im klaren Wasser vom Ufer und vom Boot. Kommt nicht ins Trüb- oder Brackwasser.

Wrackbarsch
Polyprion americanus
cherna (E); cernier atlantique (F); stone bass (GB); vláchos (GR); lucerna, cernia di fondale (I); kirnja glavulja (HR); cherne (P); iskorpit hanisi (TR).

Im Schnitt wird der Fisch etwa 10 kg schwer erbeutet. Aber mit bis zu zwei Meter Länge und 100 kg ist er der mächtigste aller Wrack- oder Zackenbarsche.

Die großen Alttiere leben in Höhlen ab 60 Meter Tiefe, die sie nur zur Laichzeit für längere Zeit verlassen. In der Dunkelheit kommen die Fische als Kurzstreckenjäger aus ihren Höhlen und fressen Fische aller Größen. Die einzelgängerischen Fische leben über große Reviere verteilt an steil abfallenden Riffhängen.

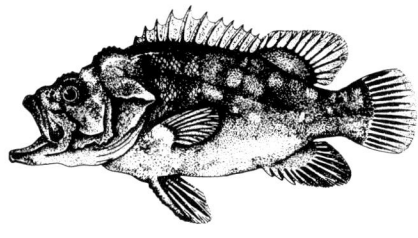

Vorkommen: überall im Mittelmeer, im Atlantik bis nach Irland und Schottland (selten). Hauptsächlich vor Portugal, bei den Kanaren, Sizilien und Sardinien.
Fang: mit der »Atlantik-Universal-Methode« und Naturködern an der 16–37-kg-Multifilschnur. »Pilkend« wird der Köder vom verankerten Boot an Steilhängen unter Wasser abwärts geführt und das Gebiet lockend abgesucht. Beste Köder: unzerteilte Fische (Makrelen, Meeräschen, Meerbrassen). Am Tage müssen solche Köder zum Felsversteck kommen, nachts sind lebende Fischköder auch noch 30 Meter vor der Barschhöhle fängig. Die Zappelwellen des Köders locken den Barsch unwiderstehlich heran.

Anhieb und Drill müssen zugleich erfolgen. Der große Barsch darf keine Chance bekommen, in seine Höhle zurückzukehren – sonst ist er für den Angler verloren.

Achtung: Große Zackenbarsche sind mancherorts zu Attraktionen für Sporttaucher geworden und werden gefüttert. Solche Fische beangelt man nicht.

Meerbrassen

Sparidae

25 Arten dieser Familie leben in europäischen Gewässern. Einige bewohnen nur warme, südliche Gewässer, insbesondere das Mittelmeer, wo Meerbrassen zu den häufigsten Beutefischen der Angler zählen. Zunehmend wandern einige Arten von der portugiesischen Küste nordwärts zur Bretagne, zu britischen und irischen Küsten, sogar bis nach Südnorwegen, wo sie die zusagend felsigen Küstenregionen finden. Nur die vier häufigsten und am weitesten verbreiteten Arten werden in diesem Buch berücksichtigt.

Alle Meerbrassen besitzen spitze, aber ungiftige Stacheln, Vorsicht! Und alle Fische dieser Großfamilie zählen zu den gesuchten, teuer bezahlten Delikatessen der Fischküche.

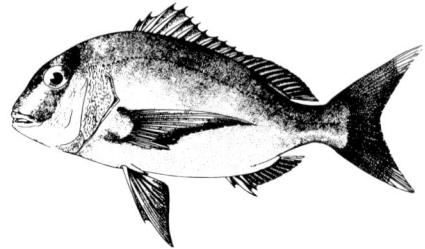

Meerbrassen, Gemeiner

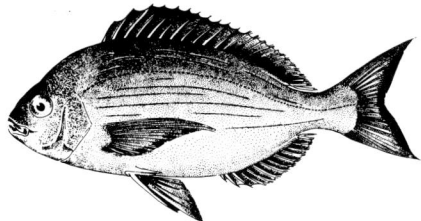

Meerbrassen, Gestreifter

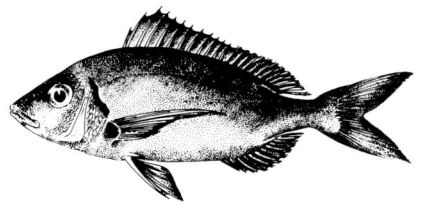

Meerbrassen, Roter

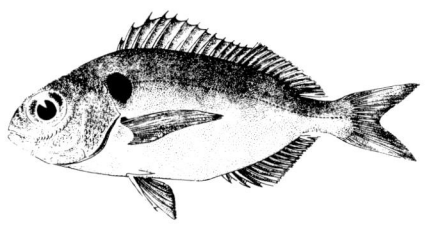

Meerbrassen, Grauer

Grauer Meerbrassen

Pagellus bogaraveo (P. centrodontus)

spidstandet blankesten (DK); besugo (E); rousseau, pironneau, dorade (F); red sea bream (GB); lethrin (GR); arbun velikoga oka (HR); occhialone (I); flekkpagell (N); roode zeebrasem (NL); besugo (P); fläckpagell (S); mandagoz mercan (TR).

Specimen: 8 kg, im Schnitt 0,8 kg, wird bis 70 cm lang. Von den beschriebenen Meerbrassen leicht durch den auffälligen, großen, dunklen Punkt auf den Flanken am Beginn der Seitenlinie zu unterscheiden. Der Fisch ist grau gefärbt mit einem Hauch rötlicher Töne, die Mundhöhle ist orange-rot.

Vorkommen: Die großen Fische werden jenseits der 150-Meter-Tiefenlinie gefangen. Leben vor der südenglischen und südirischen Küste sowie in Felsregionen vor der Süd-Bretagne (Frankreich). Wandert bisweilen bis in den Skagerrak und von dort in die dänische Inselwelt. Überall vor der nordspanischen und portugiesischen Küste. Am steilen Tiefenabfall vor Gran Canaria, Madeira und Gibraltar in großen Exemplaren, stets in Schwärmen.

Die starke kommerzielle Überfischung und das sehr langsame Wachstum (aller Meerbrassen) ließen diesen früher häufigen Fisch immer seltener werden. Sichere Angelplätze befinden sich in den Unterwasser-Felsregionen der Kanalinseln Guernsey, Jersey und Alderney sowie vor der Küste der Süd-Bretagne.

Fang: Alle Meerbrassen sind sehr temperamentvolle Fische, die an der Angel kräftige Gegenwehr leisten. Große Brassen fängt man driftend vom Boot mit der Paternosterangel (s. S. 57), die kleineren vom Ufer mit der Grundangel (s. S. 52), von Molen und Felsen mit der Wasserkugel (s. S. 53). Köder: Stückchen von Tintenfischen, Würmern, Fischen; in den Häfen auch Brotkügelchen. Die großen Fische in der Tiefe fängt man mit unzerteilt angeköderten Kleinfischen, größeren Fischfetzen, Würmern, Garnelen, Muschel- und Krabbenfleisch.

Vorsicht beim Abhaken: Die Fische sind sehr stachelig.

Gemeiner Meerbrassen
Pagrus pagrus
pargo (E); pagre commun (F); couch's seabream (GB); fagri (GR); pagar (HR); pagro (I); zakbaars (NL); pargo, capatao (P); mercan (TR).

Specimen: 4 kg, im Schnitt 1 kg, wird bis 75 cm lang, meist nur 35 cm. Besitzt sehr gut entwickelte Reiß- und Mahlzähne. Ihre Anordnung gilt bei Wissenschaftlern als sicheres Unterscheidungsmerkmal. Von der Seite betrachtet, fällt dieser Meerbrassen durch seine hohe Stirn auf. Sie hebt sich dunkel vom ansonsten rötlich-silbrig gefärbten Fisch ab. Auffällig ist die dunkel gefärbte Schwanzflosse mit fast weißen Ecken, die dunkelrosa gefärbte Zone unter dem Ansatz der Brustflossen.

Vorkommen: geht nicht so weit nördlich wie die anderen hier beschriebenen Meerbrassen, lebt auch nicht ufernah, sondern meist in größerer Tiefe. Er ist die häufige Beute der Bootsangler vor der portugiesischen Küste, rund um die Kanaren und Madeira. Auffällig ist, dass die Fische tagsüber fast ausschließlich bei etwa 70–80 Meter Tiefe gefangen werden.

Fang und Saison: Dieser Fisch geht das ganze Jahr an den Haken. Wo einer gefangen wurde, kann man sofort auf weitere hoffen, denn diese Art zieht selten allein herum, auch nicht die größeren Tiere. Mit der Paternosterangel – dann 16-kg-Gerät – (s. Seite 57) werden oft zwei Fische zugleich erbeutet. Beste Köder sind: Fischfetzen, Tintenfische, Muschelfleisch.

Gestreifter Meerbrassen
Spondyliosoma cantharus
havrude (DK); chopa (E); canthere, brême de mer, griset (F); black sea bream (GB); scatari (GR); kantar (HR); cantaro (I); havkaruss (N); zeekarper (NL); choupa (P); havsrudan (S); sarigöz (TR).
Specimen: 3 kg, im Schnitt 0,5 kg, wird bis 45 cm lang. Von allen Meerbrassen in unserem Faunengebiet am weitesten nördlich vorkommend (sporadisch Schottland, Mittelnorwegen, Kattegat). Der häufigste der beschriebenen Arten. Bis zu sechs Reihen kleiner, aber spitzer Zähne. Grundfärbung silbergrau, oft mit einem Hauch rötlicher, bläulicher oder grünlicher Farbe, alle Flossen schwärzlich. Mehr oder weniger auffällig sind helle, gold-gelbfarbige Streifen, die parallel mit der Seitenlinie auf den Flanken verlaufen. Schwanzflosse immer mit schwarzem Rand.
Vorkommen: gehäuft vor der englischen Kanalküste und nordwestfranzösischen Küste (Bretagne, Normandie), immer in Schwärmen. Alle Felsküsten Nordspaniens und Portugals, vereinzelt auch bei Madeira und den Kanarischen Inseln. Die größeren Exemplare stehen im Tiefwasser ab 200 m, die jüngeren bevorzugen offenbar Seegraswiesen. Überall im Mittelmeer.

Roter Meerbrassen
Pagellus erythrinus
röd blankesten (DK); breca, pajel (E); pageau, pagel commun (F); pandora (GB); lethrini (GR); arbun (HR); pagello (I); pagell (N); zeebrasem (NL); bica (P); röda pagellen (S); kirma mercan (TR).
Specimen: 3 kg, im Schnitt 0,5 kg, wird bis 40 cm groß. Orangerot, die Flanken rosa angehaucht, Rückenflosse rot, keinerlei dunkle größere Flecken. Die Farben verlieren sich rasch nach dem Fang.
Vorkommen: von den in diesem Buch beschriebenen Arten die wärmeliebendste; geht nordwärts bis zur Süd-Bretagne (Frankreich), vereinzelt auch vor der irischen und englischen Südküste. Häufig vor Portugal und rund um Madeira und den Kanaren, Gibraltar, im Mittelmeer überall.

Meerengel
Squatina squatina
havengel (DK); angelote (E); ange de mer (F); monkfish (GB); angelos (GR); sklat (HR); squadro, pesce angelo (I); saeengill, barthaháfur (IS); havengel (N); zeeëngel, bergelote (NL); anjo (P); havsängel (S); keler (TR).
Specimen: ab 30 kg, im Schnitt 10 kg, wird bis 2,5 Meter lang. Wirkt äußerlich wie ein Zwitter zwischen Hai und Rochen. Die Brust- und Bauchflossen sind groß und fleischig wie bei den Rochen zu »Flügeln« ausgebildet. Der Fisch ist unverwechselbar und an der europäischen Atlantikküste ohne Verwandte.

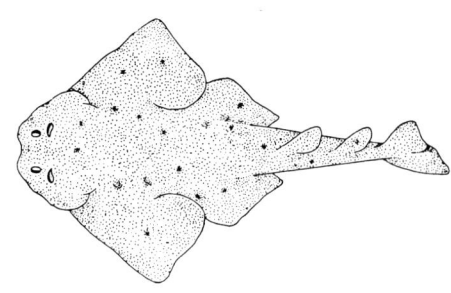

Vorkommen: überall; fehlt nur im Kaltwasser ab Schottland nordwärts. Gehäuft in kleinen Gruppen findet man die meist großen Fische in sandig-schlickigen Buchten, so z. B. in der Tralee-Bay und der Clew-Bay im Westen Irlands.
Fang: mit Makrelenfilets auf dem Grund vom verankerten Boot (»Ankern- und Lockenmethode«, s. S. 55). Monk's, wie Meerengel in Irland genannt werden, sind in der Küche wenig, an der Angel aber als wilde Kämpfer sehr geschätzt.

Meerforelle

Salmo trutta
havörred (DK); trucha (E); truite de mer (F); sea trout (GB); urridi (IS); sjöaure, sjöörret (N); zeeforel (NL); truta marinha, sapeira (P); hars lax, öring (S); meritaimen (SF).
Specimen: ab 7 kg, im Schnitt 1,5 kg, bis zu 130 cm lang. Schwer vom Lachs zu unterscheiden. Bei der Schwanzwurzel-Griffprobe lässt sich ein Lachs sicher festhalten, eine Meerforelle rutscht jedoch durch die Finger. Von der Seite betrachtet, reicht der Oberkieferrand stets etwas über den hinteren Augenrand. Die Meerforelle besitzt einen nahezu geradlinigen hinteren Schwanzrand, beim Lachs ist dieser gebuchtet.

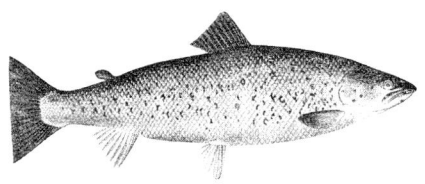

Vorkommen: sehr weit verbreitet, von der portugiesischen Nordküste nordwärts überall küstennah, besonders in der Nähe von Süßwassereinläufen. Die großen Fische werden hauptsächlich beim Angeln (Schleppen) im 10 bis 20 Meter tiefen Wasser, die kleineren bei der Uferangelei gefangen. Fehlt ab Portugal südlich, auch nirgendwo im Mittelmeer.
Fang: Gute Voraussetzungen sind kaltes Wasser, ruhiges Wasser, bedeckter Himmel, Dämmerungszeiten. Im Sommer: Windstille, helle Nächte. Günstig sind Strandabschnitte mit »Leopardengrund«, also wechselnde Bereiche aus Sand, Steinen und Kies, bewachsen mit Tangen, vor allem Seegras und Meersaite (Chorda filum), einem binsenartigen, meterlangen Brauntang. Landspitzen oder Meerengen mit vermehrter Strömung sind ebenso günstig wie die Nähe von Süßwassereinläufen. Darf im Einlauf gefischt werden, so gilt die Zeit niedrigsten Wasserstandes für das Angeln im Salzwasser als beste Zeit, ganz besonders die erste Stunde des steigenden Wassers. Alle verwendeten Köder müssen Lebendiges imitieren und den Beutetieren ähneln, die vom Fisch gerade genommen werden. Daher: Magenuntersuchung beim ersten gefangenen Fisch.

Leichtes »unverdächtiges« Gerät der 4-kg-Klasse ist wesentlich. Beim Tiefenschleppen: dünne Vorfächer.

Methoden: Watfischerei mit Spinnern, Blinkern, Fliegen und Naturködern (fingerlange Heringe, Seeringel- und Wattwürmer), Schleppfischen mit Downriggern (s. Seite 215), Bootsangelei mit denselben Ködern wie beim Watfischen.

Muräne

Muraena helena

muraene (DK); morena (E); murène (F); moray (GB); smerna (GR); mrina (HR); morena (I); murena (IS); murene (N); murene (NL); moreia pintada (P); muräna (S); merina (TR).

Specimen: 6 kg, meist nur 1 kg schwer, kann aber bis zu 1,3 Meter lang werden und ist dann mit scharfen, infektiösen Bissen sehr gefährlich. Sehr geschätzter Speisefisch.

Vorkommen: in Felsverstecken, küstennah und viele hundert Meter tief. Lebt als »Wegelagerer«, der hervorschießt, wenn Beute (Fische, Tintenfische) am Versteck vorbeischwimmt; nachtaktiv. Sichere Fangplätze sind in 50–200 Meter Tiefe an den vulkanischen Steilhängen Madeiras, Gran Canarias und vor der portugiesischen Küste, auch Gibraltar. Im Mittelmeer überall weit verbreitet.

Fang: mit Fetzenködern, die eine intensive Duftspur erzeugen (Makrelen, sehr frische Sardinen). Die kleineren Muränen bis etwa 1,5 kg fängt man mit der »Hafenuniversalmethode« (s. S. 52) und 8-kg-Schnur. Man sucht die Fische am Rande glatten Grundes und legt den Köder in der Nähe von Molenritzen, Steinschüttungen, Schutzbauten aus.

Die großen Muränen sucht man mit demselben Gerät, aber 0,55 mm dicker Schnur (scharfe Zähne!) vom Boot in 20 bis 100 Meter Tiefe an steilen Felshängen, führt die Köder zupfend an Ritzen und Spalten entlang. Dafür eignet sich auch die »Atlantik-Universal-Methode« (s. S. 143), weil es weniger Verwicklungen gibt.

Vorsicht bei der Landung: Der Fisch beißt um sich, in der Schleimhaut der Mundhöhle befindet sich Gift.

Petermann

Trachinus draco

fjaesing (DK); arana (E); grande vive (F); greater weever (GB); drakena (GR); pauk bijelac (HR); trachino dragone (I); fjörsungur (IS); fjesing (N); groote pieterman (NL); peixe aranha, garoupa (P); fjärsing (S); kurnusimppu (SF); trakonya (TR).

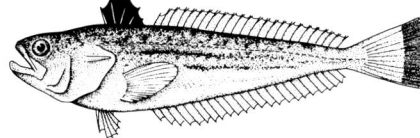

Petermann

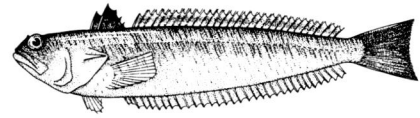

Viperqueise

Specimen: um 1,5 kg, normal 0,4 kg, bis 40 cm lang. Eine von vier Arten unserer Fauna. Diese Art kann mit Giftstacheln sehr schmerzhafte Verletzungen hervorrufen. Die Kiemendeckeldornen und die Strahlen der ersten, meist starr ausgerichteten Rückenflosse enthalten in Hautfalten ein Lähmungsgift. Angler sind besonders gefährdet, weil das Gift nicht, wie bei Berufsfischern, vorher in Reusen oder Netzen bei Berührungen auslaufen konnte. Ein Krankenhaus sollte stets aufgesucht werden, wenn die Schmerzen unerträglich werden. Wunde ausbluten lassen.

Von der verwandten – und noch giftigeren – Viperqueise (Echiichthys vipera) durch eine blau-grüne Bänderung der Flanken und kleine Stacheln auf der Stirn vor den Augenhöhlen zu unterscheiden.

Vorkommen: überall, nur nicht in Island und Nordnorwegen. Hauptverbreitungsgebiet mit besonders großen Fischen scheint das Kattegat zu sein. Südlich der Insel Laeso (Dänemark) kann man diese Fische auf Sandgrund in Mengen erbeuten. Die Fische leben tagsüber dreiviertel im Sand vergraben und schießen hervor, wenn Beute in die Nähe kommt. Nachts schwimmen sie aktiv umher.

Im Sommer kommt der Fisch bis ins flachste Wasser, im Winterhalbjahr lebt er küstenfern.

Fang: Beifang über Sandgrund beim Plattfischangeln. Äußerste Vorsicht ist geboten! Wenn die Giftstacheln erst einmal mit Tüchern intensiv in Berührung gekommen sind, verliert sich das Gift. In jedem Falle sollten dem Fisch sofort nach dem Töten die Stacheln beschnitten werden.

Verwertung: ein vorzüglicher Speisefisch mit festem, weißem und aromatischem Fleisch.

Plattfische

Pleuronectiformes

Außer dem sehr groß und schwer werdenden Heilbutt (s. S. 232) sind unter »Plattfische« nachfolgend die wichtigsten angelbaren Arten beschrieben. Allen gemeinsam ist die »platte«, flache, brotbrettförmige Körperform.

Sie leben auf sandig-schlickigem Grund, tags vergraben, nachts auf Nahrungssuche (Weichtiere) umherwandernd. Dabei kommen sie oft in Reichweite der Brandungsangler und werden mit dem Gerät, den Ködern und Methoden des Brandungsangelns (s. S. 208) gefangen.

Flunder
Platichthys flesus

skrubbe, flynder (DK); acedia, platija (E); flet (F); flounder (GB); chematida (GR); iverak, jandroga (HR); passera pianuzza (I); flundra (IS); skrubbeflyndre, harbakke (N); bot (NL); patrussa, solhadas-Pedras (P); skubbskädda (S); kampela (SF); derepisisi (TR).

Specimen: 2 kg, zumeist 0,5 kg, wird bis 45 cm lang. Streicht man von hinten nach vorn, fühlt sich der Fisch rau an. Typisch sind die knöcherigen Verdickungen entlang der Körpermitte und der Flossenansätze. Der Scholle ähnlich, aber die dort typischen roten Punkte sind bei der Flunder nur schwach und verwaschen, meist mehr orange-rot vorhanden. Es gibt rechts- wie linksseitige Fische.

Vorkommen: ein echter Europäer! Der häufigste Plattfisch, allgegenwärtig vom Nordkap bis zum Bosporus und immer küstennah, geht im Jugendstadium sogar weit hinauf ins Süßwasser, bevölkert auch die Ostsee bis hinauf in den fast ausgesüßten Bottnischen Meerbusen.

Die Flunder lebt nachtaktiv; im Sommer vergraben sich die Fische ab etwa 10 Uhr vormittags im Sand und kommen erst mit der Dämmerung wieder hervor. Bei Brandung, Wind und bedecktem Himmel sowie in der lichtarmen Jahreszeit legen die Fische nur eine kleine »Mittagspause« ein. Im Gezeitenbereich ist die Aktivität der Flunder zusätzlich vom auflaufenden Wasser abhängig; bei ablaufendem Wasser fressen die Flundern nicht im Küstenbereich.

Fang: häufigster Fang beim Brandungsangeln mit Naturködern (Watt- und Seeringelwürmer). Siehe »Scholle« weiter unten.

Kliesche

Limanda limanda
ising (DK); ollara, gallo, limanda nordica (E); limande commune (F); dab (GB); sandkoli, lura (IS); sandflyndre (N); schar (NL); solhao (P); sandskädda, sandflundra (S); hietakampela (SF).

Specimen: 1,2 kg, im Schnitt: 700 g, wird bis 40 cm lang. Oberseite bräunlich bis zitronengelb, oft mit verwaschenen gelblichen Flecken. Von allen rechtsseitigen ähnlichen Plattfischen durch die auffällig zu einem Bogen über der Brustflosse gekrümmten Seitenlinie zu unterscheiden. Der Fisch fühlt sich rau an, wenn man von hinten nach vorn streicht.

Vorkommen: Überall in Küstennähe, die größeren Exemplare kommen jedoch nicht so nah ans Ufer wie die Flundern.

Stets in größeren Trupps und beim Bootsangeln oft zusammen mit Flundern zu fangen. Im Kattegat, vor der deutschen Ost- und Nordseeküste sowie vor der holländischen Küste ist dieser Fisch die häufigste Plattfischbeute der Boots-, bisweilen auch der Brandungsangler. Fehlt im Mittelmeer. Der Fisch verdirbt schnell im warmen Milieu.

Scholle

Pleuronectes platessa
rödspaette (DK); platusa, platija (E); plie, carrelet (F); plaice (GB); skarkoli (IS); gullflyndre, rödspette (N); schol (NL); solha (P); rödspätta (S); punakampela (SF).

Specimen: 4 kg, meist 0,8 kg, kann bis 70 cm lang werden. Leicht mit der Flunder (Platichthys flesus) zu verwechseln. Besitzt jedoch keine knöcherigen Verdickungen entlang der Seitenlinie und an den Flossenansätzen, nur auf dem Kopf eine Leiste mit stumpfen Höckern. Der Fisch fühlt sich glatt an. Leuchtend rote Punktierung.

Vorkommen: der wichtigste Plattfisch der Berufsfischerei in Nordwesteuropa. Überall vom Flachwasser der Küsten bis auf 200 m Tiefe, weit in die Ostsee vordringend. Die großen Schollen werden ab 20 Metern Tiefe vor der Küste über gemischtem Grund (Sand, Kies, Bewuchs) erbeutet. Nachtaktiv. Sichere Fangplätze: Helgoland, Düne; Nordküste Fehmarn, Hohwachter Bucht. Im Ausland: beim Brandungsangeln abends am Rande sandiger Buchten in Westirland, Nordnorwegen, Island.

Südwärts wandern Schollen bis vor Portugals Küste und kommen auch im

Plattfische

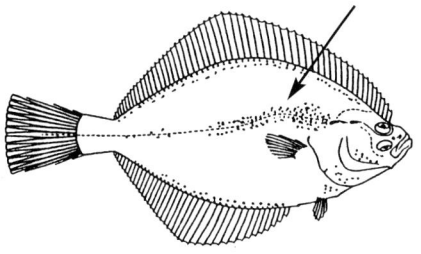

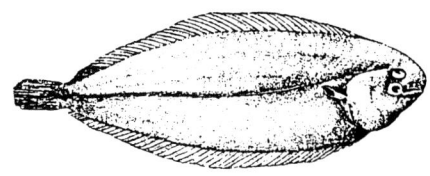

Flunder

Knöcherige, deutlich fühlbare Verdickungen auf der Seitenlinie und an der Flügelflossenbasis. Zuweilen blassrote Flecken.

Seezunge

Die typische »Zungenform« und das sehr kleine Maul kennzeichnen die Seezunge und ihre Verwandten.

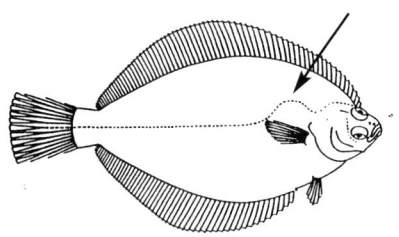

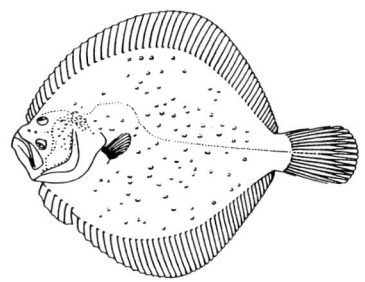

Kliesche

Fühlt sich beim Streichen von hinten nach vorn rau an. Typisch die scharf gebogene Seitenlinie

Steinbutt

Nur zu verwechseln mit dem Glattbutt, der aber keine Verdickungen auf der Körperseite besitzt.

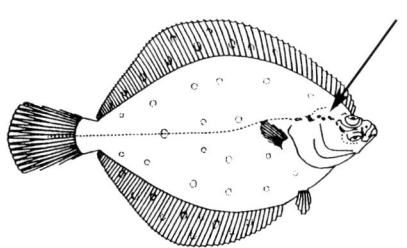

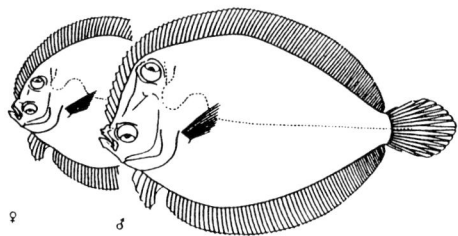

Scholle

Der Fisch fühlt sich überall glatt an, nur auf der Kopfseite einige kleine »Höcker«. Immer mit leuchtend roten Punkten.

Weitaugenbutt (Bothus podas)

Nur im Mittelmeer, bis 20 cm groß, aber überall zu fangen. Augenabstand beim Milchner (rechts) besonders groß.

westlichen Mittelmeer, besonders vor der spanischen Küste vor.

Fang: mit dem Brandungsangelgerät (s. S. 208) und der Bootsangel-Naturködermethode (s. S. 143 und 212). Köder: Wattwürmer, Heringe oder Heringsfilets. Der Buttlöffel (s. S. 211) reizt die Schollen auch noch am Tage zum Anbiss, wenn sie vergraben im Sand liegen.

Seezunge
Solea vulgaris

tunge (DK); lenguado, suela (E); sole (F); sole (GB); glossa (GR); list (HR); sogliola (I); solkoli (IS); tunge (N); tong (NL); lenguado (P); äkta tunga (S); kielikampela (SF); dil baligi (TR).

Specimen: 2 kg, im Mittel 0,5 kg, bis 50 cm lang. Die berühmteste Vertreterin von 17 Arten der Seezungen-Familie (Soleidae), die in europäischen Gewässern vorkommen. Die meisten Schwestern der Seezunge leben weiter im Süden; diese Art geht nordwärts am weitesten. Farbe: grau- bis rotbraun, mit großen, verwaschenen, dunklen Flecken. Von ähnlichen Zungen durch die dunkel gesäumte Schwanzflosse und die dicht beieinander stehenden Nasenlöcher (auf der Augenseite) zu unterscheiden.

Vorkommen: Hauptverbreitungsgebiet scheint die Nordsee zu sein. Im Frühsommer laichen die Fische küstennah im etwa 20 bis 30 Meter tiefen Wasser, danach zerstreuen sie sich ins Tiefe über Sand- und Schlickgrund. Im Mittelmeer überall.

Fang: Kleinere Seezungen sind willkommener Beifang der Plattfischangler entlang der holländischen, belgischen und südenglischen Küste. In deutschen Gewässern ganz selten von Anglern gefangen. Mittelmeer-Brandungsangler fangen Seezungen häufiger, leider oft untermaßig.

Steinbutt
Psetta maxima

pighvar (DK); sollo, rodaballo (E); turbot (F); turbot (GB); rombos pisci, kalkani (GR); plat (HR); rombo chiodat (I); sandhverfa (IS); pigghvarr (N); tarbot (NL); pregado (P); piggvar (S); piikikampela (SF); kalkan baligi (TR).

Specimen: 15 kg, im Schnitt 2 kg, wird bis 80 cm lang.

Vorkommen: Einzelgänger im gesamten hier besprochenen Gebiet, meidet nur die kältesten Zonen am Nordkap und Nordisland. Lebt küstennah bis zu 70 Meter Tiefe, geht sogar ins Brackwasser, nicht selten in die stark ausgesüßten Teile der östlichen Ostsee (Schweden, Finnland). In Deutschland seltener Beifang auf Bänken mit Kies und Steinen.

Fang: Bester Köder für den sicheren Fang ist ein großer Sandaal oder ein großes Makrelenfilet. Sogar kleine Makrelen, im Ganzen angeködert, werden vom großmäuligen Steinbutt geschluckt. Alle Köder werden auf dem Grund liegend oder driftend angeboten mit dem 8-kg-Gerät und der »Naturköderangeln-vom-Boot-Methode« (s. S. 212). Die Fische leisten erhebliche Gegenwehr.

Verwertung: einer der teuersten Fische auf den Märkten. Seit geraumer Zeit werden Steinbutte mit wachsendem Erfolg in Käfigen im Mittelmeer gezüchtet.

Pollack
Pollachius pollachius
lubbe, blasej (DK); abadejo (E); lieu jaune (F); pollack (GB); lyr (IS); lyr (N); pollak (NL); abadejo (P); lyrtorsk (S); lyraturska (SF).
Specimen: 10 kg, im Mittel 3 kg schwer.

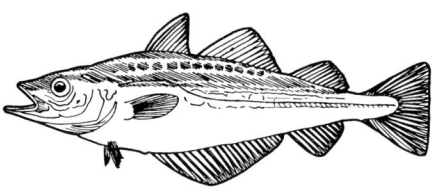

Vorkommen: Fischjäger der braunen Tangregion. Bis vier Kilogramm schwere Fische leben unmittelbar vor der Küste in den meterlangen Tangwäldern von Molen, Buhnen, Felshängen, rund um die Klippen und Inseln. Die größeren Fische bevorzugen Wracks und Unterwasser-Riffe.

In Deutschland nur sehr vereinzelt rund um Helgoland, vereinzelt auch im Kattegat (Öresund, Insel Hjelm, südlich Grena). Häufig dagegen vor der englischen Südküste, der irischen Westküste, Schottland, den nordatlantischen Inseln, der norwegischen Küste bis zu den Lofoten (seltener), südlich vor der nordspanischen und portugiesischen Küste (Peniche).

Kommt auch im westlichen Mittelmeer vor, vor allem entlang der spanischen Küste.

Fang: mit das Beste, was beim Wanderangeln (Brandungsangeln) vor felsigen Regionen gefangen werden kann. Pollacks sind scheu, je einsamer die beangelten Felsregionen, desto größer

sind die Erfolgschancen. Nur Bereiche mit meterhohen braunen Tangen kommen in Frage. Man angelt mit Fetzenködern am Einhaken-Vorfach spinnend oder mit dem Gleitfloß (s. Seite 54 u. 55).

Schlanke, fingerlange Blinker, wie beim Meerforellenangeln, sind Erfolgsköder beim Spinnangeln.

Pollacks sind sehr hart kämpfende Fische und schwer matt zu drillen. Ein Landenetz ist beim Wanderangeln unentbehrlich.

Rochen

Hypotremata
Europas Küsten sind voller Rochen. Früher oder später wird der urlaubende Bootsangler mit einem der 29 Arten »anbandeln« und dann staunen, welcher Anstrengung es bedarf, einen größeren Rochen vom Grund hochzuziehen und sicher ins Boot zu bringen.

Nur vier von den häufiger gefangenen Arten werden hier stellvertretend für alle anderen beschrieben. Von Rochen werden nur die fleischigen »Flügel« verwertet und zum Teil auf Fischmärkten hoch bezahlt.

Glattrochen
Raja batis
skate (DK); noriega (E); pocheteau gris (F); skate (GB); selahi vathi (GR); raza velika, volina (HR); razza bavosa (I); skata (IS); glatskate (N); schate, vleet (NL); raia oirega (P); slätrocka (S); vatoz (TR).
Specimen: um 50 kg, Durchschnittsgewicht 10 kg, Länge bis zu 2,5 Meter.

Die größte nordische Rochenart. Die kleineren Exemplare sind auf der Oberfläche glatt, die älteren Tiere sind stellenweise stachelig, vor allem die großen Rogner. Auf der Schwanzoberseite eine Reihe von 12 bis 18 großer Dornen, ein bis zwei Dornen auch stets zwischen den beiden kleinen Rückenflossen auf dem Schwanzende. Auf der Unterseite fühlen sich die jungen Rochen glatt an, mit zunehmendem Alter entwickeln sich dort immer mehr kleinere Dornen.

Vorkommen: Mehr als andere Rochen lebt diese Art in Küstennähe, oft in flachen Buchten. Sandige Abschnitte zwischen Stein- und Bewuchsfeldern sagen den Tieren offenbar am meisten zu. Topangelplätze sind die Senken zwischen den Schären von Strömstad (schwedische Westküste), die »Lochs« zwischen den Inseln und Buchten der Orkney- und Shetland-Inseln; die ruhigen Buchten vor der schottischen Westküste (Ullapool) und die Bezirke um Valencia Island (Südwest-Irland).

Im Mittelmeer überall im Nordteil von Spanien über Italien, die Adria bis nach Griechenland in 100 bis 300 Meter Tiefe.

Fang: Das 36-kg-Gerät ist für den Großrochenfang richtig. Große Haken am Stahlvorfach (3 Meter), dazu ein schwerer Senker am Einhaken-Grundangelgerät (Atlantik-Universal-Methode, s. S. 143) und ein Big-Game-Harness vervollständigen die Ausrüstung.

Rochen legen sich auf ihre Beute und müssen vom Grund regelrecht hochgepumpt werden. Dabei lastet die Wassersäule auf dem ganzen Körper des Fisches. Es gibt manchen Großrochen-

angler, der nach stundenlangem Hochpumpen eines über 50 kg schweren Fisches stöhnte: »Einmal und nie wieder...«

Nagelrochen
Raja clavata

somrokke (DK); raya de clavos (E); raie bouclée (F); thornback ray, roker (GB); salahi (GR); raza kamenjarka (HR); razza spinosa (I); dröfnuskata (IS); piggskate (N); steckelrog (NL); raia lenga (P); knaggrocka (S); vatoz (TR).

Specimen: ab 15 kg, im Schnitt 3,5 kg schwer, bis zu 90 cm lang. Von spitzen Stachelschuppen übersät, bei weiblichen Alttieren ist zuweilen sogar die Unterseite stachelig. Von der Körpermitte verläuft auf dem Rücken oberseitig eine Reihe spitzer Dornen (30 bis 50) bis zur ersten Rückenflosse. Zwischen der ersten und zweiten Rückenflosse nie mehr als zwei Dornen. Der Fisch kommt in allen Braunschattierungen vor, die Oberseite ist von großen, kreisrunden hellen und dunklen Flecken übersät.

Vorkommen: vom Süden bis hinauf zur südnorwegischen Küste, vereinzelt sogar bis Nordnorwegen und Island. Gehäuftes Vorkommen vor der südenglischen und südirischen Küste, vom flachsten Wasser (Hochsommer) bis zu 300 Meter Tiefe über Schlamm- und Sandboden. Sichere Angelplätze (Boot): Gewässer vor Cork (Irland), Aberystwyth (Wales) und in der gesamten Irischen See.

In Deutschland sehr selten bei Helgoland (Ostteil der Düne). Fehlt in der Ostsee, bewohnt aber alle Mittelmeerküsten.

Fang: Vorsicht! Der Fisch ist ein lebendes Nagelbrett! Man angelt langsam driftend vom Boot auf dem Grund mit der »Atlantik-Universal-Methode« (s. S. 143) oder ankernd mit der »Ankern-und-locken-Methode« (s. S. 55). 8-kg-Schnur ist ausreichend; auf 16 kg geht man, wenn Hundshaie gleichzeitig vorkommen. Dann muss ein Stahlvorfach verwendet werden. Wegen der kräftigen Rochenmahlzähne sollte man aber auch beim Rochen zwar kein Stahl, wohl aber Vorfächer aus Monoleinen von wenigstens 0,45 mm Stärke wählen.

Stechrochen
Dasyatis centroura

pilrokke (DK); chuco, pastinaca (E); pastenague (F); sting ray (GB); trigona (GR); volina (HR); trigono (I); stingskata (IS); pilskate (N); pijlstaartrog (NL); uge, urze (P); spjutrocka, stingrocka (S); ignelivatoz (TR).

Specimen: 100 kg, meist 10 kg, Breite bis 2,10 Meter. Nachgewiesen nur von Süden kommend bis zur nordspanischen Küste (siehe Karte: Punktlinie). Alle weiter nördlich gefangenen Stechrochen gehören höchstwahrscheinlich zur verwandten, kleineren Art Dasyatis pastinaca (Gemeiner Stechrochen, common stingray). Alttiere dieser gewöhnlich 40 bis 60 cm breit werdenden Art haben eine glatte Oberseite, während die riesige Art D. centroura auf der Oberseite von großen knöcherigen Verdickungen übersät ist.

Beide Rochen besitzen auf dem peitschenförmigen Schwanz ein bis zwei 5 bis 15 cm lange, bleistiftdicke, spitze Stacheln mit zahllosen Widerhaken. In Hautfalten längs der Stacheln ist ein Lähmungsgift verborgen.

Diese Stacheln gehören zu den gefährlichsten »Waffen« der europäischen Meeresfische. Frisch gefangene Rochen schlagen die Stacheln mit großer Kraft in alles, was zu nahe kommt. Dem Autor ist der Fall eines Mannes aus Madeira bekannt, der viele Wochen im Krankenhaus und über ein halbes Jahr ambulant wegen eines tief eingedrungenen Stachels behandelt werden musste.

Vorkommen: von der Küste seewärts bis zur 200-Meter-Tiefenlinie. In der warmen Jahreszeit oft in unmittelbarer Küstennähe (Buchten, Lagunen, Häfen) auf sandigem und muddigem Grund. Gräbt sich tagsüber fast vollkommen ins lockere Sediment. Sichere Fangplätze: die sandigen küstennahen Abschnitte im Süden Gran Canarias bei Arguinequin und im Süden Madeiras (Machico und Camara de Lobos).

Überall im Mittelmeer küstennah, kleinere Exemplare werden zuweilen sogar beim Brandungsangeln gefangen.

Fang: mit der »Ankern-und-Locken-Methode« (s. S. 55). Köder: halbierte Makrelen oder Filets von Makrelen, Sardinen, Plattfischen.

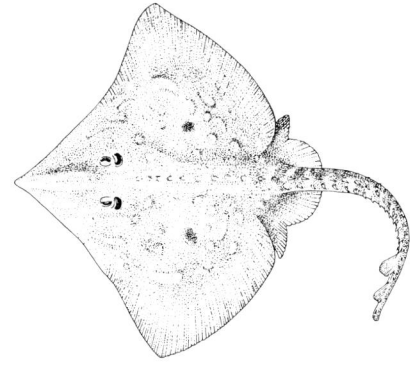

Glattrochen

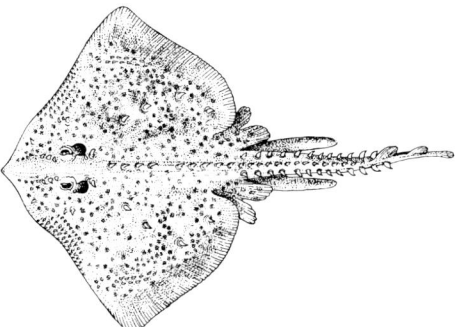

Nagelrochen

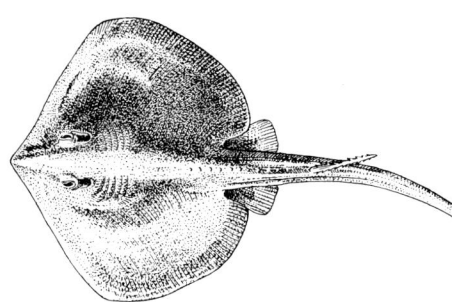

Stechrochen

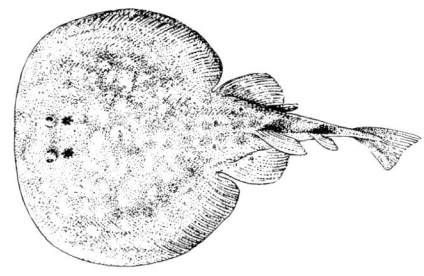

Zitterrochen

Zitterrochen
Torpedo nobiliana
elektrisk rokke (DK); tremielga, remolina negra (E); torpille noire (F); electric ray (GB); narki (GR); drhtulja (HR); tor-

pedine (I); hrökkviskata (IS); darrocka (N); sidderog (NL); tremelga (P); darrocka, elektrisk rocka (S); elektrik baligi (TR).

Specimen: ab 40 kg, normal 10 kg, wird bis 160 cm lang. Der größte und am weitesten verbreitete Zitterrochen. Unterscheidet sich von zwei weiteren europäischen Arten durch fehlende Flecken und Punktierungen der Körperoberseite. Das Tier ist eintönig dunkel violett-braun und hat hell geränderte Augen. Lebendgebärend.

Der Fisch besitzt in jedem »Flügel« ein stabförmiges Organ, das aus etwa eintausend millimetergroßen, mehreckigen Prismen gebildet wird. Mit jedem Organ können elektrische Stromstöße bis zu 220 Volt und 50 Ampere erzeugt werden.

Vorkommen: bewohnen flachste Küstenabschnitte, von der irischen und britischen Westküste abwärts bis ins Mittelmeer, dort überall und nicht selten. Fehlt in der Nord- und Ostsee und im Nordatlantik.

Fang: Wie andere Rochen, Stahlvorfach ist sinnvoll. Köder: kleine Makrelen oder Filets von großen Makrelen. Wenn der Fisch beim Drill die gespeicherte elektrische Energie abgegeben hat, kann er ohne Gefahr berührt werden.

Der Fisch ist in der Küche nicht geschätzt und sollte deshalb zurückgesetzt werden.

Rotbarsch, Kleiner
Sebastes viviparus
lille rödfisk (DK); gallineta nordica (E);

sébaste (F); red-fish, norway haddock (GB); litli katfi (IS); lysuer, uer (N); rood baars (NL); cantarilho (P); rödfisk, liten kungsfisk (S); pieni kuninkaankala (SF). **Specimen:** ab 1 kg, meist 0,4 kg bei 25 cm, wird bis 35 cm lang. Roter Fisch mit starker, deutlicher Beschuppung, die Flanken mit angedeuteten dunklen Bändern. Überall Stacheln. Langsames Wachstum; erst 20 cm lang bei 12 Jahren. Lebendgebärend. Unterscheidet sich von den Meerbarschen (s. S. 242) durch den »Stachelkopf« mit vielen spitzen Stacheln und ist wissenschaftlich mit den Seeskorpionen verwandt (s. S. 260).

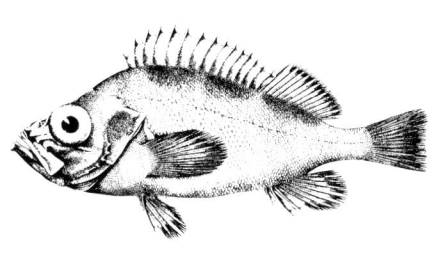

Vorkommen: Fisch des nördlichen Atlantiks von Schottland nordwärts überall küstennah ab 50 Meter Tiefe auf Sand- und Schlickböden, immer gesellig. In größerer Tiefe in Gesellschaft mit dem Großen Rotbarsch, den wir von den Fischmärkten kennen.
Fang: Die Rotbarsche leben stets in Schwärmen und ziehen nicht umher. Wo einer gefangen wurde, lassen sich meistens nach und nach weitere erwischen. Gerät: Paternostermontage aus zwei bis drei Haken am 4-kg-Gerät (dort wo größere Dorsche hinzukommen können: 8-kg-Gerät).

Sardine
Sardina pilchardus
sardin (DK); sardina, parrocha (E); sardine, célan (F); pilchard (GB); sardella (GR); srdela (HR); sardina (I); sardin (N); pelser (NL); sardinha, petinga (P); sardalyo (TR).
Specimen: bis höchstens 26 cm lang. Der »Hering des Südens«, vom Hering durch deutliche fächerförmige Furchungen der Kiemendeckel und durch die auffällig große Beschuppung zu unterscheiden. Große wirtschaftliche Bedeutung in südlichen Breiten. Planktonfresser, laicht im Salzwasser.

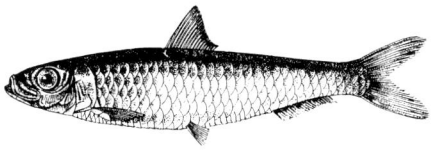

Vorkommen: Fisch der hohen See, oft in riesigen Schwärmen, tagsüber bis 60 Meter tief, nachts bis an die Oberfläche kommend. Im Mittelmeer, in der Biskaya und rund um die Atlantischen Inseln (Süd) verraten Möwen die Sardinen, wenn diese am Tage aus der Tiefe von Makrelen und Bonitos an die Oberfläche getrieben werden. Fast alle Raubfische der wärmeren Breiten umlauern solche Sardinenschwärme.
Fang: nur mit feinstem Paternostervorfach der Heringsangel (s. S. 211) möglich. Hervorragender Köderfisch für beinahe alle anderen Fischarten. Fang nur auf der hohen See, nicht vom Ufer. Berufsfischer fangen Sardinen nachts im Schein starker Lampen mit Zugnetzen.

Verwertung: »Sardinen in Öl« (in Dosen) sind weltberühmt. Frisch zubereitet (am Tage des Fanges), gebraten oder gegrillt eine beliebte Delikatesse südlicher Breiten. Fische vertranen schnell (wie Hering). Bei Verwendung als Köderfisch gut kühlen. Wichtigster Bestandteil zur Anfertigung von Rubbydubby (s. Seite 57 u. 64), zum Legen einer Duftlockspur im Wasser. Stückchen von Sardinen sind der Universalköder der Molen- und Brandungsangler südlicher Länder.

Schellfisch
Melanogrammus aeglefinus
kuller (DK); lubino (E); eglefin (F); haddock (GB); ysa (IS); hyse, kolje (N); schelvis (NL); arinca (P); kolja (S); kolja (SF).

Specimen: 5 kg, im Mittel 1,5 kg, bis 80 cm lang. Von den übrigen Verwandten, den Dorschartigen (Gadidae), durch einen prominenten dunklen Fleck auf beiden Flanken, durch die deutlich zugespitzte erste Rückenflosse und das unterständige Maul (mit winzigem Bartfaden) zu unterscheiden. Färbung: grau, Rücken dunkler. Schuppen leicht ausfallend.

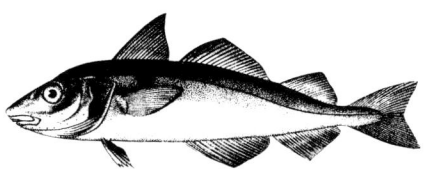

Vorkommen: Kaltwasserfisch, bevorzugt schlammige Tiefen von 30 bis 200 Metern, lebt meist am Grund, oft in großen Schwärmen, häufig küstenfern nordwärts von Irland und Schottland bis nach Island und Nordnorwegen. Fehlt in der Ostsee und vor deutschen Küsten.

Sichere Angelplätze: östlich Thurso (Schottland) am Ausgang der Pentland Firth sowie Mulden in den norwegischen Fjorden und zwischen den vorgelagerten Inseln (Lofoten).

Fang: Atlantik-Universal-Methode (s. S. 143). Köder: Wattwurm, Krabben, Muschelfleisch, Fischfetzen (Heringe, Makrelen). Große Schellfische (Norwegen) nehmen auch den Pilker oder die dabei verwendeten Beifänger (Twister, s. Seite 200). Fische immer in Grundnähe suchen; weiche, schlammige Böden werden bevorzugt.

Verwertung: neben dem Wittling der feinste und schmackhafteste dorschartige Fisch. Wird leicht weich, verliert Schuppen und wird unansehnlich, daher: sorgfältig aufbewahren.

Schwertfisch
Xiphias gladius
svaerdfisk (DK); pez espada (E); espadon (F); swordfish (GB); xiphias (GR); sabljan (HR); pece spada (I); sverdfiskur (IS); sverdfisk (N); zwaardvis (NL); espardarte (P); svärdfisk (S); kilic baligi (TR).

Specimen: ab 500 kg, im Schnitt 200 kg, wird bis 4,5 Meter lang. Es gibt weltweit nur eine Art, die alle Ozeane bewohnt. Von anderen Schwertträgern wegen der nicht vorhandenen Bauchflossen zu unterscheiden, kräftige Zähne fehlen. Dies ist vermutlich der schnellste Fernwanderer der Meere, ein schwimmender Gladiator.

Vorkommen: bevorzugt warmes bis mäßig warmes Wasser, geht mit der mäßig warmen Nordatlantik-Drift sogar bis nach Island. Seltener Irrgast in Nordsee, Skagerrak und Kattegat, in der Ostsee fehlend. Mag tiefes Wasser vor und unter sich, jagt bis 800 Meter und mehr Tiefe, meistens allein, in der Laichzeit auch in kleineren Gruppen. Frisst Fische, in der Tiefe auch Riesentintenfische. An sonnigen, windstillen Sommertagen liegen die Fische oft dösend an der Wasseroberfläche, die Rücken- und Schwanzflosse weithin sichtbar aus dem Wasser streckend.

Es gibt weltweit nur ganz wenige sichere Angelplätze: einer davon liegt 10 bis 15 Meilen vor Sesimbra bei Lissabon/Portugal. Auch im Golf von Lion wird er gefangen (Südfrankreich).

Im Mittelmeer wird der Fisch überall vereinzelt erbeutet, ganz besonders in der Umgebung von Malta, wo sich vermutlich Laichplätze befinden.

Fang: Berufsfischer fangen die Tiere mit Langleinen an den Abhängen des Kontinentalschelfes in bis zu 800 Meter Tiefe. Für die Big-Game-Angler ist dieser Fisch der stärkste, der König aller Big-Game-Fische. Für die meisten Großfischjäger bleibt er ein Traum, wurden doch bisher weltweit nicht viel mehr als eintausend Fische gefangen. Das liegt vor allem daran, dass von zehn gehakten Fischen neun wieder verloren gehen, entweder gleich nach dem Anhieb oder beim Drill, oft erst nach zehn und mehr Stunden.

Gerät: 60-kg-Klasse, Harness und Kampfstuhl obligatorisch, der Angler muss sehr gute Kondition mitbringen. Köder: Fische, im Ganzen angeködert (Sesimbra: Brachsenmakrelen, lebend). Stahlvorfach wegen der Scheuergefahr am Schwert notwendig.

Verwertung: Schwertfische werden zu Höchstpreisen auf den Seefischmärkten gehandelt. Besonders das Fleich kleinerer Exemplare gilt als eine Delikatesse, die nicht nach Fisch, sondern eher wie Kalbfleisch schmeckt.

Seehecht
Merluccius merluccius

kulmule (DK); merluza (E); merlu (F); hake (GB); bakaliaros (GR); oslic (HR); nasello (I); lysingur (IS); lysing (N); heek (NL); pescada (P); kummel (S); berlam (TR).

Specimen: ab 8 kg, im Schnitt 1,5 kg, wird bis 1,2 m lang. Schwarze Mundhöhle, zweite Rücken- und Bauchflosse fast gleich lang.

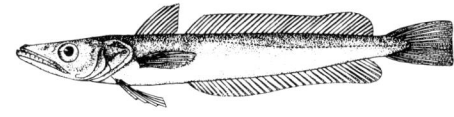

Vorkommen: bewohnt fast das gesamte hier beschriebene Gebiet, fehlt nur in der Ostsee, in der Nordsee selten. Schätzt tiefes (bis 300 Meter) Wasser und lebt dort tagsüber in Grundnähe. Nachts steigen die Fische in großen Schwärmen empor und jagen die Schwarmfische der hohen See. Hauptverbreitung: am Rande des Tiefwasserbeckens der Biskaya, südwestlich Irland, rund um die nordatlantischen Inseln und südlich Irland. Auch überall im Mittelmeer bis in den Bosporus. Selten in Küstennähe.

Fang: im Mittelwasser mit dem Zwei-haken-Paternoster oder der Atlantik-Universal-Methode. Köder: Fischfetzen. Auch Gummiaal-Paternoster (s. S. 145 u. 149) eignen sich.

Verwertung: ein wohlschmeckender, nach Gesamtfangmenge bedeutender Konsumfisch.

Seeskorpion
Myoxocephalus scorpius
almindelig ulk (DK); scorpion de mer (F); bull rout, father lasher (GB); scazzone (I); marhnutur (IS); almindelig ulk, marulk, pelekunter (N); zeedonderpad (NL); rötsimpa, ulk (S); iso simppu (SF).

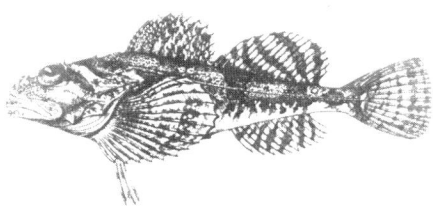

Seeskorpion

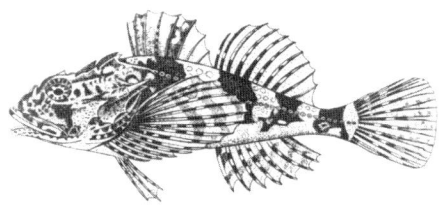

Seebull

Specimen: 1 kg, meist 0,5 kg, bis 35 cm lang, in der Arktis bis über 50 cm lang. Eine von insgesamt 16 Groppenarten in Nordwest-Europa. Diese Art und der Seebull (Taurulus bubalis) sind die häufigsten und am weitesten verbreiteten.

Im Unterschied zum ähnlichen See-bull hat der Seeskorpion auf den Flanken ober- und unterhalb der Seitenlinien stachelige Verdickungen; die Seitenlinie selbst ist glatt. Auch besitzt er nur bis zu zwei Stacheln am Hinterrand des vorderen Kiemendeckels. Keiner davon ist länger als der Augendurchmesser.

Vorkommen: Jeder Küstenangler kennt diesen Fisch vom Angeln an Molen, Kais und Buhnen entlang der Küste. Selbst die belebtesten Hafenabschnitte bewohnt dieser Fisch, wenn er nur genügend Deckung findet zwischen den Tangen und Algen auf den Steinpackungen. Fehlt nur südwärts ab Portugal. Sonst überall häufig, nie allein. Je weiter nordwärts, desto größer. Im westlichen Mittelmeer wird nur der Seebull gefangen.

Saison, Fang und Verwertung: Laicht im Winter, das Männchen bewacht die Eier und verteidigt sie. Nach dem Schlupf der Jungen werden die Fische wieder aktiv (ab April) und werden das ganze Jahr mit Naturködern gefangen. Vorsicht! Zahlreiche Kopf-, Kiemendeckel- und Flossenstacheln.

Nur wenig verwertbares Fleisch. Es schmeckt aber vorzüglich und sollte überall dort, wo mehrere Fische erbeutet werden, verwendet werden, z. B. für Fischsuppen.

Stachelmakrelen

Carangidae

Die Raubritter der tropischen und subtropischen Meere durchstreifen ständig die oberen Wasserschichten der hohen See auf der Suche nach Kleinfischen, Garnelen und Tintenfischen.

In Südeuropa, namentlich im Mittelmeer, werden Bootsangler unweigerlich auf einige der insgesamt 25 Arten dieser Familie stoßen. Raubende Möwen weisen den Weg. Wo sich die Vögel ins Wasser stürzen, sind Stachelmakrelen nicht weit. Mal jagen sie knapp unter der Oberfläche, Minuten später aber schon im 30, 50 oder 70 Meter tiefen Wasser.

Die Fische beißen blitzschnell auf alles, was sich bewegt, folgen einem geschleppten Blinker oder Wobbler ebenso wie einem handlangen Köderfisch. Solche Fische werden beim Driftangeln (s. S. 58) am Gleitfloß oder Ballon angeboten und vehement unter Wasser gerissen.

Dann beginnt nach dem Anhieb ein wilder Tanz zwischen Fisch und Angler, denn Stachelmakrelen wissen sich mit langen Fluchten enorm zu wehren.

Alle Fische sind gesuchte Küchenfische auf den Fischmärkten.

Stellvertretend für alle werden die vier häufigsten Vertreter dieser Familie beschrieben.

Bläuel

Trachinus ovatus

pompano blanco (E); palomine, liche glauque (F); pompano (GB); litsa (GR); leccia stella (I); pompano (P); yaladerma (TR).

Specimen: ab 50 cm Länge, wird bis 70 cm groß. Typische Merkmale sind drei bis fünf dunkle Flecken mittig auf der Seitenlinie und die schwarzen Spitzen der Rücken-, After- und Schwanzflosse.

Der Fisch ähnelt dem Seriolafisch und jagt mit diesem manchmal im selben Gebiet. Kleine Fische, Garnelen und Schwimmkrabben gehören zur Beute.

Vorkommen: überall im Mittelmeer, neuerdings von den südlichen atlantischen Inseln über Portugal und die Biskaya bis nach Südengland und durch den Kanal in die Nordsee vordringend. Der Fisch liebt im Sommerhalbjahr die Ufernähe, meidet aber Brackwasser. Beste Angelplätze sind Felsküsten mit tiefem Wasser.

Fang: in erster Linie vom Boot, aber auch vor einsamen Felsküsten nach anhaltenden, auflandigen Winden vom Ufer und dann mit Blinkern und Fetzenködern in halber Wassertiefe spinnend (s. S. 55). Der Fisch lässt sich durch beständiges Anfüttern für eine kurze Zeit am Boot halten.

Gabelmakrele

Lichia amia

palometa (E); liche amie (F); leerfish (GB); litsa (GR); lica (HR); pompano (P); akya (TR).

Specimen: 100 cm bei 12 kg. Der Fisch kann stolze 180 cm lang und 50 kg schwer werden! Die »Lichia« ist ein gesuchter, kämpferischer Raubfisch, der Fische bis Meeräschen- und Makrelengröße jagt. Lichia jagt meistens in kleinen Trupps und verrät sich durch Fische, die panikartig ständig aus dem Wasser springen.

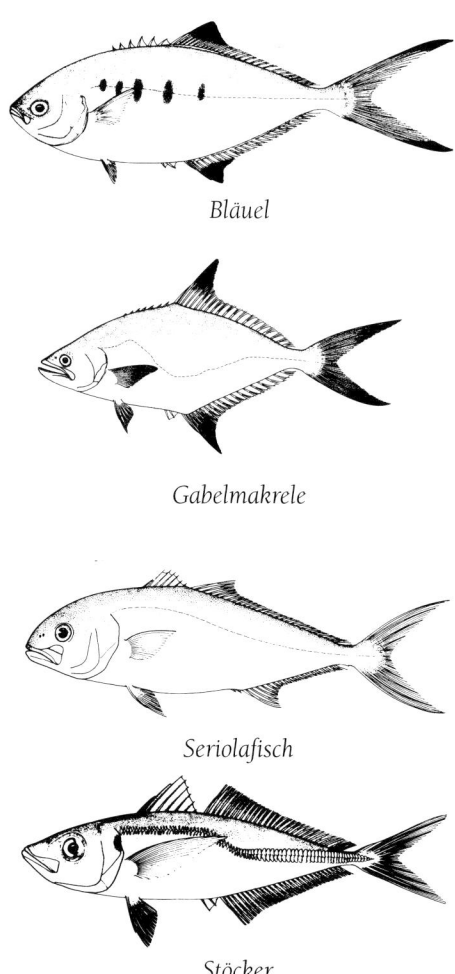

Bläuel

Gabelmakrele

Seriolafisch

Stöcker

lebende Meeräschen und Makrelen als Top-Köder (s. Seiten 57 u. 58).

Vom Ufer erwischt man die vor Felsküsten jagenden Lichias mit schlanken blau-silbernen Spinnern.

Seriolafisch
Seriola dumerili

pez de limon, seriola (E); seriole (F); amberjack, yellowtail (GB); magiatiko (GR); orhani, gofi (HR); charuteiro (P); sari kuyruk (TR).

Specimen: 100 cm bei 10 kg, wird maximal 188 cm lang und 80 kg schwer. Besonders junge Fische besitzen Ähnlichkeit mit dem Blaufisch (s. S. 221). Jedoch ist die Schwanzflosse beim Seriola viel tiefer gegabelt. Beim Blaufisch endet die stachelige erste Rückenflosse, von der Seite betrachtet, etwa auf der Höhe des Afterflossenbeginns, nicht so beim Seriola.

Vorkommen: Biskaya, Südküste England. Von dort südwärts überall, auch im Mittelmeer, fehlt nur in der Adria.

Fang: wie die Gabelmakrele.

Stöcker
Trachurus trachurus

hestemakrel (DK); chicharro (E); saurel, chinchard (F); horse mackerel (GB); savridi (GR); sarun, sugur (HR); suro, sugarello (I); marsbanker (NL); chicharro (P); istavrit (TR).

Specimen: 1,2 kg, meist nur 0,5 kg. Der kleinste, zugleich aber auch absolut häufigste »Stachler«. Typisch sind scharf zugespitzte, dachziegelartige Schuppenplatten, die sich entlang der Seitenlinien hinziehen. Die stachelige erste Rückenflosse und kräftige Analdornen vervoll-

Vorkommen: im gesamten Mittelmeer bis zum Bosporus, fehlt nur in der Adria. Auch vor der spanischen, portugiesischen und kanarischen Inselküste.

Fang: beim Schleppen mit der Ausrüstung des Littel-Big-Game-Angelns in der 24-kg-Klasse. Köder: Jigs und tote ganze Fische. An der treibenden Ballon- oder Ohne-Floß-Angel (vom Boot) gelten

ständigen das Bild eines »hölzernen, dürren, stacheligen« Fisches. Auf dem äußersten Hinterrand der Kiemendeckel findet sich ein dunkler Fleck. Färbung: Rücken dunkelgrau-grün, Flanken über grau ins silbrig-weiße Bauchkleid übergehend.

Vorkommen: Bildet große Schwärme, die im Winterhalbjahr ab 100 Meter Tiefe über Sandboden angetroffen werden, im Sommerhalbjahr an der Oberfläche schwimmen und große Plankter und Kleinfische fressen. Ab Mai treten die Stöcker unregelmäßig, dafür aber oft in großen Mengen, ihre nordwärts gerichteten Wanderungen an. Im Kattegat und der westlichen Ostsee selten.

Hauptvorkommen: marokkanische, spanische und portugiesische Küsten.

Im Mittelmeer überall, typischer Sommerurlaubsfisch.

In der Deutschen Bucht immer in Gesellschaft mit Makrelen; dort werden sie beim Makrelenangeln von Ende Mai bis weit in den August erbeutet. In der Ostsee fehlt der Fisch.

Fang: Die Fische gehen wild an die Paternostervorfächer, die beim Makrelenangeln gebraucht werden (s. S. 181).

Verwertung: Geräuchert gelten die Fische als sehr wohlschmeckend.

Thunfische

Thunnidae

Weltweit verbreitete Fernwanderer der Ozeane. Bevorzugen tropische und subtropische Breiten, gehen nur zögernd mit der Sonne im Sommer nordwärts bis an die Grenzen mäßig warmen Wassers. Für die Wanderung zwischen USA und Europa benötigen die Fische nur wenige Wochen. Beim Umherziehen wird ein Zeitschema eingehalten, sodass man von einer klar umrissenen Fangsaison sprechen kann.

Die vier wichtigsten Thunfischarten kommen regelmäßig in die südlichen europäischen Gewässer. Es existiert eine saisonale Thunfischangelei in folgenden Gebieten:

Frankreich: Atlantik/Biskaya (Biarritz, St. Jean der Luz); Mittelmeer/Golfe du Lion.

Spanien (Nord): Atlantik/Biskaya (S. Sebastian, Foz, Gijón, Santander); Atlantik (Vigo, La Coruna).

Spanien (Süd): Atlantik/Costa de la Luz (Cadiz); Kanarische Inseln.

Portugal: Atlantikküste (Sesimbra); Atlantik/Azoren, Madeira.

Italien: Adriaküste.

Türkei: Bosporus.

Hinweise auf Angelzentren: siehe Landesbeschreibungen.

Fang: Großthune sind die häufigste Beute der Big-Game-Angler. Die Fische können nur mit dem 36–60-kg-Großfischangelgerät bezwungen werden. Boote mit Kampfstuhl und einer erfahrenen Mannschaft sind unverzichtbar.

Verwertung: Alle Thunfische sind sehr wertvolle Marktfische. Wenn nichts anderes vereinbart wurde, dann gehören die gefangenen Fische stets der Charterbootbesatzung, die den Verkaufserlös unter sich aufteilt.

Blauflossenthun
Thunnus thynnus

thunfisk (DK); atun (E); thon rouge (F); bluefin tuna (GB); tonnos (GR); tunj

(HR); tonno (I); tunfiskur (IS); makrell-storje, tunfisk (N); tonijn (NL); atum rabil (P); tonfisk (S); orkinos (TR).

Specimen: ab 200 kg, im Schnitt 100 kg, wird bis drei Meter lang. IGFA-Rekord: 679 kg (1979). Von allen anderen Arten durch die wesentlich kleineren Brustflossen und die rotbraune Färbung der zweiten Rückenflosse zu unterscheiden.

Diese Art ist das »Oberhaupt« aller Thunfische. Berufsfischer haben schon Exemplare von über 800 kg gefangen. Frühestens mit sieben, oft erst mit zehn Jahren geschlechtsreif, kann bis zu 30 Jahre alt werden. Dieser Fisch kann beim Jagen seine Bluttemperatur auf bis zu 10 °C über die Wassertemperatur steigern. Frisst die Schwarmfische des freien Wassers (Makrelen, Heringe, Sardinen, See- und Hornhechte, Stöcker usw.), aber auch Tintenfische.

Vorkommen: bis zur Biskaya-Südgrenze regelmäßig, darüber hinaus bis zum Nordkap, Island und ins Kattegat nur vereinzelt, immer in kleinen Trupps. Bestandsgefährdung wegen starker Befischung mit Langleinen, seit 1982 weltweite Bemühungen um die Regeneration durch Fangquotierung. Die traditionellen Berufsfischereien in der Meerenge von Gibraltar, der Rhônemündung, in der Straße von Messina oder im Bosporus kamen zeitweilig fast zum Erliegen.

Sichere Angelplätze: Südfrankreich/Golf von Lion (Agde, Port-de-Bouc); Sesimbra/Portugal; Azoren, Madeira.

Saison: Azoren: September bis November; Madeira: Mai/Juni und Oktober.

Gelbflossenthun
Thunnus albacares

rabil (E); thon jaune (F); yellowfin tuna (GB); tonnos macrypteros (GR); zutorepi tunj (HR); tonno albacora (I); atum albacora (P).

Specimen: 150 kg, im Schnitt 80 kg, wird bis 2 Meter lang. Wichtigstes Unterscheidungsmerkmal sind die überlange, sichelförmig ausgebildete zweite Rückenflosse und die Afterflosse. Bauchflossen und Flösselchen sind gelb (Name!) gefärbt, die Flösselchen sind schwarz gerändert. IGFA-Rekord 176,35 kg (1977).

Vorkommen: in kleinen Trupps, bei uns rund um die Atlantikinseln im Süden des europäischen Gebietes, kommen selten an die Festlandküsten.

Saison: Madeira: November bis Februar; Azoren: September bis November; Kanarische Inseln: August bis November. Nicht im Mittelmeer.

Blauflossenthun

Gelbflossenthun

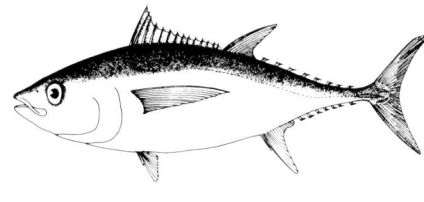

Großaugenthun

Weißer Thun

Großaugenthun
Thunnus obesus
storöjet tun (DK); patudo (E); thon obese, patudo (F); bigeye tuna (GB); tonnos (GR); zutoperaajni tunj (HR); tonno obeso (I); atum patudo (P).
Specimen: 150 kg, im Schnitt 80 kg, wird über 2,4 Meter lang. IGFA-Atlantik-Rekord: 170,32 kg (1977). Ist dem Gelbflossenthun sehr ähnlich und nur durch die kürzere zweite Rücken- und die Afterflosse zu unterscheiden. Jungfische dieser Art ähneln dem Gelbflossenthun derart, dass nur eine Untersuchung der Leberstreifung eindeutige Artentrennung möglich macht.
Vorkommen: um die südlichen Atlantikinseln etwas häufiger als der ähnliche Gelbflossenthun. Steht meistens tiefer als andere Thune (ab 70 Meter).
Saison: Azoren: April bis Juli; Madeira: Mai bis September;

Kanaren: August bis November. Nicht im Mittelmeer.

Weißer Thun
Thunnus alalunga
langfinnet tun (DK); albacora (E); germon, thon blanc (F); albacore, long-fin tunny (GB); tonnos macryteros (GR); silac, bijeli tunj (HR); tonno bianco (I); witte tonijn (NL); atum voador (P).
Specimen: 30 kg, im Schnitt 7 kg, wird bis 120 cm lang, IGFA-Rekord: 40 kg (1977). Der kleinste der vier bei uns vorkommenden Thunfischarten, leicht durch die besonders langen, sichelförmigen Brustflossen zu unterscheiden.
Vorkommen: in großen Schwärmen, vor allem in der Biskaya bis hinauf zur irischen und englischen Südküste. Nach dem Laichen ziehen die Fische im Spätsommer, aus den Weiten des Atlantiks kommend, in die Biskaya und in die Nähe der atlantischen Inseln, um die Schwarmfische der offenen See zu jagen. Ausgangshäfen für die Angelei sind in Frankreich: St. Jean-de-Luz, La Rochelle, Concarneau. Der IGFA-Weltrekordfisch wurde vor Gran Canaria gefangen.
Im Mittelmeer rund um Italien und Griechenland.
Saison: Biskaya: August bis November.

Wittling
Merlangius merlangus
hvilling (DK); merlan, lechera (E); merlan (F); whiting (GB); lysa (IS); hvitting (N); wijting (NL); badejo (P); vitling (S).
Specimen: 3 kg, im Schnitt 0,5 kg, wird bis 50 cm lang. Mindestmaß im Nordsee-Küstenbereich Schleswig-Holsteins: 27 cm. Der dorschartige Fisch unter-

scheidet sich von seinen Verwandten durch die bräunliche Rückenfärbung und die silberhellen Flanken, die von vielen winzigen, dunklen Sprenkeln übersät sind, und durch einen dunklen großen Fleck auf dem Brustflossenansatz. Viele kleine, aber sehr spitze Zähne. Schwarmfisch.

Sein nächster Verwandter, der **Blaue Wittling** (Micromesistius poutassou), bleibt viel schlanker, ist bläulich-silbrig gefärbt, die Mundhöhle ist schwärzlich. **Vorkommen:** Die »Heimat« des Wittlings scheint die Nordsee zu sein; von dort verbreitet er sich vor allem um England, Irland, in den Ärmelkanal, die nordfranzösische Küste und nordwärts, spärlicher werdend, bis Island und zum Nordkap. In der westlichen Ostsee neben dem Hering einer der häufigsten Fische. Wird bei uns um Helgoland und vor Borkum, in der Ostsee in allen Förden und Buchten gefangen. Er teilt den Lebensraum mit dem Blauen Wittling; nur im westlichen Mittelmeer gehen sie einander aus dem Wege. Ansonsten sind Wittlinge als »echte Europäer« überall zu fangen.
Fang: Wittlinge leben grundnah in Schwärmen und werden im Mittelmeer mit der Paternosterangelmethode (s. S. 57) oder in allen anderen Gebieten mit

dem Naturköderangelgerät vom Boot (s. S. 212) gefangen. Köder: Fischfetzen, Würmer, Muschelfleisch.

Wolfsbarsch

Dicentrarchus labrax
bars (DK); lubina (E); bar commune, loup (F); bass (GB); lavraki (GR); lubin (HR); spigola (I); vartari (IS); havaborre (N); zeebars (NL); robalo (P); havsabborre (S); levrek (TR).
Specimen: 7 kg, im Schnitt 1,5 kg schwer, wird bis 90 cm lang. Dorn am Hinterrand des Kiemendeckels, erste Rückenflosse stachelig, Rücken bleigrau, Flanken silbergrau, alle Flossen schwärzlich, nur Brust- und Bauchflossen weißlich. Fische bis 1 kg leben gesellig, größere Fische sind zumeist Einzelgänger.

Die südlichen Gewässer, vor allem das Mittelmeer, teilt sich diese Art mit dem nahe verwandten Gefleckten Wolfsbarsch (D. punctatus). Er sieht aus wie eine Meerforelle; hell-silbrige Schuppen und zahllose dunkle Punkte bedecken den Körper. Ein deutlicher schwarzer Fleck am Hinterrand des Kiemendeckels unterscheidet ihn zusätzlich.

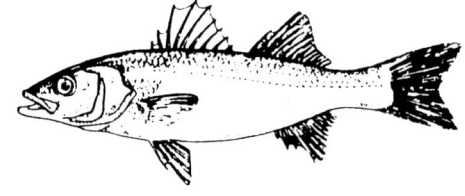

Wolfsbarsch

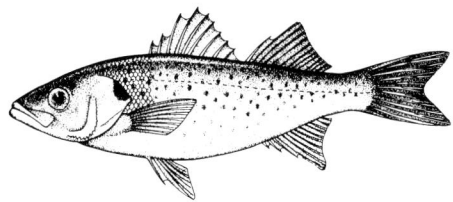

Gefleckter Wolfsbarsch

Vorkommen: Fische des warmen und gemäßigt warmen Wassers. Der Gefleckte Wolfsbarsch geht dabei von Süden her nur bis in die Biskaya. D. labrax jedoch dringt seit einigen Jahrzehnten immer weiter nördlich vor, wird schon überall in der Nordsee und sogar vereinzelt in der westlichen Ostsee gefangen.

Im Mittelmeer überall, geht auch ins Trübwasser der Häfen und ins Brackwasser der Flussmündungen, lebt küstennah und jagt Fische.

Fang: Wolfsbarsche sind die am meisten gesuchten Fische der leidenschaftlichen Brandungsangler. Was den deutschen oder skandinavischen Anglern in der Ostsee die Meerforelle bedeutet, ist der Wolfsbarsch für die Mittelmeerangler.

Man sucht ihn watend im Flachwasser mit der Spinnangel und schlankem, silbergrünem Spinner oder mit dem Schwimmer in Häfen, Lagunen oder der Brandung vor Felsen mit kleinen Fischen, unzerteilt angeködert, zupfend und spinnend geführt. Aber auch Krabben, Tintenfische, ja sogar Würmer verleiten den Fisch zum Anbiss.

Wolfsbarsche sind genau wie die Meerforellen temperamentvolle Fische, die bei ungeschicktem Drill leicht freikommen.

Verwertung: besitzt sehr feines, weißes wohlschmeckendes Fleisch, hoher Eiweißgehalt, am besten als Bratfisch geeignet. Verdirbt rasch, daher kühl verwahren.

Gut zu wissen
Seekarten – Schatzkarten für Meeresangler

Wer auf eigene Faust vom Ufer oder mit dem Boot im Meer erfolgreich angeln will, benötigt unbedingt eine gute Seekarte. »Gut« ist immer die Karte, die das zu beangelnde Gebiet in möglichst großem Maßstab deutlich wiedergibt. Jeder Landesbeschreibung in den Kapiteln Mittelmeer, Atlantik, Nord- und Ostsee sind in diesem Buch die Nummern geeigneter Seekarten vorangestellt.

Weitere Seekarten sind aufgelistet im »Verzeichnis der nautischen Karten und Bücher« des Bundesamtes für Seeschifffahrt und Hydrographie in Bernhardt-Nocht-Str. 78 in 20359 Hamburg, Internet: www.bsh.de.

Allein für die Deutsche Bucht und unseren Ostseeküstenbereich stehen rund 50 Seekarten zur Verfügung.

Im vorgenannten Verzeichnis sind die Seekartengebiete mit übersichtlichen Umrisszeichnungen dargestellt. Überdies finden sich darin umfassende Angaben über beziehbare Spezial-Karten (für Sportschifffahrt, topographische Karten des Seegrundes, Deccakarten, Seegrenzkarten usw.) und darüber hinaus Angaben über Seehandbücher, Wracklisten, Strömungskarten usw. sowie ein Verzeichnis der Vertriebsstellen in Deutschland.

Um Seekarten richtig lesen zu können, benötigt man ferner die Broschüre »Zeichen, Abkürzungen, Begriffe in Deut-schen Seekarten« (auch als »Karte 1« bezeichnet). Alle in Seekarten verwendeten Symbole sind darin ausführlich erläutert. (Format DIN A4, 96 Seiten, in deutscher und englischer Sprache.)

»Schatzkarten« entschlüsseln

Wie ein geheimer Code ziehen sich die Kürzel und Zeichen durch die Seekarten. Wer den Code entschlüsseln kann, gewinnt wertvolle Erkenntnisse für das Auffinden guter Angelplätze.

Bezeichnung der Bodenart	
Sd	= Sand
f.Sd.	= feinkörniger Sand
gb.Sd.	= grobkörniger Sand
f.Sd.kl.St.	= feinkörniger Sand und kleine Steine
St	= Steine
kl.St.	= kleine Steine
gr.St.	= große Steine
K	= Kies
Sch.	= Schill, Muschelbruch
Kor	= Korallen
Sd.T.	= Sand und Ton

Angler wissen: Grobkörniger Sand und Steine bedeuten festen Untergrund für Algen- und Tangbewuchs. Dieser Bewuchs schafft Lebensraum für viele Kleintiere, Unterschlupf für Krebse, Krabben, Kleinfische. Das wiederum lockt die Dorsche.

Feinkörniger Sand, vermengt mit Ton, ist Siedlungsplatz für zahlreiche Wurmarten. Das bedeutet: Plattfische sind in der Nähe zu finden. Reiner Sand hingegen, ohne Beimengungen, ist anglerisch eine »Wüste« und scheidet für das Angeln in Grundnähe aus.

Eingezeichnete Steilküsten

sind ein wertvoller Hinweis für Brandungsangler, denn dort liegen fast immer viele Steine – ein idealer Lebensraum für viele ufernah lebende Fische und Fischjäger wie Meerforelle und Wolfsbarsch.

Tiefenangaben und Tiefenlinien

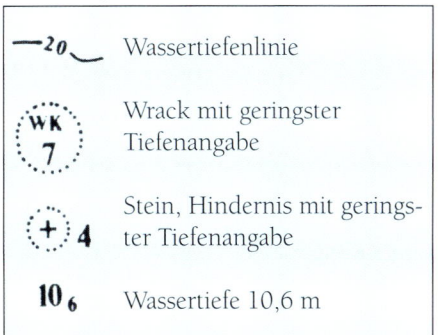

sind für alle Angelarten von großer Bedeutung. Besonders Fels- und Brandungsangler können leicht erkennen, wo tiefes Wasser in Wurfweite heranreicht, und Bootsangler finden Scharkanten, Mulden und Berge – alles gute Fischstandorte.

Die hier beispielhaft angeführten Zeichen und Buchstabenkürzel sind nur eine ganz kleine Auswahl aus dem, was in Seekarten alles zu finden ist. Seekarten gehören ins Gepäck des Meeresanglers; wer gelernt hat, sie zu lesen, spart viel Zeit bei der Suche nach Fischen und gewinnt viel mehr Freude durch gute Fänge.

An zwei Beispielen kann man erkennen, wie wertvoll Seekarten für Meeresangler sein können – wenn man sie zu lesen und zu deuten versteht. Zunächst eine Karte für Bootsangler:

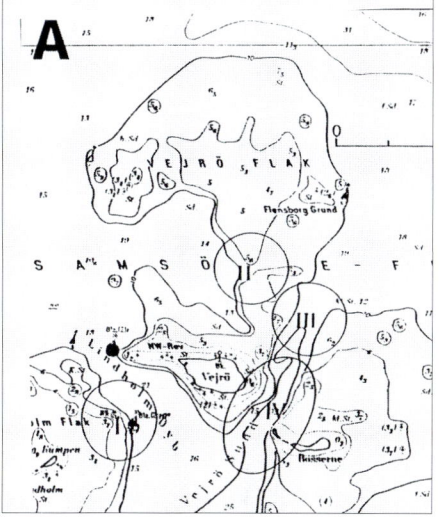

*Deutsche Seekarte Nr. 19,
M = 1:70 000,
Ausschnitt: Samsö E-Flak, Kattegat, DK.*

Karte A

Die Karte verrät auf einen Blick, dass sich östlich der Kattegat-Insel Samsö unter Wasser eine stark hügelige »Landschaft« ausbreitet. Umgeben von ebenen, zwischen 15 und 18 Meter tiefliegenden Sandflächen, ragen richtige »Berge« unter Wasser auf, oft gekrönt von zahlreichen großen Steinen oder gar von flachen, über Wasser liegenden Eilanden (Vejrö, Bosserne, Rumpen).

An einem Süßwassersee würde man solche Stellen »Barschberge« nennen und sie gern aufsuchen, weil dort erfahrungsgemäß immer Fische stehen. Hier ist es nicht anders: An den Scharkanten und zwischen den mit Tangen bewachsenen Steinen stehen die Fische:

I. = Wrack am Lindholm-Dyb(-Tief)

Eine schwarze, befeuerte Tonne warnt vor der westlich angrenzenden Untiefe und einem Wrack. Von 21 Metern Tiefe steigt der Meeresgrund rasch auf 1,5 Meter an; ein Wrack liegt nordwestlich der Tonne, etwa 700 Meter entfernt mit einer geringsten Wassertiefe von 5,1 Metern. Ein guter Angelplatz, an dem man vor allem Dorsche vermuten kann.

II. = Der Durchlass

Zwischen der Insel Vejrö und dem Vejrö Flak bildet sich auf etwa 100 Meter Breite eine Mulde von 6 bis 10 Meter Tiefe. Bei westöstlichen Winden strömt das Wasser über den überall sandigen Grund, auf dem Plattfische leben. Die Plattfische werden sich mit Sicherheit im Westen und Osten der Schwelle am Rande des eingekreisten Gebietes aufhalten. Weil es so flach ist, wird das vor allem in der Dämmerung oder bei bedecktem, unruhigem Wetter so sein.

III. = Scharkante Vejrö Nordost

Von 3,7 Meter fällt der Meeresboden abrupt auf über 30 Meter ab, und das auf einer Strecke von etwa 130 Metern. Hier sind auch am Tage Plattfische zu vermuten, denn die Bezeichnung Sd. deutet auf sandigen Boden hin. Der Steinbutt liebt solche Stellen.

IV. = Vejrö – Sund

Ein tiefer Graben dehnt sich von Südwest nach Nordost zwischen den Eilanden Vejrö und Bosserne. Westlich der letzten, winzigen Sandbank der Insel Bosserne fällt der Meeresboden auf 50 Meter Länge 32 Meter tief ab – ein richtiger Steilhang! In dieser Sund-Rinne ist starker Strom zu vermuten, sonst würde das tiefe Loch längst versandet sein. Diese Rinne lässt auf sehr gute Dorschfänge hoffen, vielleicht ist hier sogar ein winterlicher Versammlungsplatz der großen Laichdorsche, die dann tiefes, strömungsreiches Wasser aufsuchen.

Die Südküste der Insel Vejrö, das verrät die Karte auch, ist gespickt mit vielen Steinen im flachen Wasser. Hier sollte man die Dorschangelei in den Dämmerungszeiten versuchen. Dasselbe gilt auch für die nicht eingekreisten Zonen westlich und östlich von Vejrö Flak, wo viele Steinfelder in 3 bis 6 Meter Tiefe eingezeichnet sind.

Karte B

Die Karte ist ein »Sesam-öffne-dich« für Brandungsangler. Im eingekreisten Gebiet ist deutlich zu erkennen, wie auf etwa 1,5 km Uferstrecke die Steilküste zurücktritt, das tiefe Wasser aber ganz nah an die Küste heranreicht. In nur etwa 100 Meter Entfernung vom Ufer ist das Wasser bereits 18 Meter tief – ein Traum für jeden Brandungsangler, der auch an große Dorsche herankommen möchte. Zudem ist die Küste genau nach Westen gerichtet, hier ist also bei den vorherrschenden westlichen Winden immer gute Brandung zu erwarten.

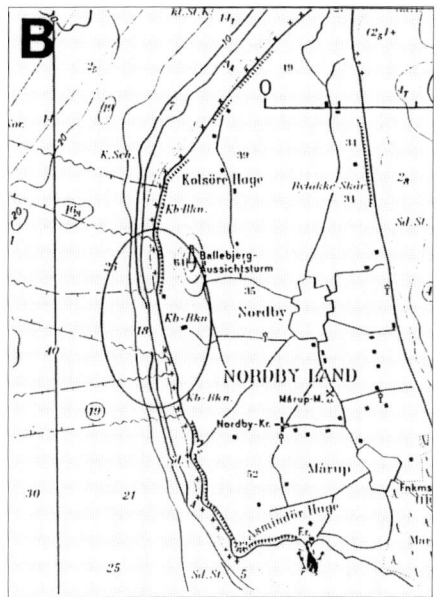

Deutsche Seekarte Nr. 19,
M = 1:70 000,
Ausschnitt: Samsö Nordteil,
Kattegat, DK.

Im Gegensatz zu der Ostseite: Um wenigstens vier Meter Wassertiefe zu erreichen, muss man dort schon 150 Meter weit werfen, an vielen Stellen sogar viel weiter.

Seekarten werden vom Bundesamt für Seeschifffahrt und Hydrographie, Bernhard-Nocht-Str. 78, 20359 Hamburg, herausgegeben und können bezogen werden bei den Vertriebsstellen Hanse Nautic GmbH, Bade & Hornig Eckardt & Messtorff, Herrengraben 31 in 20459 Hamburg; A. Dammeyer, Korffsdeich 3, 28217 Bremen.

Seekrankheit besiegen

Wenn die rollenden, stampfenden Bootsbewegungen bei auffrischendem Wind lange genug auf einen empfindlichen Menschen eingewirkt haben, gerät das Gleichgewichtsorgan in Unordnung, vegetative Störungen wirken auf das Brechreizzentrum, und der Traum von einer schönen Angelfahrt ist vorbei: Der Patient wird seekrank. Aber nur wenige Menschen müssen zeit ihres Lebens unter dieser Krankheit leiden, die so schnell, wie sie kommt, auch auf dem festen Land wieder vergeht. Ein paar Regeln helfen in den meisten Fällen:

- 48 Stunden vor der Fahrt kein Coffein, Alkohol oder Nikotin einnehmen
- vor der Fahrt gut ausschlafen, ungestresst an Bord gehen
- Mittel gegen Seekrankheit ein bis zwei Stunden vor der Schiffsabfahrt nehmen
- mittschiffs, also am Drehpunkt des Schiffes aufhalten
- Frischluft atmen, Tabakrauch und Motorabgase meiden
- den Horizont im Auge behalten

Auch im mentalen Bereich muss es stimmen. Wer glaubt, er werde krank und immer nur an den Sturm denkt (der vielleicht gar nicht kommt), wird viel eher krank. Eine gute, positive Stimmung kann die Übelkeit unterdrücken; es gab schon Seekranke, die nach dem ersten gefangenen großen Fisch wieder putzmunter wurden.

Wer trotz alledem krank wird, sollte verdünnten Tee oder Mineralwasser trinken, um den Flüssigkeitsverlust auszugleichen. Vielen hilft Sitzen an der fri-

Vorbeugung kann die gefürchtete Seekrankheit verhindern.

schen Luft, andere liegen in bestimmten Haltungen.

Die vielen vorbeugend wirkenden Medikamente gegen Seekrankheit haben unterschiedlichen Einfluss auf Menschen; man frage seinen Hausarzt nach einem für die persönliche Kondition besonders gut geeignetem Mittel.

Der Teufel steckt im Detail

Kein Angeltag ohne eine kleine Panne. Mancher Zwischenfall kann aber den ganzen Tag verderben – nicht so bei einem gestandenen Meeresangler. Er weiß Abhilfe bei manchen Pannen.

Rute klemmt, sie lässt sich nicht ausziehen, nicht zusammenschieben. Ursache ist meistens feiner Sand zwischen den Wandungen. Abhilfe: ins Geschirrspülwasser legen, am besten abwech-

selnd Spitze nach oben, Spitze nach unten, einige Minuten einwirken lassen, festsitzende Teile vorsichtig bewegen. Bei abschraubbarem Rutenfuß Kappe lösen, Wasser einfüllen. Niemals mit Gewalt lösen!

Rutenspitze gebrochen. Passiert meist beim Transport im Freien. Wenn keine Bruchteile fehlen: Teile zusammenfügen und nach Vorschrift mit 2-Komponentenkleber auf Kunstharzbasis verleimen. Am nächsten Tag kann wieder geangelt werden!

Pilker verhängt sich beim Pilken im Wasser immer wieder **in der Rollenschnur:** Pilker umgekehrt in die Schnur/ den Karabinerhaken des Endwirbels hängen.

Keine Fühlung zum Köder in der Tiefe. Abhilfe: Gewicht erhöhen; dünnere Schnur verwenden; beim Bootsangeln in Schnurauslaufrichtung steuern und langsam darauf zufahren, »mit dem Köder fahren«.

Hänger: nie mit gebogener Rute lösen, Rute leidet! Nie mit bloßer Hand lösen, Schnur schneidet wie ein Messer ein. Abhilfe: mit dem Boot in Richtung Hänger fahren, mit gespannter Schnur darüber wegfahren. Rute und gespannte Schnur müssen immer eine Linie bilden, Bremse fest anziehen, Schnur um Rollenfuß legen, nicht direkt auf Spulenachse wirken lassen. Beste Geräteschonung: mit Handschuhen Schnur kreuzweise einige Male um Relingpfosten, Poller oder Ähnliches wickeln und treibend auf Lösung warten.

Verdrallte Schnur. Ursache sind rotierende Köder und Senker und schlechte Wirbel. Wirbel wechseln. Multifile verdrallte Schnur ist unrettbar verloren, wegwerfen. Dagegen monofile verdrallte Schnur hinter dem Boot in voller Länge auslaufen lassen, mindestens fünf Minuten nachschleppen und dann aufspulen.

Haken im Mensch: nie wie beim Fisch lösen! Stattdessen den Haken weiter durchs Fleisch stechen, bis die Spitze herauskommt. Spitze mit Widerhaken abkneifen, Hakenschaft dann problemlos herausziehen. Wunde ausbluten lassen.

Verhedderte Mundschnüre müssen nicht sein. Seitenarme (oder: Booms, Abstandhalter) sind die Lösung des Problems. Sie halten die Mundschnüre im rechten Winkel von der Rollenschnur fern und beugen so wirkungsvoll dem ständigen Verheddern der beköderten Haken in der Rollenschnur vor.

Es gibt unendlich viele Seitenarmkonstruktionen vom einfachen, steifen Schlauchstück bis hin zu Draht- und Kunststoffvarianten. Man wählt sie je nach Gewässer und Fische vor Ort aus. Im glasklaren Mittelmeerwasser können Seitenarme jedoch die scheuen Fische vertreiben, deshalb lässt man auffällige, lange Booms weg. Im harten Strom beim Bootsangeln in der Nordsee sind dagegen handlange, steife Abstandshalter gerade

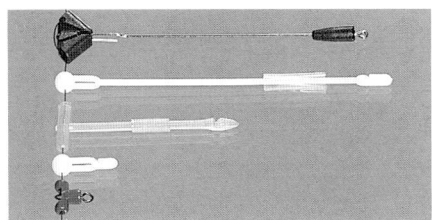

Seitenarme verhindern Verdrehen der Mundschnüre in der Rollenschnur.

richtig und stören die Flossenträger nicht. Die Abbildung zeigt von oben nach unten eine kleine Auswahl handelsüblicher Seitenarme: Die kleinen Muster verwendet man beim Weitwurf-Brandungsangeln. Das dritte und vierte Muster besitzen Schiebehülsen zum Sichern der eingehängten Mundschnurschlaufen. Das gilt auch für das unterste Muster. Es eignet sich überdies zum einfachen Einhängen in die Rollenschnur an beliebiger Stelle.

Mundschnüre verdrehen sich trotz der Anwendung von Abstandshaltern in der Rollenschnur beim driftenden Naturköderangeln: Dann ist der Grund im Senker zu suchen, weil der sich dauernd um die eigene Achse dreht samt Rollenschnur und Seitenarm. Abhilfe: Senker mit sehr leichtgängigem Wirbel einhängen und Senker mit Steuerflosse oder in Bananenform (s. Abb. Seiten 50 u. 213) verwenden.

Gute und schlechte Vorzeichen beim Meeresangeln

Gute Verhältnisse herrschen für das Meeresangeln generell, wenn folgende Voraussetzungen erfüllt sind:

- steigendes Wasser
- steigender oder gleichbleibender Luftdruck
- sichtiges Wasser
- Dämmerungszeiten
- der Morgen nach mondlosen Nächten
- Mondnächte (Mittelmeer)
- nachlassender Wind
- raubende Seevögel

273

Schlechte Verhältnisse kündigen sich an, wenn Folgendes zu beobachten ist:

- aufkommender Sturm
- fallender Druck
- ablaufendes Wasser
- trübes Wasser (z. B. durch Luftblasen nach Sturm)
- rasche und heftige Temperaturveränderungen (in Flachwasserbezirken)
- Tagesmitte
- Delphine, Seehunde, Schweinswale, Dornhaie in Rudeln
- ablandiger Wind
- Seevögel ruhen in größeren Schwärmen

wird beim schweren Meeresangeln im Atlantik, aber auch beim Little-Big-Game-Angeln und Big-Game-Angeln, beim Großrochen- und Haiangeln multifile Leine bevorzugt.

Amnesia-Schnur ist eine monofile Leine mit nahezu absoluter Knitterarmut. Das macht sie zum Favoriten beim Binden von Mundschnüren. Der Nachteil: die im Vergleich geringe Tragkraft.

Stahlleinen werden nur geflochten und absolut rostfrei überall dort verwendet, wo die Scharfzähner unter den Fischen zu erwarten sind. Stahlvorfächer beschafft man sich am besten fertig gebunden im Fachhandel.

Schnüre und Knoten

Alles hängt beim Angeln am »seidenen Faden«. Beim Meeresangeln verwendet man Schnüre von 4–60 kg Tragkraft. Nur ganz ausnahmsweise werden beim Kleinfischangeln im Mittelmeer auch noch dünnere Schnüre fürs Vorfachbinden genommen.

Monofile (einfädige) Schnüre sind die wichtigste Leinengruppe. Man benötigt sie am Meer farblos, maus- oder blaugrau oder grellfarbig zum besseren Erkennen im Wasser, dann aber immer mit farblosen Vorfächern. Stets wähle man dehnungsarme, »harte« Muster.

Multifile (mehrfädige) Schnüre sind im Vergleich zu Monoschnüren beim selben Durchmesser tragfähiger und nahezu dehnungsfrei. Das ist vorteilhaft beim Tiefwasserangeln, beim Schleppen, beim Angeln über große Distanzen und beim Drill großer Fische ab 20 kg. Deshalb

Knoten

Die vielen Schnurarten und Angeltechniken beim Meeresangeln erfordern eine ganze Reihe von besonderen Knoten. Die Verbindungsstellen von Schnüren stellen stets das schwächste Glied in der ganzen Ausrüstung dar. Die meisten verlorenen Fische verdanken ihre Freiheit einem zersprengten oder aufgegangenen Knoten.

Erfahrene Angler verwenden nur Knoten, die im Test wenigstens bis zu 80 % Nassknoten-Reißfestigkeit (also mindestens ⅘ der vom Hersteller angegebenen Tragkraft) gewährleisten. Fast alle der hier gezeigten Knoten erfüllen diese Forderung. Überdies müssen Knoten einfach und am Wasser leicht zu binden sein. Man beachte:

- Sorgfältig und genau binden, am Anfang nur langsam zusammenziehen. Erst wenn dann alle Schlingen richtig liegen, allmählich fester anziehen und dies mehrfach wiederholen.

• Nicht mehr und nicht weniger Windungen anlegen als empfohlen.

• Monofile Schnur vorm Verknoten befeuchten, sie wird geschmeidiger. Multifile Schnur dagegen trocken lassen; die nasse Schnur dehnt sich später im Wasser und festigt den Knoten zusätzlich.

• Hervorstehende Schnurenden ganz knapp abschneiden, wenn der Knoten fest angezogen ist. Dadurch gibt es weniger Reibung an Schnurlaufringen.

• Anbindungsstellen (Hakenöhr, Wirbelöhr, Kauschen usw.) müssen sehr glatt und gerundet sein. Gratige, kantige und korrodierte Kleinteile ausmustern.

Alle Knoten für das Anbinden an Haken beziehen sich nachfolgend auf Öhrhaken. Schaftknoten und Plättchenhaken werden wegen der vielen Scharfzähner unter den Meeresfischen kaum benutzt.

Standardknoten

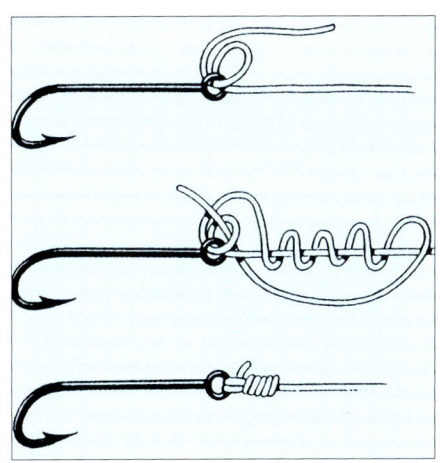

für Haken und Wirbel (2-Schlingen-Clinch-Knoten). Ein besonders haltbarer

Knoten (fast 100%ige Reißfestigkeit). Für Schnüre bis 0,50 mm. Fünf genau hintereinander liegende Windungen.

Wurmknoten

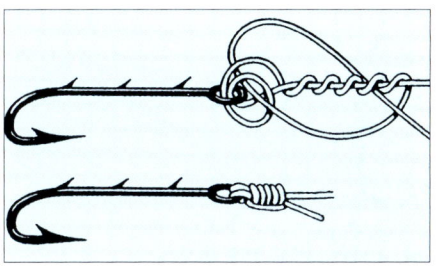

wird auch 2-Schlingen-Clinch-Knoten in verlängerter Ausführung genannt. Haltbar wie Typ A. Das nach hinten abstehende Schnurende hält einen aufgezogenen Wattwurm zusätzlich fest.

Dickschnur-Knoten

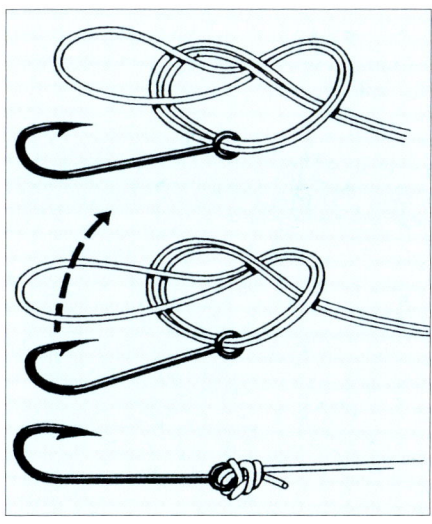

für Haken und Wirbel (Palomar-Knoten).

Für Schnüre ab 0,50 mm und dicker

Verbindungs-Knoten (Blut-Knoten)

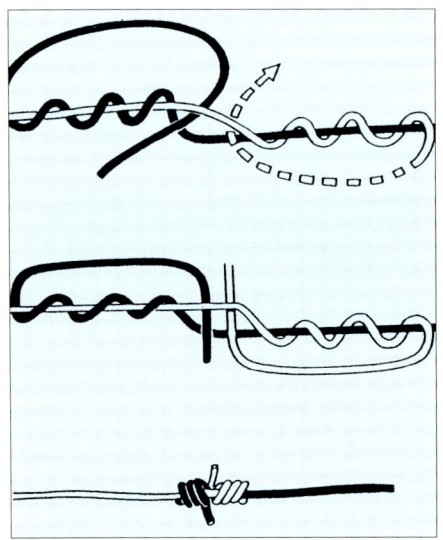

Drei bis vier Windungen auf jeder Seite. Zum Verbinden fast oder gleich dicker Schnüre.

Schlagschnur-Knoten (Shokker-knot)

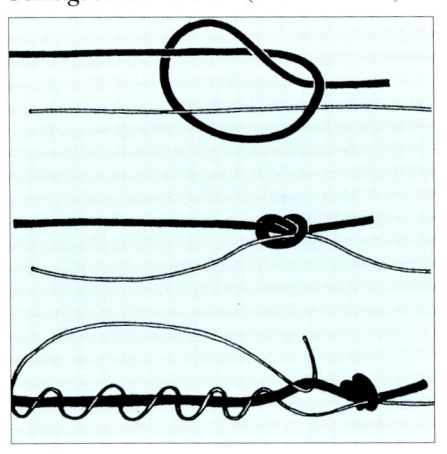

Sehr tragfähiger Knoten zur Verbindung von zwei ungleich dimensionierten Schnüren, z. B. 0,30 mm Hauptleine an 0,55 mm Schlagschnur (beim Brandungsangeln, siehe Seite 208). **Fünf** Windungen. Dieser Knoten wird überflüssig, wenn man Keulenschnüre verwendet.

Abzweig-Knoten (Blood dropper loop)

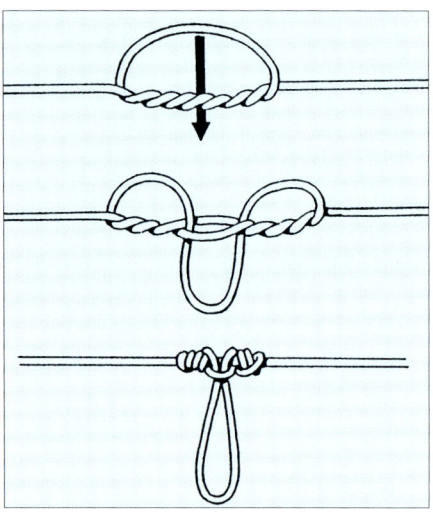

Mit diesem Knoten lässt sich in die Schnur eine festsitzende Schlaufe binden, die zum Einhängen von Beihaken etc. dient. Die Schlaufe eignet sich überdies zum raschen Wechsel der eingehängten Fanggeräte. Für alle Schnüre bis 0,50 mm gut geeignet. Drei bis vier Windungen pro Seite.

Schneidet man die Schlaufe auf, so entsteht ein Vorfacharm, an den sich Fanggeräte knoten lassen (siehe folgende Abbildung):

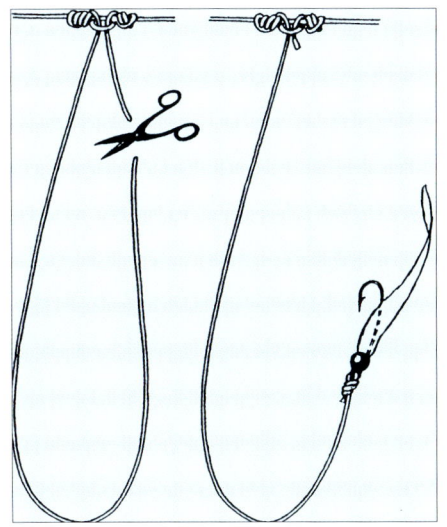

Für solche Fälle müssen mindestens vier Windungen pro Knotenseite über die Schnur gebunden werden. Dieser Knoten gilt als weniger haltbar (ca. 75 % Nassknotenfestigkeit).

Rollenachs-Knoten

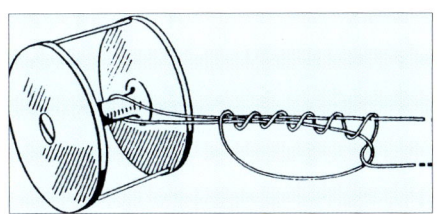

Zum Anbinden der Leine auf die Rollenachse. Fünf Windungen. Der Knoten lässt sich nach dem Zusammenziehen auf der Schnur zur Achse hin verschieben und wird dort fest angezogen. Bei Multirollen: die ersten 100 Windungen sauber nebeneinander legen, dann diagonal weiter aufspulen (verhindert Einklemmen der Schnur bei extremer Belastung).

Geflechtschnurknoten

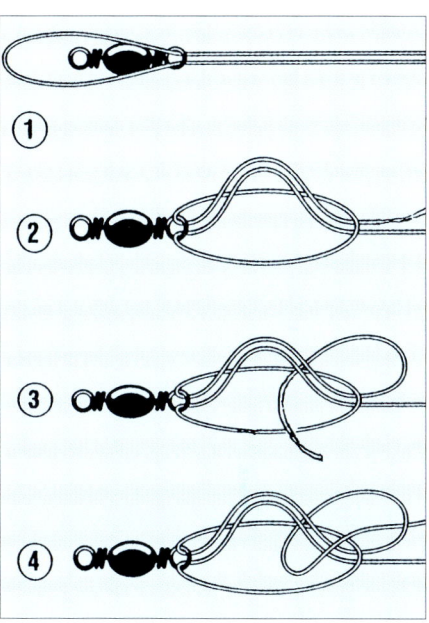

Für geflochtene Schnüre, insbesondere für die hochreißfesten Polyethylenfasern, eignet sich der preisgekrönte Knoten des Erfinders Gary L. Martin sehr gut.

Gummistopper-Knoten

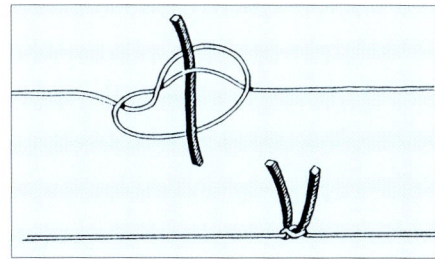

Man lege an beliebiger Stelle der Hauptleine einen Scheinknoten und verklemme darin ein ungefähr vier Zentimeter langes, mehr oder weniger dickes Gum-

277

miband. Anschließend wird die Schnur stramm gezogen, das Gummiband verknotet sich auf der Schnur. Es ist nach allen Seiten verschiebbar.

Rollen-Tipps

Die Angelrolle, Herzstück aller Ausrüstungen am Fischwasser, ist am Meer besonderen Strapazen ausgesetzt: Salzwasser und salzgeschwängerte Luft, rabiat um ihre Freiheit kämpfende, schwere Fische, tückische Hänger und schwere Wurfgewichte bedrohen ständig ihre Funktionstüchtigkeit. Nur robuste, gut verarbeitete Rollen aus vorzüglichen Materialien taugen fürs Meeresangeln. Die allgemein wichtigen Kriterien sind:
- möglichst hohe Rostfreiheit
- alle Teile mit starker Beanspruchung müssen aus Metall sein (Achsen, Lager, Getriebe)
- leichte Wartungsmöglichkeit
- problemlose Ersatzteilbeschaffung, auch nach vielen Jahren.

Solche Rollen gehören zu den teuersten ihrer Klasse. Da lohnt es sich, sie zu pflegen, das heißt:
- nach jedem Angeltag sofort mit warmem Süßwasser duschen (Leine bleibt auf der Rolle)
- abtrocknen und mit Sprühöl gründlich behandeln
- in saugfähiges Material (Leder) einwickeln und in luftdurchlässigen Verpackungen (Kisten mit Löchern) aufbewahren

- Rollen nie mit angezogener Bremse verwahren, Bremsen nach dem Angeln vollkommen lockern
- Lager ölen, Getriebe fetten; Schmutzfette mit Waschbenzin entfernen.

Multirollen machen etwa 90 % aller Rollen aus, die europaweit beim Meeresangeln benutzt werden. Nur in Deutschland werden vermehrt andere Rollentypen verwendet.

In den schweren Schnurklassen beherrschen Multirollen den Markt total. Nach dem Größenschema des Herstellers PENN werden 4/0-Rollen für die 16-kg-Klasse, 6/0- bis 9/0-Rollen für die 37-kg-Klasse und 12/0- bis 16/0-Rollen für die 60-kg-Klasse verwendet. Die meisten Hersteller arbeiten mit ähnlichen Größenangaben.

Für das Meeresangeln in Europa ist die wichtigste Rollengröße eine Multirolle 4/0. Sie ist ein MUSS im Gepäck eines reisenden Hochseeanglers. Solche Rollen

Multirollen gestatten den Schnurauslauf elegant per »Daumenbremse« – bei den meisten Meeresangelarten vom Boot ein großer Vorteil.

fassen ungefähr 500 Meter 16-kg-Leine, und damit lassen sich beinahe alle europäischen Seefische besiegen, sieht man einmal vom Big-Game-Angeln ab.

Das große Multirollenangebot sollte nach folgenden Kriterien sondiert werden:

- umschaltbare Übersetzung ist vorteilhaft
- Hebelbremssysteme sind der Sternbremse überlegen
- Schnurführer sind so lange gut, wie mit der Rolle nicht geworfen werden muss
- bei Wurfrollen sind automatische Freilauf-Justiersysteme sehr vorteilhaft (Magnet- oder Zentrifugalbremsen)

Multirollen werden verwendet für Big-Game: Größe 10/0 bis 16/0. Little-Big-Game-Angeln (Haie, Großrochen, Heilbutt, mittelschwere Thune, Speerfische, Wahoos): Größe 6/0 bis 9/0.

Schweres Naturköderangeln (Großdorsche, Großköhler, Heilbutt, Rochen, kleinere Haie, Monkfisch, Anglerfisch, Conger usw.): Größe 4/0.

Schleppangeln mit Downriggern, mittelschweres Grundangeln (Dorsche, Pollacks, Meerforellen usw.): Größe 2/0.

Stationärrollen, an deutschen Küsten sehr beliebt, sind die Favoriten vieler Brandungsangler, weil Perückenbildung beim Auswerfen so gut wie ausgeschlossen ist. Rollen mit einem Fassungsvermögen von mindestens 250 m Monoleine der Stärke 0,30 mm, mit konischer, nach

Halbkajütboote, mit Reling, selbstlenzend, eignen sich gut für die kleine Ostsee-Küstenangelei.

vorn verjüngter und groß dimensionierter Spule eignen sich am besten für das Brandungsangeln.

Aber auch für alle anderen leichten Angelarten bis zur 8-kg-Klasse sind Stationärrollen viel im Gebrauch, ganz besonders natürlich bei der Watangelei, allen Uferangelmethoden und dem Spinnangeln. Beim Pilkangeln sind Stationärrollen auf der Lee-(Windschatten-)seite vorteilhaft, weil ständig ausgeworfen werden muss. Ab der 16-kg-Klasse sind Stationärrollen für das Meeresangeln nicht empfehlenswert.

Multirollen gestatten den Schnurauslauf elegant per »Daumenbremse« – bei den meisten Meeresangelarten vom Boot ein großer Vorteil.

Im eigenen Boot aufs Meer

Mit gehörigem Respekt vor den Gefahren des Meeres und mit der Wahl der Vorsicht als Schirmherrin aller »selbstständigen« Bootsangler lässt sich das Bootsangeln mit eigenen, nachfolgend beschriebenen Booten empfehlen. Man unterscheidet zur besseren Übersicht drei Bereiche mit dazu passenden Booten.

Bereich I = küstennahes Angeln mit höchstens 2 km Landabstand und vorgelagertem Landschutz. Dazu gehören die Fjord- und Schärenangelei in Norwegen, Ostschweden, Finnland, Boddengewässer der Ostsee, Kleiner Belt und Fjorde in Dänemark und Mittelmeerküsten.

Hierzu passen Boote ab 4 m Länge, am besten halbgedeckt – offen nur, wenn sie unsinkbar sind, auch bei Belastung mit Motor und Besatzung.

Bereich II = kleine Küstenfahrt bis maximal 10 km Landabstand, z. B. die dänische Inselwelt, die offenen Schärengewässer Norwegens und Schwedens, unsere Ostseeküste, die Nordseeküste aber nur bei sicherer Wetterlage. Atlantische Küsten können damit nur bei absolut sicherem windarmen Wetter und geringerem Abstand zur Küste befahren werden.

Passende Boote für solche Törns sind ab 6 Meter lang mit überbautem Vorschiff und im Achterschiff so angelegt, dass kein überkommendes Wasser im Boot bleibt (selbstlenzend durch Abfluss über Speigatten). Die Freibordhöhe sollte mindestens 70 cm betragen, mit Handläufen ringsherum. Ein Mast für Positionsleuchte und Radarreflektor muss vorhanden sein.

Auch für alle küstennahen Mittelmeerbereiche eignen sich derartige Boote.

Bereich III = Fahrten in die offene See bei sicherer Wetterlage.

Für diesen Bereich kommen nur Boote ab 10 Meter Länge und mit Merkmalen der Boote des Bereichs II in Frage, vervollständigt durch ein geschlossenes Steuerhaus, elektrische Lenzpumpe und besonders große Kraftstofftanks.

Kleinere Boote, auch Schlauchboote und Belly-Boote (wegen der Beschädigungsgefahr durch Pilker) haben auf der See nichts zu suchen! Alljährlich ertrinken Angler vor unseren Küsten, weil sie alle Warnungen unbeachtet ließen.

Auch Benutzer geeigneter Boote benötigen eine Mindestsicherheitsausrüstung. Für Seenotfälle ist sie überlebenswichtig.

Dazu gehören: 1 Paar Riemen (für Bereiche I- und II-Boote); 1 Treibanker; 1 Feuerlöscher; 1 Taschenlampe mit Morsetaste; 1 Erste-Hilfe-Kasten; Handfackeln, rot brennend; Rauchsignale, schwimmend; Radarreflektor; 1 Kanister mit Reservekraftstoff und 1 Kanister mit Trinkwasser (vor allem im Mittelmeer und Südatlantik) und ein Schöpfeimer.

Unabdingbar sind Schwimmwesten. Am komfortabelsten sind flach am Körper anliegende Automatikwesten, die sich bei Wasserberührung selbst aufblasen.

Für weit von der Küste operierende Boote gelten noch weitere Sicherheitsmaßnahmen. Fragen Sie Ihren Bootsausrüster.

Zu den eisernen Regeln beim Bootsangeln auf See gehört die Ab- und Rückmeldung bei einer verlässlichen Person an Land. Fahrtdauer und Angelgebiet müssen der Person bekannt sein.

Fische verwerten

Die sichergestellte Fangverwertung ist eher Bestandteil weidgerechten Angelns. Wer mehr fängt, als er selbst verwerten kann, muss sich vorher darüber im Klaren sein, wie der Fang genutzt werden soll. In Deutschland ist dies Bestandteil der Rechtsgrundlage für den Fischfang im Meer.

Wer aber kann einen Heringshai von 150 kg, 20 Makrelen oder 30 Heringe selbst verwerten? Was will man mit einem Korb voller bunter Mittelmeerfische anfangen?

In den angelsächsischen Ländern und auf den Booten der atlantischen Inseln (Süd) ist das Problem von vornherein gelöst: Dem Skipper und seinen Bootsleuten gehört der Fang bis auf den Teil, der nach vorheriger Vereinbarung vom Angler beansprucht wird. Eine praktikable Lösung: Für den Bootseigner bedeutet der Verkauf der Fische eine gute, zusätzliche Einnahme, der Angler ist das Problem los, einen Heringshai oder Thunfisch verwerten zu müssen, und der Kapitän hat hohes Interesse daran, dass der Angler fängt.

In den meisten anderen Ländern, so auch in Deutschland, gehört der Fang dem Angler. Er allein verantwortet die Verwertung. Der Angler muss also dafür sorgen, dass sein Fang frisch bleibt und nicht verdirbt.

Denn Fisch ist ein hochwertiges Nahrungsmittel. Ernährungswissenschaftler werden nicht müde, immer wieder zu betonen, mehr Fisch zu essen, noch dazu wild lebende Meeresfische aus unverdorbenem Wasser.

So frisch wie der eigene Fang kommt Fisch sonst nie auf den Tisch. Man schmeckt's, man riecht's (nicht!), man sieht es: Wirklich frischer Fisch ist eine

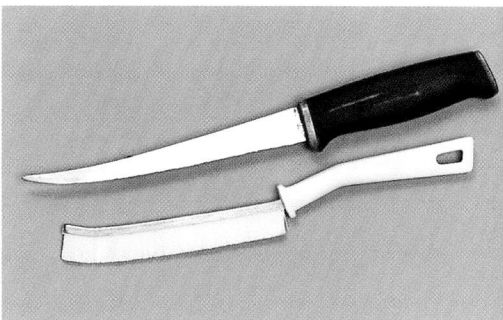

Filetiermesser und Nierenbürste erleichtern die Verarbeitung nach dem Fang.

Delikatesse! Ein paar Regeln aber müssen nach dem Fang beachtet werden.

Qualität durch Kehlen

Jeder Fisch muss vor dem Abhaken mit einem Schlagholz betäubt und danach sofort mit einem tiefen Schnitt gekehlt werden.

Beim Kehlen pumpt das noch schlagende Herz das Blut aus dem Körper des Fisches. Dadurch bleibt das Gewebe rein weiß, länger haltbar und vor allem: Es schmeckt sehr viel besser!

Je früher man danach mit dem Ausweiden des Fisches beginnt, desto besser wirkt man der Gewebezersetzung durch auslaufende Verdauungssäfte entgegen. Vorsicht beim Ausnehmen: nicht die Galle zertrennen.

Wichtig: Mit einer speziellen Nierenbürste, ersatzweise tut's auch eine große, harte Zahnbürste, muss die Nierensubstanz unter dem Rückgrat der Fische herausgebürstet werden.

Schließlich werden auch noch die stark durchbluteten Kiemen entfernt – fertig ist der Fisch für die Lagerung.

281

Haltbarkeit durch Kühlen

Fisch verdirbt schnell, besonders bei warmem Wetter. Fettfische sind ganz besonders vom Vertranen betroffen: Sardinen, Meeräschen, Heringe, Makrelen, Muränen, Wittlinge und Schellfische sind besonders gefährdet.

Sie müssen noch am Fangtag verarbeitet werden, sonst verlieren sie ihren Wohlgeschmack.

Magerfische, allen voran Dorsch und Hecht, sind nicht so empfindlich, aber für alle Fische gilt: Die geschlachteten, gesäuberten und trocken getupften Fische müssen gekühlt und luftig verwahrt werden. Unmittelbar nach dem Fang eignen sich dafür stabile Gefäße mit durchlochtem Boden, die an einen schattigen Ort, mit feuchten Tüchern bedeckt, gestellt werden. Die allmählich trocknenden Tücher erzeugen Verdunstungskälte.

Der Transport erfolgt am besten in Kühltaschen oder in geeigneten Behältern mit Frischeis (in den Häfen bei den Fischereigenossenschaften zu bekommen). Erfahrene Angler mit weiten Wegen zurück ins Binnenland benutzen Kühlboxen, die an den Autostromkreis angeschlossen werden. Notfalls eignen sich auch dickwandige Schaumstoffboxen für kurze Transportwege.

Magerfische, insbesondere Dorsche, werden zu Hause noch einmal gewaschen, alle Blut- und Innereienreste sorgfältig entfernt und portionsweise (kleine Fische im Ganzen, größere filetiert oder in Stücke geschnitten) in luftdichte, feste Gefrierbeutel verpackt. Die Luft wird so weit wie möglich herausgedrückt, der Beutel luftdicht verknotet oder verschweißt und beschriftet (Datum).

Danach können die Fische wie folgt verwahrt werden:

	Kühlschrank 2 bis 6°:	Gefrierschrank −18° C:
Magerfisch	1 Tag	bis 5 Monate
Fettfisch	–	bis 2 Monate
Fisch, zubereitet	2 Tage	bis 5 Monate

Delikat durch 3-S-Methode

Ganz gleich, ob man einen Fisch in der Küche braten, dünsten oder kochen will: Zuerst muss er die so genannte 3-S-Methode (**S**-äubern, **S**-äuern, **S**-alzen) über sich ergehen lassen.

Das Fischfleisch wird kurz gespült (nicht ins Wasser gelegt!), alle letzten feinen, sichtbaren Blut- und Innereienreste entfernt und mit Tüchern oder mit Haushaltspapier abgetrocknet. Danach wird gesäuert, am besten mit Zitronensaft oder 5 %igem Kräuteressig durch Beträufeln – von allen Seiten. Aber nicht im Säurebad liegen lassen. Die Säure soll fünf, bei großen Fischen etwa zehn Minuten einwirken und dann abgetupft werden. Sie nimmt dem Fisch den Geruch.

Dann wird gesalzen, von allen Seiten, kleine Fische schwach, große Fische etwas stärker. Das Salz soll etwa fünf bis zehn Minuten einziehen können.

Jetzt erst beginnt man mit der Weiterverarbeitung, ob nun in einer Folie, mit Paniermehl in einer Bratpfanne oder im Dampfbad eines zugedeckten, geeigneten Gefäßes. Auch vor dem Räuchern oder dem Frittieren müssen Fische in derselben Weise vorbehandelt werden.

Danksagung

Dieses Buch konnte nur mithilfe von zahlreichen Petrijüngern im In- und Ausland entstehen. Ganz besonders erwähnen möchte ich dabei Arthur White/Liskeard, England und Patrick Sébile/Nizza, Südfrankreich. Aber auch allen anderen, nicht genannten Freunden des Angelns und den zahlreichen Helfern in Instituten, Ämtern, Behörden und Informationsbüros gebührt nicht minder mein Dank. Allen wünsche ich »Allzeit dicke Fische« auf allen Wegen!

Bücher für Meeresangler (in Klammern Hinweis auf fremde Sprachen)

Bestimmungsbücher

- Check-list of the Fishes of the Northeastern Atlantic and of the Mediterranean (CLOFNAM), Herausgeber: UNESCO (engl.) 2 Bände
- Die Unterwasserfauna der Mittelmeerküsten; W. Luther/K. Fiedler
- Fishes of the Northeastern Atlantic and the Mediterranean (FNAM), Band I–III, Herausgeber: UNESCO (engl.)
- Fishes of the Sea; John und Gillian Lythgoe (engl.)
- Fiskar och Fiske in Norden; K. A. Andersson (schwed.)
- Havet of väre Fisker; Prof. Gunnar Rollefsen (norweg.)
- McClane's Standard Fishing Encyclopedia; A. J. McClane (engl.)
- Meeresfische; B. J. Muus/J. G. Nilsen
- Meeresfische; J. u. G. Lythgoe
- Multilingual Dictionary of Fish and Fish Products; Herausgeber: OECD (engl.)
- Naturgeschichte und wirtschaftliche Bedeutung der Seefische Nordeuropas; Prof. E. Ehrenbaum
- Peixes da Madeira; Adao A. Nunes (port.)

- The Fishes of the British Isles and North West Europe; Alwyne Wheeler (engl.)
- The Natural History of Sharks; Thomas H. Lineaweaver III und Richard H. Backus (engl.)
- Was lebt im Meer? W. DeHaas/Fredy Knorr

Angeltechnik und Taktik

- Angelknoten leicht gemacht; E. Staub
- Big Fish and Blue Water; Peter Goadby (engl.)
- Big Fish from Salt Water; John Goddard (engl.)
- Big Game Fishing – das faszinierende Abenteuer; Marc Richard
- Big Marlin; Alexander Kölbing/Peter Döbler
- Boat Fishing; Millmann/Staple/Holden (engl.)
- Das große Buch vom Angeln; T. Tryckare u. E. Cagner
- Fischbilder Lexikon, Band II, Meeresfische; C. W. Schmidt-Luchs

- Fishermen's Knots; Tom McNally (engl.)
- Fishing for Bass; Mike Thrussell (engl.)
- Guide to Sea Angling; Chris Clark (engl.)
- Havfisker; Jens Ploug Hansen (dän.)
- Long Distance Casting; John Holden (engl.)
- Modernes Meeresangeln; C. W. Schmidt-Luchs
- Petri Heil, Experten auf die Schnur geschaut; Claus Militz
- Praktijkboek Zeevissen; Peter Lobs (holl.)
- Sea Fishing Baits; Graeme Pullen (engl.)
- The Complete Boat Angler; Bob Gledhill (engl.)
- The Saltwater Fisherman's Bible; Erwin A. Bauer (engl.)

Maße und Gewichte

Längen- und Wegemaße
1 inch (in.) ....2,54 cm
1 foot (ft.) = 12 in. ....30,48 cm
1 yard (3 feet) ....91,44 cm
1 mile (Landmeile)...........1.609,34 m
1 mile (Seemeile) ....1.852,00 m
1 fathom (fm.) = 6 feet............1,83 m

Gewichte
1 ounce (oz.)..........................28,35 g
1 pound (lb) ....453,00 g

Geschwindigkeit
1 knot (kn) Knoten
      = 1 Seemeile/pro Stunde (sm/h)

Wichtiges Raummaß (nach dem Angeln)
1 pint (pt.) = 0,568 Liter Bier

Die Zukunft des Meeresangelns

Bis zu 80 Millionen Tonnen Seefische werden pro Jahr weltweit von Berufsfischern gefangen. Das, so Wissenschaftler, sei die Obergrenze dessen, was die Ozeane pro Jahr hergeben, wenn die Fischbestände nicht in Gefahr gebracht werden sollen.

Über die Fangmenge der Meeresangler kann man angesichts solcher Mengen nur lächeln. Ihr prozentueller Anteil am weltweiten kommerziellen Millionenfang liegt weit hinter einer Null vor dem Komma. Angler gefährden keine Fischbestände.

Angler sind es, die jeden Fisch einzeln nach dem Fang tierschutzgerecht behandeln, statt die Fische in Netzen zu zerquetschen oder qualvoll ersticken zu lassen.

Angler sind es, die selektiv fischen und nicht Millionen von Kleinfischen und Meeresgetier in Netzen als »Gammel« umkommen lassen, um einige verwertbare Tiere zu fangen.

Angler sind auch diejenigen, die Schonzeiten und Mindestmaße beachten, und sie sind es, die mit Wildfischen keine Geschäfte, keinen Profit machen.

Deshalb ist Angeln legitim, europaweit, weltweit. Damit das so bleibt, haben sich in fast allen Ländern die Meeresangler organisiert und das weidgerechte Freizeitfischen zuoberst in ihre Statuten geschrieben:

• Angle nur Fische, die du verwerten willst.

• Angle nur so viel, wie du verwerten kannst.

• Angle nicht mit zu schwachen Leinen auf zu schwere Fische.

• Wechsle den Angelplatz oder die Methode, wenn immer nur unerwünschte Fische beißen.

• Wähle Haken so, dass Fische nicht tief schlucken können.

• Halte deinen Angelplatz und das Meer sauber.

Mit solchen Regeln wird das Meeresangeln weiter viele Freunde gewinnen und auch in Zukunft bleiben, was es schon seit Urzeiten war: eines angelbegeisterten Menschen größtes und höchstes Glück.

Foto- und Abbildungsnachweis

Alle Abbildungen:
C. W. Schmidt-Luchs, Hamburg
bis auf:

– Titelfoto: Jens Ploug Hansen Foto,
  Hobro/DK

– BSH/Bundesamt für Seeschifffahrt
  und Hydrographie, Hamburg:
  S. 269, 271

– CORMORAN, Gröbenzell:
  S. 183

– DAIWA-Deutschland, Gröbenzell:
  S. 211

– Denker, Fritz, Grevenbroich:
  S. 151, 157

– Faroe Islands Tourist Board, Tórshavn:
  S. 125, 126

– Haigh, Victor, Dyfed, Wales/GB
  S. 104

– Hanstholm Turistbureau, Hanstholm:
  S. 15, 166

– Hölzer, Steffen, Lichtenau:
  S. 32, 70

– Lara, J. E., Gibraltar:
  S. 24

– Lobs, Peter, ALmere/NL:
  S. 181

– Marin & Fritid Garmin, Göteborg
  S. 216

– Millman, Mike, Plymouth/GB:
  S. 100

– Nordisk Pressefoto AS, Kopenhagen:
  S. 22/23

– PEWI, Hamburg:
  S. 279

– Patrick Sébile, Nizza
  S. 95

– SÖLVKROKEN, Arendal/Norwegen:
  S. 149 unten

Abbildungen aus Büchern

– DeHaas, Werner/Knorr, Fredy:
Was lebt im Meer?
Kosmos Naturführer,
Franckh-Kosmos Verlags GmbH,
Stuttgart
S. 220, 224, 228, 230, 231 li.,
241 re., 242, 248 li., 255, 256

– Ehrenbaum, Ernst:
Naturgeschichtliche und -wirtschaftli-
che Bedeutung der Seefische Nord-
europas.
Schweizerbart'sche Verlagsbuchhand-
lung, Stuttgart
S. 247, 266 li.

– **Fishes of the North-eastern**
Atlantic and the Mediterranean,
Vol. I, II und III, UNESO
S. 219, 221, 222, 223, 225, 227, 229,
231 re., 232 re., 233, 234, 235, 238,
239, 240, 241 li., 243, 244, 246, 248 re.,
251, 252, 257, 258, 259, 260, 262,
264, 265, 266 re., 267

– **Fiskar og Fiske i Norden,**
Bogförlaget Natur och Kultur,,
ESSELTE AG, Stockholm:
S. 225

– Lundbeck:
Fischkunde für jedermann
Ch. A. Keune Buchdienst:
S. 232 li., 236, 237, 253

– Luther, W./Fiedler, K.:
Die Unterwasserfauna der
Mittelmeerküsten
Verlag Paul Parey
S. 251 oben re.

Typisch nordisch...

JAN WERNER
Holland 1
Zeeland und die
südlichen Provinzen

200 S., 52 Farbfotos,
92 farb. Pläne u.
Zeichnungen,
engl. Broschur
ISBN 3-7688-1179-4

JAN WERNER
Holland 2
Das IJsselmeer und die
nördlichen Provinzen

184 S., 50 Farbfotos,
80 farb. Pläne u.
Zeichnungen,
engl. Broschur
ISBN 3-7688-1180-8

JAN WERNER
Nordseeküste 1
Cuxhaven bis
Den Helder

Einschließlich Helgo-
land und Ost- und
Westfriesische Inseln.

240 S., 84 Farbf.,
80 farb. Pläne,
14 Zeichn.,
engl. Broschur
ISBN 3-7688-0608-1

JAN WERNER
Nordseeküste 2
Elbe bis Sylt

240 S., 80 Farbfotos,
60 farb. Pläne u.
15 Zeichnungen,
engl. Broschur
ISBN 3-7688-0644-8

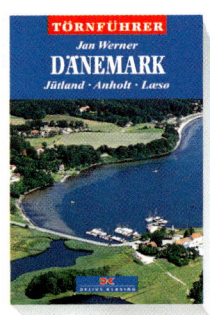

JAN WERNER
Dänemark 1
Jütland, Anholt, Læsø

280 S., 45 Farbfotos,
110 zweifarb. Pläne,
30 Zeichnungen,
engl. Broschur
ISBN 3-7688-0350-3

JAN WERNER
Ostseeküste 2
Travemünde bis
Stettiner Haff

Mit Boddengewässern,
Rügen, Hiddensee,
Greifswalder Bodden,
Peenestrom.

184 S., 98 Farbf.,
84 zweifarb. Pläne,
engl. Broschur
ISBN 3-7688-0791-6

GERTI UND HARM
CLAUßEN
Schweden 1
Die Westküste

248 S., 38 Farbfotos,
170 zweifarb. Pläne,
75 Zeichnungen,
engl. Broschur
ISBN 3-7688-0698-7

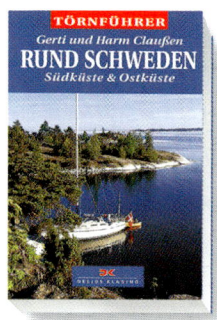

GERTI UND HARM
CLAUßEN
Schweden 2
Südküste, Ostküste

312 S., 41 Farbfotos,
177 zweifarb. Pläne,
65 Zeichnungen,
engl. Broschur
ISBN 3-7688-0728-2

Erhätlich im Buch- und Fachhandel

DELIUS KLASING